高级
财务管理

（第四版）

陆正飞　朱凯　童盼◎编著

图书在版编目(CIP)数据

高级财务管理/陆正飞,朱凯,童盼编著. —4版. —北京:北京大学出版社,2023.7
(光华思想力书系·教材领航)
ISBN 978-7-301-34214-5

Ⅰ.①高… Ⅱ.①陆…②朱…③童… Ⅲ.①财务管理—高等学校—教材 Ⅳ.①F275

中国国家版本馆CIP数据核字(2023)第130084号

书　　　名	高级财务管理(第四版)
	GAOJI CAIWU GUANLI(DI-SI BAN)
著作责任者	陆正飞　朱凯　童盼　编著
责任编辑	任京雪
标准书号	ISBN 978-7-301-34214-5
出版发行	北京大学出版社
地　　　址	北京市海淀区成府路205号　100871
网　　　址	http://www.pup.cn
微信公众号	北京大学经管书苑(pupembook)
电子信箱	编辑部 em@pup.cn　总编室 zpup@pup.cn
电　　　话	邮购部 010-62752015　发行部 010-62750672　编辑部 010-62752926
印　刷　者	河北滦县鑫华书刊印刷厂
经　销　者	新华书店
	730毫米×1020毫米　16开本　24.25印张　528千字
	2008年3月第1版　2013年10月第2版
	2018年1月第3版
	2023年7月第4版　2024年9月第2次印刷
印　　　数	4001—7000册
定　　　价	69.00元

未经许可,不得以任何方式复制或抄袭本书之部分或全部内容。
版权所有,侵权必究
举报电话:010-62752024　电子信箱:fd@pup.cn
图书如有印装质量问题,请与出版部联系,电话:010-62756370

丛书编委会

顾 问

厉以宁

主 编

刘 俏

编 委（按姓氏笔画排列）

王 辉　王汉生　刘晓蕾　李 其　李怡宗
吴联生　张圣平　张志学　张 影　金 李
周黎安　徐 菁　龚六堂　黄 涛　路江涌
　　　　　　　滕 飞

丛书序言一

很高兴看到"光华思想力书系"的出版问世,这将成为外界更加全面了解北京大学光华管理学院的一个重要窗口。北京大学光华管理学院从1985年北京大学经济管理系成立,以"创造管理知识,培养商界领袖,推动社会进步"为使命,到现在已经有三十余年了。这三十余年来,光华文化、光华精神一直体现在学院的方方面面,而这套"光华思想力书系"则是学院各方面工作的集中展示,同时也是北京大学光华管理学院的智库平台,旨在立足新时代,贡献中国方案。

作为经济管理学科的研究机构,北京大学光华管理学院的科研实力一直在国内处于领先位置。光华管理学院有一支优秀的教师队伍,这支队伍的学术影响在国内首屈一指,在国际上也发挥着越来越重要的作用,它推动着中国经济管理学科在国际前沿的研究和探索。与此同时,学院一直都在积极努力地将科研力量转变为推动社会进步的动力。从当年股份制的探索、证券市场的设计、《中华人民共和国证券法》的起草,到现在贵州毕节试验区的扶贫开发和生态建设、教育经费在国民收入中的合理比例、自然资源定价体系、国家高新技术开发区的规划,等等,都体现着光华管理学院的教师团队对中国经济改革与发展的贡献。

多年来,北京大学光华管理学院始终处于中国经济改革研究与企业管理研究的前沿,致力于促进中国乃至全球管理研究的发展,培养与国际接轨的优秀学生和研究人员,帮助国有企业实现管理国际化,帮助民营企业实现管理现代化,同时,为跨国公司管理本地化提供咨询服务,从而做到"创造管理知识,培养商界领袖,推动社会进步"。北京大学光华管理学院的几届领导人都把这看作自己的使命。

作为人才培养的重地,多年来,北京大学光华管理学院培养了相当多的优秀学生,他们在各自的岗位上做出贡献,是光华管理学院最宝贵的财富。光华管理学院这个平台的最大优势,也正是能够吸引一届又一届优秀的人才的到来。世界一流商学院的发展很重要的一点就是靠它们强大的校友资源,这一点,也与北京大学光华管理学院的努力目标完全一致。

今天,"光华思想力书系"的出版正是北京大学光华管理学院全体师生和全体校友共同努力的成果。希望这套丛书能够向社会展示光华文化和精神的全貌,并为中国管理学教育的发展提供宝贵的经验。

厉以宁
北京大学光华管理学院名誉院长

丛书序言二

"因思想而光华。"正如改革开放走过的四十余年,得益于思想解放所释放出的动人心魄的力量,我们经历了波澜壮阔的伟大变迁。中国经济的崛起深刻地影响着世界经济重心与产业格局的改变;作为重要的新兴经济体之一,中国也越来越多地承担起国际责任,在重塑开放型世界经济、推动全球治理改革等方面发挥着重要作用。作为北京大学商学教育的主体,光华管理学院过去三十余年的发展几乎与中国改革开放同步,积极为国家政策制定与社会经济研究源源不断地贡献着思想与智慧,并以此反哺商学教育,培养出一大批在各自领域取得卓越成就的杰出人才,引领时代不断向上前行。

以打造中国的世界级商学院为目标,光华管理学院历来倡导以科学的理性精神治学,锐意创新,去解构时代赋予我们的新问题;我们胸怀使命,顽强地去拓展知识的边界,探索推动人类进化的动力。2017年,学院推出"光华思想力"研究平台,旨在立足新时代的中国,遵循规范的学术标准与前沿的科学方法,做世界水平的中国学问。"光华思想力"扎根中国大地,紧紧围绕中国经济和商业实践开展研究;凭借学科与人才优势,提供具有指导性、战略性、针对性和可操作性的战略思路、政策建议,服务经济社会发展;研究市场规律和趋势,服务企业前沿实践;讲好中国故事,提升商学教育,支撑中国实践,贡献中国方案。

为了有效传播这些高质量的学术成果,使更多人因阅读而受益,2018年年初,在和北京大学出版社的同志讨论后,我们决定推出"光华思想力书系"。通过整合原有"光华书系"所涵盖的理论研究、教学实践、学术交流等内容,融合光华未来的研究与教学成果,以类别多样的出版物形式,打造更具品质与更为多元的学术传播平台。我们希望通过此平台将"光华学派"所创造的一系列具有国际水准的立足中国、辐射世界的学术成果分享到更广的范围,以理性、科学的研究去开启智慧,启迪读者对事物本质更为深刻的理解,从而构建对世界的认知。正如光华管理学院所倡导的"因学术而思想,因思想而光华",在中国经济迈向高质量发展的新阶段,在中华民族实现伟大复兴的道路上,"光华思想力"将充分发挥其智库作用,利用独创的思想与知识产品在人才培养、学术传播与政策建言等方面做出贡献,并以此致敬这个不凡的时代与时代中的每一份变革力量。

北京大学光华管理学院院长

第四版修订说明

本次(第四版)主要做了以下修订:

第一,更新资料。主要是更新了第2章、第3章、第5章和第7—10章中的有关数据资料,更新了第3章中有关股票回购的相关法规。

第二,增减内容。主要是第1章中增加了"债券收益率风险调整模型",第3章中增加了"中国上市公司的股利分配",第4章中删除了"募集资金投向变更",第5章中增加了"现金持有水平"和"商业信用"两部分内容。

第三,补充文献。主要是第3章、第5章、第6章中增加了一些新的理论观点和研究文献。

第四,调整案例。主要包括:

(1) 第2章的案例调整为"ZT去杠杆与杠杆操纵";
(2) 第6章的案例调整为"中钢集团的高负债之路";
(3) 第7章的案例调整为"复星医药并购与发展历程";
(4) 第11章的案例调整为"吉利'以小吞大'并购沃尔沃";
(5) 第12章的案例调整为"宝万之争"。

第五,融入思政。为了更好地落实立德树人的根本任务,反映党的二十大精神相关内容,在各章"学习目标"之后增加了"素养目标",并将"素养目标"自然地体现在各章内容、案例中。

作 者
2022年12月

第三版修订说明

本次(第三版)主要做了以下修订：

第一，资料更新。主要是更新了第2章、第3章和第5章中的有关数据资料。只要数据可得，均更新到了2016年。

第二，文献补充。主要是第3章、第6章增加了一些新的理论观点和研究文献。

第三，案例调整。主要包括：

(1) 第2章增加了一个案例(中钢集团的高负债之路)；

(2) 第3章的案例调整为"贵州茅台的高现金股利政策"；

(3) 对第4章、第5章的案例进行了修改；

(4) 第6章增加了一个案例(中粮集团全产业链战略中的产融结合)；

(5) 对第8—11章的案例进行了更新，统一更新为"青岛海尔购并通用家电"案例，并结合教材内容对案例进行了详细的分析。

第四，根据上述修订内容，术语表、主要参考文献、讨论题参考答案和案例分析指引中的内容，也都进行了相应修订。

作　者
2017年9月

第二版前言

自本书第一版出版以来,读者对本书给予了充分的肯定。许多使用本书的教师都认为,本书的结构和内容安排合理,较好地反映了国内外理论和实务的最新进展。同时,在一些细节问题上,读者也提出了一些非常有价值的改进建议。

本次修订(即第二版)主要是根据读者的建议、最近几年财务理论和实务的发展变化以及作者对相关问题理解和认识的变化而进行的。为了便于教师使用,本书的基本内容和结构并未做大的调整和改变,重点修改的是第一版中那些已不符合当前社会经济环境和法律制度的内容。因此,就章节安排来看,依然保持了全书两篇12章的结构,即第1—6章为上篇,第7—12章为下篇。此外,除第6章的章名因内容有重要补充而做了调整(由"财务体制与业绩评价"改为"内部资本市场与集团企业财务管控")以外,其余11章的章名未做改变。但是,在一些具体方面,还是做了适当的修改、补充或调整,主要包括:① 更新了书中引用的相关数据;② 更新、增补了部分章后的案例资料;③ 修改了各章的具体内容,无论是概念阐释、原理讨论还是实务分析,都做了全面的修改和完善;④ 增添了部分内容,包括股利迎合理论、内部资本市场、并购的基本现象、并购涉及的税法等。

本书的三位作者在共同讨论形成的修订方案的基础上,各自完成了第一版所编写章节的修订工作。北京大学出版社编辑李娟女士对本书的修订也提出了很好的建议,在此表示衷心的感谢。同样也衷心感谢使用本书的同行老师和读者长期以来对本书的厚爱,以及对本书提出的改进建议。

陆正飞
2013年6月于北京大学光华管理学院

第一版前言

八年前,笔者曾应浙江人民出版社之约,与朱凯合作编写了一本《高级财务管理》。当初为该书设定的基本读者群,是业已修读过"财务管理"或"公司财务"课程的财务管理及相关专业的高年级本科生。而今天所要呈现给读者的这本《高级财务管理》,则主要是为会计硕士专业学位(MPAcc)教育所写。

事实上,MPAcc类似于MBA(工商管理硕士),要求学员有两年以上的工作经验。不同的是,前者要求学员在会计与财务管理方面具有一定的学习经历和实践经验。MPAcc项目在中国是一个新兴的专业学位教育项目,北京大学等首批获准举办该项目的高校,迄今已招收了三届学员。从这些学员的背景来看,他们大都学习过会计与财务管理专业或相关专业的课程,也从事过会计与财务管理或相关领域的管理工作。因此,为这样的读者所写的《高级财务管理》应该有一定的特色。

本书分上、下两篇。上篇着重介绍和讨论现代公司财务的核心理论和实务问题,主要内容包括风险报酬原理与资本成本、资本结构与融资行为、股利理论与政策、资本预算与投资战略、内部财务理论与营运资金战略、集团企业财务体制与业绩评价。下篇着重介绍和讨论公司并购和重组中的财务问题,主要内容包括并购的基本理论、并购的财务战略、并购的价值评估、并购的交易结构设计、杠杆收购、公司重组与反并购。与我们八年前编写的《高级财务管理》相比,本书依然保持的特点是,将"高级"体现为介绍和讨论一些特殊的公司财务管理问题,即从外延上使"高级财务管理"区别于基本的"财务管理"。本书努力体现的另一个特点是,充分总结国内外学术研究成果,全面吸收中国公司财务的实践经验,从而使"高级财务管理"在内涵上区别于基本的"财务管理"。在编写过程中,我们参阅了大量国内外公司财务研究文献,并进行了比较系统的总结,使本书不再仅仅是一般财务原理的介绍和叙述,而是一定程度的学术思想的汇聚和梳理。尤其是,通过对中国最近十余年间公司财务研究成果的总结和提炼,本书反映的财务管理思想具有浓厚的中国特色,而不再是机械地传播西方的财务思想、理论和经验。

本书努力体现上述特色,暗含的意思是,"高级财务管理"课程的教与学,不能仅限于基本财务问题,而是要扩展到一些特殊财务问题的分析;不能仅限于财务实务问题的剖析,而是要扩展到理论层面的讨论;不能仅限于对西方财务理论的总结和介绍,而是要扩展到中国特色财务理论的总结和提炼。只有做到上述三个方面的扩展,才能使"高级财务管理"课程的教学在外延和内涵上同时体现"高级",才能使该课程的教学紧密结合中国的实际。

虽然本书的基本读者群是MPAcc学员,但是,由于本书对西方和中国财务理论研究成果的总结避免了复杂的技术问题,重在总结和提炼理论观点与实证发现,读者阅读本书无须对财务学术研究方法有太多的了解和理解,因此,本书同样适用于会计与财务管理专业本科高年级学生、MBA会计与财务管理方向学生等方面的教学,以及具有一定财务管理学习经历和实践经验的实际工作者的自学之用。

本书由陆正飞、朱凯和童盼合作编写。陆正飞负责全书框架设计,并编写第1章、第2章、第6章;朱凯编写第7—12章,童盼编写第3—5章。全书由陆正飞总纂定稿。

作为普通高等教育"十一五"国家级规划教材,本书的立项和出版得到了北京大学出版社有关领导及经济与管理图书事业部主任林君秀女士等的大力支持和帮助,责任编辑李娟女士也为本书的编辑和出版付出了大量心血,在此一并致谢!

陆正飞
2008年元月于博雅西园

目 录

上 篇

第1章 绪论 ········ 3
1.1 公司财务目标 ········ 3
1.2 有效市场假设 ········ 7
1.3 风险与报酬 ········ 8
1.4 资本成本 ········ 11
本章小结 ········ 16
关键概念 ········ 17
讨论题 ········ 17
案例 国美电器大股东与董事会权力之争 ········ 17

第2章 资本结构、融资行为与融资战略 ········ 30
2.1 资本结构理论 ········ 30
2.2 资本结构影响因素 ········ 37
2.3 融资行为:经验证据 ········ 44
2.4 目标资本结构 ········ 54
本章小结 ········ 57
关键概念 ········ 58
讨论题 ········ 58
案例 ZT去杠杆与杠杆操纵 ········ 59

第3章 股利理论与政策 ········ 70
3.1 股利理论 ········ 70
3.2 股利政策 ········ 79
3.3 股利行为:经验证据 ········ 84
3.4 股票回购与股票分割 ········ 100
本章小结 ········ 106

关键概念 ································· 107
　　讨论题 ··································· 107
　　案例　贵州茅台的高现金股利政策 ················· 107

第 4 章　资本预算与投资战略 ······················· 115
　4.1　资本预算原理 ····························· 115
　4.2　特殊情形下的资本预算 ······················· 123
　4.3　投资行为：经验证据 ························· 132
　4.4　投资战略 ································ 137
　　本章小结 ································· 143
　　关键概念 ································· 144
　　讨论题 ··································· 144
　　案例　攀和资源公司的资本预算 ··················· 144

第 5 章　内部财务理论与营运资金战略 ················· 146
　5.1　内部财务理论 ····························· 146
　5.2　目标财务管理 ····························· 150
　5.3　营运资金战略 ····························· 157
　5.4　营运资金管理 ····························· 167
　　本章小结 ································· 175
　　关键概念 ································· 175
　　讨论题 ··································· 176
　　案例　国美电器的营运资金战略 ··················· 176

第 6 章　内部资本市场与集团企业财务管控 ·············· 181
　6.1　内部资本市场与资本配置效率 ··················· 181
　6.2　集团企业的财务体制与财务控制 ·················· 185
　6.3　集团企业的资金集中管理 ····················· 191
　6.4　集团企业的内部转移定价 ····················· 195
　6.5　集团企业的业绩评价 ························ 200
　　本章小结 ································· 205
　　关键概念 ································· 206
　　讨论题 ··································· 206
　　案例　中钢集团的高负债之路 ····················· 207

下 篇

第7章 并购概述 ... 219
- 7.1 并购的基本概念 ... 219
- 7.2 并购的类型 ... 221
- 7.3 并购的发展历程 ... 225
- 7.4 并购的理论分析 ... 232
- 7.5 公司并购的研究发现 ... 241
- 本章小结 ... 245
- 关键概念 ... 245
- 讨论题 ... 245
- 案例 复星医药并购与发展历程 ... 246

第8章 并购的财务战略 ... 247
- 8.1 并购的一般程序 ... 247
- 8.2 公司战略分析——修正的波特竞争模型 ... 250
- 8.3 并购的战略目标 ... 253
- 8.4 并购战略的基本评价方法 ... 255
- 8.5 并购标准选择 ... 259
- 8.6 并购战术 ... 260
- 本章小结 ... 263
- 关键概念 ... 264
- 讨论题 ... 264
- 案例 青岛海尔并购通用家电:战略分析 ... 264

第9章 并购的价值评估 ... 267
- 9.1 概述 ... 267
- 9.2 市场比较法 ... 267
- 9.3 资产估价法 ... 272
- 9.4 收益分析法 ... 273
- 9.5 并购的贴现模型分析 ... 275
- 9.6 期权估值分析 ... 286
- 本章小结 ... 288
- 关键概念 ... 288
- 讨论题 ... 288

案例　青岛海尔并购通用家电:价值评估 ………… 289

第10章　并购的交易结构设计 ………… 297
10.1　交易结构概述 ………… 297
10.2　支付方式 ………… 299
10.3　并购形式 ………… 306
10.4　并购的会计处理 ………… 308
10.5　并购的税收筹划 ………… 311
本章小结 ………… 315
关键概念 ………… 315
讨论题 ………… 315
案例　青岛海尔并购通用家电:并购支付方式 ………… 315

第11章　杠杆收购 ………… 317
11.1　杠杆收购概述 ………… 317
11.2　杠杆收购的融资结构 ………… 319
11.3　杠杆收购目标选择分析 ………… 322
11.4　杠杆收购与公司价值 ………… 323
本章小结 ………… 327
关键概念 ………… 327
讨论题 ………… 328
案例　吉利"以小吞大"并购沃尔沃 ………… 328

第12章　公司重组与反并购 ………… 332
12.1　概述 ………… 332
12.2　公司经营重组 ………… 332
12.3　股权结构重组 ………… 336
12.4　破产清算 ………… 338
12.5　反并购措施 ………… 344
本章小结 ………… 350
关键概念 ………… 350
讨论题 ………… 351
案例　宝万之争 ………… 351

中英文术语对照表 ………… 354

主要参考文献 ………… 359

上篇

第1章 绪　　论

【学习目标】

通过本章的学习，你应该掌握：

1. 公司财务目标的形成机理；
2. 有效市场假设的含义；
3. 风险与报酬的关系；
4. 资本成本及其估算模型。

【素养目标】

通过本章的学习，强化财务法治意识，培养财务职业道德，懂得平衡企业利益相关者之间的利益关系，发挥财务决策在资本市场和企业可持续发展中的积极作用。

1.1　公司财务目标

1.1.1　公司及公司目标

现代企业的组织形式主要有三种，即独资企业、合伙企业和公司。独资企业只有一个所有者即业主，他对企业债务承担无限责任。合伙企业有两个或两个以上的合伙人，每个合伙人都对企业债务承担无限连带责任。但是，在采取有限合伙形式的合伙企业中，合伙人则有一般合伙人与有限合伙人之分。一般合伙人参与企业管理，并对企业债务承担无限连带责任；有限合伙人仅以其出资额对企业债务承担责任。

公司是依法组建的法人企业，两权分离和有限责任是公司制企业区别于独资企业及合伙企业的最大特点。所谓两权分离，就是企业所有权与经营权的分离，所有者（股东）通过股东大会提名并形成董事会，再由董事会任命总经理和副总经理等高层管理者，企业的日常经营管理交由管理层。由于两权分离，某一或某些所有者的撤出不会影响公司的存续。所谓有限责任，就是公司股东以其出资额或所持公司股份为限对公司债务承担责任。有限责任使公司股东的投资风险得到有效控制，有利于吸引更多的投资者成为公司股东，从而促进公司的发展。

无论是哪种组织形式的企业,都有其一定的经营目标。不同企业的经营目标可能不尽相同,但是,在市场经济条件下,任何企业的经营目标中最根本、最相同的一点就是盈利。诚如彼得·F.德鲁克(Peter F. Drucker)所言,"一个企业倘若获得不了盈利,那么,它本身就没有存在的理由"(德鲁克,1987:96)。不过,除了盈利,企业究竟还需要追求些什么呢?对于现代公司制企业而言,盈利虽然是其经营目标中的重要元素,但却不是其唯一的追求。这是因为,决定公司目标形成的驱动因素,并不仅限于股东的利益追求,而是包含着多方面的因素。

第一,公司日常生产经营和投资发展过程中所需的资金,往往并非完全由股东提供,而是部分(甚至是很大部分)由银行等债权人提供。既然公司使用了债权人的资金,债权人利益保护的要求就必然会体现到公司的经营目标中来,具体表现为公司负债风险的有效控制等方面。如果债权人利益不能得到有效的保护,轻则会导致公司进一步负债融资的困难或融资成本的上升,重则会导致债权人提起破产清算的要求或直接接管公司。而这些都不是股东所愿意看到的。

第二,公司作为一个组织,与任何其他组织一样,离不开一定的人即劳动力。从纯粹理论意义上来说,员工的地位决定了其对公司目标的形成不具有直接影响。但实际上,事情并非如此简单。公司只有在满足了员工起码的利益要求——支付劳动报酬——之后,才可能实现资本的增值。显然,员工的报酬要求对公司股东盈利目标的实现具有制约作用。尤其是,由于两权分离,公司实际的经营控制权为职业经理人所掌握,但经理努力的结果大部分不归其所有,这样就产生了经理与股东之间的代理冲突。为了降低经理与股东之间的代理成本,就需要对经理进行必要的激励,从而使股东的当前利益减少。

第三,政府作为行使社会管理职能的政权机构,其对公司目标形成的影响主要体现在政策诱导方面。例如,如果政府主要追求税收增长,那么它会通过制定政策来诱导公司追求利润,尤其是短期利润。

第四,消费者之所以会对公司目标的形成产生影响,主要是因为消费者需求的发展和变化会迫使公司在改进产品质量、优化产品功能、提高服务水平等方面花费更多的人力、物力和财力。因此,静态地看,满足消费者不断增长的需求与股东盈利目标之间是存在矛盾的。

第五,公司不仅是一个营利性的经济组织,同时还是一个社会组织。公司的发展必须有助于社会进步。自20世纪70年代以来,要求公司承担社会责任的呼声日益高涨。因此,如果公司忽视社会责任,它就会因遭到社会公众的谴责和反对而使其自身的发展受到限制。公司的社会责任主要体现在两个基本的方面,即对社会利益集团的责任和对解决社会问题的责任,具体包括提供平等的就业机会、保护生态环境、确保产品安全及建立良好的公共关系等。公司履行社会责任,从长期来看会促进公司发展,从短期来看会部分抵消股东利益。

综上所述,尽管股东利益是公司目标形成最基本的决定因素,但债权人、员工、政府、消费者及社会公众等利益主体的利益要求,也都会对公司目标的形成产生一定的"修正"作用。因此,公司目标事实上就是上述利益主体各自目标的折中。简言之,公司目标具有下列基本特征:① 盈利是股东的基本追求,因此就成了公司目标的基本要素;② 其他利益相关者的利益要求会在一定程度上限制股东对最大利润目标的追求;③ 公司目标是公司所有利益相关者个别目标的折中,公司长期健康发展有利于各利益相关者的长期利益,因此公司目标往往表现为短期盈利目标与长期战略目标之间的权衡。

1.1.2 公司财务目标:利润最大化 VS. 财富最大化

财务目标是指用于指导公司财务决策的指南。现代公司财务主流理论在指出传统利润最大化观点的若干缺陷的基础上,采纳了财富最大化观点。在传统的财务理论中,利润最大化往往被设定为公司的财务目标。但是,现代公司财务理论认为,利润最大化作为公司的财务目标是在19世纪初发展起来的。当初公司结构的特征是自筹资金、私人财产和单个业主。在这样的简单公司结构下,业主利益可以通过利润最大化目标得以实现。而现代公司则是以有限责任和两权分离为特征的,此外还有诸如员工、消费者、政府及社会公众等利益相关者。在这样的复杂公司结构下,职业经理人必须协调各类利益相关者之间的矛盾和冲突。因此,以利润最大化为公司财务目标就难以同时满足各类利益相关者的利益要求。利润最大化概念的含义比较模糊,同时也没有考虑资金的时间价值和风险价值。例如,假设将利润最大化具体理解为每股收益最大化,那么,以每股收益最大化为公司财务目标,除了忽视了预期收益的时间性和不确定性,还有一些其他缺陷。首先,以每股收益最大化为公司财务目标,意指股票市价唯一地取决于每股收益的高低,而事实上,每股收益最大化未必能够导致股票市价从而股东财富的最大化。其次,以每股收益最大化为公司财务目标还意味着,只要公司内部资金能够投资于内含报酬率大于零的项目,公司就应该不支付股利,而是将所有税后净收益都保留下来用于再投资。显然,这种股利政策对股东并不总是有利的。此外,公司财务目标还必须与股东之外的其他利益相关者的利益要求相协调,而利润最大化反映的主要是公司为股东实现的短期利益,与其他利益相关者的利益要求往往是有明显冲突的。

财富最大化较利润最大化的进步之处主要在于:① 利润最大化考虑的是利润的绝对额,未把取得的利润与投入的资金量相联系,而财富最大化考虑的是利润的相对水平,即单位投资所实现的平均增值额。② 利润最大化在考虑投资收益时注重的是期间利润,而财富最大化则要区分不同时期的报酬,即要考虑资金的时间价值和风险价值。③ 在财富最大化目标下,需要关心的不仅仅是投资问题,还要关心筹资问题和股利政策。考虑筹资问题的目的是,既充分利用财务杠杆效应,又保持合理的资本结构,降低财务风险,以使公司稳定发展。考虑股利政策的目的是,兼顾股东近期利益与远期利益的期望,以增强公司股票在资本市场上的吸引力。④ 以财富最大化为公司财务目标,由于体现的是对股东长期财务利益的关注,因此,就会促使公司更加自觉地关心其他利益相关者的利益要求;否则,公司发展将会受到来自股东与其他利益相关者之间利益冲突的制约。也就是说,为了追求股东的长期财务利益,尽可能好地满足其他利益相关者的利益要求,将越发成为公司的自觉行动。

现代公司财务理论认为,既然公司以财富最大化为财务目标,公司财务决策就必然以此为指南。这是因为:第一,由于存在资本市场,因此任何偏离股东财富最大化目标的公司财务行为,必然导致股价下跌,股东可以通过股票市场的套利活动来抵消公司非理性财务行为所导致的不利后果。第二,由于经理人才市场的存在,经理的声誉和身价取决于公司的经营和财务业绩,因此经理必须努力工作。如果资本市场和经理人才市场确实是完善的,那么市场就可以制约经理的行为。然而,现实生活中的市场往往并不完善,因此公司实践中的财务目标偏离现象就会客观存在。

Jensen and Meckling(1976)试图用代理理论来解释所有权与经营权相分离情况下的公司财务问题。他们认为,公司是一组契约的联结点,在这一组契约关系中,核心是所有者与经营者之间的契约关系。由于经营者只是被雇用的,其目的也是实现自身利益的最大化,因此,实际控制公司经营的经营者未必总是自觉地追求股东财富最大化,这就产生了所谓的代理成本;将代理成本控制在最小限度内,就能够相应地增加所有者利益。因此,所有者必然有动力去监督经营者的行为,并激励经营者,使其经营行为符合所有者的最终利益。

在现代公司财务决策实践中,不仅存在股东与经理之间的利益冲突,还存在股东与债权人之间的利益冲突。Fama and Miller(1972)首次讨论了这种影响。他们认为,当公司发行风险负债时,能够使公司价值最大化(股东与债权人财富之和)的经营和财务决策却并不一定能够同时使股东财富和债权人财富最大化。Jensen and Meckling(1976)以及Myers(1977)在对代理成本的研究中发展了该问题,明确提出了股东—债权人利益冲突对投资行为的两大影响:资产替代与投资不足。Jensen and Meckling(1976)指出:在负债权益比例较大的筹资结构下,股东或经理将具有强烈的动机去从事那些尽管成功机会甚微,但一旦成功就获利颇丰的投资。因为如果这些投资成功,他们将获得大部分收益,而若失败,则债权人将承担大部分费用。他们同时指出,这个问题不能轻易地抛开,并将此问题导致的机会财富损失归纳为第一种负债代理成本。① Myers(1977)则认为,当经理与股东利益一致时,经理将拒绝那些能够增加公司市场价值但预期的收益大部分属于债权人的投资。显然,负债削弱了公司对好项目进行投资的积极性,降低了公司现行的市场价值。相关实证研究(Parrino and Weisbach,1999;童盼和陆正飞,2005)验证了股东—债权人利

---

① Jensen and Meckling (1976)认为,与负债有关的代理成本包括:① 由于负债对企业投资决策的影响而导致的机会财富损失;② 由债权人和股东或经理(即企业)承担的监督与约束支出;③ 破产和重组成本。

益冲突确实存在。因此,为了降低股东与债权人之间的利益冲突,就需要改进公司治理,改善银企关系,优化债券信用评级制度。

1.2 有效市场假设

有效市场假设最早由美国芝加哥大学教授尤金·F.法玛(Eugene F. Fama)于20世纪60年代提出。通过对股价的大量实证研究,他于1965年、1970年分别在美国的《商业学刊》《金融月刊》上发表了《股票市场价格的行为》(Fama, 1965)和《有效资本市场:对理论和实证工作的评价》(Fama, 1970)两篇文章。他在论文中指出,由于有大量的证券分析家和交易商在积极寻找定价错误的证券并积极进行无风险套利交易,从而影响了证券价格,因此在任何给定的时点上,证券价格已经反映投资者的知识和经验,充分反映了全部市场信息。如果价格已经很快地反映新信息,那么通过传统分析方法就不能击败市场,即不能获得高于市场平均水平的投资收益。

法玛在研究中还发现,在有效市场上,不同的信息对证券价格的影响程度不同。根据市场对不同信息的不同反映,人们将有效市场分为弱式有效市场、半强式有效市场和强式有效市场。在弱式有效市场中,没有投资者能够基于历史价格或历史报酬率信息开发交易规则从而获得超额报酬;换言之,如果市场是弱式有效的,则过去的证券价格或报酬信息对于获取未来超额报酬而言是没用的或不相关的。在半强式有效市场中,没有投资者能够基于任何公开可获得的信息开发交易规则从而获得超额报酬;换言之,如果市场是半强式有效的,则一切公开可获得的信息已及时反映在证券价格之中,因此任何投资者都不可能利用公开可获得的信息获取超额报酬。在强式有效市场中,没有投资者能够利用任何信息——无论是公开可获得的信息还是公开不可获得的信息(即内幕消息)——获取超额报酬;换言之,如果市场是强式有效的,则证券价格将完全反映所有公开和非公开信息,因此拥有内幕信息的人也不能获得超额报酬。

Rubinstein(1975)和Latham(1985)都曾扩展市场有效性的定义。他们认为,如果一项信息没有引起任何投资组合的变化,那么就该项信息而言该市场是有效的。当然,完全有可能出现这样的情况,即人们对一项信息的含义有着不同的理解,因此,当有些人购买一项资产时,另一些人以同样的方式出售一项资产,从而使市场价格不受影响。如果该项信息没有改变资产价格,那么按法玛的定义,市场就该信息而言便是有效的;而按Rubinstein(1975)或Latham(1985)的定义,市场就是无效的,因为Rubinstein(1975)和Latham(1985)的定义不仅要求没有价格变化,而且要求没有交易发生。因此,Rubinstein(1975)和Latham(1985)所定义的市场有效性,比法玛定义的强式有效市场还要强。

事实上,几乎没有人承认强式有效市场的存在。对公司经理和董事进行的合法交易的研究也表明,当这些人卖出股票时,此种股票的行市就可能看跌;反之,则看涨。此外,内幕知情者根据未公开的内幕消息(诸如研究开发的突破、收购公司的报价等)从事非法交易牟取暴利的情况亦非少见。不仅如此,Fama(1991)基于1970年的论文,在总结了过去20年以来关于有效市场和资产定价模型的丰富研究成果之后发现,界定市场有效性的具体程度是十分困难的。

有效市场假设对于公司财务的意义是:如果市场是有效的,那么大多数证券的价格将是合理的,是处于均衡状态下的均衡价格。因此,在正常的证券投资中,投资者预期所能获取的投资报酬将取决于投资风险。

最后必须说明的是,资本市场有效与资本市场完善是两个不同的概念。如果资本市场是完善的,则要求满足下列特征:① 市场无摩擦,具体包括没有交易费用和税收、所有证券都可以细分和流通、没有任何限制性规章等;② 市场完全竞争,在完全竞争的资本市场上,所有参与者都将是价格的接受者,即任何参与者的交易行为都不影响证券价格;③ 信息是没有成本的,并且能够被所有人同时获得;④ 所有人都是理性的预期效用最大者。

较之于上述资本市场完善的概念,资本市场有效概念的限制就要少得多。在一个有效的资本市场中,价格完全且及时地反映所有可获得的相关信息。这意味着,价格是证券交易所依据的信号。

1.3 风险与报酬

1.3.1 风险及其衡量

人们从事投资活动期望获得怎样的报酬,往往与投资所将面临的风险大小有关。一般地,投资所面临的风险越大,投资者期望的报酬就越高。为此,衡量投资风险是投资决策的一个必要前提。

对于证券市场参与者而言,风险已是一个耳熟能详的概念了。但是,人们在理解风险这个概念时,可能未必完全一致。有些人习惯将风险理解为"未来投资收益的不确定性",有些人则习惯将其理解为"投资本金损失(亦即出现坏结果)的可能性"。这两种理解之间其实并无本质区别,只是侧重点有所不同。人们之所以更多地将风险理解为出现"坏结果"而不是"好结果"的可能性,只是因为投资者心理上总是希望投资的结果是获得收益而不是发生损失。事实上,由于投资发生在现在,而收益实现则在未来,那么,从现在到未来的这段时间里可能发生的各种预想不到的变化,决定了投资收益的获取存在不确定性。这就是通常所说的风险。当然,如果一项投资的未来收益是固定的(如普通的银行存款、投资于固定收益证券等),则该项投资就被称为无风险投资。

严格地说,风险与不确定性是有差别的。风险是指事前可以知道所有可能的结果,以及对应于每种结果的概率;而不确定性是指事前不知道所有可能的结果,或者虽知道所有可能的结果,但不知道对应于每种结果的概率。例如,你在今天以100元的价格买进一只股票,一年后股票的价格与买价相比只有三种可能的结果,即高、低或相等,这在事前就可以知道,但事前无法知道这三种结果的概率,因此,该问题严格地来讲属于不确定性问题而非风险问题。但是,在实际经济生活中,风险问题与不确定性问题往往很难严格区分:风险问题的概率往往不能够准确地知道;而不确定性问题也可以估计出一个概率。所以,财务学中所讲的风险,既包括严格意义上的风险问题,又包括可估计概率的不确定性问题。

风险的大小可以用方差(σ^2)或标准差(σ)进行衡量。标准差等于方差的算术平方根,知道了方差也就可以知道标准差了。

假设某投资项目在未来可能获得的投资报酬分别为R_1、R_2、…、R_n,相应的概率分别为P_1、P_2、…、P_n(n为所有可能的情况类型),那么,该项目投资报酬率的方差(σ^2)为:

$$\sigma^2 = \sum_{i=1}^{n}(R_i - \bar{R})^2 \cdot P_i$$

式中:$\bar{R}$为期望投资报酬率,就是未来可能获得的报酬率及其概率的加权平均数,即

$$\bar{R} = \sum_{i=1}^{n}(R_i \cdot P_i)$$

两个投资项目的期望投资报酬率即便相同,它们的风险也可能是不一样的,因为它们的期望投资报酬率的波动程度可能不同。标准差就是表示变量的各个具体值与期望值波动程度的统计量,因此标准差的大小就能够代表投资项目的风险大小。例如,假设投资项目A实现10%和8%收益率的概率各为50%,而投资项目B实现12%和6%收益率的概率各为50%,那么,尽管两个投资项目的期望投资报酬率均为9%,但两个项目的标准差不同:投资项目A的标准差为1%,投资项目B的标准差为3%。投资项目A的标准差小于投资项目B,所以,投资项目A的风险小于投资项目B。

需要说明的是,当两个投资项目的期望投资报酬率不相等(尤其是差异比较大)时,以标准差比较其风险大小就可能不再恰当,此时可用变异系数来衡量风险并在项目之间进行比较。变异系数是标准差与期望值的比率,即

$$q = \sigma/R$$

式中:q表示变异系数;σ表示标准差;R表示期望投资报酬率。

例如,若甲、乙两个投资项目的标准差分别为3%和1%,但期望投资报酬率分别为15%和4%。比较这两个投资项目的风险时,如果用标准差进行比较,就会得到错误的结论:认为标准差为3%的甲项目比标准差为1%的乙项目风险要大。由于这两个项目的期望投资报酬率不同,故应采用变异系数来衡量风险。

$$q_甲 = \sigma_甲/R_甲 = 3\%/15\% = 0.20$$
$$q_乙 = \sigma_乙/R_乙 = 1\%/4\% = 0.25$$

可见,项目乙的变异系数大于项目甲,项目乙的风险其实比项目甲更大些。

1.3.2 风险与报酬的关系

风险与报酬之间的基本关系是:风险越大,投资所要求的报酬率越高。风险与报酬之间的这种关系,是市场竞争的必然结果。这是因为,在预期投资报酬率相同的情况下,人们都会选择风险较小的投资项目,所以,高风险的投资项目必须有相应的高报酬,否则就没有人投资;类似地,低报酬的项目必须有相应的低风险,否则也没有人投资。

风险与报酬之间的关系可以用公式表示如下:

$$期望投资报酬率 = 无风险报酬率 + 风险报酬率$$

无风险报酬率是指不存在任何风险情况下的投资报酬率。一般将政府发行的债券特别是短期国债的利率视为无风险报酬率,因为其报酬率完全确定。

风险报酬率与项目的风险大小有关,风险越大则要求的风险报酬率从而总体期望投资报酬率越高。比如,一般来说,股票的报酬率要高于债券,一般债券的报酬率要高于国库券,长期债券的报酬率高于短期债券,原因就是前者的风险大于后者。理论上,风险报酬率是风险的函数。风险和风险报酬率的基本函数关系为:风险报酬率 = 风险报酬斜率 × 风险程度。其中,风险程度可用标准差或变异系数等计量;风险报酬斜率取决于全体投资者的风险回避态度,可通过统计的方法测定。如果大部分投资者都愿意冒险(不太厌恶风险),则风险报酬斜率就小,风险报酬率也就较小;反之,如果大部分投资者都不愿意冒险(比较厌恶风险),则风险报酬斜率就大,风险报酬率也就较大。

1.3.3 投资组合

从个别投资者的角度来看,证券市场上的投资风险可分为系统风险和非系统风险两类。所谓系统风险,是指对所有公司都产生影响的风险。这类风险涉及所有的投资对象,不能通过多元化投资来分散,因此又被称为不可分散风险或市场风险。这类风险主要有经济周期风险、利率风险、通货膨胀风险等。经济周期风险是指由于经济周期的变化而引起的经营不确定性;利率风险是指由于市场利率变动而使投资者遭受损失的风险;通货膨胀风险又称购买力风险,是指由于通货膨胀而使货币购买力下降的风险。

所谓非系统风险,是指只对某个行业或个别公司产生影响的风险。这类风险是某个行业或个别公司所特有的,它可以通过多元化投资来分散,因此又被称为可分散风险或公司特有风险。这类风险主要有经营风险、财务风险等。经营风险是指因生产经营的不确定性而带来的风险,它是任何商业活动都有的,故又称商业风险。经营风险主要来自市场销售、生产成本、生产技术等方面的不确定性。财务风险是指因借款而增加的风险,是筹资决策带来的风险,故又称筹资风险。财务风险主要来自公司举债产生的定期还本付息压力,如果公司到期不能还本付息,就面临因诉讼、破产等而遭受严重损失的可能性。

面对众多的风险投资机会时,降低风险最常用的方法就是分散化投资,即在投资时选择若干证券加以搭配,建立投资组合。

投资组合是指在一定的市场条件下,由不同类型和种类,并以一定的比例搭配的若干证券所组成的一项组合资产,又称证券组合。建立投资组合的目的在于将各种不同类型和种类的证券进行最有效的搭配,以保证在既定的期望投资报酬率下最小化投资风险,或在既定的风险下最大化期望投资报酬率。

投资者进行组合投资也要求对承担的风险进行补偿,但与单项投资不同,组合投资要求补偿的风险只能是系统风险,而不可能要求对非系统风险进行补偿。如果非系统风险的补偿存在,那么善于科学地进行投资组合的投资者将购买这部分股票,并抬高其价格,其最后的期望投资报酬率只反映系统风险。因此,投资组合的风险报酬是投资者因承担系统风险而要求的、超过无风险报酬率的那部分额外报酬。可用公式表示如下:

$$R_p = \beta_p(K_m - R_f)$$

式中:R_p 表示投资组合的风险报酬率;β_p 表示投资组合的 β 系数;K_m 表示所有股票的平均报酬率,即市场报酬率;R_f 表示无风险报酬率,一般用国库券的利息率来衡量。

1.4 资本成本

1.4.1 资本成本的含义

资本成本的概念可以从融资和投资两个角度加以解释。从融资角度来看,资本成本是指企业筹措资金所必须支付的代价,或者说股东与债权人向企业提供资本而预期获取的报酬。从投资角度来看,资本成本是指企业投资所要求的最低可接受报酬率。企业实际的投资报酬率等于资本成本,说明企业恰好实现了投资者所预期的报酬;企业实际的投资报酬率小于资本成本,就不能满足投资者的预期;企业实际的投资报酬率大于资本成本,则说明不仅满足了投资者的预期,而且为投资者(股东)实现了超额报酬。

从理论上讲,资本成本是由资金的时间价值和风险报酬两部分构成的。资金的时间价值是指无风险条件下资本提供者所期望的报酬,也就是无风险报酬。风险报酬也称风险贴水或风险溢价,是指资本提供者对投资面临的风险所期望的无风险报酬之外的额外报酬。由于企业融资方式的多样性,企业全部资本的成本取决于各单项资本的成本和资本结构。

1.4.2 债券资本成本

债券资本成本就是债权人所要求的报酬率,其基本估算公式如下:

$$P_0 = \sum_{t=1}^{n} \frac{I_t}{(1+K_d)^t} + \frac{F}{(1+K_d)^n}$$

式中：P_0 表示债券的市场价格；I_t 表示第 t 年支付给债权人的年利息；F 表示债券的到期值或面值；K_d 表示债券的到期收益率(亦即税前债券资本成本)。

由于企业发行债券筹资时，还需要支付会计、法律、承销等筹资费用，因此，企业发行债券所获得的净筹资额(NP_0)将等于债券总发行价格与上述筹资费用之差，从而债券资本成本将高于按上式估算的成本。为此，就应该用扣除这些筹资费用后的净筹资额取代上式中的债券市场价格，即

$$NP_0 = \sum_{t=1}^{n} \frac{I_t}{(1+K_d)^t} + \frac{F}{(1+K_d)^n}$$

如果债券期限较长，且每年利息相等，则可以将其视为永续年金。这样，就可用下式估算 K_d：

$$K_d = \frac{I}{P_0(1-f)} \quad 或 \quad = \frac{I}{NP_0}$$

式中：I 表示每年支付的利息；P_0 表示债券发行总额；f 表示债券筹资费用率(筹资费用占筹资总额的百分比)；NP_0 表示债券筹资净额。

债券利息在税前列支，因此具有节税效应。如果以 T 代表企业所得税税率，K_{dt} 代表税后债券资本成本，则有：

$$K_{dt} = K_d(1-T)$$

利息的节税作用会吸引企业更多地利用负债方式筹资。但是，负债利息的节税作用只有在企业盈利的情况下才成为现实。如果企业没有利润，则不能实际地享受利息从税前列支的节税利益。这就是说，就亏损企业而言，债券资本成本便是税前成本。

1.4.3 优先股资本成本

企业发行优先股的资本成本就是定期必须支付的股息。与债券利息不同，股息在税后支付，且没有固定的到期日。优先股资本成本的估算公式为：

$$K_p = \frac{D_p}{P_0(1-f)}$$

式中：K_p 表示优先股资本成本；D_p 表示优先股每年的股息；P_0 表示发行的优先股总额；f 表示优先股筹资费用率(筹资费用占筹资总额的百分比)。

根据有关法律的规定，企业只有在有盈利时才可以支付优先股股息。而且，当企业破产时，优先股股东的求偿权后于债权人。这就意味着，优先股股东较债权人承担着更大的风险。因此，优先股股息率一般要高于债券利息率。再考虑到优先股股息只能从税后利润中支付，优先股资本成本通常高于债券资本成本。

1.4.4 普通股资本成本

普通股股权资本包括发行普通股所筹集的资本和留存收益两个部分。与债券和优

先股资本成本的显性特征不同,普通股的资本成本是一种隐性成本。企业在发行股票筹集资金或将利润留存时,并不明确约定将来支付股利的时间和金额。因此,普通股资本成本的估算就面临很大的不确定性。下面介绍几种主要的普通股资本成本估算模型。

1. 股利折现模型

投资者投资于股票所获取的收益包括两个方面,即股利收益和资本利得。假设投资者永久地持有股票,且预期未来每年股利相等(即为永续年金),则股票价值就是未来各年股利这个永续年金按一定折现率折现的现值,即

$$P_0 = \frac{D_1}{K_s}$$

式中:P_0 表示当前股票价格;D_1 表示预期第 1 年普通股股利(也就是无增长假设下以后各年的预期股利);K_s 表示普通股资本成本(即普通股股东所期望的投资报酬率)。

根据上述普通股估价模型,即可得到以下无增长假设下的普通股资本成本估算模型:

$$K_s = \frac{D_1}{P_0}$$

假设普通股股利以固定的年增长率(g)递增,则有:

$$K_s = \frac{D_1}{P_0} + g$$

由于普通股股利是在税后支付的,因此其不具有节税作用,故根据以上模型估算的资本成本即为税后成本。

另外,如果考虑新股发行费用,则有:

$$K_s = \frac{D_1}{P_0(1-f)} + g$$

式中:f 表示新股发行费用率(即新股发行费用占筹资总额的百分比)。

股利折现模型是估算普通股资本成本较常用的一种方法。一般地,预测未来一年的股利并不十分困难,主要困难在于预测未来的股利增长率。股利的多少,取决于每股收益和股利支付率。每股收益的预测,一般可采用每股收益增长趋势法、销售与利润回归预测法、销售利润率法等方法对历史资料进行统计分析得到。股利支付率的估计,则可通过分析公司过去若干年的股利分配政策加以确定。但在实际估算中,采用上述方法预测未来各年股利时还是会遇到很多困难,因此,通常假设股利的变化具有一定的规律,如股利固定不变或股利以不变的增长率增长,从而可以采用以上简化的方法进行估算。

2. 资本资产定价模型

普通股资本成本也可以直接通过估计公司普通股的期望投资报酬率进行估算,资本资产定价模型(capital asset pricing model,CAPM)即为其中一种最具代表性的方法。CAPM 是在有效市场假设下,研究证券风险与报酬之间关系的定价方法。CAPM 的核心

假设是:① 资本市场是有效的。在该市场上,投资者的信息是完全的,即任何人都不可能有垄断信息,且不可能利用他所得到的信息进行套利。② 大多数投资者是风险规避者。

CAPM 的基本思想是,在有效市场上,投资者期望的风险报酬与风险水平成正比例变化。因此就有:

$$K_s = R_f + \beta(K_m - R_f)$$

式中:R_f 表示无风险报酬率(政府公债利率);K_m 表示市场组合期望投资报酬率;β 表示股票的系统风险(俗称 β 系数)。

从理论上讲,该模型中的无风险报酬率、市场组合期望投资报酬率和股票的系统风险即 β 系数,都应该是未来预期值。但是,在实际估算中,这些未来预期值往往难以获得,因而只能采用历史数据进行估算。无风险报酬率和市场组合期望投资报酬率对在同一市场中的所有股票都是一样的,其数据相对而言比较容易获得,但个股的 β 系数则不然。

β 系数是反映单个证券相对于市场组合的变动程度的指标,即 β_i 反映了证券 i 的系统风险与市场组合的系统风险之间的倍数关系,也反映了证券的投资报酬率对市场平均报酬率变化的敏感程度。如果某证券的 β 系数等于 1,则表示该证券的系统风险与市场组合的系统风险一样,即市场平均报酬率每提高(或下跌)1% 时,该证券的投资报酬率也提高(或下跌)1%。如果某证券的 β 系数大于 1,则表示该证券的系统风险大于市场组合的系统风险,该证券投资报酬率的变动幅度大于市场平均报酬率的变动幅度,即市场平均报酬率每提高(或下跌)1% 时,该证券的投资报酬率提高(或下跌)的幅度大于 1%。如果某证券的 β 系数小于 1,则表示该证券的系统风险小于市场组合的系统风险,该证券投资报酬率的变动幅度小于市场平均报酬率的变动幅度,即市场平均报酬率每提高(或下跌)1% 时,该证券的投资报酬率提高(或下跌)的幅度小于 1%。

实证研究表明,出于产业周期波动等原因,股票的 β 系数在时间上不太稳定。这就意味着,运用历史数据估算的 β 系数替代股票未来的 β 系数是不够可靠的。因此,我们需要根据对股票未来风险变化的判断对历史的 β 系数做出一定的调整。

3. 债券收益率风险调整模型

由于普通股股东对企业的投资风险大于债券投资者,因此普通股股东会在债券收益率的基础上再要求一定的风险溢价补偿。基于此,权益的成本等于债务的成本加上股东要求的风险溢价,即

$$K_s = K_{dt} + KP_c$$

式中:K_{dt} 表示税后债务成本;KP_c 表示股东比债权人承担更大风险所要求的风险溢价。

这里采用的风险溢价是经验估计值。通常来说,风险溢价在 3% 到 5% 之间,股票的风险越高,则对应的风险溢价水平就越高。另外,也可以采用历史数据分析法来估算风险溢价,即风险溢价等于过去年份的权益报酬率和债券收益率之间的差额。虽然历年权益报酬率和债券收益率的数值变动较大,但是两者的差额相对稳定,因而可以作为风险溢价

4. 剩余收益折现模型

股利折现模型的局限性在于,假设了未来股利不变或保持不变的增长率。这与实际情况往往并不吻合。为了克服上述缺陷,Gebhardt et al. (2001)引入了剩余收益折现模型来计算股权资本成本,其研究结果显示,该模型在股权资本成本的预测能力方面要优于传统的股权资本成本估算模型。

剩余收益折现模型的含义是:企业面临的股权资本成本,即为使企业未来净现金流现值与当前股票价格相等的内含报酬率。从数学角度来看,该模型等价于我们熟悉的股利折现模型。根据股利折现模型,股票价格为其预期股利的现值,即

$$P_t = \sum_{i=1}^{\infty} \frac{E_t(D_{t+i})}{(1+r_e)^i}$$

式中:P_t 表示股票现价;$E_t(D_{t+i})$ 表示在第 t 期时所预测的第 $t+i$ 期股利。假设企业的收益和所有者权益账面值采用"干净盈余"(clean surplus)会计方法①,则不难证明,上述等式可以改写为:

$$P_t = B_t + \sum_{i=1}^{\infty} \frac{E_t[\mathrm{NI}_{t+i} - r_e B_{t+i-1}]}{(1+r_e)^i} = B_t + \sum_{i=1}^{\infty} \frac{E_t[(\mathrm{ROE}_{t+i} - r_e)B_{t+i-1}]}{(1+r_e)^i}$$

式中:B_t 表示第 t 期的所有者权益账面值;$E_t[\cdot]$ 表示根据第 t 期的信息所进行的预测;NI_{t+i} 表示第 $t+i$ 期的净收益;r_e 表示股权资本成本;ROE_{t+i} 表示第 $t+i$ 期的净资产收益率,$\mathrm{ROE}_{t+i} = \mathrm{NI}_{t+i}/B_{t+i-1}$。

上述等式以一种无穷期限的方式来预测企业价值,但在实际计算过程中,我们必须要确定有限的预测期,对于预测期之外的收益流,则以一个终值(terminal value,TV)来反映。为此,我们采用如下公式来计算企业的股权资本成本:

$$P_t = B_t + \frac{\mathrm{FROE}_{t+1} - r_e}{(1+r_e)}B_t + \frac{\mathrm{FROE}_{t+2} - r_e}{(1+r_e)^2}B_{t+1} + \frac{\mathrm{FROE}_{t+3} - r_e}{(1+r_e)^3}B_{t+2} + \mathrm{TV}$$

式中:P_t 表示股票的增发或配股价格。若企业当年没有实施股权再融资,则以其上年度每股收益与当年配股市盈率中位数的乘积为该企业(潜在的)股权再融资发行价格。② B_t 表示第 t 期的每股净资产,即企业再融资年份的期初每股净资产。由于企业在再融资之后,其每股净资产一般会大幅提高,因此,应该采用调整后的期初每股净资产,即 $B_t = B_{t+1} - (\mathrm{EPS}_{t+1} - \mathrm{DPS}_{t+1})$。其中,$B_{t+1}$ 表示期末每股净资产,EPS_{t+1} 表示当期每股收益,DPS_{t+1}

---

① 干净盈余要求影响所有者权益账面值的所有收益和损失都已包含在净收益数据中,即各期之间的所有者权益账面值的变化等于净收益减去股利支付。

② 胡继之和王文立于1999年关于深圳证券交易所配股行为的研究表明,决定配股价格的基本因素为每股收益和配股市盈率。而各公司的配股市盈率又主要取决于市场平均市盈率、公司前景以及行业特性等。我们这里虽然没有考虑公司和行业因素对配股价格的影响,但该计算结果应是系统无偏的。此外,这里采用配股市盈率中位数而非平均值,是为了消除异常值的影响。

表示当期每股股利。r_e 表示股权资本成本。FROE_{t+i} 表示第 $t+i$ 期的预测净资产收益率。$B_{t+i} = B_{t+i-1} + \text{EPS}_{t+i} - \text{DPS}_{t+i}$。假设 $\text{DPS}_{t+i} = k \times \text{EPS}_{t+i}$，其中 k 为当期股利支付率。TV 表示终值，其计算公式为：

$$\text{TV} = \sum_{i=4}^{T-1} \frac{\text{FROE}_{t+i} - r_e}{(1+r_e)^i} B_{t+i-1} + \frac{\text{FROE}_{t+T} - r_e}{r_e(1+r_e)^{T-1}} B_{t+T-1}$$

Gebhardt et al.(2001)认为，该模型的预测区间应该不少于 12 期。在采用该模型时，假设预测区间之后的 ROE 一直维持在行业平均水平上，即从长期来看，企业的收益水平将与行业平均水平趋同。同时，假设第 $t+4$ 期至第 $t+11$ 期的 ROE 向行业平均 ROE 直线回归。在计算时，可以考虑舍弃亏损年份的 ROE，因为从长期来看，亏损企业最终要退出该行业，从而盈利年份的 ROE 能够更好地反映行业长期均衡收益率。

最后必须指出的是，资本成本的估算之所以困难，根本原因就在于决定资本成本高低的因素事实上是多元的。研究发现，虽然股票 β 系数是股权资本成本的主要决定因素，但诸如负债率、企业规模、账面市值比等也是影响企业股权资本成本的重要因素。此外，不同行业的股权资本成本存在显著差异，具体而言，传播文化、电子等新兴行业的股权资本成本相对较高，而纺织、建筑、交通运输、金属与非金属制品等传统行业的股权资本成本相对较低(叶康涛和陆正飞，2004)。

本章小结

公司财务目标的形成，是参与到公司之中的众多利益相关者目标的折中。现代公司财务理论认为，以财富最大化为公司财务目标，能够较好地兼顾各利益相关者的利益。对于上市公司而言，公司价值具体表现为股票价值和负债价值之和。由于负债价值相对比较稳定，股票价值是影响公司价值的主要因素。

根据有效市场假设，假设资本市场为半强式有效，则股票价格将能够反映一切公开可获得的信息。因此，财富最大化就可以用股票价值最大化来进行具体的度量。

公司使用投资者提供的资本，需要支付一定的代价。这个代价就是资本成本。从理论上讲，资本成本取决于投资者平均的期望报酬率。在理性人假设条件下，投资者期望报酬的高低与投资所面临的风险大小正相关，即风险越大，期望报酬越高。具体而言，投资者的期望报酬是由无风险报酬和风险报酬两部分构成的。

资本成本的估算需要采用一定的技术方法。股利折现模型、资本资产定价模型、债务收益率风险调整模型和剩余收益折现模型等都可以用来估算资本成本，但它们都有各自的局限性。为此，在实际估算过程中，重要的是要采用合理的方法，尽可能恰当地测算这些模型中的基本参数。

关键概念

财务目标	利润最大化	股东财富最大化
股东—经理利益冲突	股东—债权人利益冲突	有效市场假设
弱式有效市场	半强式有效市场	强式有效市场
代理理论	代理成本	风险
报酬	标准差	不确定性
投资组合	系统风险	非系统风险
期望投资报酬率	资本成本	普通股资本成本
优先股资本成本	债券资本成本	股利折现模型
资本资产定价模型	债券收益率风险调整模型	剩余收益折现模型

讨论题

1. 保护小股东利益与保护控股股东利益是否可以协调？
2. 如何根据具体情况选用不同的资本成本估算模型？

案 例

国美电器大股东与董事会权力之争[①]

  国美电器是中国最大的家电零售连锁企业之一，它是由黄光裕一手创办的。2004年，国美电器在香港联合交易所上市，黄光裕持有国美电器60%以上的股份，成为国美电器的大股东。黄光裕从2006年开始大幅减持国美电器股份，他对董事会的控制由绝对控制转为相对控制。2008年，黄光裕被捕入狱，国美电器面临严重的经营危机。以陈晓为主席的国美电器董事会通过引入贝恩资本、实施管理层股权激励等一系列手段逐渐消除黄光裕入狱对国美电器的影响。在此过程中，黄光裕对董事会逐渐失去控制力和影响力，这最终导致了大股东(黄光裕)与董事会矛盾的激烈化和公开化。双方围绕董事会构成、股东大会给予董事会的一般授权等关键问题展开了激烈的斗争，股东大会和董事会的权责划分成为整个事件的核心。

---

① 案例作者：祝继高、王春飞。感谢两位作者允许本书使用该案例。

2010年5月11日对国美电器来说颇具戏剧性。这一天,国美电器按例召开股东周年大会,没有人意识到它与以往的股东大会会有何不同。然而就在这次股东大会上,黄光裕夫妇突然发难,在12项决议中投了5项否决票,其中包括否决竺稼先生、Ian Andrew Reynolds先生、王励弘女士被重选为公司非执行董事。当晚,国美电器紧急召开董事会,宣布委任竺稼先生、Ian Andrew Reynolds先生、王励弘女士为非执行董事。人们惊讶于股东大会的决议为什么会如此迅速地被董事会否决,这在公司发展史上并不多见,从而也使得公司大股东(黄光裕)与董事会的矛盾公开化。

一、国美电器简介

(一) 国美电器的成长历程

国美电器(股票代码:00493;股票名称:国美零售)是中国的一家连锁型家电销售企业,也是中国最大的家电零售连锁企业之一。国美电器于1987年设立第一间电器零售门店,1993年第一次采用"国美"这一品牌,1999年开始全国性跨地域经营。自此以后,其在全国各地开设门店,收购门店,进行大规模的扩张,如合并永乐电器(2006年),全面托管大中电器(2007年)。到2010年,国美电器在中国大中型城市拥有直营门店1 200多家,年销售收入达509亿元。睿富全球最有价值品牌中国榜评定国美电器品牌价值为553亿元,国美成为中国家电连锁零售第一品牌。[①] 2004年,国美电器在香港联合交易所上市,其方式是通过将国美电器65%的股权注入一家香港联合交易所上市公司,随后将该上市公司正式更名为国美电器控股有限公司。

(二) 国美电器的法律适用

国美电器的复杂背景决定了其复杂的法律适用结构。首先,国美电器的登记注册地在百慕大,因此是一家境外公司。其次,国美电器在香港联合交易所上市,是一家上市公司。最后,国美电器的主要营业地在中国内地。具体来说,公司的设立、经营活动、内部组织运行和职权分配等应适用其登记注册地的法律。作为一家在香港联合交易所上市的公司,国美电器有关的交易活动同样受中国香港公司法、香港联合交易所上市规则等有关法律的规制。此外,国美电器对外的交易活动,则应适用行为所在地的法律,比如在中国内地进行交易,就要适用中国内地的法律。国美电器事件是内部的股东和管理层之间的争议,股东大会的召开、股东大会的具体运行属于纯粹的公司法上的问题,因此适用其登记注册地法律,即百慕大1981年公司法。有关上市交易规则方面的问题则适用中国香港有关法律。

百慕大是英国的属地,属于英美法系国家。其公司法以公司成立和运行的灵活性与便利性而著称。也正是由于百慕大对公司注册和管理的法律较为宽松,其法律制度是培养离案公司的温床,因此百慕大也被称为离案法区。百慕大公司法奉行的是董事会中心

---

① 国美电器公司网站(https://www.gome.com.cn)。

主义,即董事会拥有法律或公司章程规定赋予股东以外的一切权力。

二、国美电器的大股东和董事会
(一) 大股东控制的董事会

2006年7月,国美电器宣布以52.68亿港元"股票+现金"的形式收购永乐(中国)电器90%的股权。7月25日,香港联合交易所发布公告,国美电器与永乐(中国)电器正式启动合并。8月28日,国美电器发布公告称,公司以8.11亿元人民币向总裁兼董事陈晓等购入永乐(中国)电器余下的10%的股权。交易完成后,永乐(中国)电器成为国美电器的全资子公司。10月17日,香港联合交易所发布公告,国美电器并购永乐(中国)电器已得到超过90%的永乐股东接纳;永乐(中国)电器的香港联合交易所上市公司地位由于被国美电器并购而被撤销。在两公司组建的新公司中,黄光裕持有新公司51%的股份,陈晓通过合并公司和管理层持有12.5%的股份,摩根士丹利持有2.4%左右的股份。但是,黄光裕从2006年3月开始大幅减持国美电器股份,至2008年4月,黄光裕的持股比例下降至35%左右。2008年1—2月,黄光裕具体套现情况如表1所示。

表1　黄光裕套现过程　　　　　　　　　　　　　　单位:港元

交易日	付出每股最低价	付出每股最高价	付出总价
2008年1月22日	14.04	14.72	3 258 180.00
2008年1月23日	15.20	15.84	173 812 600.00
2008年1月24日	16.00	16.26	46 627 160.00
2008年1月25日	16.30	16.80	81 097 680.00
2008年1月29日	16.88	16.94	101 883 060.00
2008年1月30日	16.64	17.06	21 632 880.00
2008年1月31日	16.48	17.10	228 939 380.00
2008年2月1日	17.30	17.66	219 447 120.00
2008年2月4日	17.44	17.88	755 295 200.00
2008年2月5日	17.30	17.62	604 678 120.00
合计			2 233 363 200.00

资料来源:作者整理。

由表1可知,在2008年1—2月,国美电器从黄光裕手中大量回购公司股份,致使黄光裕成功套现大约22.3亿港元。

黄光裕对董事会的控制随着其持股比例的下降而减弱,但自始至终黄光裕一直保持着国美电器第一大股东的身份。黄光裕的持股比例变化如图1所示。

由图1可知,2004—2007年是黄光裕的"权力鼎盛"时期。其持股比例一直维持在40%以上,甚至一度达到75.67%。2008年,虽然黄光裕的持股比例下降至35%左右,但董事会仍然在黄光裕的控制之下。因此,2008年之前的这一时间段,可以说是大股东(黄光裕)控制下的董事会。

在这一时期,黄光裕完成了国美电器的进一步扩张,国美电器的店面遍布全国各大

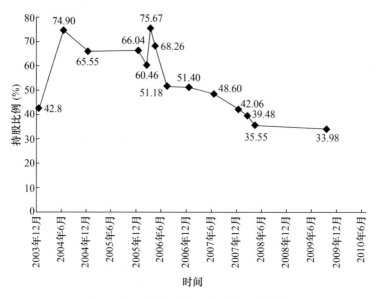

图 1　国美电器中黄光裕的持股比例变化

资料来源:作者整理。

主要城市。同时,黄光裕为了自身资本运作的便利,通过股东大会对董事会多次进行授权,并且多次修改公司章程。如在 2004 年 3 月 31 日的特别股东大会上,通过了普通决议案,授予董事新的一般授权以行使公司的权力,其中包括配发、发行及处理新股份,购回股份,扩大发行新股份的权力。在之后的股东大会上,该一般授权一直未被否决,直到 2010 年 9 月 28 日的特别股东大会。在 2006 年 5 月 10 日的股东周年大会上,黄光裕通过特别决议案对公司章程进行了一次前所未有的重大修改。例如,删除公司细则第 102(B)条全文,取而代之以新的 102(B)条:"董事会有不时及随时委任任何人士为董事以填补空缺或增加董事会成员的权力。为此而被委任之任何董事仅需出任至公司下届股东大会为止或本公司下届周年大会为止,而彼等其后将符合资格于大会上重选连任,唯不得计算在决定于该大会上轮流退任之董事人数内。"删除公司细则第 104 条全文,取而代之以新的 104 条:"尽管本细则存在其他条文及本公司与该董事存在任何协议,唯本公司可于董事之任期届满前以普通决议案罢免任何董事(包括董事、总经理或其他执行董事)(但不损害该董事就彼与本公司订立之任何服务合约遭违反而产生之损害所提出之任何索偿),并可推选另一名人士替代其职位。就此获选之任何人士仅需出任至本公司下届股东周年大会为止,而彼等其后将符合资格重选连任,唯不得计算在决定于该大会上轮流退任之董事人数内。"[①]

这一系列的重大修改为黄光裕在 2004—2008 年通过配购、上市公司回购等方式套现提

---

① 参见国美电器于 2006 年 4 月 10 日在香港联合交易所网站发布的通函。

供了便利,但是这在方便了黄光裕资本运作的同时,也为后来的控制权之争埋下了伏笔。

(二) 黄光裕入狱和董事会重组

2008年11月17日晚,黄光裕因涉嫌经济犯罪而被警方带走。随后,陈晓出任代理董事会主席,2009年1月18日,黄光裕正式辞职,陈晓出任董事会主席,并初步完成了权力过渡。2010年5月18日,黄光裕以非法经营罪、内幕交易罪、单位行贿罪被判处有期徒刑14年,罚金6亿元,没收财产2亿元。2010年8月30日,二审对黄光裕维持原判。

黄光裕入狱以后,国美电器的股价一路直跌,资金缺口巨大。为解决国美电器的资金问题,2009年6月22日,国美电器召开董事会,全票通过了贝恩资本注资国美电器的方案:贝恩资本以及国美电器现有股东都有权力认购新增发的18%的股权,同时,贝恩资本出资认购国美电器46亿港元可转换债券(其条款见表2)中的12%。但同时签订了黄光裕认为的"极为苛刻"的绑定条款和索赔条款:根据国美电器与贝恩资本签订的可转换债券条款,只要国美电器在银行出现1亿元的不良贷款就属于违约事件,贝恩资本可因此获得1.5倍的赔偿,国美电器则损失24亿元(此前,陈晓以个人名义为国美电器做了数亿元的贷款担保,如果他离职将会解除担保,所以陈晓被免的结果可能触及违约条款)。委任3名贝恩资本的人士担任国美电器非执行董事,如果国美电器违约,则贝恩资本有权要求国美电器付出1.5倍的赔偿即24亿元。

表2 可转换债券条款

条款	内容
投资者	贝恩资本
本金总额	人民币15.9亿元,以约2.33亿美元(相当于约18.04亿港元)结算
到期日	2016年可转换债券发行日期起计第7周年
债券持有人认沽权	各债券持有人有权要求本公司于2016年可转换债券发行日期届满第5周年后任何时间赎回任何2016年可转换债券
利息	年利率5%,每半年付息一次
转换期	2016年可转换债券发行日期起计30个日历日后至到期日(包括该日)止的任何时间
转换价	每股1.18港元
到期时或按债券持有人认沽权赎回	每份2016年可转换债券将于到期时或按债券持有人认沽权按本金12%之内部收益率减去已付之利息以美元赎回
投资者选择赎回	投资者有权于发生特定事件时要求发行公司赎回任何2016年可转换债券,金额等于(1)本金的1.5倍或(2)本金25%的内部收益率(以两者中较高者为准)减去所支付之利息金额
特定事件	(1) 因本公司发行新股份或其他证券,导致任何人士或集团(投资者及本公司现有控股股东除外)拥有25%或以上之已发行股份或收购本集团之全部或绝大部分资产;(2) 委任3名由投资者提名之人士为非执行董事,并使他们在细则准许的最长期限届满前不被罢免董事职务

资料来源:作者整理。

2009年8月3日,国美电器董事会宣布委任竺稼先生、Ian Andrew Reynolds 先生以及王励弘女士为非执行董事。此时,国美电器的董事会结构发生了变化,由原来的5名执行董事和3名独立非执行董事的组合改变为5名执行董事、3名独立非执行董事和3名非执行董事(来自贝恩资本的董事)的组合。国美电器的董事会结构如表3所示。

表3　国美电器的董事会结构

姓名	董事身份	备注
2008年12月31日国美电器的董事会结构:		
黄光裕	执行董事(董事会主席)	2009年1月16日辞任
杜鹃	执行董事	2008年12月23日辞任
陈晓	执行董事	
伍健华	执行董事	
王俊洲	执行董事	2008年9月1日获任,2008年12月23日重新获任
魏秋立	执行董事	2008年9月1日获任,2009年1月16日重新获任
孙强	非执行董事	
史习平	独立非执行董事	
陈玉生	独立非执行董事	
Thomas Joseph Manning	独立非执行董事	
Mark Christopher	独立非执行董事	
刘鹏辉	独立非执行董事	
余统浩	独立非执行董事	
2009年6月30日国美电器的董事会结构:		
陈晓	执行董事(董事会主席)	
伍健华	执行董事	
王俊洲	执行董事	
魏秋立	执行董事	2009年1月16日重新获任
孙一丁	执行董事	2009年6月30日获任
孙强	非执行董事	2009年7月23日辞任
史习平	独立非执行董事	
陈玉生	独立非执行董事	
Thomas Joseph Manning	独立非执行董事	
Mark Christopher	独立非执行董事	2009年7月23日辞任
刘鹏辉	独立非执行董事	2009年6月30日退任
余统浩	独立非执行董事	2009年7月23日辞任
2009年12月31日国美电器的董事会结构:		
陈晓	执行董事(董事会主席)	
伍健华	执行董事	
王俊洲	执行董事	
魏秋立	执行董事	2009年1月16日重新获任

(续表)

姓名	董事身份	备注
孙一丁	执行董事	
竺稼	非执行董事	2009年8月3日获任
Ian Andrew Reynolds	非执行董事	2009年8月3日获任
王励弘	非执行董事	2009年8月3日获任
史习平	独立非执行董事	
陈玉生	独立非执行董事	
Thomas Joseph Manning	独立非执行董事	
2010年6月30日国美电器的董事会结构：		
陈晓	执行董事(董事会主席)	
伍健华	执行董事	
王俊洲	执行董事	
魏秋立	执行董事	
孙一丁	执行董事	
竺稼	非执行董事	
Ian Andrew Reynolds	非执行董事	
王励弘	非执行董事	
史习平	独立非执行董事	
陈玉生	独立非执行董事	
Thomas Joseph Manning	独立非执行董事	

资料来源：作者整理。

表3显示，伍健华、王俊洲和魏秋立这3名执行董事是在黄光裕担任董事会主席时进入董事会的，可以说他们是黄光裕的"老部下"了。在国美电器风云突变的情况下，他们的立场很重要。2009年7月7日，国美电器宣布将占现有已发行股本约3%的股权授予105名高管，激励方案的总金额近7.3亿港元，这在中国家电行业是史无前例的。其中，授予本公司及其附属公司董事的购股权合计达12 550万股，其中陈晓2 200万股，王俊洲2 000万股，李俊涛1 800万股，魏秋立1 800万股，孙一丁1 300万股，伍健华1 000万股。此前，除陈晓外，其他高管无人享有国美电器股权。[①] 这一举措，赢得了贝恩资本的欢迎，也获得了高管们的支持。在此后的董事会表决中，董事们都表现出了对董事会的支持。8月5日，在国美电器发布的公告中，总裁王俊洲表明支持陈晓。8月12日，国美电器4位副总裁孙一丁、李俊涛、牟贵先、何阳青及财务总监方巍公开向媒体表态与董事会共进退。

（三）大股东与董事会的权力争夺

黄光裕被捕以后，其对国美电器的控制力逐渐下降。2009年6月国美电器引入贝恩资本，2009年7月7日实行股权激励方案，这一系列在外界看来的"去黄"措施令黄光裕

---
① 参见国美电器2009年7月7日关于授出购股权之公告。

十分不满,他认为,这些措施事先未征求其同意,侵犯了其作为大股东的权益。在这场控制权之争中,黄光裕最不能容忍的是稀释其持股比例,他所坚持的底线是34%的持股比例。国美电器是在百慕大注册的,因此所遵循的是英国普通法这个法律体系。在这个法律体系中,股东要想获得公司实际的控制权,真正参与公司决策,需要有压倒多数的表决权。而一些事关公司发展的重大事项需要股东大会2/3以上的表决权通过。因此只有股东在股份不少于1/3(约34%)的情况下,才可以否决股东大会上提出的需要2/3多数表决通过的提案。

国美事件的本质是控制权之争,是董事会和大股东之间的权力之争。在这场博弈中,双方为自己的利益而战,事件的始末如下:

2010年5月11日,国美电器召开股东周年大会,在这次大会上,黄光裕夫妇连投5票否决票,其中包括否决竺稼先生、Ian Andrew Reynolds先生、王励弘女士被重选为公司非执行董事。随后国美电器紧急召开董事会会议,宣布委任竺稼先生、Ian Andrew Reynolds先生、王励弘女士为非执行董事。董事会推翻股东大会的决议令人惊讶,但不得不说这是黄光裕一手造成的。在2006年5月10日股东周年大会上对公司章程的修改中,其中一项就是董事会有权不经股东大会同意任免董事。当然董事会的这一举措也是有其法律依据的。国美电器的登记注册地在百慕大,上市地在中国香港,这两地的法律都属于英美法系。英美法系国家(地区)的公司制度区别于大陆法系国家(地区),大陆法系国家(地区)主张股东大会中心主义,而英美法系国家(地区)主张董事会中心主义。董事会中心主义是指在公司结构中,董事会拥有经营决策权和业务执行权等法律或公司章程规定赋予股东以外的一切权力。如中国香港《公司条例》就规定,董事会及董事的职权由公司章程规定,法律不做具体的规定。在百慕大也有同样的规定,根据百慕大公司法2006年修订案中第9条:本条对主体法第91条现予以修订,废除代之以下列第(四)部分:"(4) 公司可以决定担任公司董事的人选,任命人员的方式和期限,只要满足公司章程细则。(5) 董事可在符合公司细则的情况下,行使除那些由本法或章程细则规定必须通过公司股东行使权力以外的公司所有的权力。"这表明了董事可以行使公司的一切权力,除公司法2006年修订案及公司章程中规定的股东权力以外。

2010年8月4日,黄光裕致函董事会。在信函中,黄光裕提出了五项议案:撤销公司2010年股东周年大会通过的一般授权;撤销陈晓的公司执行董事及董事会主席职务;撤销孙一丁的公司执行董事职务,但保留其公司行政副总裁职务;提名邹晓春为公司执行董事;提名黄燕虹为公司执行董事。并且,国美电器8月5日发布的公告称:"Shinning Crown(黄光裕的控股公司)已说明除非公司在规定的时间内召集临时股东大会,Shinning Crown会基于自己拥有公司已发行的普通股权10%以上的权力按公司章程及百慕大公司法自行召开临时股东大会审议以上动议。"根据百慕大1981年公司法第74条"Convening of special general meeting on requisition"的规定,Shinning Crown 有权基于其拥有公司已发行的普通股权 10% 以上的权力要求召开特别股东大会。

对于 8 月 4 日黄光裕的信函,国美电器管理层做出了反击。8 月 5 日,国美电器起诉黄光裕,要求其为违规行为赔偿。主要是关于其于 2008 年 1—2 月前后回购公司股份中被指称的违反公司董事信托责任及信任行为。对于公司董事侵害公司利益的行为,公司有权对其提起诉讼,这是符合法律规定的。

8 月 17 日,国美电器的大股东 Shinning Crown 发布了《致国美全体员工的公开信》,对陈晓进行了公开谴责。8 月 19 日,国美电器董事会也就《致国美全体员工的公开信》对大股东的批评进行了逐一反驳。

8 月 23 日,国美电器在香港联合交易所发布公告,宣布将于 9 月 28 日在香港召开特别股东大会,并提出届时将就八项议案进行表决:① 重选竺稼先生为本公司非执行董事;② 重选 Ian Andrew Reynolds 先生为本公司非执行董事;③ 重选王励弘女士为本公司非执行董事;④ 即时撤销本公司于 2010 年 5 月 11 日召开的股东周年大会上通过的配发、发行及买卖本公司股份之一般授权;⑤ 即时撤销陈晓先生作为本公司执行董事兼董事会主席之职务;⑥ 即时撤销孙一丁先生作为本公司执行董事之职务;⑦ 即时委任邹晓春为本公司执行董事;⑧ 即时委任黄燕虹为本公司执行董事。于是,控制权的争夺双方开始为 9 月 28 日的特别股东大会做准备,双方都在努力加大自己的筹码,因为这次会议至关重要。

8 月 30 日,黄光裕之妻杜鹃获二审改判,这对于黄光裕家族来说是一个机会,然而根据中国香港《公司条例》的规定,担任公司的董事必须符合一定的条件;同样依据中国内地《中华人民共和国公司法》(2004 年修正)第五十七条第(二)项的规定,因贪污、贿赂、侵占财产、挪用财产或者破坏社会主义市场经济秩序,被判处刑罚,执行期满未逾五年,或者因犯罪被剥夺政治权利,执行期满未逾五年的,不得担任公司的董事、监事、经理。因此,杜鹃并不能直接进入国美电器的董事会。

9 月 15 日,国美电器收到贝恩资本债转股通知。这对于以陈晓为代表的管理层来说无疑是有利的,因为一旦贝恩资本选择债转股,黄光裕的股权将由转股前的 33.98% 稀释到 30.67%。

9 月 28 日,国美电器特别股东大会如期召开,大会就八项议案进行了一一表决,表决结果见表 4。结合表 4,我们发现,黄光裕提出的五项议案除撤销一般授权外(议案第 4 项),其他四项都被否决,这似乎已经宣告黄光裕的失败,但是他并非完败。在这次特别股东大会上,撤销了公司于 2010 年 5 月 11 日召开的股东周年大会上通过的配发、发行及买卖本公司股份之一般授权,这无疑给黄光裕吃下了定心丸,其不用担心自己的股权会因董事会的增发而被稀释。然而,黄光裕在决定董事会成员上的失败,使其丧失了对董事会的控制权。对于国美电器来说,在公司现有的治理结构下,谁控制了董事会,谁就拥有了公司的控制权。因为在董事会中实行的是一人一票制度,而不是像股东大会那样实行的是资本多数决定原则。而且,国美电器的董事拥有除法律规定由股东大会保留的其他一切权力。

表4 2010年9月28日国美电器特别股东大会的表决结果

	议案	赞成	反对
1	重选竺稼先生为本公司非执行董事	94.76%	5.24%
2	重选Ian Andrew Reynolds先生为本公司非执行董事	54.65%	45.35%
3	重选王励弘女士为本公司非执行董事	54.66%	45.34%
4	即时撤销本公司于2010年5月11日召开的股东周年大会上通过的配发、发行及买卖本公司股份之一般授权	54.62%	45.38%
5	即时撤销陈晓先生作为本公司执行董事兼董事会主席之职务	48.11%	51.89%
6	即时撤销孙一丁先生作为本公司执行董事之职务	48.12%	51.89%
7	即时委任邹晓春为本公司执行董事	48.13%	51.87%
8	即时委任黄燕虹为本公司执行董事	48.17%	51.83%

资料来源:作者整理。

黄光裕虽然在9月28日的股东大会上惨败,但其手中仍有许多关键筹码是董事会不能忽视的。首先,黄光裕手中仍有超过30%的股份,仍是国美电器的第一大股东。其次,黄光裕拥有国美电器的商标所有权,目前只是授权给上市公司使用,其可以通过法律途径收回商标使用权。最后,黄光裕名下有400多家国美电器未上市门店。黄光裕拥有的国美电器商标所有权及400多家未上市门店是黄光裕与管理层和贝恩资本等机构投资者谈判的重要筹码,收回商标使用权和拆分未上市门店将给国美电器造成巨大的损失,这无疑是贝恩资本等机构投资者所不愿意看到的。

(四) 大股东重新获得控制权

2010年11月10日,国美电器公告表示,国美电器已经与黄光裕的控股公司Shinning Crown订立了具有法律约束力的谅解备忘录。根据备忘录,双方约定将许可的董事会最高人数从11人增加到13人。新增加的两名董事人选均是大股东方面的提议人员,其中邹晓春被任命为执行董事,黄光裕胞妹黄燕虹被任命为非执行董事。同时宣布将于2010年12月17日召开特别股东大会。

2011年3月10日,国美电器发布公告称,陈晓辞去国美电器董事会主席、执行董事、执行委员会成员兼主席及授权代表职务。公告还称,国美电器董事会宣布委任张大中先生为国美电器非执行董事及董事会主席。至此,黄光裕在2010年9月28日特别股东大会上提出的五项议案基本实现。在国美电器大股东与董事会的控制权之争基本结束之后,创始股东、跨国资本乃至管理层和离职者,每个角色都找到了自己的新位置。

三、国美电器控制权之争对公司市场价值的影响

国美电器这场持久的控制权之争,对公司股价产生了重要影响。由图2可知,从2009年6月至2011年3月,国美电器股价的整体走势要弱于恒生指数(HSI)。

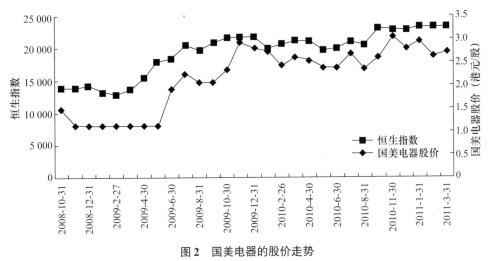

图2　国美电器的股价走势

资料来源:作者整理。

在此我们主要关注几个焦点事件对股价的影响(见表5)。为了充分观察事件对股价的影响,我们选取的窗口为(0,3),即从事件日后开始的未来3天。由表5可知,黄光裕被捕使得公司股价在4天内下跌21.56%,而同期恒生指数只下跌了1.99%,投资者亏损严重。2010年5月11日,黄光裕否决董事会的五项议案,国美电器(0,3)天的超额回报为－7.71%。2010年9月28日,国美电器召开特别股东大会,国美电器(0,3)天的超额回报为－5.50%。这充分说明,大股东与董事会的权力争夺严重影响了公司股价。与此相反,大股东与董事会达成一定程度的妥协会使公司股价上涨。例如,2010年11月10日,国美电器与黄光裕的控股公司Shinning Grown订立具有法律效力的谅解备忘录,允许黄光裕委任的邹晓春和黄燕虹进入董事会,使大股东的利益得到了一定程度的保护。受此消息的影响,国美电器的股价在(0,3)天内大涨18.63%,而同期的恒生指数回报仅为－1.93%。2011年3月10日,陈晓辞去国美电器董事会主席职务,大股东与董事会的控制权之争告一段落。股票市场对此消息的反应较为负面,国美电器(0,3)天的超额回报为－3.19%。这充分说明,大股东与董事会的控制权之争并无最后的赢家,控制权之争的最终结果是公司价值受到了严重损害。

表 5　国美电器的股票回报

事件日	事件	国美电器回报 (0,3)①	恒生指数回报 (0,3)	超额回报②
2008年11月18日③	黄光裕被捕	−21.56%	−1.99%	−19.57%
2009年6月22日	贝恩资本注资	停牌		
2010年5月11日	黄光裕否决董事会五项议案	−7.72%	−0.01%	−7.71%
2010年9月15日	贝恩资本债转股	1.94%	1.16%	0.78%
2010年9月28日	国美电器特别股东大会	−3.20%	2.30%	−5.50%
2010年11月10日	国美电器与黄光裕的控股公司 Shinning Grown 订立具有法律效力的谅解备忘录	18.63%	−1.93%	20.56%
2011年3月10日	陈晓辞去国美电器董事会主席、执行董事、执行委员会成员兼主席及授权代表职务，张大中任国美电器非执行董事及董事会主席	−7.94%	−4.75%	−3.19%

资料来源：作者整理。

注：① 案例选取(0,3)作为事件窗口，分析某个事件对公司股价当天和未来3天的影响。
② 超额回报＝国美电器回报－恒生指数回报。
③ 黄光裕被捕是在2008年11月17日，但是相关的传言发生在2008年11月17日晚，所以案例将2008年11月18日作为正式的事件日。

通过事件研究我们发现，控股股东与管理层的控制权之争会严重损害公司价值，控制权之争的缓和则有利于提升公司价值。

四、国美电器控制权之争的思考与总结

黄光裕作为一个拥有国美电器30%以上股份的大股东，在董事会中争取一个席位竟如此困难，贝恩资本拥有公司10%左右的股份，却占有国美电器董事会3个非执行董事席位，这不得不令人深思。按照公司的治理规则，董事会成员应当由股东大会选举产生，而不能由董事会自己决定。然而，在国美电器，董事会根据公司章程有权任免董事。通常情况下，董事会是公司的经营决策机构，是股东大会的常设权力机构，负责执行股东大会的决议，对于股东大会的决议应该遵守。然而，在国美电器，董事会可以推翻股东大会的决议。之所以出现上述情况有两个原因：第一，国美电器在百慕大登记注册，在中国香港上市，而这两地的法律属于英美法系。根据"法无规定皆自由"和董事会中心主义的传统，国美电器的董事会拥有法律没有禁止的一切权力。因此，国美电器董事会的具体权力可以由公司章程加以规定。第二，在黄光裕拥有绝对控制权的时代，其对公司章程进行了重大修改，并且通过股东大会授予了董事会一般授权。因为英美法系国家(地区)对公司管理允许的自由度较大，因此董事会的权力在这一时期进一步膨胀。

纵观国美电器控制权之争的始末，争夺双方始终都是在法律的框架下活动，当然这

场争夺战的结果也是合法的,至于是否合理就不在法律的讨论范围之内了。关于这场"战役"没有对错,只有胜负,每一方都在为自己的利益而战。

[思考题]

1. 股东大会的职责是什么?董事会的职责是什么?如何界定股东大会和董事会的权力边界?
2. 请评价陈晓引入贝恩资本作为战略投资者的决策是否符合公司的财务管理目标。
3. 你是如何评价国美电器的股权激励方案的?
4. 如果你是国美电器的独立董事,你将在大股东和董事会的权力之争中扮演怎样的角色?
5. 如果你是张大中,你将会如何协调大股东和贝恩资本的利益,并如何处理好大股东与董事会之间的关系?
6. 如果你是陈晓或黄光裕,你将会如何协调大股东与董事会之间的关系?

第2章 资本结构、融资行为与融资战略

【学习目标】

通过本章的学习,你应该掌握:

1. 资本结构主流理论;
2. 资本结构主要影响因素;
3. 上市公司融资行为特征;
4. 目标资本结构决策。

【素养目标】

通过本章的学习,深刻理解资本结构对企业价值影响的两面性;结合我国实际情况分析,使学生认识到我国企业优化资本结构的有利条件,增强制度自信和文化自信。

2.1 资本结构理论

资本结构是指公司债务筹资与权益筹资的比例关系,也就是通常所说的杠杆比率。资本结构是否会影响公司价值,迄今为止在公司财务理论上依然是一个未解之谜,即所谓的"资本结构之谜"(capital structure puzzle)。后面的分析将说明,在完善的资本市场环境中,资本结构将不会影响公司价值。但是,现实中的资本市场并不完善,因为资本市场存在三大缺陷,即不对称的税负、不对称的信息和交易成本。由于这些缺陷的存在,资本结构将会影响公司价值。

2.1.1 完善市场观点:无公司所得税下的 MM 理论

资本结构理论旨在解释下述两个相关的问题:第一,杠杆比率变化是否会影响公司价值?第二,如果杠杆比率变化会影响公司价值,那么最优的负债水平应该是多少?为了回答上述问题,有必要使用一些公司价值估算模型。模型中将要使用的一些符号定义如下:S 表示普通股价值;D 表示债券价值;V 表示公司价值;EBIT 表示营业利润;I 表示年债券利息;$E = \text{EBIT} - I$,表示归属于普通股股东的收益;K_d 表示债务资本成本;K_s 表示股权资本成本;K_0 表示加权平均资本成本;T 表示公司所得税税率。

首先,假设预期未来各年的 EBIT 保持不变,且全部收益都用于发放股利。那么,公司股票价值 S 的估算模型即为:

$$S = \frac{(\text{EBIT} - K_d \times D)(1 - T)}{K_s} \tag{2-1}$$

式(2-1)即可用来反映使用负债对公司股票价值产生的影响。经简单变换,可得:

$$K_s = \frac{(\text{EBIT} - K_d \times D)(1 - T)}{S} \tag{2-2}$$

式(2-2)即可用来估算股权资本成本 K_s。

其次,假设公司资本由普通股票和债券两部分构成,那么加权平均资本成本为:

$$K_0 = \frac{D}{V} \times K_d \times (1 - T) + \frac{S}{V} \times K_s \tag{2-3}$$

式(2-3)即可用来测算杠杆比率变化对加权平均资本成本的影响。

最后,公司价值 V 的基本估算模型为:

$$V = \frac{\text{EBIT} \times (1 - T)}{K_0} \tag{2-4}$$

此式经变换又可得:

$$K_0 = \frac{\text{EBIT} \times (1 - T)}{V} \tag{2-5}$$

1958 年,弗兰科·莫迪利安尼(Franco Modigliani)和默顿·米勒(Merton Miller)提出了无公司所得税条件下的资本结构理论,即 MM 理论。该理论的前提假设是:① 经营风险是可衡量的,有相同经营风险的公司即被认为处于同一风险等级;② 投资者对公司未来收益和取得这些收益所面临风险的预期一致,亦即投资者对公司未来 EBIT 的估计完全相同;③ 资本市场是完善的,从而没有交易成本,投资者可同被投资公司一样以同等利率获得借款;④ 无论借债多少,公司及个人的负债均无风险,故负债利率为无风险利率;⑤ 投资者预期的 EBIT 不变,亦即公司的增长率为零,从而所有的现金流量都是年金。

基于上述假设,MM 理论提出的命题(1)为:在没有公司所得税的情况下,公司价值独立于其资本结构。也就是说,无论公司是否负债,其加权平均资本成本都将保持不变,因此,公司价值就唯一地取决于 EBIT。

命题(1)以公式表示如下:

$$V_L = V_U = \frac{\text{EBIT}}{K_0} = \frac{\text{EBIT}}{K_{sU}} \tag{2-6}$$

式中:V_L 表示有负债公司 L 的价值;V_U 表示无负债公司 U 的价值;K_{sU} 表示处于既定风险等级的无负债公司 U 的股权资本成本。

命题(2)为:如果负债公司的债务资本成本和股权资本成本都不因负债的增加而提高,那么,由于债务资本成本小于股权资本成本,加权平均资本成本就会随资产负债率的提高而下降。MM 理论之所以认为在不同的杠杆比率下加权平均资本成本 K_0 保持不变，是因为随着资产负债率的提高，负债公司的股权资本成本 K_{sL} 也将相应提高。负债公司的股权资本成本 K_{sL} 等于同一风险等级的无负债公司的股权资本成本 K_{sU} 加上风险报酬。这里，风险报酬取决于无负债公司股权资本成本 K_{sU} 和债务资本成本 K_d 之差与资产负债率 $\dfrac{D}{S}$ 的乘积。以公式表示即为：

$$K_{sL} = K_{sU} + (K_{sU} - K_d) \times \frac{D}{S} \tag{2-7}$$

把命题(1)与命题(2)联系起来，MM 理论的含义是：K_d 小于 K_s 的利益，正好被股权资本成本 K_s 的上升抵消。所以，在负债增加的过程中，加权平均资本成本 K_0 和公司价值 V 不变。

MM 理论利用套利原理证明了上述命题(1)。根据前述假设，如果两家公司预期的 EBIT 相同，仅因有无负债而导致公司价值不同，那么，投资者就会出售价值高估公司的股票，同时购买价值低估公司的股票，进行套利活动。经过套利过程，投资者的年度收益将增加，而风险不变，因为他只是以自制的负债杠杆替代被投资公司 L 的负债杠杆。这样的套利活动将持续到两家公司的市场价值相同为止。据此，MM 理论认为，在经历了一系列这样的套利过程达到均衡之后，负债公司和无负债公司的价值将无差异，即公司价值独立于其资本结构。

MM 理论命题(2)的证明是在命题(1)的基础上进行的。根据式(2-2)，有：

$$K_{sL} = \frac{\text{EBIT} - K_d \times D}{S}$$

又根据命题(1)及 $V = S + D$，有：

$$V_L = V_U = S + D = \frac{\text{EBIT}}{K_{sU}}$$

经变换，得：

$\text{EBIT} = K_{sU}(S + D)$，将此式代入 K_{sL} 的计算公式，有：

$$\begin{aligned} K_{sL} &= \frac{K_{sU}(S + D) - K_d \times D}{S} \\ &= \frac{K_{sU} \times S + K_{sU} \times D - K_d \times D}{S} \\ &= \frac{K_{sU} \times S + (K_{sU} - K_d) \times D}{S} \\ &= K_{sU} + (K_{sU} - K_d) \times \frac{D}{S} \end{aligned}$$

上述命题及其证明都是基于资本市场完善这一前提假设的。现实的资本市场并不完善，而是存在如前所述的三大缺陷，因此，据以证明上述命题的投资者套利行为就不可能完全进行。所以,上述命题与实际情况必然存在差距。

2.1.2 公司所得税观点:有公司所得税下的 MM 理论

公司支付给债权人的利息可以在税前列支,但支付给股东的红利只能从税后利润中开支。由于存在这种税负不对称,债务融资就成为比股权融资更为便宜的融资方式。这就是资本结构的公司所得税观点。根据这一观点,在全部举债而没有股权融资的情况下,公司价值将达到最大。1963 年,莫迪利安尼和米勒提出了有公司所得税时的 MM 模型:假设在有公司所得税的情况下,负债会因利息的节税作用而增加公司价值。具体命题如下:

命题(1):负债公司的价值 V_L 等于同一风险等级的无负债公司的价值加上节税价值。以公式表达为:

$$V_L = V_U + T \times D \tag{2-8}$$

式中:$V_U = \text{EBIT} \times (1-T)/K_{sU}$;$T$ 表示公司所得税税率。

根据此命题,公司负债越多,V_L 就越大。

命题(2):负债公司的股权资本成本 K_{sL} 等于同一风险等级的无负债公司的股权资本成本 K_{sU} 加上风险报酬。以公式表达为:

$$K_{sL} = K_{sU} + (K_{sU} - K_d)(1-T) \times \frac{D}{S} \tag{2-9}$$

此式与式(2-7)的差异仅在于$(1-T)$。由于$(1-T)<1$,因此,有公司所得税时 K_{sL} 上升的幅度小于无公司所得税时 K_{sL} 上升的幅度。也正是由于这一特性,才产生了命题(1)的结果,即负债增加会提高公司价值。

2.1.3 个人所得税观点:Miller 模型

事实上,公司所得税只是影响公司价值的税收因素之一。在公司所得税之外,还存在个人所得税。投资者从公司获得的个人所得,还需要缴纳个人所得税。而且,债券投资的利息收益、股票投资的红利收益以及资本利得等不同的投资所得,其应税税率未必相同。这就形成了资本结构的个人所得税观点。

资本结构的个人所得税观点认为,债券投资收益和股票投资收益的个人所得税税率不同,(至少部分地)抵消了公司所得税不同带来的公司价值差异。1976 年,米勒提出了一个将公司所得税及个人所得税均包括在内的模型,用来估计负债杠杆对公司价值的影响。

设:T_c 表示公司所得税税率;T_s 表示个人股票投资所得税税率;T_d 表示个人债券投资所得税税率。

前述 MM 理论的所有前提假设不变,再加上公司所得税和个人所得税因素,那么,无

负债公司价值的估算公式为:

$$V_U = \frac{EBIT \times (1 - T_c) \times (1 - T_s)}{K_{sU}} \quad (2\text{-}10)$$

可见,由于 T_s 的存在,V_U 会降低。

负债公司价值的估算公式则为:

$$V_L = V_U + \left[1 - \frac{(1-T_c)(1-T_s)}{(1-T_d)}\right] \times D \quad (2\text{-}11)$$

式(2-11)即为存在公司所得税和个人所得税情况下估算负债公司价值的 Miller 模型。其证明过程如下:

设 CF_L 表示负债公司的年现金流量,则:

$$CF_L = (EBIT - I)(1 - T_c)(1 - T_s) + I(1 - T_d)$$

式中:I 表示利息;$(EBIT-I)(1-T_c)(1-T_s)$ 表示归股东的税后收益;$I(1-T_d)$ 表示归债权人的税后收益。

上式可改写为:

$$CF_L = EBIT(1 - T_c)(1 - T_s) - I(1 - T_c)(1 - T_s) + I(1 - T_d) \quad (2\text{-}12)$$

式(2-12)中,第一项等同于无负债公司的税后收益,故可用 K_{sU} 进行折现;后两项与利息支付有关,故可用 K_d 折现。则:

$$\begin{aligned}
V_L &= \frac{EBIT \times (1-T_c) \times (1-T_s)}{K_{sU}} - \frac{I \times (1-T_c)(1-T_s)}{K_d} + \frac{I \times (1-T_d)}{K_d} \\
&= V_U + \frac{I}{K_d} \times [(1-T_d) - (1-T_c) \times (1-T_s)] \\
&= V_U + \frac{I \times (1-T_d)}{K_d} \times \left[1 - \frac{(1-T_c)(1-T_s)}{(1-T_d)}\right] \\
&= V_U + \left[1 - \frac{(1-T_c)(1-T_s)}{(1-T_d)}\right] \times D
\end{aligned}$$

根据 Miller 模型,可做如下讨论:

第一,$[1-(1-T_c)(1-T_s)/(1-T_d)] \times D$ 代表在同时存在公司所得税和个人所得税情况下的负债杠杆效应,即负债所带来的公司价值的增加额。它代替了有公司所得税时 MM 模型中的 TD。

第二,如果忽略所有的税,即令 $T_c = T_s = T_d = 0$,那么,$[1-(1-T_c)(1-T_s)/(1-T_d)] \times D = 0$,从而,$V_L = V_U = EBIT/K_0 = EBIT/K_{sU}$。这就与无公司所得税时的 MM 模型相同。

第三,如果忽略个人所得税,即令 $T_s = T_d = 0$,那么,$[1-(1-T_c)(1-T_s)/(1-T_d)] \times D = T_c \times D$。这就与有公司所得税时的 MM 模型相同。

第四,如果股票投资个人所得税税率与债券投资个人所得税税率相等,亦即令 $T_s =$

T_d,那么,$(1-T_s)$与$(1-T_d)$两项可以约去,从而$[1-(1-T_c)(1-T_s)/(1-T_d)]\times D = T_c \times D$。这也与有公司所得税时的 MM 模型相同。

第五,如果$(1-T_c)(1-T_s)=(1-T_d)$,则$[1-(1-T_c)(1-T_s)/(1-T_d)]\times D = 0$,即负债杠杆效应为零。这就意味着,使用负债节税的利益,正好被股票投资个人所得税抵消。这也与有公司所得税时的 MM 模型相同。

由以上讨论可以看到,如果忽略个人所得税,或者股票投资个人所得税税率与债券投资个人所得税税率相等,或者两者虽不相等,但满足$(1-T_c)(1-T_s)=(1-T_d)$,则 Miller 模型与 MM 模型便无差异。换言之,只有当存在个人所得税,股票投资个人所得税税率与债券投资个人所得税税率不相等,且不满足$(1-T_c)(1-T_s)=(1-T_d)$时,Miller 模型才较 MM 模型有更丰富的含义。

2.1.4 代理成本观点

第 1 章中曾指出,股东、债权人和经理之间存在利益冲突。资本结构的代理成本观点就来源于这些权利人之间的利益冲突。代理成本观点认为,由于存在上述利益冲突,负债会影响公司价值。但是,负债究竟会增加还是减少公司价值?这个问题的答案并不是十分确定的,因为负债既可能因利益冲突而增加代理成本,从而减少公司价值,又可能因负债的监督效应而减少代理成本,从而增加公司价值。

诚如我们在第 1 章中所指出的,负债融资将导致的一个主要利益冲突是,股东将剥夺债权人的财富,即产生所谓的资产替代问题。资产替代问题产生的基本原因是,公司将贷款资金投资于一个较高风险(相对于获得贷款时债权人所了解到的投资风险)的项目,使贷款的实际风险增大,从而降低了这笔负债的价值。

负债融资将导致的另一个主要利益冲突是,当经理与股东利益一致时,负债将削弱公司对好项目(净现值为正的项目)进行投资的积极性,即产生所谓的投资不足问题。之所以会产生投资不足问题,根本原因就在于,那些风险不大但净现值为正的项目,虽然能够增加公司价值,但其预期收益中的大部分将属于债权人,因此,股东和经理就缺乏投资于该类项目的积极性。换言之,公司股东和经理不愿意主要为债权人打工。显然,投资不足也会对公司价值产生不利影响。

既然债权人的利益可能因公司的资产替代或投资不足问题而受到侵害,那么,债权人就一定会采取措施保护自身的利益。通常的做法是在协议中订立限制性条款来避免上述代理冲突,诸如限制公司的杠杆比率、流动性比率和分红比例等。除此之外,投资者还可以通过降低他们对公司所发行债券的出价,来避免未来财富的潜在损失。所有这些都会增加公司负债的代理成本,从而减少公司价值。

负债的代理成本还可能源自其他方面。例如,雇员专用性程度越高的公司,负债的代理成本越大。这是因为,雇员专用性程度越高,一旦公司破产或面临破产威胁,雇员另谋出路的难度就越大。因此,这样的公司负债过多,就会增加雇员的不安全感,从而获得和留住雇员的成本将随着负债的增加而上升。也就是说,这样的公司为了获得和留住雇员,就不宜过度负债。类似地,产品或劳务专用化程度越高的公司,负债的代理成本也越大。

当然,负债融资也可能降低公司的代理成本,即所谓的负债监督效应。具体而言,负债监督效应有两方面的表现:第一,由于公司负债利息的支付与本金的偿还在时间和金额上都具有刚性,因此公司在负债之后,管理层为了还本付息,就不得不努力工作,实现盈利,以避免陷入因公司失去偿债能力而被炒鱿鱼的窘境。第二,当公司拟发行新债时,潜在的债权人会认真分析公司的预期收益和风险情况,以估算公司债务的公允价值。这对于现有的债权人和股东而言,无异于享受了一次免费的外部监督,从而降低了现有债权人和股东的监督成本。根据代理理论,经理的利益与股东的利益并不一致,经理们往往置股东的利益于不顾而追求自身利益的最大化。由此,Jensen(1986)提出了自由现金流理论:资本结构要有利于激励经理们交出现金而不是让他们把现金放在低于资本成本的投资上,或者是浪费在组织的低效率上。这个问题的解决方法就是负债,负债使得公司必须对外支付现金。Stulz(1990)认为,由于负债是公司一系列支付现金的承诺,因此它可以减少管理者可自由运用的现金,舒缓管理者与股东之间的冲突,这便是负债融资产生的利益。如果负债真的减少了管理者可自由运用的现金,则较高杠杆的公司没有资源可以被浪费在无获利性的合并上。Harris and Raviv(1991)认为,违约是一种监督工具,当管理者被密切监督时,他们将会更加努力地工作。

2.1.5 破产成本观点

破产成本观点认为,公司负债之后,就会产生预期破产成本。这种预期的破产成本会抵消因税负不对称等而导致的杠杆利益。

负债带来的预期破产成本,包括直接成本和间接成本两方面。前者主要包括通知费用、法庭费用和诉讼费用等;后者是指由于处理财务危机与应付破产程序而引起的各种成本和损失,诸如管理层为处理财务危机与应付破产程序而花费的精力,陷入财务危机的公司因在与供应商或销售商谈判中处于不利地位而导致的利益让步,以及不得不出售资产所发生的损失等。其中,公司为处理财务危机或面临破产时不得不出售资产所发生的损失,与公司资产的专用性程度密切相关。一般地,资产的专用性程度越高,出售资产的交易成本或潜在损失越大。类似地,陷入财务危机或面临破产的公司不得不出售无形资产的交易成本通常大于出售有形资产的交易成本,因此,拥有更多无形资产的公司的预期破产成本较高。

考虑到预期破产成本,公司负债就不再是越多越好。如果没有其他原因(诸如税负不对称)导致的杠杆利益,那么即使负债很少,也会因预期破产成本而导致公司价值的下降。也就是说,仅就预期破产成本而言,公司应该无负债。现实中,负债程度越高,预期破产成本越大,从而越发严重地抵消因负债节税作用而带来的杠杆利益。因此,过度负债便是不可取的。

总之,与公司所得税观点不同,破产成本观点不主张极端地100%负债融资。公司适当的负债程度,取决于税负不对称等导致的杠杆利益与预期破产成本等的权衡。

2.1.6 融资优序观点

融资优序(pecking order)观点是由斯图尔特·迈尔斯(Stewart Myers)和尼克拉斯·迈勒夫(Nicolas Majluf)于1984年提出的。它是从信息不对称的角度来分析公司融资行为的。该理论观点假设:经理是保护现有股东利益的;资本市场不完善,经理比外部投资者拥有信息上的优势。因而,该理论观点认为:公司在融资时首先偏好内部融资,因为筹集这些资金不会传送任何可能降低股票价格的逆向信号;当公司需要外部融资时首先会发行债券,股票发行会放在最后关头,这个优先次序的产生是因为债券的发行更不可能被投资者理解为一种坏预兆。如果投资者比公司内部人员拥有较少的公司资产价值相关信息,则公司的股东权益价值在市场上的定价可能是错误的。在股东权益价值被低估时,经理不愿意发行股票为投资项目筹集资金,因为股价过低可能使新投资者获取的收益大于新项目的净现值,在这种情况下,即使新项目的净现值为正,该项目也会被拒绝。所以,经理只有在股东权益价值被高估时才愿意发行股票;然而,在这种情况下,自然不会有人愿意购买,因而股权融资被认为是不好的信息。这时如果公司能够运用对信息敏感性不强的资金来代替股票为投资项目融资则是较好的选择,例如内部资金或无风险债务,这样就可以避免投资不足。因此,公司更喜欢采取内部融资(保留利润)或无风险举债融资或非高风险债券融资,而不采取股权融资方式。

总结起来,融资优序观点的主要内容是:① 相较于外部融资而言,公司更倾向于内部融资;② 分红具有刚性,公司现金流的变化表现在对外部融资需求的变化上;③ 若公司需要外部融资,则在进行股权融资前会首先考虑负债融资;④ 每家公司的资产负债率反映了它对外部资金的累计需求。

2.2 资本结构影响因素

在实践中,公司资本结构的形成往往是一个十分复杂的问题,是多重因素共同影响的结果,而不是简单、纯粹地遵循上述某一种理论观点。根据国内外已有的研究,这里就一些主要的影响因素做一归纳和说明。

2.2.1 国别因素

资本结构在不同国家之间往往存在比较明显的差异。根据陆正飞(1996)的研究,中国企业的平均资产负债率为59.68%(1993年)。西方主要国家的资产负债率指标如表2-

1 所示。

表 2-1　西方主要国家全部行业平均资产负债率（1988—1992 年）　　　　单位：%

年份	美国	日本	德国	英国	法国	加拿大
1988	60.21	80.71	60.71	50.02	65.98	45.09
1989	61.49	80.20	61.30	53.19	62.78	46.18
1990	62.09	80.02	61.42	51.58	61.38	46.81
1991	62.02	79.90	61.79	—	59.19	48.68
1992	64.22	79.72	61.38	—	57.68	49.01

资料来源：根据《中国工业经济统计年鉴 1994》第 415 页"1988—1992 年主要国家资产、资本、负债指标（全部行业）"计算而得。

由表 2-1 可见，在这六个国家中，日本企业的资产负债率最高。1988—1992 年，这六个国家企业资产负债率的差异虽有变化，但并不显著，最小差异为 30.71 个百分点（1992 年），最大差异为 35.62 个百分点（1988 年）。一般认为，不同国家之间资本结构差异的主要原因，在于各国金融市场的相对分离，以及各国金融市场的运行规则和状态的差异。正是这些方面的差异，造成了各国企业面临的融资环境不尽相同，从而导致了处于不同国度的企业之间资本结构的不同。例如，该时期日本企业的资产负债率如此显著地高于其他各国，其原因主要在于：① 银企联合。日本许多企业，尤其是大企业，往往与银行有着紧密的合作关系，甚至是产权交融，因此，这些大企业就比较容易从关系密切的银行获得贷款支持。② 企业间的广泛合作。企业之间的分工合作，使得相互之间的商业信用广泛存在。③ 会计因素。日本企业会计制度和实务相对比较稳健，具体表现为特别折旧政策等方面，这就使得企业账面资产负债率显得比较高。

以上是 20 世纪 80 年代末和 90 年代初西方主要国家全部行业的平均资产负债率。由表 2-2 可知，进入 21 世纪以来，日本上市公司的资产负债率有明显的下降，同时期加拿大和美国上市公司的资产负债率却保持高水平。这可能是由于，一方面，90 年代后期，日本经历了"失去的二十年"，彼时日元升值和贸易顺差扩大。自此之后，日本上市公司纷纷选择了保守型的资产负债表，严格控制负债水平，加大净现金持有量，以应对危机的到来。另一方面，自 2008 年金融危机以来，北美政府和企业通过提升杠杆率来缓解居民部门去杠杆对经济带来的冲击；且国际金融市场长期低利率运行，也为北美企业扩张资产负债率水平提供了动力。表 2-3 提供了西方主要国家上市公司的有息负债率情况。

表 2-2　西方主要国家（G8）上市公司的资产负债率（2012—2020 年）　　　　单位：%

国家	2020 年	2019 年	2018 年	2017 年	2016 年	2015 年	2014 年	2013 年	2012 年
加拿大	88.67	87.39	87.03	87.09	87.49	87.62	86.86	86.37	86.13
德国	69.90	68.76	67.51	67.01	69.90	69.64	69.72	67.85	68.13
法国	68.61	66.80	64.37	64.33	66.36	66.76	66.49	66.67	66.87

单位:%(续表)

国家	2020年	2019年	2018年	2017年	2016年	2015年	2014年	2013年	2012年
英国	67.01	66.63	63.38	63.57	65.76	63.40	62.42	60.57	60.65
意大利	71.53	70.37	68.86	67.41	68.10	68.49	69.07	68.90	68.51
日本	58.46	57.92	56.31	56.47	57.47	58.01	57.96	59.17	60.13
俄罗斯	47.76	45.52	45.66	46.07	45.79	48.12	46.80	41.00	36.63
美国	83.99	82.78	82.80	82.71	83.19	83.02	82.80	82.77	83.46

资料来源:Compustat数据库中的North America子库和Global子库。具体指标计算为:Total Liabilities/Total Assets,并分国别进行了(1%,99%)的缩尾处理。

表2-3 西方主要国家(G8)上市公司的有息负债率(2012—2020年) 单位:%

国家	2020年	2019年	2018年	2017年	2016年	2015年	2014年	2013年	2012年
加拿大	33.63	32.36	32.89	32.02	31.48	30.94	30.89	30.88	30.19
德国	41.55	40.52	38.01	37.63	38.07	37.69	37.08	36.64	37.24
法国	41.62	39.87	36.07	35.97	36.19	36.96	37.01	37.33	37.20
英国	41.57	40.92	36.93	36.72	37.07	37.48	35.51	34.93	34.48
意大利	48.02	46.20	44.26	43.74	44.17	44.16	45.35	46.61	46.81
日本	38.37	37.59	37.00	36.95	37.64	37.66	37.98	39.28	40.12
俄罗斯	30.24	28.74	28.65	28.24	28.17	31.33	30.94	26.02	23.09
美国	47.06	46.79	46.44	45.96	45.58	45.60	45.50	45.99	46.90

资料来源:Compustat数据库中的North America子库和Global子库。具体指标计算为:(Loans + Creditors + Long Term Debts)/Total Assets,并分国别进行了(1%,99%)的缩尾处理。

2.2.2 行业因素

行业因素影响资本结构早已形成共识。根据陆正飞(1996)的研究,从日本与美国制造业和非制造业的情况来看,制造业的资产负债率较低,而非制造业的资产负债率较高,并且这种行业资产负债率特征与行业利润率特征有着一定的关系,如表2-4所示。

表2-4　日本、美国制造业和非制造业资产负债率比较(1988—1992年)

国家	行业	年份	资产负债率(%)	资金利润率(%)	资本利润率(%)
日本	制造业	1988	65.16	2.95	8.47
		1989	63.56	3.11	8.53
		1990	63.58	2.87	7.88
		1991	62.99	2.25	6.07
		1992	62.40	1.40	3.72
		平均	63.54	2.52	6.93
	非制造业	1988	81.70	1.38	7.57
		1989	81.99	1.26	6.97
		1990	82.36	1.22	6.90
		1991	81.53	1.23	6.67
		1992	81.21	1.01	5.37
		平均	81.76	1.22	6.70
美国	制造业	1988	58.04	6.30	15.80
		1989	59.47	5.46	13.47
		1990	59.85	4.24	10.57
		1991	59.86	2.54	6.32
		1992	62.98	0.90	2.43
		平均	60.04	3.89	9.72
	非制造业	1988	68.43	3.13	9.91
		1989	69.15	3.09	10.02
		1990	70.32	1.98	6.69
		1991	69.80	1.56	5.15
		1992	68.64	1.28	4.10
		平均	69.27	2.21	7.17

资料来源:根据《中国工业经济统计年鉴1994》第416页有关资料计算而得。表中的"平均"为简单算术平均。

由表2-4可见,尽管日本、美国企业之间的资产负债率存在明显的差异,但它们具有十分相近的行业资产负债率特征:① 制造业与非制造业资产负债率之比,日本为77.72%(=63.54%÷81.76%),美国为86.68%(=60.04%÷69.27%),相当接近。② 具有较高资产负债率的非制造业,其资金利润率显著低于制造业。制造业与非制造业资金利润率之比,日本为206.56%(=2.52%÷1.22%),美国为176.02%(=3.89%÷2.21%)。③ 制造业与非制造业资本利润率差异不甚显著。制造业与非制造业资本利润率之比,日本为103.43%(=6.93%÷6.70%),美国为135.56%(=9.72%÷7.17%)。

通过以上行业资产负债率差异分析,可以发现,形成行业资产负债率差异的最基本原因是,那些处于资金利润率较低的行业中的企业,其内部盈利较低从而留存利润不足,就更为依赖负债融资。

就上市公司的情况而言,资本结构在不同行业之间同样也存在比较明显的差异。陆正飞和辛宇(1998)的研究表明,中国不同行业上市公司的资本结构存在显著差异。表2-5 列示了 2000—2020 年中国各行业上市公司的资产负债率水平。

2.2.3 股东和经理的态度

股东和经理的态度对资本结构的形成也有重要影响,因为他们是公司重大经营和财务决策的制定者。

一家公司在 IPO(首次公开募股)之后,再融资方式的选择在很大程度上取决于大股东的态度。如果大股东十分在乎公司的控制权,而其持股比例也已接近保持控制权的底线,与此同时,大股东又没有或不愿意将更多的资金投资于该公司,那么,大股东就会尽量避免公司通过发行普通股筹集资金,而是促使公司更多地采用优先股或负债的方式筹集资金。相反,那些大股东持股比例特别高,从而不必担心控制权旁落的公司,就很可能倾向于发行普通股筹集资金。

经理的态度之所以影响资本结构的形成,原因就在于不同的经理对风险的态度是不一样的。喜欢冒险的经理,可能会安排比较高的负债权益比例;反之,一些持稳健态度的经理则会使用较少的负债。至于不同的经理为什么会对风险有着不尽相同的态度,除了因为人的天性和文化背景等存在差异,还受到经理约束机制的严重影响。在不完善的经理约束机制下,经理会不顾或较少顾及公司的长期安全性,而是较多或片面地追求短期业绩和短期利益,因而往往就会偏好采取积极的财务政策,更多地利用负债加快发展速度。

2.2.4 债权人的态度

公司的债权人主要有两类:一是债券投资者;二是以银行为代表的信贷机构。债权人通常都不希望公司的资产负债率太高,因为过度负债意味着公司的经营风险将更多地由股东转嫁给债权人承担。如果将公司的债权人细分为短期债权人和长期债权人两类,那么长期债权人对公司过高的资产负债率相对更加厌恶,因为公司的长期偿债能力较短期偿债能力更取决于公司未来的安全性。

与经理态度特征的形成相类似,债权人的态度首先也取决于由其天性和文化背景等决定的个性特质。但除此之外,也同样取决于债权人约束机制。如果债权人存在预算软约束问题,那么其债券投资决策或信贷决策就会比较随意,从而就会助长公司高负债的形成。20 世纪八九十年代,中国国有企业的资产负债率不断攀升,这与当时的银行信贷软约束有着十分密切的关系。之后,随着中国商业银行的改革,尤其是商业银行的改制和上市,银行信贷软约束问题逐步得到解决,国有企业的资产负债率也逐渐趋于合理。表 2-6 提供了 1980—2019 年中国国有企业资产负债率的变化过程。

表 2-5　中国各行业上市公司资产负债率（2000—2020 年）

行业	2000 年	2001 年	2002 年	2003 年	2004 年	2005 年	2006 年	2007 年	2008 年	2009 年	2010 年
A. 农、林、牧、渔业	0.37	0.41	0.46	0.48	0.51	0.49	0.49	0.48	0.44	0.48	0.49
B. 采掘业	0.26	0.29	0.39	0.37	0.42	0.44	0.45	0.48	0.42	0.42	0.39
C. 制造业	0.44	0.45	0.47	0.48	0.50	0.51	0.53	0.52	0.53	0.52	0.52
D. 电力、煤气及水的生产和供应业	0.28	0.28	0.29	0.27	0.30	0.37	0.39	0.43	0.49	0.49	0.56
E. 建筑业	0.56	0.57	0.61	0.61	0.63	0.67	0.71	0.72	0.77	0.75	0.77
F. 批发和零售贸易	0.54	0.71	0.54	0.59	0.61	0.63	0.63	0.62	0.58	0.60	0.64
G. 交通运输、仓储业	0.44	0.38	0.40	0.42	0.39	0.42	0.49	0.45	0.49	0.48	0.51
H. 餐饮住宿业	0.39	0.40	0.47	0.48	0.45	0.45	0.46	0.44	0.35	0.32	0.31
I. 信息技术业	0.39	0.45	0.44	0.50	0.51	0.53	0.48	0.43	0.43	0.44	0.46
J. 金融业	0.83	0.84	0.83	0.79	0.78	0.81	0.86	0.82	0.80	0.82	0.82
K. 房地产业	0.49	0.50	0.52	0.53	0.57	0.57	0.61	0.62	0.63	0.65	0.71
L. 社会服务业	0.40	0.38	0.39	0.42	0.48	0.52	0.50	0.39	0.45	0.47	0.48
M. 传播和文化产业	0.20	0.43	0.40	0.36	0.39	0.41	0.39	0.48	0.49	0.45	0.41
N. 综合类	0.49	0.51	0.50	0.52	0.54	0.56	0.56	0.56	0.53	0.54	0.56

行业	2011 年	2012 年	2013 年	2014 年	2015 年	2016 年	2017 年	2018 年	2019 年	2020 年
A. 农、林、牧、渔业	0.42	0.43	0.45	0.44	0.40	0.38	0.45	0.44	0.38	0.42
B. 采掘业	0.39	0.43	0.45	0.52	0.55	0.47	0.49	0.47	0.48	0.47
C. 制造业	0.50	0.51	0.50	0.51	0.50	0.49	0.48	0.49	0.50	0.48
D. 电力、煤气及水的生产和供应业	0.56	0.53	0.54	0.57	0.56	0.57	0.58	0.59	0.59	0.59
E. 建筑业	0.78	0.75	0.82	0.78	0.75	0.74	0.64	0.68	0.68	0.68
F. 批发和零售贸易	0.63	0.66	0.67	0.65	0.65	0.62	0.63	0.64	0.65	0.65
G. 交通运输、仓储业	0.52	0.50	0.50	0.48	0.45	0.47	0.45	0.48	0.46	0.50
H. 餐饮住宿业	0.33	0.39	0.46	0.43	0.53	0.48	0.45	0.46	0.44	0.48
I. 信息技术业	0.47	0.39	0.45	0.48	0.50	0.45	0.42	0.41	0.40	0.39
J. 金融业	0.79	0.62	0.82	0.84	0.84	0.83	0.84	0.84	0.83	0.83
K. 房地产业	0.73	0.74	0.75	0.74	0.77	0.77	0.79	0.80	0.79	0.79
L. 社会服务业	0.47	0.47	0.47	0.48	0.50	0.59	0.51	0.56	0.48	0.48
M. 传播和文化产业	0.42	0.38	0.32	0.28	0.28	0.27	0.31	0.33	0.35	0.36
N. 综合类	0.56	0.57	0.58	0.56	0.55	0.48	0.46	0.49	0.50	0.54

资料来源：根据 CSMAR 数据库计算而得。

表 2-6　国有企业资产负债率(1980—2019 年)　　　　　　　　　单位:%

年份	1980	1982	1985	1987	1989	1990	1991	1992	1993
资产负债率	18.7	31.0	44.9	52.3	53.6	57.1	59.0	60.0	67.5
年份	1994	1995	1996	1997	1998	1999	2000	2001	2002
资产负债率	67.9	65.9	65.7	67.1	65.5	65.4	66.0	65.0	64.8
年份	2003	2004	2005	2006	2007	2008	2009	2010	2011
资产负债率	65.9	65.7	65.1	67.4	68.7	61.6	62.8	63.4	64.0
年份	2012	2013	2014	2015	2016	2017	2018	2019	
资产负债率	64.3	64.5	64.7	65.7	65.5	64.5	64.2	64.0	

资料来源:1980—1992 年的数据来源于谭克(2005),1993—2019 年的数据来源于各年份的《中国财政年鉴》。

2.2.5　企业成长性

企业成长性一般用销售增长率等指标来度量。企业销售增长率越高,被认为成长性越强。成长性强的企业,在固定成本既定的情况下,营业利润会随销售的增长而更为快速地增长。因此,一般来说,企业成长性越强,预期利润增长越快,越可以更多地负债。不过,企业成长过程的稳定性或波动性,也是影响企业资本结构形成的一个重要方面。企业成长过程的波动性越大,说明企业的经营风险越大,预期利润越不稳定。这样的企业就应对负债持更为谨慎的态度。所以,在实践中,企业成长性对资本结构形成的影响是复杂的、不确定的,既可能是成长性越强的企业资产负债率越高,其原因是股东和债权人都对企业的未来利润有着充分的信心;也可能相反,即成长性越强的企业资产负债率越低,其原因是高成长性的企业可能伴随高风险,债权人鉴于该类企业的高风险而不愿给予信贷支持。

2.2.6　资本实力/负债能力

Jaffee and Russell(1976)以及 Stiglitz and Weiss(1981)的开创性研究成果表明,与一般的商品市场不同,信贷市场的均衡结果不仅取决于价格(贷款利率)竞争,还取决于数量限制(贷款限额),即贷款人并不总是将资金贷放给出价最高(即愿意接受较高贷款利率)的借款人。这是由于在存在道德风险和逆向选择的情况下,若贷款利率过高,则只有高风险的借款人才来借款,从而加大了贷款人所面临的风险。为了控制这种风险,贷款人宁愿降低贷款利率,以吸引低风险的借款人前来借款。此时,由于贷款利率低于市场出清贷款利率,因此贷款需求将大于贷款供给,从而贷款人需要对这些借款人进行甄别,并根据一定的标准确定其贷款限额。这些研究表明,借款人面临一定的负债能力(debt capacity)约束。Tirole(2001)进一步证明了在存在道德风险的情况下,借款人的负债能力除受企业破产风险的影响之外,主要取决于其自有资本规模,若自有资本规模较大,则企业可获得的贷款限额也较高。因此,通常企业净资产规模越大,企业越有可能选择负债融资。

2.2.7 资产担保价值

研究发现,企业所拥有的资产的类型在某种程度上会影响企业资本结构的选择。一般认为,当企业所拥有的资产较多地适用于担保时,企业趋向于高负债;反之,则趋向于低负债。

按照信号传递理论,在信息不对称的情况下,企业的经营者较企业外部的投资者更了解企业的真实情况。企业外部的投资者只能根据企业经营者传递的信号来重新评价其投资决策。企业的资本结构也是经营者向外传递信息的一种方式。如企业为新项目筹资,由于企业经营者比潜在投资者更清楚投资项目的实际价值,若项目具有较好的获利能力,则经营者代表老股东利益,一般不愿发行新股而分散收益。此时,若企业发行新股,则在投资者看来即是一种"利差"消息,从而会影响新股的价值。所以,企业会更趋向于负债融资。而且,如果发行有担保的债券,那么企业的融资成本还将进一步下降,因此,拥有较多的可担保资产的企业更趋向于高负债的策略。

2.2.8 税率和利率

企业利用负债所能获得的节税利益,与所得税税率的高低成正比。所以,在其他因素既定的条件下,所得税税率越高,企业越倾向于高负债;反之亦然。此外,由于不同国家及不同时期税基的确定和税收征管的宽严程度有所差别,因此即使所得税税率相同,负债的节税利益也可能存在差异。

利率水平也是影响企业资本结构安排的一个重要因素。利率水平偏高,会增加负债企业的固定财务费用负担,故企业只能将负债权益比例安排得低一些;反之亦然。利率管制导致的利率扭曲对中国上市公司的资本结构选择具有重要影响,即使得股权融资相较于债务融资具有显著的、可观的成本优势(刘力和唐国正,2005)。此外,利率对企业资本结构安排的影响,还表现在预期利率变动趋势对企业筹资方式选择的影响方面。预期利率趋涨时,企业会在当前较多地利用长期负债筹资方式;预期利率趋跌时,企业则会在当前较谨慎地利用长期负债筹资方式。

2.3 融资行为:经验证据

中国资本市场业已经历了三十多年的发展。中国上市公司的融资行为和融资结构究竟存在哪些特征?这个问题值得我们进行认真的分析和总结。

中国上市公司的融资行为和融资结构，曾表现出如下几个方面的显著特征：

1. 偏好股权融资

阎达五等(2001)的研究发现，在达到证券监管部门配股条件的上市公司中，69.26%的公司会公布或实施配股方案。黄少安和张岗(2001)的研究表明，1993—1999年，中国上市公司的股权融资占全部融资的比重平均在50%以上。而在西方较为成熟的资本市场上，上市公司的股权再融资倾向却并不明显。在大多数年份里，美国非金融类上市公司的股票净发行量往往为负值，也就是说，股票回购量往往多于同年新发行的股票量。

中国的上市公司表现出了强烈的股权融资偏好，其原因是多方面的：

第一，股权分置决定的二元股权结构，使非流通股股东能够通过增发新股而获得利益。在股权分置改革完成之前，作为非流通股的法人股和国家股多为上市公司的大股东。但是，由于它们没有流通权，其在IPO时的定价就远低于流通股价格，如欲转让，也不能按市价而往往只能按以账面净值为基础确定的价格进行转让。因此，如何在不花钱的情况下增加公司股本的账面净值，从而提高非流通股的价值，就成了持有非流通股的大股东们的重要考虑。由于增发和配股时一般按高于账面净资产、接近市价的价格进行溢价发行，因此公司进行股权再融资时，每股净资产的账面价值就会得到提高，非流通股股东就会从中受益。

第二，二级市场的积极反应也是上市公司偏好股权融资的一个重要原因。都志灵等(1999)的研究表明，配股方案受股东欢迎的程度虽然不如送红股，但也受到了市场一定程度的追捧。之所以这样，是因为投资者认为上市公司配股意味着有好的发展项目，从而也就意味着有未来利润的增加。因此，上市公司偏好股权融资，一个可能的原因便是为了迎合二级市场股票投资者的心理需要。

第三，中国上市公司高管层的持股比例过低，也是导致公司偏好股权融资的一个可能原因。高管层持股比例过低，使得高管层激励机制不健全，即高管层的利益主要取决于短期业绩，而与未来的长期业绩几乎没有什么关系。在这种情况下，高管层更多地选择股权融资，至少有两个方面的好处：其一，降低负债水平，减少利息支出，增加账面利润总额。在薪酬与利润总额挂钩的公司里，高管层就能够实现更多的短期利益。其二，通过增加股权融资，降低负债水平，可以降低公司的财务风险，减轻高管层的压力，特别是降低破产风险。这样，就能够使高管层的"饭碗"更加稳定。

第四，债券市场不发达，债务融资渠道不通畅，也是导致中国上市公司偏好股权融资的原因之一。中国企业债券的发行受到国家证券监管部门的严格管制，发行门槛要求很高。加之利率管制和缺乏健全的信用评级机制，债务融资的代理成本大大提高。这就迫使许多上市公司转向股权融资。

第五，股权融资成本低也被认为是中国上市公司偏好股权融资的一个重要原因。黄少安和张岗(2001)通过测算，认为股权融资成本的极大值为2.42%左右，而同期银行贷款(一年期)利率为5.31%,远远高于股权融资成本。但是,陆正飞和叶康涛(2004)用剩余收益模型逐一估算了各样本公司的股权融资成本,研究发现,虽然中国上市公司的股权融资成本平均而言要低于债务融资成本,但在偏好股权融资的公司中,约30%的公司的股权融资成本是高于债务融资成本的。这就意味着,股权融资成本低并不能完全解释中国上市公司的股权融资偏好行为。当进一步从破产风险、负债能力约束、代理成本和控制权等因素考察中国上市公司融资行为的影响因素时,发现公司资本规模越小和自由现金流越少,净资产收益率和控股股东持股比例越高,公司越有可能选择股权融资方式。

此外,根据陆正飞和高强(2003)基于问卷调查的研究结果,在397家样本公司中,共有391家公司回答了融资偏好问题,其中289家公司(占比73.91%)偏好股权融资。那么,究竟为什么偏好股权融资? 在选择偏好股权融资的289家样本公司中,有258家公司回答了这一问题,结果见表2-7。从统计结果中可以看到,上市公司偏好股权融资的首要原因是相较于债务融资而言,股权融资的成本较低;其次是股权融资不必还本,分红也可灵活掌握;再次是为了储备更多的股权资本,以便将来股权融资困难时更多地筹集负债资金。

表 2-7 公司偏好股权融资的原因

原因	No.1	No.2	No.3	No.4	No.5	优先程度
感觉股权融资的成本较低(相较于债务融资而言)	5(153)	4(44)	3(6)	2(5)	1(0)	3.7558
不必还本,分红也可灵活掌握,因而可以降低公司财务风险	5(73)	4(114)	3(10)	2(7)	1(0)	3.3527
股权融资比较容易实现(相较于债务融资而言)	5(9)	4(12)	3(27)	2(22)	1(0)	0.8450
储备更多的股权资本,以便将来股权融资困难时更多地筹集负债资金	5(19)	4(23)	3(44)	2(18)	1(0)	1.3760
其他原因(请注明)	5(5)	4(2)	3(0)	2(1)	1(0)	0.1357

注:(1) 本题可多选;(2) 表中阿拉伯数字5、4、3、2、1表示优先程度权数,5表示优先程度最大,1表示优先程度最小;(3) 括号中的阿拉伯数字为回答问题的调查问卷份数;(4) 优先程度即优先程度权数的加权平均数,其计算公式为:$\sum$ 优先程度权数 × (本项选择数/回答样本总数)。

2. 更多采用配股方式进行股权再融资

配股和增发是上市公司可以利用的两种不同的股权再融资方式。配股是针对原有股东进行的再融资,其基本特点是,只要所有股东都参与配股,配股行为就不会改变原股东在上市公司中的持股比例。增发是面向所有潜在投资者的股权再融资行为,因此,增发完成后原股东在上市公司中的持股比例通常会发生改变。增发是比配股市场化程度更高的一种股权再融资行为。在2000年以前,上市公司更多选择配股,较少选择增发,其中一个重要原因,就在于市场化程度较低的配股比较容易成功,而市场化程度较高的增发风险较大。如前所述,在股权分置情况下,大股东持有的主要是非流通股。在大股东提出配股计划之后,真正参与配股的多为流通股股东,而持有非流通股的大股东往往放弃配股。之所以流通股股东不得不参与配股,而与此同时非流通股股东往往放弃配股,其原因就在于,对于广大流通股股东来说,由于配股价低于市价,配股计划完成后,股价一般会有小幅下跌,位于配股价和配股前市价之间,为了弥补这一潜在的跌价损失,广大的流通股股东不得不参与配股。而对于非流通股股东来讲,其手中非流通股的持有成本通常远低于配股价,参与配股反而会提高其平均持有成本,因此,在控制权不会成为问题的情况下,放弃配股就是一个理性的选择。由表 2-8 可以看到,在 2000 年以前,通过配股实现股权再融资的公司数和融资金额,都要远远多于增发。但是,随着市场化程度的提高,以及股权分置改革的实施和完成,在 2000 年以后,上市公司越来越多地采用增发而非配股的方式进行再融资。

表 2-8 1993—2000 年股权再融资方式比较

年份	股权再融资			
	A、B 股配股公司数(家)	A、B 股配股融资金额(亿元)	A、B 股增发公司数(家)	A、B 股增发融资金额(亿元)
1993	62	81.58		
1994	67	50.16		
1995	78	62.83		
1996	192	69.89	6	缺失
1997	210	198.00	3	缺失
1998	170	334.97	8	缺失
1999	104	320.64	5	59
2000	147	519.46	23	188
合计	1 030	1 637.53	45	247

资料来源:根据 CSMAR 数据库计算而得。

3. 在债务融资时,更倾向于利用短期负债

从表 2-9 中可以看到,1992—2000 年,中国上市公司短期负债(流动负债)占总负债的比重平均为 75% 左右。一般地,考虑到财务的安全性,短期负债与长期负债应该保持一个适当的比例关系。短期负债比重过高,容易引发财务危机,尤其是在银根紧缩的时候。

根据陆正飞和高强(2003)的调查结果,在 397 家样本公司中,除去在上市后未曾有过后续融资的 17 家公司,其余 380 家公司融资方式选择的统计结果如表 2-10 所示。

表 2-9　1992—2000 年中国上市公司负债结构状况

年份	公司数量（家）	资产总额（亿元）	负债总额（亿元）	资产负债率（%）	流动负债/总负债（%）
1991	17	129.32	57.98	45	65
1992	78	694.02	331.70	48	73
1993	224	2 380.42	1 099.27	46	78
1994	354	4 126.85	1 924.75	47	80
1995	382	5 220.26	2 654.81	51	80
1996	597	7 394.94	3 669.37	50	81
1997	810	10 893.18	5 114.79	47	79
1998	920	13 685.91	6 367.33	47	81
1999	1 020	16 597.17	7 746.61	47	80
2000	1 166	21 297.89	9 716.93	46	81

资料来源：根据 CSMAR 数据库计算而得。

表 2-10　公司上市后曾经使用过的融资方式及其排序

融资方式	No.1	No.2	No.3	No.4	No.5	No.6	No.7	No.8	优先程度	选择此项样本数
利润留存	8(48)	7(56)	6(90)	5(53)	4(8)	3(0)	2(0)	1(0)	4.2447	255
短期借款	8(155)	7(112)	6(55)	5(7)	4(0)	3(0)	2(1)	1(0)	6.2921	330
长期借款	8(30)	7(97)	6(70)	5(36)	4(7)	3(0)	2(0)	1(1)	4.0737	241
配股	8(114)	7(50)	6(35)	5(21)	4(2)	3(0)	2(0)	1(0)	4.1711	222
发行普通公司债券	8(1)	7(3)	6(4)	5(3)	4(4)	3(0)	2(0)	1(0)	0.2211	15
发行可转换债券	8(1)	7(2)	6(1)	5(2)	4(0)	3(1)	2(0)	1(0)	0.1079	7
增发新股	8(27)	7(8)	6(3)	5(2)	4(0)	3(0)	2(1)	1(0)	0.7947	41
其他（请注明）	8(1)	7(1)	6(1)	5(0)	4(0)	3(0)	2(0)	1(0)	0.0553	3

注：(1) 本题可多选；(2) 表中阿拉伯数字 8、7、6、5、4、3、2、1 表示优先程度权数，8 表示优先程度最大，1 表示优先程度最小；(3) 括号中的阿拉伯数字为回答问题的调查问卷份数；(4) 优先程度即优先程度权数的加权平均数，其计算公式为：$\sum$ 优先程度权数×（本项选择数/回答样本总数）。

表 2-10 中的调查结果显示，公司上市后曾使用的融资方式，按优先程度排序依次是短期借款、利润留存、配股、长期借款、增发新股、发行普通公司债券、发行可转换债券和其他。国外实证研究表明，上市公司融资方式的选择一般符合融资优序理论，即优先使用内部股权融资（利润留存），其次是债务融资，最后是外部股权融资。中国的上市公司虽然也表现出了优先使用内部股权融资即利润留存的倾向，但与融资优序理论相比，存在两个特点：一是长期债务融资排在外部股权融资（配股）之后；二是短期借款这种融资方式高居首位。净现金不足，可能是上市公司大量使用短期借款的原因——得不到长

期融资机会的公司为了满足生产经营的需要而不得不选择向银行短期借款的融资方式。

4. 融资行为的地区差异

陆正飞和赵蔚松(2003)以北京、上海和深圳三地的上市公司为研究对象,发现样本公司1997—2000年的资产负债率和资产长期负债率的平均值如表2-11所示。

表2-11 北京、上海和深圳三地上市公司资产负债率比较　　　　　单位:%

指标	北京	上海	深圳
资产负债率(账面基础)	34.53	50.48	54.01
资产负债率(市价基础)	20.19	35.36	36.36
资产长期负债率(账面基础)	3.82	4.17	5.27
资产长期负债率(市价基础)	2.32	3.31	4.19

资料来源:光盘《年报大全1997—1999》,中国科协声像中心,北京汇智科贸有限公司;巨潮资讯(www.cninfo.com.cn);中国上市公司资讯网(现更名为"中国上市公司网",www.ipo123.cn)。

显然,北京上市公司的负债水平低于上海与深圳。通常认为,账面资产负债率的正常范围应该在30%~70%。如果将此作为一个比较标准,那么三地上市公司的资产负债率都落在这个范围内,但北京上市公司的资产负债率已接近"下限"。另外,通过对比资产负债率和资产长期负债率可以发现,三地上市公司的债务资金来源都严重依赖于短期借款,北京、上海和深圳上市公司负债中短期借款所占的比重依次约为85%、90%和90%,北京上市公司对短期借款的依赖程度略低于其他两地。

那么,三地上市公司融资结构的差异是否意味着它们的获利水平即净资产收益率(ROE)也会存在相应的差异呢?为了说明这个问题,陆正飞和赵蔚松(2003)将资产负债率分为(0,0.2)、(0.2,0.5)、(0.5,0.7)和(0.7,1.0)四个区间(样本中剔除了资不抵债的上市公司),三地上市公司不同资产负债率区间的平均获利水平(按账面价值计算的ROE)如表2-12所示。

表2-12 北京、上海和深圳三地上市公司不同资产负债率区间的ROE比较(之一)

单位:%

资产负债率区间	北京	上海	深圳
(0,0.2)	6.70	7.24	8.10
(0.2,0.5)	11.00	8.29	6.16
(0.5,0.7)	-3.72	6.24	6.06
(0.7,1.0)	-176.93	-52.95	-80.02

进一步地,把资产负债率分为(0,0.1)、(0.1,0.2)、(0.2,0.5)和(0.5,1.0)四个区间①(样本中剔除了资不抵债的上市公司),三地上市公司不同资产负债率区间的平均获利水平(按市场价值计算的ROE)如表2-13所示。

表2-13　北京、上海和深圳三地上市公司不同资产负债率区间的ROE比较(之二)

单位:%

资产负债率区间	北京	上海	深圳
(0,0.1)	3.40	3.14	3.33
(0.1,0.2)	5.24	5.13	2.39
(0.2,0.5)	1.57	4.07	2.69
(0.5,1.0)	—	-0.63	-9.04

从表2-12和表2-13中的数据可以发现,按账面价值和市场价值计算的ROE与资产负债率的变化关系趋势相差不大,但三地之间存在一定的差异:

第一,北京与上海上市公司的收益率水平随着资产负债率的提高出现了一个先升后降的趋势:当资产负债率在某个水平之下时,收益率均值可以达到一个比较令人满意的程度;当资产负债率超过某个水平时,收益率均值则陡降;甚至当资产负债率超过某个水平时,收益率为负值,呈现极端恶劣的形态。

第二,深圳上市公司的收益率水平随着资产负债率的提高,虽然出现了轻微的先降后升,但总体上还是呈下降趋势,即获利能力随着资产负债率的提高而下降,资产负债率与公司的获利能力呈反方向变化。

需要注意的是,中国上市公司的融资行为和融资结构表现出来的上述特征,事实上也随着中国股市再融资条件的变化和资本市场的逐步发展而发生一些变化。表2-14和表2-15分别反映了中国上市公司资本结构和融资结构的变化趋势,主要特点如下:

第一,1991—2000年,中国上市公司整体资产负债率水平除1995年和1996年较高外(分别为51%和50%),其余年份均在47%左右,且总体上呈略微下降趋势;而2001—2014年,整体资产负债率水平上升趋势明显,由2001年的48%上升到了2014年的61%。2015—2020年,整体资产负债率水平趋于稳定,保持在60%左右。然而,流动负债占总负债的比重在1991—2000年总体呈上升趋势,2001—2015年总体呈下降趋势,从2016年开始流动负债占总负债的比重又有所上升。

第二,上市公司资产负债率的变化趋势也反映了证券市场发展和政策法规的影响。在证券市场成立初期,上市公司资产负债率与同期国有企业的差距较小。随着资本市场的发展,证券市场融资额不断增加,上市公司融资优势明显,其资产负债率较为平稳且总体略有下降。而同期国有企业资产负债率持续上升,上市公司资产负债率远低于国有企

---

① 由于按账面价值和按市场价值计算的资产负债率集中分布在不同的区间,所以区间分段的方式不同。

业。随着上市公司数量的增多,未上市国有企业数量的减少,上市公司资产负债率与国有企业的差距逐渐缩小,至2006年年底上市公司和国有企业的资产负债率基本一致,分别为56.0%、56.2%。2007—2014年,受同期经济环境和货币政策的影响,上市公司的资产负债率略有上升。在"去杠杆"政策的号召下,2015—2017年上市公司的资产负债率较2013年和2014年有所下降;2018—2019年虽有所回升,但未突破2013年和2014年的水平。结合表2-14和表2-15可以看出,1994年和1995年上市公司的股权融资金额比1993年明显减少,上市公司的资产负债率又有所上升。随后1996年和1997年上市公司的股权融资金额又迅速增加,上市公司的资产负债率又有所下降。1997年之前,证监会对增发和配股没有任何要求,任何公司都可以配股,而且配股比例不受限制,因此配股成为上市公司"圈钱"的捷径。1997年,证监会对配股资格进行限制,要求上市公司配股必须满足如下条件:连续3年净资产收益率达到10%;距上次配股时间超过1年;每次配股比例不超过股本的30%。1999年和2001年,证监会又对配股资格进行修改,要求上市公司净资产收益率3年平均不低于6%。2000年以后,上市公司又利用增发进行"圈钱"。2002年,证监会对增发资格进行限制。这些政策大大约束了上市公司利用配股、增发进行"圈钱"的行为。从2001年开始,中国证券市场进入了漫长的"熊市",证券市场的融资功能基本停止,直到2005年股权分置改革,证券市场的融资功能才重新恢复。此外,2001—2015年,中国A股市场共经历了6次IPO暂停,也极大地限制了上市公司的股权融资。在此背景下,股权融资占筹资现金流入的比重从2002年开始快速降低,2014年仅为6.81%,而上市公司的资产负债率也从2001年的48%逐步上升到了2014年的61%。2016年,证监会加快了IPO审核和通过的速度,因此上市公司股权融资占筹资现金流入的比重有了较大幅度的上升,达到了20.78%,与此同时,上市公司的资产负债率也相应地下降到了58%。2019年,科创板正式开板,并试点注册制,这改变了中国以间接融资为主的融资结构,通过直接融资方式提高了资金配置效率。因此,该时期的股权融资金额有明显增加,截至2020年,上市公司股权融资金额累计达到22万亿元。

表2-14 1991—2020年中国上市公司资本结构的变化趋势

年份	公司数(家)	资产总额(亿元)	负债总额(亿元)	资产负债率(%)	流动负债/总负债(%)
1991	17	129.32	57.98	45	65
1992	78	694.02	331.70	48	73
1993	224	2 380.42	1 099.27	46	78
1994	354	4 126.85	1 924.75	47	80
1995	382	5 220.26	2 654.81	51	80
1996	597	7 394.94	3 669.37	50	81
1997	810	10 893.18	5 114.79	47	79
1998	920	13 685.91	6 367.33	47	81
1999	1 020	16 597.17	7 746.61	47	80

(续表)

年份	公司数(家)	资产总额(亿元)	负债总额(亿元)	资产负债率(%)	流动负债/总负债(%)
2000	1 166	21 297.89	9 716.93	46	81
2001	1 249	26 572.10	12 675.81	48	77
2002	1 309	31 448.20	15 778.51	50	77
2003	1 369	37 075.67	18 982.69	51	76
2004	1 457	43 741.88	23 285.37	53	75
2005	1 452	48 253.76	26 671.74	55	76
2006	1 530	59 704.86	33 846.84	56	74
2007	1 633	85 279.90	48 511.64	57	71
2008	1 688	99 190.33	58 735.20	59	69
2009	1 832	123 509.28	74 370.93	60	66
2010	2 181	154 314.10	90 945.27	59	67
2011	2 411	186 895.82	110 780.51	59	68
2012	2 577	246 744.53	148 763.18	60	57
2013	2 621	273 541.05	166 626.53	61	57
2014	2 736	312 101.06	189 847.06	61	56
2015	2 924	359 465.96	215 340.89	60	55
2016	3 163	366 427.08	212 895.45	58	65
2017	3 401	538 808.38	323 359.21	60	71
2018	3 483	606 071.48	367 942.29	61	72
2019	3 680	679 135.32	413 105.98	61	71
2020	4 128	761 259.55	459 256.11	60	71

资料来源：作者根据CSMAR数据库A股非金融类上市公司一般财务数据库整理而成。

表2-15 1993—2020年中国上市公司融资结构的变化趋势

年份	公司数(家)	股权融资现金流入(亿元)	股权融资占筹资现金流入比重(%)	发行债券和借款占筹资现金流入比重(%)	其他占筹资现金流入比重(%)
1993	183	315.58	72.80	24.20	3.00
1994	291	138.40	62.30	36.90	0.80
1995	323	119.92	43.58	43.80	12.62
1996	530	350.50	63.90	28.50	7.60
1997	745	958.86	72.50	17.80	9.70
1998	448	695.73	73.00	16.13	10.87
1999	423	799.30	81.87	14.29	3.84
2000	572	1448.74	84.00	10.84	5.16
2001	588	1 159.67	92.95	1.74	5.31

(续表)

年份	公司数(家)	股权融资现金流入(亿元)	股权融资占筹资现金流入比重(%)	发行债券和借款占筹资现金流入比重(%)	其他占筹资现金流入比重(%)
2002	569	718.78	82.40	9.55	8.05
2003	645	770.96	76.27	5.85	17.88
2004	673	938.37	50.00	40.20	9.80
2005	567	341.40	47.26	14.24	38.50
2006	611	1 588.62	42.01	46.31	11.68
2007	1 658	3 064.43	20.63	74.55	4.82
2008	1 712	2 247.30	11.55	83.72	4.73
2009	1 854	3 006.19	10.34	85.27	4.39
2010	2 214	6 733.77	17.35	78.85	3.80
2011	2 447	5 257.01	11.78	83.56	4.66
2012	2 576	3 923.99	5.78	89.99	4.23
2013	2 621	3 697.56	5.05	90.87	4.08
2014	2 736	6 216.56	6.81	88.50	4.69
2015	2 924	10 542.19	9.44	85.35	5.21
2016	2 121	13 556.17	20.78	71.60	7.62
2017	3 401	32 018.87	20.66	74.54	4.80
2018	3 483	25 881.56	15.83	78.30	5.87
2019	3 680	28 146.85	16.17	77.31	6.52
2020	4 128	44 262.40	20.46	73.13	6.41

资料来源:1993—1997 年的数据来源于陆正飞(2005);1998—2020 年的数据由作者根据 CSMAR 数据库 A 股非金融类上市公司一般财务数据库整理而成。

此外,股权再融资过程中配股与增发的选择也随着时间而发生变化。从 2002 年开始,上市公司的增发融资金额就超过了配股融资金额;从 2005 年开始,进行增发的公司数超过了进行配股的公司数。2016 年,上市公司的配股融资金额仅为增发融资金额的 2.32%。2018 年,上市公司的配股融资金额仅占到增发融资金额的 1.7%。但到了 2020 年,该比值有所提高,为 7.8%。表 2-16 反映了 1998—2020 年中国上市公司股权再融资方式的演变过程。

表 2-16　1998—2020 年中国上市公司股权再融资方式的演变

年份	配股		增发	
	公司数(家)	募集资金(亿元)	公司数(家)	募集资金(亿元)
1998	153	337.71	9	58.38
1999	122	282.57	6	53.78

(续表)

年份	配股		增发	
	公司数(家)	募集资金(亿元)	公司数(家)	募集资金(亿元)
2000	168	512.68	16	139.46
2001	102	359.21	22	186.89
2002	20	51.84	28	158.76
2003	25	64.97	18	115.84
2004	21	98.21	13	151.07
2005	2	2.42	5	276.15
2006	2	4.10	57	410.99
2007	8	237.85	153	2 138.95
2008	8	136.50	133	1 226.77
2009	10	103.81	132	1 465.60
2010	19	1 443.34	165	2 427.52
2011	14	402.51	188	1 855.19
2012	8	137.50	156	1 942.34
2013	12	452.32	245	2 335.21
2014	14	136.35	384	5 173.01
2015	5	40.04	614	8 692.74
2016	11	293.22	645	12 642.77
2017	10	199.41	267	7 379.06
2018	12	185.91	252	10 671.11
2019	13	209.78	256	5 933.71
2020	15	578.06	475	7 379.83

资料来源:根据 CSMAR 数据库整理。

2.4 目标资本结构

资本结构在理论上是一个并未完全解开之谜,公司的实际融资行为受到多方面因素的影响。那么,公司是否应该有一个理想的或者说目标的资本结构?若是的话,那又该如何进行目标资本结构决策?

2.4.1 目标资本结构的影响因素

关于公司是否应该有一个理想的或者说目标的资本结构,在理论上存在争议,在实践中同样也有不尽相同的见解。但是,大多数业界人士还是对此持赞同意见。在美国的一项调查中,170 位被调查的财务经理中有 102 位坚信公司存在最优资本结构,他们中的大多数为公司设计了目标债务比率。而且,目标债务比率的设计多建立在对公司经营风险理性估计的基础之上。至于究竟哪些因素决定或影响着公司目标债务比率的设定,在一项对美国前1000位工业公司(按销售额排序)的调查中,212家公司的财务经理做了回答。结果显示:85%的财务经理将"公司管理层"排在第一位,其次是投资银行和商业银行。

陆正飞和高强(2003)的调查显示,在全部397家样本公司中,有351家公司认为应该设定一个合理的资本结构,占88%;而不认同的公司仅有46家,占12%。做出肯定回答的351家公司,在被问及"就自己公司的实际状况而言,合理的资本结构应该为多少"时,回答情况如表2-17所示。从表2-17中的数据来看,约70%的公司认为,合理的资本结构应该位于40%~60%。

表2-17 合理资本结构的范围

合理的资本结构	样本数	所占比重(%)
30%以下	17	4.84
30%~40%	58	16.52
40%~50%	129	36.75
50%~60%	114	32.48
60%~70%	32	9.12
70%以上	1	0.29
合计	351	100.00

关于公司目前实际的资产负债率情况,全部397家样本公司回答的结果如表2-18所示。从表2-18中的数据来看,资产负债率为60%以上的公司只占样本总数的20.65%;资产负债率在30%~40%以及30%以下的公司占样本总数的43.58%;资产负债率在40%~60%的公司占样本总数的35.77%。可见,只有35.77%的公司的实际资产负债率位于绝大多数公司所认为的合理的资本结构区间(40%~60%)。这就意味着,中国上市公司中只有1/3多公司的实际融资行为是比较理性的,即能够按照公司认为的合理资本结构目标理性地安排资本结构。

表2-18 公司目前实际的资产负债率

公司目前实际的资产负债率	样本数	所占比重(%)
30%以下	99	24.94
30%~40%	74	18.64
40%~50%	74	18.64
50%~60%	68	17.13
60%~70%	44	11.08
70%以上	38	9.57
合计	397	100.00

进一步的调查还发现,在认为公司应该设定一个合理的资本结构的351家公司中,有44%的公司目前实际的资产负债率未达到自己认为合理的资本结构区间,说明目前相当数量上市公司的资产负债率偏低,未达到自己认为合理的资本结构所允许的资产负债率水平。当然,同时也发现约1/4的公司目前实际的资产负债率已经超过自己认为合理的资本结构所允许的资产负债率水平。

在实践中,将财务风险控制在可以接受的范围之内是非常重要的。为此,公司必须善于把握资本结构的上限。回答这一问题的396家样本公司的回答情况如表2-19所示。

表2-19 公司最高的承债能力

公司最高的承债能力	样本数	所占比重(%)
40%	43	10.86
50%	45	11.36
60%	110	27.78
70%	155	39.14
80%及以上	43	10.86
合计	396	100.00

从表2-19中的数据来看,只有10.86%的公司认为自己的承债能力可以超过80%;认为最高的承债能力是70%的公司最多,占39.14%;认为最高的承债能力是60%的公司其次,占27.78%。总体来看,不同上市公司所认识到的最高承债能力差异较大,不太集中。这或许反映了不同公司面临的经营风险和其他环境条件的差异性,也可能反映了不同公司的管理当局对公司面临的经营风险等的主观感受不尽相同。

2.4.2 目标资本结构决策

美国AT&T公司在评论经营风险与财务风险的关系时曾指出,在考虑公司借多少债才算安全时,必须考虑公司自身的经营风险。这种风险随行业的不同而千差万别,它主要与产品的性质及市场需求有关。此外,债务政策与公司未来的获利能力也有着很大的关系。这就意味着,公司在进行目标资本结构决策时,需要考虑各自面临的具体环境因素,不可以简单仿效。

如果说资本结构优化的目标是股东财富最大化,那么将股东财富这样一个相当抽象的概念用于指导目标资本结构决策实践,就需要解决其可操作性的问题。也就是说,实际确定目标资本结构时,我们必须以一个更为具体且可操作的指标近似地代表股东财富。这个指标通常就是每股收益(EPS)。因为,在企业外部因素既定的情况下,股东财富归根结底取决于公司为其创造的净收益。

公司每股收益的大小,除了取决于营业利润(EBIT),还受到以下两个因素的影响:一是固定财务支出（利息及优先股股息）；二是流通在外的普通股股数。当公司资产规模及资产风险，从而 EBIT 既定时，公司的负债权益比例越高，固定财务支出就越大，而流通在外的普通股股数则越小；反之亦然。因此，负债权益比例的改变会导致每股收益的变化。一般地，当公司实现的 EBIT 足够大时，公司多负债有助于提高每股收益；反之，则会导致每股收益下降。那么，究竟 EBIT 为多大时负债有利，EBIT 为多小时又是发行普通股有利呢？为此，我们就要通过下式求得无差异点的 $\overline{\text{EBIT}}$，即能使债务融资与股权融资产生同样大小的每股收益的 EBIT：

$$\frac{(\overline{\text{EBIT}} - I_1)(1 - T) - D_{P1}}{N_1} = \frac{(\overline{\text{EBIT}} - I_2)(1 - T) - D_{P2}}{N_2} \tag{2-13}$$

式中：$\overline{\text{EBIT}}$ 表示无差异点的营业利润；I_1、I_2 分别表示两种融资方案下的年利息；D_{P1}、D_{P2} 分别表示两种融资方案下的年优先股股息；N_1、N_2 分别表示两种融资方案下流通在外的普通股股数；T 表示公司所得税税率。

EBIT—EPS 分析法的局限在于，这种分析方法只考虑了资本结构对每股收益的影响，并假定每股收益最大，股票价格也就最高。但把资本结构对风险的影响置于视野之外是不全面的。因为随着负债的增加，投资者的风险加大，股票价格和公司价值也会有下降的趋势，所以，单纯地采用 EBIT—EPS 分析法有时会做出错误的决策。

目标资本结构决策的另一种方法是杠杆比率分析法。其基本思路是：① 选择一定数量的反映财务杠杆状况的比率；② 确定各比率的标准值；③ 计算不同融资方案下的财务杠杆比率预测值；④ 将预期值与标准值进行对比，判断各融资方案可行与否。

在采用杠杆比率分析法确定目标资本结构时，需要注意以下几点：① 标准值因行业而异；② 各公司有其特殊性，需做进一步调整；③ 计算财务杠杆比率预期值时所使用的 EBIT 值，可以是多个不同的预测值；④ 这里所指的财务杠杆比率主要是资产负债率和固定费用比率；⑤ 资产负债率可以表达为"总负债/总资产"或"总负债/净资产"等；⑥ 固定费用比率可以表达为利息抵付次数即"EBIT/I"，或现金流固定费用比率即"(EBIT+折旧)/[利息+优先股股利/(1−T)+还本额/(1−T)]"。

杠杆比率分析法的最大优点在于，通过事先确定好目标财务杠杆比率，使公司在具体融资过程中选择融资方式时变得更为理性。但是，这种方法的不足之处是，确定目标财务杠杆比率时很难找到定量化的依据，而不得不含有主观判断。

本章小结

资本结构是指公司债务筹资与权益筹资的比例关系。资本结构理论试图解释的主要问题是，资本结构安排是否会影响公司价值。这在公司财务理论上迄今为止依然是一个未解之谜。在完善的资本市场环境中，资本结构不会影响公司价值。但是，现实中的资本市场并不完善,因为资本市场存在三大缺陷,即不对称的税负、不对称的信息和交易成本。由于这些缺陷的存在,资本结构将会影响公司价值。

资本结构的形成其实是一个十分复杂的过程,并不像理论上所说的那么纯粹。影响资本结构形成的因素既包括一个国家的经济体制、金融体制、税收制度、经济增长速度和经济周期等宏观因素,又包括一个行业的成长性、风险性和资本有机构成等中观因素,更包括公司盈利性、成长性、资产担保价值和经理态度等公司特征因素。

公司的实际融资行为往往是上述多种因素综合影响的结果。由于不同国家及不同历史阶段影响公司融资行为的关键因素不尽相同,因此就会表现出不同的融资行为特征。中国上市公司过去所表现出来的一些融资行为特征,诸如偏好股权融资、倾向于配股融资及负债中较多短期负债等,正是体现了中国资本市场特定发展阶段的环境特征。

尽管是否存在目标资本结构在理论上尚是一个未完全解开之谜,但在实践中,多数公司和多数财务经理还是认为,公司存在目标资本结构,并创造了一些目标资本结构决策方法。

关键概念

资本结构	MM 理论	自由现金流理论
资产替代	投资不足	破产成本
融资优序观点	IPO	信息不对称性
负债能力	税率	利率
融资行为	股权融资	债务融资
股权再融资	二元股权结构	流通股
非流通股	上市公司	目标资本结构
资产负债率	杠杆比率分析法	

讨论题

1. 各种资本结构理论观点之间是否存在逻辑矛盾?请谈谈你的看法。
2. 中国的上市公司在过去的融资实践中表现出了偏好股权融资的行为特征,你认为这是否表明公司的融资行为是非理性的?

案 例

ZT 去杠杆与杠杆操纵[①]

2015年年底,中央正式提出了"去杠杆"的改革目标。而我国高杠杆的问题更多地集中在企业部门,尤其是国有企业。为了进一步推动国有企业落实降杠杆、减负债工作,2017年召开的第五次全国金融工作会议首次提出要将国有企业去杠杆列为降杠杆工作的重中之重。2018年9月,中共中央办公厅、国务院办公厅印发了《关于加强国有企业资产负债约束的指导意见》,明确指出国有企业平均资产负债率到2020年年末要比2017年年末降低2个百分点,并在之后保持在同行业同规模企业的平均水平。实际上,在各级国有企业当中,中央国有企业的去杠杆问题更为棘手。据《国务院关于2018年度国有资产管理情况的综合报告》披露,2018年中央国有企业平均资产负债率为67.7%,而地方国有企业平均资产负债率为62.0%。作为建筑央企的ZT,账面杠杆率近十年来一直位于76%以上。这是由于建筑行业以"先垫资施工,后竣工收款"为主要商业模式,这决定了其天生高杠杆经营的特性。同时,2008年后的经济刺激计划资金主要投向基础设施建设领域,从而导致建筑央企杠杆率长期居高不下,成为国资委重点关注和重点监管的企业之一。那么,对于ZT来说,如何在去杠杆政策压力下降低杠杆率呢?

一、公司背景

ZT于2007年12月3日、12月7日分别在上海证券交易所和香港联合交易所上市。其主要从事基础设施建设、勘察设计与咨询服务、工程设备与零部件制造、房地产开发、金融投资与矿产资源开发等业务,其业务资质几乎涵盖了所有的基建领域,并完成了我国铁路、公路、城市轨道工程的大部分建设任务,是我国最大的铁路建设承包商。2019年,ZT资产规模达10 561亿元,当年实现营业收入8 484亿元,连续14年位居世界企业500强,是全球最大的建筑工程承包商之一。

二、ZT去杠杆之难

(一) 政策压力下的艰难去杠杆之路

从2012年开始,政策压力逐步迫使ZT降低杠杆率。随着去杠杆政策力度的不断加强,对于依靠高杠杆经营的ZT来说,去杠杆之路甚是艰难。具体可以将去杠杆政策压力分为以下几个阶段:

[①] 本案例所涉及的数据均来自公司年报和Wind数据库,并经过手工整理而得到。

1. 第一阶段：国资委对央企债务风险的初步管控(2012—2015年)

2012年，国务院国资委在《关于进一步加强中央企业债务风险管控工作的通知》(简称《风险管控通知》)中明确界定国有非工业企业的资产负债率警戒线为75%，并将资产负债率指标纳入国有企业负责人、董事会及总会计师的履职评价体系中，对债务杠杆防控不力的国有企业主要负责人进行约谈。虽然这一阶段已经开始管控央企的杠杆率，但更多的是在企业内部层面展开，对央企杠杆率的约束相对温和。然而，建筑行业属于资金密集型行业，对融资渠道和融资成本的敏感性较高。作为建筑央企，ZT的主要客户为铁道部和各级政府，政府部门的资金偿付能力对其资金获取尤为关键。而基建业务涉及的投资金额巨大，政府部门仅通过财政资金难以为继，往往会采用地方融资平台的方式筹措资金。因此，ZT的经营扩张除直接受到去杠杆政策调控影响外，还受到中央规范地方政府债务的影响。随着地方政府债务风险的凸显，为了缓解地方政府债务负担，规范政府举债行为，2014年财政部颁布修正后的《中华人民共和国预算法》①。同年，国务院出台了《关于加强地方政府性债务管理的意见》(国发〔2014〕43号)，鼓励采用政府与社会资本合作(PPP，public-private-partnership)模式进行基建投资，并在全国范围内展开。这一系列政策措施的实施，使地方政府减少了"政绩"工程，政府建设投入资金日趋紧缩，倒逼建筑企业更广泛地采用BT(build-transfer，建设—移交)、BOT(build-operate-transfer，建设—经营—移交)和PPP等合作建设方式。然而，PPP项目的最大特点是引入社会资本方合作投资，但在实践中，建筑企业为了确保新签合同金额的增长而承担了项目的大部分融资责任，因而推高了建筑企业的实际杠杆率，给去杠杆带来了一定的难度。

2. 第二阶段：中央明确去杠杆任务(2015—2017年)

2015年年底，中央正式提出去杠杆目标，并成为各经济部门的重要经济任务。在去杠杆政策方向下，2017年11月，央行等五部委联合发布《关于规范金融机构资产管理业务的指导意见》(征求意见稿)(以下简称"资管新规")，全面禁止通道业务，打破刚性兑付，消除多层嵌套等监管套利行为。资管新规虽旨在降低金融行业泡沫水平，但随着融资渠道的减少和融资额度的降低，进一步传递到建筑企业，促使企业降低杠杆率。与此同时，国务院国资委办公厅下发《关于加强中央企业PPP业务财务风险管控的通知》(征求意见稿)，对PPP业务的会计核算进行规范，并严厉禁止央企资产负债出表的行为。原本一些建筑企业将PPP业务负债表外化，从表面上迎合去杠杆的监管，但PPP业务负债回表的大趋势带来了负债并表压力。另外，财政部于2017年先后发布了一系列严控地方政

---

① 依照"开前门，堵后门，筑围墙"的改革思路，2014年8月31日第十二届全国人大常委会第十次会议通过了《关于修改〈中华人民共和国预算法〉的决定》，赋予了地方政府依法举债的权力，并对举债主体、用途、规模、方式、监督制约机制和法律责任等方面做了规定。

府违规举债融资的文件①,明确禁止地方政府对市场化投资人的投资行为进行兜底,对地方政府利用PPP项目变相举债等行为进行了限制,这导致举债责任更多地转移到建筑企业身上。融资责任的增加、融资渠道的减少以及负债并表的压力,使得ZT的融资难度增加,在去杠杆硬性任务下,公司业务开展更加受到束缚。

3. 第三阶段:国有企业去杠杆成为"重中之重"(2017年至今)

2017年召开的第五次全国金融工作会议又将国有企业去杠杆列为重中之重。2018年9月,中共中央办公厅、国务院办公厅印发了《关于加强国有企业资产负债约束的指导意见》。除直接面对央企去杠杆的要求外,在业务层面,ZT还受到政府债务严控的影响。为了降低地方政府债务杠杆,2018年7月13日,国务院办公厅发布了《关于进一步加强城市轨道交通规划建设管理的意见》,提高了地方政府申报修建地铁和轻轨的指标门槛。城市轨道交通是基建大项目,也是ZT的盈利增长点之一,而申报标准提升数倍会直接影响ZT的业务获取和盈利水平。随着国家对央企去杠杆工作的力度加大并提出到2020年杠杆率比2017年再下降2个百分点的硬性指标,ZT去杠杆压力不断增加。

本质上,ZT所面对的去杠杆压力来自内外两个方面。一方面,是来自中央对央企杠杆率降低的硬性要求。这种硬性要求迫使ZT必须将账面杠杆率降低到75%,属于央企上级部门对其下达的强制性任务。另一方面,在去杠杆的背景下,外部融资环境较为不利。受到金融行业去杠杆和严控地方政府债务风险的影响,ZT的基建业务推进可能受到阻碍,经营利润也难以保证,去杠杆的压力不小。

(二)"保增长"让去杠杆难上加难

实现规模增长是ZT的内在需求,也是保增长目标的任务要求。央企一直是金融危机后的经济增长主力军,而2013年4月,国务院国资委又进一步部署央企必须以保增长助力全国稳增长,并提出央企整体年度利润增长要达到10%。这一增长目标也成为ZT的硬性增长任务。然而,ZT要想通过利润总额的逐年提高来扩张规模还存在诸多现实困难。

从财务报表的角度来说,利润总额的提高主要有扩大营业总收入和提高利润率两种途径。具体而言,营业总收入的扩大可以通过提高市场占有率、多元化经营等方式实现;利润率的提高则可以通过自主科技创新、降低成本、提高高利润率项目占比等方式实现。但现实情况并不允许ZT单纯依靠上述方式实现规模扩张:一是,在扩大营业总收入方面,公司已形成以基础设施建设业务为核心的五大业务板块,多元化空间较小;国内市场竞争激烈,海外市场形势复杂,难以形成巨大的市场突破。ZT的主营业务包括基础设施建设、勘察设计与咨询服务、工程设备与零部件制造、房地产开发和其他,共计五大类,涉

---

① 指财政部发布的《财政部等五部委关于进一步规范地方政府举债融资行为的通知》(财预〔2017〕50号)、《关于印发〈地方政府土地储备专项债券管理办法(试行)〉的通知》(财预〔2017〕62号)和《关于坚决制止地方政府以购买服务名义违法违规融资的通知》(财预〔2017〕87号)三个重要文件。

及的业务领域较多,包括建筑行业上下游的设计、施工、设备和零部件生产等,也包括房地产开发、金融服务、矿产资源开发和物资贸易等,较为完备和丰富。在这种情形下,要扩展更多的业务领域成本较大,且近年来在"聚焦实业,做强主业"①的要求下,非主业投资和金融业务投资受到严格控制,公司很难通过扩大其他业务规模或引入新的业务板块来提高营业收入。ZT 的传统核心业务——基础设施建设业务板块——面临过度饱和的窘境,行业内部竞争激烈。即使在基础设施建设领域补短板的投资驱动下,由于竞争者众多,成本透明,项目数量增长仍旧有限。而海外市场面临政治经济格局的不确定性,风险较高,海外业务收入的增长尚不足以支撑整体规模扩张。二是,在提高利润率方面,公司传统核心业务产高利低,实现新技术创新存在障碍;高毛利率的房地产业务受政策调控影响,难以扩大业务量。基础设施建设业务是公司的主要收入来源,但利润率单薄,基础设施建设业务的行业平均毛利率在 11% 左右,而 ZT 的基础设施建设业务历年平均毛利率为 8% 左右,远低于行业平均值,其盈利水平无法与规模相匹配。在人工成本、机械成本、材料成本逐年上涨的情况下,仅通过提升自身管理水平来减少间接费用开支难以扭转局面,而以技术创新提高利润率还有一定的难度。除了占据营业收入比重 80% 以上的基础设施建设业务,其他业务的利润率都较高,但受其业务规模占比较小的限制,能够为 ZT 贡献的利润有限。在房地产政策严格调控下,公司销售量可能有所下滑,房地产业务板块的高毛利率优势对提高整体利润率水平作用较小。通过提高高毛利率业务的占比,也难以提高整体利润率。

虽然经济刺激计划为 ZT 带来了更多的建筑项目订单,但这类项目需要公司垫付大额资金,还需交纳项目执行保证金等款项。同时,这类项目通常采用 BT、BOT 或 PPP 模式,ZT 需要承担项目的大部分融资责任。为了保证持续的规模扩张、完成保增长任务,ZT 仅依靠利润总额增长的内源融资方式来获取基建投资资金的可行性较低,而股权融资又容易受到维持国有控制权的影响。在国有企业债融资的可获得性强的情况下,ZT 更倾向于借助财务杠杆来满足较大的资金需求,以保证企业规模扩张,这也就导致了 ZT 的杠杆率不断攀升。因而,在面对规模扩张要求而上升的杠杆率时,ZT 去杠杆目标的完成就更加困难重重。

三、解决之道——"杠杆操纵"

如何才能保证在规模扩张的同时又能完成去杠杆指标任务呢?在这样的情况下,ZT 只能通过杠杆操纵降低账面杠杆率,形式上完成去杠杆任务。从财务数据可知,ZT 的资产规模一直保持增长趋势,而与此同时,通过表外负债、名股实债、其他会计手段三种杠杆操纵手段,ZT 的杠杆率却在 2013 年到达峰值后开始逐年下降,从 2013 年的 84.59% 降至

---

① 2019 年两会期间,国资委主任提出:"中央企业一定要进一步明确企业的发展目标和战略定位,严控非主业投资,推动各类要素向实业集中、向主业集中,不断提升核心竞争力和盈利能力。"

2019 年的 76.76%。具体而言①,表外负债操纵方式会将负债和资产出表,进而少计账面负债和账面资产金额,表外负债操纵方式下的实际杠杆率 =（账面负债 + 表外负债的杠杆操纵金额）/（账面资产 + 表外负债的杠杆操纵金额）。名股实债操纵方式则是将负债计入所有者权益,账面资产金额等于实际资产金额,但账面负债金额少于实际负债金额,名股实债操纵方式下的实际杠杆率 =（账面负债 + 名股实债的杠杆操纵金额）/账面资产。其他会计手段主要是通过向上影响利润进而增加账面资产和所有者权益或减少账面负债,账面资产金额大于实际资产金额,账面负债金额小于实际负债金额,其他会计手段操纵方式下的实际杠杆率 =（账面负债 + 其他会计手段的杠杆操纵金额）/（账面资产 ± 其他会计手段的杠杆操纵金额）,其中,当采用"不确认或少确认预计负债"方式时,账面负债金额应加上这部分操纵金额得到实际负债金额,账面资产金额也应相应加上该操纵金额得到实际资产金额;当采用"不计提或少计提折旧（摊销）与减值准备""提高研发支出资本化率""通过公允价值计量提高资产账面价值""非经常性损益的确认"等方式时,则仅会虚增净利润,进而多计账面资产金额,此时仅需将账面资产金额减去相应的杠杆操纵金额得到实际资产金额。三种方式通过操纵手段降低了账面杠杆率,其杠杆操纵程度 = 账面杠杆率 − 实际杠杆率。

从 ZT 历年的年报来看,可能存在的杠杆操纵包括（但不限于）如下事项：

（一）表外负债

1. 避免并表

2013 年,通过处置股权,ZT 对 ZT 成都投资发展有限公司（以下简称"成都投"）、成都同基置业有限公司（以下简称"同基置业"）不再具有控制权,但由于仍然能够对其实施重大影响,故仍将其作为联营企业计入长期股权投资,并采用权益法核算。仅从可获得的年报披露信息来看,该行为存在避免并表动机的疑虑。成都投是 2012 年新成立的子公司,ZT 于 2013 年将其 70% 的股权转让给集团外第三方 ZT 蓉城轨道交通投资中心（有限合伙）,转让后 ZT 仅持股 10%。根据 ZT 2012 年的年报披露,成都投资产为 27.59 亿元,净资产为 1.75 亿元,负债达到 25.84 亿元,而该子公司 2012 年的净利润则为 −0.25 亿元。可见,成都投债台高筑,且盈利能力较差,避免将成都投纳入合并报表范围,有助于增加合并报表净利润,降低负债水平。

2. 应收账款资产证券化融资

从公开数据可知,自 2015 年起,ZT 发行了多期应收账款 ABS（asset-backed securities,资产支持证券）。这也从侧面反映出,自 2015 年正式提出去杠杆以来,国有企业开始采用表外负债的方式来完成杠杆率降低任务。且随着去杠杆压力的增大,国有企业更需要通

---

① 在计算每一种杠杆操纵手段方式下的实际杠杆率时,均不考虑其他种类的杠杆操纵手段,假设仅存在此种杠杆操纵手段。

过 ABS 将负债隐藏,这直接导致应收账款 ABS 发行额度逐年增加。截至 2019 年,ZT 累计发行在外的 ABS 额度为 559.59 亿元(见表 1)。

表 1　2015—2019 年 ZT 应收账款资产证券化项目情况　　　　单位:亿元

会计年度	应收账款 ABS 发行在外额度
2015	6.80
2016	4.53
2017	82.15
2018	331.31
2019	559.59

注:由于优先级别的差异,每一笔应收账款 ABS 内部各层级的到期时间、起息时间有所不同。因此,我们对每一笔应收账款 ABS 发行记录,按优先级/次级、到期时间分别计算累计的每年发行在外的应收账款 ABS 余额。其中,以"起息日"为计算的开始,以"到期日"为计算的终止。

(二) 名股实债

1. PPP 项目

PPP 模式实质上是名股实债的一种形式,其能够规避杠杆率上升的关键就在于"不并表"。在对 ZT 2014—2019 年的年报进行分析后,我们发现其存在大量的未纳入合并报表范围的结构化主体投资。从 ZT 的年报披露情况来看,未纳入合并报表范围的结构化主体投资主要分为四大类(如表 2 所示),为防止高估"名股实债"的情况,我们仅考虑明确为"(1) ZT 信托发起且在结构化主体中享有权益"和"(3) 集团发起或认购"两种类别的结构化主体投资。按照政策要求,项目注册资本金须占投资总额的 20%,且必须由 ZT 投入,而剩下的 80% 则由银行债务资金投入(即名股实债资金)。因此,假设 ZT 享有权益的结构化主体投资账面价值等于 ZT 自己投入的 20% 部分,结构化主体投资的注册资本金总额则用该账面价值除以 20% 再乘以 80% 进行估计,进而可以推测出 ZT 历年的名股实债金额。

表 2　2014—2019 年 ZT 未纳入合并报表范围的结构化主体投资　　　　单位:亿元

结构化主体类别		年份					
		2014	2015	2016	2017	2018	2019
(1) ZT 信托发起且在结构化主体中享有权益	① 主体规模	—	—	—	333.95	212.27	376.65
	② 账面价值	40.46	33.53	27.97	22.36	16.97	23.49
	③ 估计的名股实债金额 = ② ÷ 20% × 80%	161.84	134.12	111.88	89.44	67.88	93.96
(2) ZT 信托发起且在结构化主体中没有权益	主体规模	—	—	—	3 750.93	3 975.22	4 254.12
	账面价值	—	—	—	—	—	—

单位：亿元（续表）

结构化主体类别		年份					
		2014	2015	2016	2017	2018	2019
（3）集团发起或认购	④ 主体规模	2 827.14	3 606.77	368.63	397.43	105.81	182.31
	⑤ 账面价值	—	—	33.39	34.67	26.41	27.59
	⑥ 估计的名股实债金额＝⑤÷20%×80%	—	—	133.56	138.68	105.64	110.36
（4）集团认购其他信托产品		—	—	0	3.77	0	0
⑦PPP名股实债金额＝③＋⑥		161.84	134.12	245.44	228.12	173.52	204.32

注：财政部于2014年修订了《企业会计准则第41号——在其他主体中权益的披露》，首次对"结构化主体"进行了定义。因而，在2014年之前的年报中，ZT均没有披露结构化主体投资情况，故我们只能从2014年开始统计。

"—"表示年报中未披露。

②和⑤均为年报附注中披露的该项目账面余额。

2. 永续债

我国企业发行的永续债主要包括可续期企业债、可续期定向融资工具、可续期公司债券、永续中期票据和永续次级债。从数据来看，2014—2019年，ZT永续债余额成倍增长，对杠杆率影响较大。

表3　2014—2019年ZT永续债情况　　　　　　　　　单位：亿元

会计年度	永续债累计余额
2014	29.82
2015	119.40
2016	119.40
2017	119.40
2018	319.31
2019	315.35

3. 债转股

ZT于2018年6月启动了市场化债转股方案，通过减轻四家全资子公司的债务负担，增加集团母公司的所有者权益，降低了杠杆率。整个市场化债转股分成两步（详见表4）：第一步，引进投资者对子公司增资。引入九家投资机构（中国国新、中国长城、中国东方、结构调整基金、穗达投资、中银资产、中国信达、工银投资和交银投资），以共计115.97亿元的现金或其在本次增资中所受让的标的公司或标的公司合并报表范围内附属企业的金融机构贷款债权或委托贷款债权（以下简称"转股债权"），增资ZT四家全资子公司（二局工程、ZT三局、ZT五局及ZT八局）；这四家子公司将增资所获得的资金用于偿还子公司及其合并报表范围内附属企业的债务。第二步,发行股份购买资产。ZT 向九家投资机构定向增发价值 116.55 亿元的 ZT 股票,用于回购四家子公司股权。交易完成后,四家子公司再次成为 ZT 的全资子公司。在实行市场化债转股以后,合并报表范围未发生变动,但子公司的负债水平均有所降低,且 ZT 合并报表杠杆率也有所降低。

表 4 ZT 市场化债转股具体流程

交易对方	第一步								增资合计（亿元）	第二步 ZT	
	二局工程		ZT 三局		ZT 五局		ZT 八局				
	增资金额（亿元）	持股比例（%）	增资金额（亿元）	持股比例（%）	增资金额（亿元）	持股比例（%）	增资金额（亿元）	持股比例（%）		支付对价（亿元）	发行股数（万股）
中国国新	9.60	6.75	5.10	5.00	8.40	7.55	2.90	3.46	26.00	26.13	3.87
中国长城	10.00	7.03	9.00	8.81	—	—	6.00	7.15	25.00	25.12	3.72
中国东方	—	—	2.00	1.96	7.00	6.29	6.00	7.15	15.00	15.07	2.23
结构调整基金	5.50	3.87	2.90	2.84	4.90	4.41	1.70	2.03	15.00	15.07	2.23
穗达投资	4.40	3.09	2.40	2.35	3.90	3.51	1.27	1.51	11.97	12.02	1.78
中银资产	2.90	2.04	1.60	1.57	2.60	2.34	0.90	1.07	8.00	8.04	1.19
中国信达	—	—	5.00	4.89	—	—	—	—	5.00	5.04	0.75
工银投资	1.80	1.27	1.00	0.98	1.60	1.44	0.60	0.72	5.00	5.02	0.74
交银投资	1.80	1.27	1.00	0.98	1.60	1.44	0.60	0.72	5.00	5.02	0.74
合计	36.00	25.32	30.00	29.38	30.0	26.98	19.97	23.81	115.97	116.55	17.27

(三) 其他会计手段

1. 长期股权投资减值准备计提

根据 2015 年年报披露,ZT 下属子公司 ZT 资源之联营企业苏尼特左旗芒来矿业有限责任公司、呼伦贝尔阿扎铁路有限责任公司及内蒙古郭白铁路有限责任公司出现亏损且预计经营毛利率降低,ZT 对上述联营企业的长期股权投资出现减值迹象。ZT 资源根据上述长期股权投资的公允价值减去处置费用后的净额,与长期股权投资预计未来现金流量的现值两者之较高者,确定长期股权投资的可收回金额,并将可回收金额低于账面价值部分计提资产减值准备合计 3.08 亿元。实际上,煤炭行业的产能过剩问题存在已久。2002—2012 年是煤炭行业的黄金十年。从 2013 年开始,受能源结构调整和煤炭进口的冲击,煤炭行业黄金期彻底结束,煤炭价格回落。到 2016 年后,随着国家对非正规渠道开采煤矿的清理和管制,煤炭价格又有所上升。从年报信息可知,苏尼特左旗芒来矿业有限责任公司和呼伦贝尔阿扎铁路有限责任公司自 2012 年起成为 ZT 的联营企业,而内蒙古郭白铁路有限责任公司则自 2013 年起即在年报中被披露为联营企业。但 ZT 在 2012—2014

年均未对这三家联营企业的长期股权投资计提减值准备。ZT选择在2015年计提减值准备,则可以通过2016年北京翼诺捷投资管理有限公司的转让过程将三家联营企业打包转让给控股股东ZT工程,进而把减值准备挪出表外,提高利润水平。

2. 应收账款坏账准备计提

2012—2015年,成渝钒钛科技有限公司、内江市嘉瑞建材贸易有限公司累计拖欠ZT八局集团现代物流有限公司(以下简称"现代物流")钢材预付款本金1.34亿元及相应的违约金。① 2015年7月1日,现代物流向成都铁路运输中级法院提起诉讼。截至2016年9月1日,因未找到可供执行的财产,现代物流向法院申请终结执行,法院下发了终结执行裁定书。对此ZT八局仅按10%的比例计提了0.13亿元的坏账准备。然而,ZT年报中所披露的应收账款坏账准备计提方式主要有两种:一种是根据应收账款的预计未来现金流量现值低于其账面价值的差额进行计提,另一种是采用账龄分析法计提。如果采用账龄分析法计提,则该笔账款的账龄在三年到五年之间,计提比例应为30%。在法院下发终结执行裁定书后,ZT八局也未进行坏账核销处理。直至2018年6月30日,三方才达成一致意见,现代物流通过向内江市嘉瑞建材贸易有限公司指定的供应商规模采购冲抵预付款。通过减少坏账准备计提,ZT每年可少计提资产减值损失,向上操纵利润,进而导致资产和所有者权益的增加,降低了账面杠杆率。

四、"杠杆操纵"的综合影响

根据ZT采用的三种杠杆操纵手段,可以分别采用复合测算法和单独测算法计算每种杠杆操纵手段对杠杆率的影响程度以及三种杠杆操纵手段对杠杆率的综合影响。所谓复合测算法,即在当年账面资产和负债的基础上,先增加表外负债对资产和负债的影响数额,再在此基础上逐步累加名股实债、其他会计手段对资产和负债的影响数额,进而分别计算出考虑了每种杠杆操纵手段后的杠杆率、每种杠杆操纵手段对杠杆率的影响程度。所谓单独测算法,即在当年账面资产和负债的基础上,分别仅增加表外负债、名股实债或其他会计手段对资产和负债的影响数额,进而单独计算出每种杠杆操纵手段对杠杆率的影响程度。

[思考题]

1. 请通过查阅ZT 2007—2019年年报中的相关数据,计算该公司2007—2019年各年的账面杠杆率。

2. 请利用案例中已提供的资料以及自行搜集到的相关资料,分别计算ZT利用表外负债(2015—2019年)、名股实债(2014—2019年)和其他会计手段实现的杠杆操纵金额。

3. 请参考案例中所提供的计算方法,并根据思考题2计算得到的杠杆操纵金额,分

---

① 资料来源:中国中铁股份有限公司关于上海证券交易所《关于对中国中铁股份有限公司发行股份购买资产预案的审核意见函》相关问题的回复公告;《成都铁路运输中级法院执行裁定书》(〔2016〕川71执39号)。

别计算ZT 2013—2019年各年因表外负债、名股实债和其他会计手段导致的杠杆操纵程度。

4. 请参考案例中关于复合测算法和单独测算法的定义,分别按这两种方法完成案例中表5和表6的有关计算。

5. 请将ZT 2013—2019年账面杠杆率和实际杠杆率的变化趋势绘制在同一张图中。

表 5　2013—2019 年 ZT 杠杆操纵的综合影响（复合测算法）

年份	账面资产（亿元）(1)	账面负债（亿元）(2)	账面杠杆率(3)	表外负债（亿元）(4)	考虑表外负债后的杠杆率(5)	表外负债的影响程度(6)	名股实债（亿元）(7)	考虑名股实债后的杠杆率(8)	名股实债的影响程度(9)	其他会计手段（亿元）(10)	推测的实际杠杆率(11)	其他会计手段的影响程度(12)	杠杆操纵的综合影响(13)
……	……	……	……	……	……	……	……	……	……	……	……	……	……

注：计算等式如下：(3) = (2)/(1)；(5) = [(2) + (4)]/[(1) + (4)]；(6) = (3) - (5)；(8) = [(2) + (4) + (7)]/[(1) + (4)]；(9) = (5) - (8)；(11) = [(2) + (4) + (7)]/[(1) + (4) - (10)]；(12) = (8) - (11)；(13) = (3) - (11)。由于避免并表事项对杠杆率影响较小，这里可不将其纳入表外负债核算。

表 6　2013—2019 年 ZT 杠杆操纵的综合影响（单独测算法）

年份	账面资产（亿元）(1)	账面负债（亿元）(2)	账面杠杆率(3)	表外负债（亿元）(4)	考虑表外负债后的杠杆率(5)	表外负债的影响程度(6)	名股实债（亿元）(7)	考虑名股实债后的杠杆率(8)	名股实债的影响程度(9)	其他会计手段（亿元）(10)	考虑其他会计手段后的杠杆率(11)	其他会计手段的影响程度(12)	推测的实际杠杆率(13)	杠杆操纵的综合影响(14)
……	……	……	……	……	……	……	……	……	……	……	……	……	……	……

注：计算等式如下：(3) = (2)/(1)；(5) = [(2) + (4)]/[(1) + (4)]；(6) = (3) - (5)；(8) = [(2) + (4) + (7)]/[(1) + (4)]；(9) = (3) - (8)；(11) = [(2) - (10)]/(1)；(12) = (3) - (11)；(13) = (3) - (8) + (11)；(14) = (3) - (13)。由于避免并表事项对杠杆率影响较小，这里可不将其纳入表外负债核算。

第 3 章　股利理论与政策

【学习目标】

通过本章的学习,你应该掌握:
1. 股利主流理论;
2. 股利政策类型及影响因素;
3. 我国企业股利行为的经验证据;
4. 股票回购与股票分割。

【素养目标】

通过本章的学习,深刻理解股利政策影响公司价值的原理和路径,了解我国企业股利行为的制度背景和实际状况,增强股利分配决策能力。

3.1　股利理论

公司财务目标是实现公司价值最大化,因此,公司的股利政策必然也要服从于这个基本目标。股利理论就是研究股利支付与股票价格及公司价值之间是否存在某种关系,探讨公司如何在发放股利和未来增长之间达到某种平衡,确定最优的股利支付比例以实现股票价格及公司价值的最大化,解释现实中的股利分派行为及股利政策。根据股利政策对公司价值是否有影响,股利理论大致可以分为两种:股利无关论(irrelevance theory of dividend)和股利相关论(relevance theory of dividend)。

股利无关论认为,股利政策不会影响公司价值,而股利相关论认为,股利政策对公司价值有相当大的影响。

3.1.1　股利无关论

米勒和莫迪利安尼在 1961 年的一篇论文中,开创性地提出了股利无关论,他们用严密的数学推导论证了投资者对股利政策并不介意,即公司的股利支付比例与股票市价无任何关系。这是因为公司价值增加与否取决于公司的基本盈利能力和风险等级,故其只能由公司的投资政策来决定,而与公司的盈余是否划分为股利及留存收益无关。

MM 股利无关论与 MM 资本结构理论一脉相承,它也是基于一系列假设而得出的,这些假设条件包括:① 完全市场假设,即投资者是充分理性的,对公司未来的投资机会和收益及未来的股价和股利有完全的把握能力,不存在股票的发行成本和交易成本,相关信息可以免费获得,证券高度分散,任何投资者都不可能通过其自身交易影响甚至操纵市场价格;② 不存在公司所得税和个人所得税,此时,股票的资本利得和现金股利没有所得税上的差异;③ 公司有着既定的资本投资政策,不受股利政策的影响,对新投资项目的外部筹资也不会改变公司的经营风险;④ 股利政策对公司的股权资本成本没有影响。在这样一个简单的世界里,股利政策与公司价值是无关的。也就是说,公司经理无论提高或降低现期股利都不能改变其股票的现行市价。在公司投资政策给定的条件下,股利政策不会对公司价值产生任何影响。

我们可以通过下列数学推导来更深入地理解这一理论,模型中使用的符号定义如下:p_t 表示第 t 期公司每股市价;d_{t+1} 表示第 t 到 $t+1$ 期公司发放的每股股利在第 $t+1$ 期的价值;r 表示贴现率;n_t 表示公司第 t 期发行在外的股数;m_{t+1} 表示公司第 $t+1$ 期增发的股票股数;V_t 表示第 t 期公司价值;D_{t+1} 表示第 t 到第 $t+1$ 期公司发放的股利在第 $t+1$ 期的总价值;I_t 表示公司第 t 期投资额;X_t 表示公司第 t 期净利润。

在一个没有套利的世界里,

$$p_t = \frac{1}{1+r}(d_{t+1} + p_{t+1}) \tag{3-1}$$

由前可知,$n_{t+1} = n_t + m_{t+1}$,$V_t = n_t p_t$,$D_{t+1} = n_t d_{t+1}$,则:

$$V_t = \frac{1}{1+r}(D_{t+1} + n_t p_{t+1}) = \frac{1}{1+r}(D_{t+1} + V_{t+1} - m_{t+1} p_{t+1}) \tag{3-2}$$

就式(3-2)而言,公司价值受三个因素影响:一是发放的股利 D_{t+1};二是公司未来价值 V_{t+1};三是发行的用以满足投资项目资金需求的金额为 $m_{t+1} p_{t+1}$ 的新股。

由式(3-2)可以看出,发放股利与发行新股对公司价值的影响并不一致,发行新股会降低公司价值,而发放股利会增加公司价值,也就是说,发放股利与发行新股对公司价值的影响可以相互抵销。

如果公司在第 t 期实现净利润 X_t,其中发放股利 D_t,第 t 期公司预计的投资额为 I_t,那么为满足投资项目的资金需要,公司第 t 期需要发行的新股为:

$$m_t p_t = I_t - (X_t - D_t) \tag{3-3}$$

将式(3-3)代入式(3-2),我们可以得到式(3-4):

$$V_t = \frac{1}{1+r}(X_{t+1} - I_{t+1} + V_{t+1}) \tag{3-4}$$

由式(3-4)可知,企业价值取决于公司未来的盈利能力、投资政策和公司未来的价值,而与股利无关。虽然发放股利可以增加公司价值,但其增加的公司价值完全被发行新股减少的公司价值抵销,所以是否发放股利以及发放多少股利对公司价值没有影响。

为了更好地理解股利无关论,将式(3-4)中的V_{t+1}进行替换,变为式(3-5)。

$$V_t = \sum_{\tau=1}^{T} \frac{1}{(1+r)^{\tau}}(X_{t+\tau} - I_{t+\tau}) + \frac{1}{(1+r)^T} V_{t+T} \quad (3-5)$$

当T趋于无穷大,且贴现率r为正时,式(3-5)的后一项趋于0,公司价值也就如式(3-6)所示。

$$V_t = \sum_{\tau=1}^{\infty} \frac{1}{(1+r)^{\tau}}(X_{t+\tau} - I_{t+\tau}) \quad (3-6)$$

可见,公司价值只取决于公司未来的盈利能力和投资政策,而与股利政策无关。这样,我们得出股利无关论的两大命题:

命题1:在上述假设下,当投资机会既定时,公司价值独立于股利政策。
命题2:在没有套利机会的完美市场上,公司价值独立于股利政策。

3.1.2 股利相关论

MM股利无关论在其严格的假设条件下有其合理性,但为更符合现实情况而放宽这些假设条件时,股利政策就变得十分重要。人们发现,股利政策与股票价格及公司价值有着明显的相关性,这就是股利相关论。股利相关论认为,在不确定的条件下,公司盈利在留存收益和股利之间的分配确实影响到股票价值。股利相关论通常又有以下几种观点:

1. "在手之鸟"理论

"在手之鸟"理论认为,由于公司在经营过程中存在诸多不确定性因素,因此股东对用何种方式获取投资回报并不会无动于衷。一般来说,股利收入是一种有把握按时获得的收入,可消除股东的不确定感,更为可靠;而股价上涨所带来的资本利得具有不确定性,风险较高,还可能存在一定的交易成本。因此,相较于资本利得,股东们更偏好股利。尤其对厌恶风险的投资者来说,股利是定期、确定的报酬,而未来的资本利得缺乏确定性,因此,在其他因素相同的条件下,他们更愿意购买那些近期即可获得较高股利的公司股票,而公司的最佳股利政策就是尽可能多地支付股利。也正因为股利的支付可以降低投资者的不确定性,所以他们愿意按较低的必要报酬率来对公司的未来盈利加以贴现,从而使公司的价值得到提高;相反,不发放股利或降低股利支付率,则会提高必要报酬率,降低公司价值。所以,为了降低资本成本,公司应维持高股利支付率的股利政策。该理论的主要文献有Williams(1938)、Lintner(1956)、Walter(1956)和Gordon(1959)。

2. 税差理论

该理论强调税收在股利分配中的重要作用,主要表现在:

第一,如果不存在资本利得税,而只有红利税,并且不同的股利收入对应的红利税税率不同,股利收入越高,适用的红利税税率也越高,那么在这种情况下,高税率档次的股东希望公司采取低股利甚至零股利政策,而低税率档次的股东希望更多地发放股利。因此,不同税率档次的股东将难以就公司的股利政策达成一致。

第二,如果存在资本利得税,且红利税税率高于资本利得税税率,那么由于资本利得税可以等到股东实际出售股票时缴纳,因此股东将更愿意公司采取低股利政策,从而将公司未分配利润用于再投资,以获取较高的预期资本利得,并降低个人纳税负担。

米勒和莫迪利安尼也注意到了税收对股利政策的上述影响,他们认为,这种影响主要源于资本利得税与红利税之间的税率差异。而且,股利的这种税收劣势会产生"客户效应"(clientele effect),即低税率等级的投资者往往持有高股利公司的股票。他们认为,企业有动机采用适当的股利政策,以最大限度地减少每个"客户"的税收。但 Miller and Scholes(1978)却提出了不同的观点,他们认为,即使有证据支持客户效应(如 Pettit, 1977),红利税与资本利得税之间的税率差异也不会产生客户效应。原因是:即使红利税税率高于资本利得税税率,投资者也可以随时将其获得的红利进行再投资来降低纳税负担。他们还提到了一种简便的避税方法:投资者借入资金进行投资,当借款的利息正好等于收到的红利时,利息的节税效应能够抵销红利的税负。当然,这种策略会产生交易成本,这也使 Miller and Scholes(1978)提出的税收规避策略的实际应用价值受到质疑。

对上述理论的检验主要从两个方面展开:一是税收引起的股利政策对投资者财富的影响;二是税收引起的股利政策对股票价格的影响。

股利政策对投资者财富的影响显而易见。假设资本利得税税率为 t_g,红利税税率为 t_d,如果 t_g 不等于 t_d,那么对于税率档次不同的投资者而言,股利政策对其财富的影响也有所不同。比如在美国,对于不同的投资者,这两种税税率的大小有所不同。对于大部分公司投资者,$t_d < t_g$;而对于个人投资者,$t_d > t_g$。所以,股利对个人投资者财富会产生负面作用。那是因为如果个人投资者拥有高股利公司的股票,那么由于红利税税率高于资本利得税税率,投资者的财富会相较于拥有低股利公司的股票时下降,前文提到的客户效应也将随之出现。

股利政策对股票价格影响的研究主要运用了两种方法:一是回归分析股票收益与风险、股利之间的关系;二是研究除息日(ex-dividend date)前后的交易情况。

第一种方法的基本思路是:如果没有税收,那么投资者会选择收益符合均值—方差效率①的资产组合;如果存在税收,那么投资者会选择税后收益符合均值—方差效率的资产组合。所以,如果存在税收效应,那么股利与股票超额收益之间应该是正相关关系,即公司支付的股利越高,投资者要求的超额收益越高。Litzenberger and Ramaswamy(1979, 1982)采用横截面的广义最小二乘法对此进行了实证检验,其回归模型如下:

$$\tilde{R}_{it} - r_{ft} = \gamma_0 + \gamma_1 \beta_{it} + \gamma_2 (d_{it} - r_{ft}) + \tilde{\varepsilon}_{it} \tag{3-7}$$

式中,$\tilde{R}_{it}$ 代表股票收益;r_{ft} 代表无风险收益;d_{it} 代表股利回报率($=D_{i,t}/P_{i,t-1}$)。

---

① 均值—方差效率是指当两个组合均值相等时,选择方差较小的;当方差相等时,选择均值较大的。

回归结果是 γ_2 显著为正,估计值为 0.236,表明公司每支付 1 元股利,投资者便要求 0.236 元的超额收益。也就是说,股利似乎并不受投资者欢迎,因为公司支付的股利越高,投资者要求的超额收益也越高。另外,他们的研究还为客户效应提供了证据,即高税率档次的投资者倾向于持有低股利公司的股票,而低税率档次的投资者倾向于持有高股利公司的股票。

之后大量的实证研究也验证了这一结果,但反对者认为这种正相关关系并不是源于税收的影响,而是由于其他因素,如信息。关于这一点尚未达成一致的结论。

第二种方法的基本思路是:如果股票价格和股利之间不存在套利关系,那么投资者在除息日前后出售股票没有差异。所以,如果存在税收效应,那么股票在除息日前后的交易情况将大大有别于平时,而且除息日前后的股票价格应该有所不同。Lakonishok and Vermaelen(1986)发现:对于现金股利,除息日前后股票的交易量显著增加。另一些学者考察了除息日前后股票价格的波动,他们发现,除息日股票价格下降的幅度明显比股利支付的总额少(平均少 60%~70%),这一研究结果常被解释为股利价值评估中税收影响的证据。

3. 信号理论

信号理论认为,股利政策之所以会影响公司价值,是因为股利能将公司的盈余状况、资金状况等信息传递给投资者。由于信息不对称的存在,外部投资者比管理层更少地了解公司真实的财务状况,因此,他们往往会通过公司所披露的各种信息,包括利润分配信息,来预测公司未来的盈利能力。而对公司未来盈利能力的预测,必然影响公司股价的走向,从而对公司价值产生直接影响。从长远来看,公司发放的股利是公司实际盈利能力的最终体现,而且这一目的无法通过对会计报表的粉饰来达到。因此,股利的发放最能增强股东对公司的信心,提高公司的财务形象,从而引起股价的上升。

当然,股利政策既可以向投资者传递好消息,又可以传递坏消息。比如一家公司的股利支付率一直很稳定,今年该公司突然大幅降低股利支付率,这会被投资者视为坏消息,他们会认为公司的财务状况或盈余状况发生了较大的负面变动,因而公司股票价格也会随之下跌。又如,如果公司决定增加每股股利,则这一信息往往被投资者视为好消息,因为较高的每股股利意味着公司在未来将有足够多的现金流量以维持较高的股利水平,这说明公司将有良好的发展前景,从而对公司股票价格产生有利影响。

最早提出股利信号模型的是 Bhattacharya(1979),之后 Miller and Rock(1985)、John and Williams(1985)、Ambarish et al.(1987)等都对此进行了研究。Bhattacharya(1979)运用一个两阶段模型来说明公司现金股利政策的信号效应。Bhattacharya(1979)假设公司经理比外部投资者具有信息优势,他们更了解公司投资项目的质量,故他将股利政策视为公司经理对外传递投资项目质量的信号。假设公司确定了一个高派现的股利政策,那么,如果公司拥有高盈利项目,它不需要对外融资就能满足高派现的需要;反之,如果项目盈利不足以支付公司的现金股利,公司就必须借助外部融资来满足股利的发放,随之产生交易成本(即融资成本)。因此,拥有高盈利项目的公司派发高现金股利较为容易,也较为可信。所以,公司经理可以借助高股利政策向投资者传递公司的投资项目是好项目的信号。

Miller and Rock(1985)同样构建了一个两阶段模型。该模型假设在以前各期,公司投资与盈利之间具有关联关系。公司预期盈利为 $\tilde{X}_{t+1}$,$\tilde{X}_{t+1} = F(I_t) + \tilde{\varepsilon}_{t+1}$,式中 $\tilde{\varepsilon}_{t+1}$ 为白噪声,当 $j>0$ 时,$E_t(\tilde{\varepsilon}_{t+j}) = 0$,$E_t(\tilde{\varepsilon}_{t+j}|\varepsilon_t) = \gamma\varepsilon_t$,$E_t$ 为第 t 期的期望。投资、盈利、股利与额外融资之间的关系为:$B_t + X_t = I_t + D_t$,其中 I_t 表示第 t 期投资,D_t 表示第 t 期现金股利,B_t 表示第 t 期额外融资额。

在 MM 股利无关论的假设下,公司最大价值为:

$$V_1 = X_1 - I_1 + \frac{1}{1+r}E_1(\tilde{X}_2|\varepsilon_1) = X_1 - I_1 + \frac{1}{1+r}[F(I_1) + \gamma\varepsilon_1]$$
$$= F(I_0) + \varepsilon_1 - I_1^* + \frac{1}{1+r}[F(I_1^*) + \gamma\varepsilon_1] \tag{3-8}$$

上式中的公司价值是在公司披露股利、盈利状况以及其他财务决策后的价值,其中 I^* 表示第 t 期最优投资。

而在这些信息披露之前投资者预期的公司价值为:

$$E_0(V_1) = E_0(\tilde{X}_1 - I_1) + \frac{1}{1+r}E_0[F(I_1)]$$
$$= F(I_0) - I_1^* + \frac{1}{1+r}[F(I_1^*)] \tag{3-9}$$

两者之间的差异就是未预期的价值,即

$$V_1 - E_0(V_1) = \varepsilon_1\left[1 + \frac{\gamma}{1+r}\right] \tag{3-10}$$

从中也可以看出,信息披露前后公司价值的差异是存在的,这种差异源于投资者对公司盈利的预期不等于公司的实际盈利。

另外,$X_t = I_t^* + (D_t - B_t)$ 表明,当投资决策既定时,净股利 $(D_t - B_t)$ 所披露的信息与 X_t 相同,也就是说,净股利可以向投资者传递公司的盈利状况和公司价值信息。需要注意的是,传递公司信息的是净股利(即股利与额外融资之差额),而不是单纯的股利。

实证研究也表明,股利变动包含了公司管理当局对公司前景判断发生变化的信息,而且股利公布时往往包含了以前盈利公布所没有反映的有用信息。所以,股利可以提供明确的证据,证明公司创造现金的能力,从而影响股票价格。

在 Aharony and Swary(1980)之前,关于信号理论的实证检验存在较大的争议,主要的争论起源于如何区别盈利传递的信息与股利传递的信息。当时的研究之所以难以区分这两种信号作用,与采用的研究方法密切相关。几乎所有的研究都采用月数据进行检验,这使得区分两种信号作用变得极为困难。

为了将股利的信号作用与盈利的信号作用区分开,Aharony and Swary(1980)采用日数据进行检验,而且选择股利宣告日与业绩公告日至少相差11天的公司作为样本。他们发现:① 当公司股利政策稳定时,股价没有超额收益。② 当公司股利政策发生变动时,股价产生超额收益。具体为:当公司增加股利发放时,有1%的超额收益;当公司减少股利发放时,超额收益为-3%。③ 大部分超额收益发生在股利宣告日前后两天内(这也为半强式有效市场提供了证据)。

沿着 Aharony and Swary(1980)的研究思路,Asquith and Mullins(1983)考察了股利政策对股东财富的影响。一般来说,最初派发的股利比之后的股利变动会产生更大的财富效应,然而,Asquith and Mullins(1983)却发现,当股东财富随公司派发的股利增加而调整时,之后的股利具有与最初的股利相同甚至更大的财富效应。这也就表明投资者有能力预测公司的股利。而且,他们还发现,股利的平均超额收益为3.7%,从而再次为股利的信息含量提供了证据。

4. 代理理论

在代理理论中,企业被认为是一组契约的联结,诸多利益相关者之间明示或暗示的契约引导着企业的行为。当然,这些利益相关者之间由于目标的不同,产生了这样那样的冲突,尤其是在存在委托—代理关系的情况下,这些冲突表现得尤为严重。作为企业重要理财活动之一的股利政策的选择不可避免地会受到这些利益冲突或者说代理问题的影响。与股利政策有关的代理问题主要有三种:一是股东与债权人之间的代理问题;二是股东与经理之间的代理问题;三是控股股东与中小股东之间的代理问题。

Fama and Miller(1972)、Jensen and Meckling(1976)以及 Myers(1977)都提到了股东与债权人之间的利益冲突,即股东会通过一些经营行为掠夺债权人的财富,而发放高额现金股利就是其手段之一。债权人往往能预知股东的这些手段,所以在债务合同中对公司现金股利的发放进行限制。Kalay(1982)分析了公司债务合同中限制股利支付的条款,发现股利政策与投资政策是相互依赖的。如果债务合同中规定了一个较高的股利支付上限,则公司的留存收益下限就会较低,公司就需要较多地通过外部资本市场进行融资,以满足投资的需要,从而提高融资成本和代理成本。

Jensen and Meckling(1976)还提到了另一种代理问题,即股东与经理之间的代理问题。他们认为,公司经理在进行经营决策时主要考虑如何实现自己的利益,而不是如何按照股东的委托行事,因此,股东与经理之间同样存在利益冲突,从而产生股东—经理代理成本。

Easterbrook(1984)将 Jensen and Meckling(1976)提出的代理成本理论运用于股利政策研究中。他认为,股利可以降低股东—经理代理成本,提高公司价值。根据代理成本理论,公司经理一般不愿意将利润分配给外部投资者,而是更倾向于将其留在公司或投资于一些效率低下的项目以从中获得私人利益。而派发现金股利可以有效地降低这种代理成本,那是因为:一方面,通过分配股利,公司将盈利返还给了外部投资者,从而减少了经理利用公司资源谋取个人私利的机会;另一方面,派发现金股利减少了公司的留存资金,当公司在未来有好的投资机会而需要资金时则不得不从外部资本市场进行融资,这样就给外部投资者提供了更多监督经理行为的机会。

Jensen(1986)在此基础上发展出了自由现金流假说,他将自由现金流定义为公司所持有的超过投资所有净现值为正的项目所需资金的剩余现金,并指出发放现金股利能够减少可供经理支配的自由现金流,阻止经理将大量的自由现金流浪费在其个人奢侈的在职消费和效益低下的项目上,有助于降低股东—经理代理成本,提高公司价值。Lang and Litzenberger(1989)的经验研究支持上述自由现金流假说。同时,他们还指出股东—经理冲突与所有权结构有关,一般来说,在高度分散的所有权结构中股东与经理之间的代理问题比较突出。

Shleifer and Vishny(1997)注意到了不同所有权结构下代理问题的差异,从而将代理理论扩展到控股股东与中小股东之间。他们认为,在集中的所有权结构中,由于控股股东在公司有更大的收益要求权,他们有强烈的动机对经理进行监督,而相对集中的控制权也保证了控股股东能够对公司决策施加足够的影响力,因此,当公司存在控股股东时,经理人员的利益侵占行为已经不再严重,公司主要的代理问题是控股股东与中小股东之间的利益冲突。Johnson et al.(2000)拓展了上述理论,提出了掏空(tunneling,或译为隧道)假说,他们将掏空定义为控股股东按照自己的利益将公司的资产和利润转移出去的情形。而现金股利可以减轻掏空对中小股东利益的损害,从而保护中小股东的利益,因为现金股利减少了可供控股股东支配的资金。

La Porta et al.(2000)将股利的代理模型进一步细分为结果假说(outcome hypothesis)和替代假说(substitute hypothesis)两种。结果假说认为,当公司的代理成本较低时,外部投资者有能力控制内部人的道德风险,并要求公司发放现金股利;而当代理成本较高时,内部人就有可能随意侵占公司的资金从而减少股利分配或不分配股利。因此,代理成本与公司的股利支付率负相关。替代假说则认为,当公司存在严重的代理问题时,公司内部人也有可能通过派发高比例的现金股利来树立其不好侵占外部人利益的良好声誉,以便将来能够以较低的成本在资本市场上筹集资金。因此,代理成本与公司的股利支付率正相关。

实际上,代理理论将股利政策的选择看作一个收益与成本权衡的过程。股利分配的收益表现在可以降低公司股东与经理、股东与债权人之间的代理成本。股利分配的成本表现在因股利分配而导致公司资金不足必须进行外部筹资时所产生的筹资成本。收益与成本权衡的结果说明公司存在最优的股利政策,也就是使股利政策的边际代理成本和边际筹资成本的绝对值相等(两种成本的符号相反)时的股利政策为最优的股利政策。

5. 迎合理论

Baker and Wurgler(2004a)提出了股利迎合理论,为股利政策的研究开创了新的方向。股利迎合理论放松了 MM 理论中的有效市场假设,从行为财务角度出发,认为公司之所以支付股利,其主要原因在于经理必须理性地满足股东对股利不断变化的需求。

股利迎合理论是 Baker and Wurgler(2004a)在解释美国证券市场"消失的股利"(Fama and French,2001)现象时提出的,他们认为,基于心理因素或制度因素,投资者往往对支付股利的公司股票具有较强的需求,从而导致这类股票形成所谓的"股利溢价",即支付股利公司与不支付股利公司在平均市场/账面比率上产生一定的差额。而出现这类股利溢价现象是传统的客户效应假说无法解释的,因为客户效应假说只考虑了股利的需求方面,而忽略了股利的供给方面。

股利迎合理论有三个基本要素:第一,基于心理和制度的原因,一些投资者对支付股利的股票有盲目的、变动的需求。第二,有限套利的存在使投资者的需求能够影响当前的股票价格。第三,理性的经理能够权衡当前股票被错误定价所带来的短期收益与长期运行成本之间的利弊,从而迎合投资者的需求制定现金股利政策。当投资者愿意为支付股利的公司股票付出股利溢价时,经理倾向于支付股利;反之,当股利溢价为负时,经理将不愿意支付股利。经理之所以能够理性地辨别错误定价并迎合投资者的需求,是因为:① 公司经理具有信息优势;② 经理可以通过盈余管理来粉饰报表;③ 与外部同样"聪明"的专业基金经理相比,公司经理更加自由;④ 公司经理即使在没有信息优势的情况下,也可能遵循一种经验法则来辨别错误定价。

Baker and Wurgler(2004a)分别从两个角度实证检验了股利迎合理论。Baker and Wurgler(2004a)利用美国市场 1962—2000 年的数据考察了开始支付股利和终止支付股利的公司数量占比与股利溢价之间的相关性。他们发现,开始支付股利的公司数量占比与股利溢价显著正相关,而终止支付股利的公司数量占比与股利溢价显著负相关。也就是说,当支付股利的公司股价较高,即股利溢价为正时,经理们倾向于开始支付股利;相反,当支付股利的公司的股价较低,即股利溢价为负时,经理们倾向于终止支付股利。这表明公司股利政策与股价高度相关,只是在不同的时期方向不同,而且经理能够识别投资者对股利的需求,并通过改变公司股利政策予以迎合。

Baker and Wurgler(2004b)则检验了股利支付意愿的波动与股利溢价之间的关系。他们发现,股利溢价与公司的股利支付意愿呈正向变动,即当股利溢价为正时,公司的股利支付意愿提高;当股利溢价为负时,公司的股利支付意愿降低。

然而,Li and Lie(2006)认为,Baker and Wurgler(2004a,2004b)提出的股利迎合理论存在两方面的不足:一是他们只是将公司分为支付股利和不支付股利两类,而没有考虑股利支付水平发生变化的公司,所以,股利迎合理论只适用于解释公司是否支付股利的决策,而不能解释公司为何变更股利支付水平。而在实际中,经理更多面对的是是否变更股利支付水平的决策,而不是是否支付股利。二是 Baker and Wurgler(2004a,2004b)没有发现股利宣告日公司股票市场反应与股利溢价之间的显著相关性,这会让大家对股利迎合理论提出疑问,因为如果投资者关注公司股利政策,那么他们更应该对公司支付股利的公告做出反应,而不只是对股利溢价做出反应。Li and Lie(2006)将 Baker and Wurgler(2004a)的模型扩展为连续变量模型,并实证检验了上述两点。他们发现,当股利溢价为正时,公司更可能增加股利支付,且股利的增加额较大,同时股利增加宣告日的市场反应与股利溢价正相关;反之,当股利溢价为负时,公司更可能回购股票或减少股利支付,且股利的减少额较大,同时股利减少宣告日的市场反应与股利溢价负相关。应该说,Li and Lie(2006)拓展了 Baker and Wurgler(2004a,2004b)的股利迎合理论,为其提供了进一步的证据。

虽然上述各种理论从不同角度解释了股利政策与股票价格及公司价值的相关性,但无论哪种理论都有其局限性,它们可能都只从某一层面反映某一问题。比如,在红利税与资本利得税的税率相等时,税收对股利政策的影响可能就不存在。所以,在应用上述理论具体解释股利政策与股票价格及公司价值的相关性问题时,还需要结合公司及国家的具体情况。

3.2 股利政策

股利政策主要是确定公司的利润如何在股东分红和公司留存之间分配。股利政策有广义与狭义之分,广义的股利政策包括:① 股利分配形式的选择;② 股利支付率的确定;③ 股利宣告日、股权登记日和股利发放日的选择。狭义的股利政策仅指股利支付率的确定问题。本节讨论的是狭义的股利政策。

按每股股利的稳定程度,股利政策可以分为稳定股利政策、变动股利政策、阶梯式股利政策、剩余股利政策四种。按股利支付率的高低,股利政策可以分为全部发放股利政策、高股利政策、低股利政策和不支付股利政策。下面将对股利的稳定性、剩余股利政策以及股利政策的影响因素进行重点阐述。

3.2.1 股利的稳定性

股利的稳定性可以从两个角度理解,一是每股股利的稳定程度,二是股利支付率的稳定程度。实际中,很少有企业各期发放的每股股利固定不变,因此关于每股股利稳定性的研究也较为少见。而确实有一些企业在某段时间内保持固定不变的股利支付率,即将每年盈余的某一固定百分比作为股利分配给股东。而且,我们也可以从中发现股利与上期盈余、当期盈余以及公司投资政策、融资政策之间的关系。

Lintner(1956)最早讨论了公司股利的稳定性问题,即公司支付的股利应该保持在现有的水平上还是应该改变?他精心选择了28家公司,调查这些公司在确定股利政策时的决定因素。他发现:① 管理层更关心股利的变动,而不是绝对额;② 大部分管理层都试图避免股利的变动,尤其是降低现有股利支付水平的变动;③ 收益暂时性变动不会导致股利变动,只有长期、稳定的收益变动才会引起股利变动,公司才会修正股利支付率;④ 投资需求对公司股利行为的改变影响很小。这些都表明大部分公司都有一个目标股利支付率,公司每期股利的变动取决于公司上期的股利水平与当期的盈余。

Lintner(1956)建立了下述简洁的现金股利模型来验证其结论。在该模型中,公司每年的股利变动取决于目标股利支付率(目标股利是公司盈余的一部分)和上期股利支付率。Lintner(1956)用该模型检验了样本公司1918—1941年的股利支付情况。结果表明,该模型能够解释样本公司85%的股利变动;公司每年股利的平均调整幅度大约为30%,目标股利大约是公司盈余的50%。

$$\Delta \text{Div}_{it} = a_i + c_i(\text{Div}_{it}^* - \text{Div}_{i,t-1}) + U_{it} \tag{3-11}$$

式中,ΔDiv_{it}表示每股股利变动;Div_{it}^*表示目标股利支付率;$\text{Div}_{i,t-1}$表示上期股利支付率;c_i表示目标股利支付率与上期股利支付率的调整速度;a_i表示常数项;U_{it}表示随机误差项。

对于Lintner(1956)提出的股利稳定性问题,之后诸多学者对其进行了验证及发展。例如,Fama and Babiak(1968)以美国201家企业为样本,运用多种股利模型考察了这些企业1947—1964年的股利支付情况。结果表明,Lintner(1956)模型是解释和预测效果最好的模型之一。在此基础上,他们对Lintner(1956)模型进行了修正,删除了其中的常数项a_i,加入了上期盈余作为变量,从而提高了模型的解释和预测力。Leithner and Zimmermann(1993)对欧洲四国(德国、英国、法国和瑞士)的股利政策进行了研究,发现这四个国家公司的管理层都有平滑股利的倾向。Kato and Loewenstein(1995)发现日本上市公司有稳定的股利支付率。

3.2.2 剩余股利政策

剩余股利政策主张,公司的盈余首先用于盈利性投资项目的资金需要,如果有剩余,公司才将剩余部分作为股利发放给股东。其操作要点是:① 根据公司的目标资本结构确定项目投资所需要的股东权益金额;② 公司的税后盈余首先满足项目投资所需要的股东权益金额;③ 如果没有剩余,则不向股东分派股利,不足部分通过增发新股来解决,如果还有剩余,则作为股利分派给股东。如果公司将盈余再投资后所能得到的报酬率超过投资者自行将盈余投资到具有类似风险的机会所能赚到的报酬率,则大多数投资者倾向于将盈余保存下来用于再投资,而不愿公司分配现金股利;如果投资者能够找到其他投资机会,使得投资收益大于公司利用保留盈余再投资的收益,则投资者更倾向于公司发放现金股利。

可见,剩余股利政策反映了股利政策与公司投资、融资行为(投资机会)之间的关系。

关于这三者之间的关系并没有得出完全一致的结论。如前所述，Lintner(1956)发现投资需求对公司股利政策的影响很小。Fama(1974)的研究同样支持股利和投资无关的理论，即股利决策和投资决策相互独立，投资决策不是股利支付水平的函数。但Higgins(1972)以企业存在目标资本结构和执行修正的剩余股利政策为前提，建立了股利支付模型。他发现股利是利润和投资的函数，不同期间的股利差异源于利润和投资需求的不同。Jensen(1986)也指出，若公司的成长机会较多，则可支配现金流量相对会较少，因此股东可以容忍较低的股利支付率，也就是说，成长机会与股利支付水平负相关。

剩余股利政策的优点是可以最大限度地满足公司对再投资的股东权益资金需求，降低公司的融资成本。但剩余股利政策往往停留在理论阶段，缺少实证支持，现实中的大多数公司都没有采用完全的剩余股利政策。那是因为，剩余股利政策忽视了不同股东对资本利得与股利的偏好，损害了那些偏好现金股利的股东的利益，从而有可能影响股东对公司的信心。此外，公司采用剩余股利政策是以投资的未来收益为前提的，由于公司管理层与股东之间存在信息不对称，股东不一定了解公司投资的未来收益水平，这也会影响股东对公司的信心。尽管如此，剩余股利政策还是对各种形式的股利政策产生了一定的影响，即股利政策制定的重要前提是要考虑公司的未来投资需求。

3.2.3 股利政策的影响因素

现实生活中，公司分派股利总是受到一些具体因素的影响，一般认为，影响公司股利政策的因素主要有法律、契约、行业、税率和公司内部因素等几个方面。

1. 法律

一般来说，法律并不要求公司必须分派股利，但对某些情况下公司不能发放股利做了限制。这些限制主要包括：

第一，防止资本侵蚀的规定。要求公司不能因支付股利而引起资本减少。目的在于保证公司有完整的资本基础，保护债权人的利益。任何导致资本减少(侵蚀)的股利发放都是非法的。

第二，交付最低法定留利的规定。要求公司在支付股利之前必须按照法定程序提取各种公积金。如我国《公司法》(2018年修正)第一百六十六条规定，公司分配当年税后利润时，应当提取利润的百分之十列入公司法定公积金。公司法定公积金累计额为公司注册资本的百分之五十以上的，可以不再提取。公司从税后利润中提取法定公积金后，经股东会或者股东大会决议，还可以从税后利润中提取任意公积金。

第三，无力偿付债务的规定。如果公司已经无力偿付到期债务或因支付股利将使其失去偿付能力，则公司不能支付现金股利；由于公司偿付到期债务的能力直接取决于资产的变现能力，因而无力偿付债务的规定不允许公司在现金有限的情况下，为取悦股东而支付现金股利。该规定的设立为债权人提供了利益保障。

2. 契约

当公司以负债方式向外部筹资时,常常应对方的要求,接受一些有关股利支付的限制条款。这些限制条款主要表现为:除非公司的盈利达到某一水平,否则公司不得发放现金股利;或将股利发放额限制在某一盈利额或盈利百分比上。订立这些契约性限制条款,限制股利支付,目的在于促使公司把利润的一部分按有关条款要求的某种形式(如偿债基金准备等)进行再投资,以增强公司的经济实力,从而保障债务的如期偿还,维护债权人的利益。DeAngelo and DeAngelo(1990)在研究减少股利发放或不发放股利的原因时发现,公司减少股利发放的主要原因是债务契约的限制。

3. 行业

股利政策有着明显的行业特征。一般来说,在成熟的行业中,盈利公司趋向于将大部分利润作为股利分配。而处于新兴行业的公司正好相反,它们希望将大部分利润用于再投资,因此其股利支付率往往较低。公用事业公司都实行高股利政策,而信息技术公司却支付低股利。Baker et al. (1985)、Smith and Watts(1992)、Gaver and Gaver(1993)的调查研究进一步解释了不同行业之间的股利政策。Smith and Watts(1992)、Gaver and Gaver(1993)发现,受管制的公司(特别是公用事业公司)比不受管制的公司的股利支付率要高。表3-1列示了20世纪90年代中期美国几个行业的平均股利支付率。

表3-1 1994—1995年美国几个行业的平均股利支付率、股息率、市盈率

行业	股利支付率(%)	股息率(%)	市盈率(倍)
发电	86	6.7	12.9
基础化工	83	4.0	23.5
石油	80	4.0	20.7
炼油	71	5.0	14.3
天然气	61	4.9	13.7
电信	57	3.9	22.3
制药	47	2.9	19.0
电力设备	44	2.6	17.0
食品加工	42	2.2	24.3
银行	38	3.6	10.6
造纸与木材生产	37	2.6	17.0
居家用品生产	37	2.2	18.1
零售店	32	2.0	17.1
汽车与卡车生产	16	3.1	5.9
软件及服务	8	0.3	30.4
半导体	7	0.4	17.9
广播	7	0.3	24.7

(续表)

行业	股利支付率(%)	股息率(%)	市盈率(倍)
计算机软件	7	0.3	32.5
医疗服务	6	0.3	28.0
健康保健	5	0.3	23.5
航空	4	0.3	24.2

资料来源：Megginson, W. L., *Corporate Finance Theory*, London: Pearson Education Limited, 1997。

4. 税率

正如上一节税差理论所阐述的，公司的股利政策会受其股东所得税状况的左右。在资本利得税税率低于红利税税率的情况下，个人所得税边际税率较高的富有股东将倾向于多留盈余而少派股利。这样可以给这些富有股东带来更多的资本利得收入，从而达到少纳所得税的目的。相反，如果一家公司的绝大部分股东是低收入阶层，其所适用的个人所得税税率比较低，那么这些股东就会更重视当期的股利收入，更喜欢较高的股利支付率。

Chetty and Saez(2005)、Brown et al.(2007)、Moser(2007)研究了美国2003年《就业与增长税收减免协调法案》(Jobs and Growth Tax Relief Reconciliation Act, JGTRRA)颁布后上市公司股利水平的变化，发现红利税税率降低促使上市公司现金分红显著增加。Li et al.(2017)针对中国2012年红利税改革的研究发现，红利税改革后，上市公司会根据自然人股东的税差变化调整股利政策，当投资者税率降低(提高)时，上市公司倾向于提高(降低)现金股利水平。

5. 公司内部因素

公司资金的灵活周转，是公司生产经营得以正常进行的必要条件。因此，公司正常的生产经营活动对现金的需求便成为对股利最重要的限制因素。具体而言，公司内部因素又可以划分为变现能力、投资机会、筹资能力、盈利的稳定性以及股权控制要求等。

(1) 变现能力

公司现金股利的分配自然也应以不危及公司经营上的流动性为前提。如果一家公司有较强的资产变现能力，现金的来源较充裕，则它的股利支付能力就会强些；反之，如果公司当期利润较多，但资产变现能力较弱，则它的股利支付能力就会受到削弱。由此可见，公司现金股利的支付能力，在很大程度受其资产变现能力的影响。

(2) 投资机会

公司的股利政策应以其未来的投资需求为基础加以确定。如果一家公司有较多的投资机会，那么它往往较乐于采用低股利支付率、高盈余留存比率的政策。尤其对于发展中公司而言，它们往往处于资金紧缺状态，其资金需求量大且紧迫，将较大比例的盈余留存下来用于公司再投资，不仅可以满足公司的资金需求，而且其成本远低于发行新股筹资的成本。另外，将盈余留存下来还可以扩大公司的权益基础，有助于改善公司的资本结构,进一步提高公司的潜在筹资能力。相反,如果一家公司的投资机会较少,那么它可能倾向于采用较低的盈余留存比率和较高的股利支付率。Smith and Watts(1992)、Gaver and Gaver(1993)的研究发现,成长快的公司经常选择零股利或低股利政策,而随着这些公司的发展壮大,其股利支付率也逐步提高。

(3) 筹资能力

公司股利政策也受其筹资能力的限制。公司在评估其财务状况时,不仅应考虑其筹资能力,而且应考虑其筹资的成本以及筹资所需的时间。一般而言,规模大、成熟型公司比正在快速发展的公司具有更多的外部筹资渠道,因此它们大都倾向于多支付现金股利而较少地留存收益;而新设的、正在快速发展的公司,由于具有较大的经营和财务风险,总要经历一段困难的时间,才能较顺畅地从外部取得长期资金,因此公司会把限制股利支付、多留存收益作为其切实可行的筹资办法。

(4) 盈利的稳定性

公司的股利政策很大程度会受其盈利的稳定性的影响。一般而言,一家公司的盈利越稳定,其股利支付率也就越高。盈利稳定的公司对保持较高的股利支付率更具有优势。因为盈利稳定的公司的经营和财务风险较小,比起其他盈利不稳定的公司更能以较低的代价筹集负债资金。

(5) 股权控制要求

股利政策也会受现有股东对股权控制要求的影响,因为高股利支付率会导致现有股东控制权的稀释。一般来说,以现有股东为基础组成的董事会,在长期的经营中可能形成了一定的有效控制格局,会将股利政策作为维持其控制地位的工具。特别是当公司需要为有利可图的投资机会筹集资金,而外部又无适当的筹资渠道可资利用时,公司为避免增发新股影响现有股东控制格局,就会倾向于采取较低的股利支付率,以便从内部的高留存收益中取得所需资金。

此外,股利支付率的高低还与公司规模及资产密集度正相关。与小公司相比,大公司通常支付高股利。资产密集型的公司(有形资产占公司总资产比重较大)往往支付较高的股利,而无形资产比重较大的公司往往支付较低的股利。

3.3 股利行为:经验证据

3.3.1 中国上市公司的股利分配

表 3-2 列示了 1994—2020 年我国 A 股上市公司的股利分配情况。由于 1991—1993 年我国资本市场尚处于起步阶段,各上市公司股利政策的选择还很不成熟,因此我们在分析时没有考虑该时间我国 A 股上市公司的股利分配情况。

第3章 股利理论与政策

表3-2 1994—2020年我国A股上市公司股利分配统计

单位:家

| 年度 | 年末公司总数 | 不分配公司数 | 分配公司数 | 分配类型 |||||||
				现金股利	股票股利	转增股本	现金股利+股票股利	现金股利+转增股本	股票股利+转增股本	现金股利+股票股利+转增股本
1994	300	29 (9.67%)	271 (90.33%)	115 (38.33%)	48 (16.00%)	1 (0.33%)	102 (34.00%)	1 (0.33%)	0 (0.00%)	4 (1.33%)
1995	370	69 (18.65%)	301 (81.35%)	119 (32.16%)	75 (20.27%)	3 (0.81%)	78 (21.08%)	5 (1.35%)	20 (5.41%)	1 (0.27%)
1996	588	154 (26.19%)	434 (73.81%)	102 (17.35%)	91 (15.48%)	46 (7.82%)	31 (5.27%)	28 (4.76%)	118 (20.07%)	18 (3.06%)
1997	762	350 (45.93%)	412 (54.07%)	158 (20.73%)	58 (7.61%)	42 (5.51%)	21 (2.76%)	24 (3.15%)	92 (12.07%)	17 (2.23%)
1998	851	433 (50.88%)	418 (49.12%)	194 (20.80%)	38 (4.47%)	32 (3.76%)	13 (1.53%)	24 (2.82%)	85 (9.99%)	32 (3.76%)
1999	944	514 (54.45%)	430 (45.55%)	247 (26.17%)	25 (2.65%)	42 (4.45%)	14 (1.48%)	18 (1.91%)	54 (5.72%)	30 (3.18%)
2000	1096	363 (33.12%)	733 (66.88%)	535 (48.81%)	6 (0.55%)	20 (1.82%)	27 (2.46%)	64 (5.84%)	9 (0.82%)	72 (6.57%)
2001	1156	422 (36.51%)	734 (63.49%)	568 (49.13%)	9 (0.78%)	14 (1.21%)	36 (3.11%)	56 (4.84%)	5 (0.43%)	46 (3.98%)
2002	1216	549 (45.15%)	667 (54.85%)	513 (42.19%)	0 (0.00%)	30 (2.47%)	20 (1.64%)	59 (4.85%)	5 (0.41%)	40 (3.29%)

单位:家（续表）

年度	年末公司总数	不分配公司数	分配公司数	分配类型					
				现金股利	股票股利	转增股本	现金股利+股票股利	现金股利+转增股本	股票股利+转增股本	现金股利+股票股利+转增股本
2003	1 285	622 (48.40%)	663 (51.60%)	444 (34.55%)	2 (0.16%)	37 (2.88%)	25 (1.95%)	88 (6.85%)	8 (0.62%)	59 (4.59%)
2004	1 364	601 (44.06%)	763 (55.94%)	567 (41.57%)	4 (0.29%)	20 (1.47%)	17 (1.25%)	119 (8.72%)	2 (0.15%)	34 (2.49%)
2005	1 445	586 (40.55%)	859 (59.45%)	454 (31.42%)	5 (0.35%)	214 (14.81%)	21 (1.45%)	136 (9.41%)	3 (0.21%)	26 (1.80%)
2006	1 532	748 (48.83%)	784 (51.17%)	558 (36.42%)	12 (0.78%)	49 (3.20%)	40 (2.61%)	80 (5.22%)	7 (0.46%)	38 (2.48%)
2007	1 571	649 (41.31%)	922 (58.69%)	511 (32.53%)	9 (0.57%)	103 (6.56%)	46 (2.93%)	150 (9.55%)	6 (0.389%)	97 (6.17%)
2008	1 608	710 (44.15%)	898 (55.85%)	643 (39.99%)	2 (0.12%)	46 (2.86%)	40 (2.49%)	123 (7.65%)	1 (0.065%)	43 (2.67%)
2009	1 777	715 (40.24%)	1 062 (59.76%)	701 (39.45%)	6 (0.34%)	53 (2.98%)	59 (3.32%)	187 (10.52%)	3 (0.17%)	53 (2.98%)
2010	2 117	726 (34.29%)	1 391 (65.71%)	797 (37.65%)	1 (0.05%)	76 (3.59%)	66 (3.12%)	380 (17.95%)	0 (0.00%)	71 (3.35%)
2011	2 367	702 (29.66%)	1 665 (70.34%)	1 085 (45.84%)	0 (0.00%)	52 (2.20%)	45 (1.90%)	451 (19.05%)	0 (0.00%)	32 (1.35%)
2012	2 473	633 (25.60%)	1 840 (74.40%)	1 375 (55.60%)	1 (0.04%)	34 (1.37%)	34 (1.37%)	369 (14.92%)	0 (0.00%)	27 (1.09%)

第 3 章 股利理论与政策

单位：家（续表）

年度	年末公司总数	不分配公司数	分配公司数	分配类型						
				现金股利	股票股利	转增股本	现金股利+股票股利	现金股利+转增股本	股票股利+转增股本	现金股利+股票股利+转增股本
2013	2 520	608 (24.13%)	1 912 (75.87%)	1 443 (57.26%)	0 (0.00%)	42 (1.67%)	32 (1.27%)	357 (14.17%)	1 (0.04%)	37 (1.47%)
2014	2 678	672 (25.09%)	2 006 (74.91%)	1 397 (52.17%)	0 (0.00%)	61 (2.28%)	36 (1.34%)	457 (17.06%)	0 (0.00%)	55 (2.05%)
2015	2 835	757 (26.70%)	2 078 (73.30%)	1 380 (48.68%)	0 (0.00%)	75 (2.65%)	26 (0.92%)	530 (18.69%)	1 (0.04%)	66 (2.33%)
2016	3 108	710 (22.84%)	2 398 (77.16%)	1 896 (61.00%)	0 (0.00%)	37 (1.19%)	29 (0.93%)	414 (13.32%)	1 (0.03%)	21 (0.68%)
2017	3 508	702 (20.01%)	2 806 (79.99%)	2 183 (62.23%)	0 (0.00%)	37 (1.05%)	25 (0.71%)	548 (15.62%)	0 (0.00%)	13 (0.37%)
2018	3 600	968 (26.89%)	2 632 (73.11%)	2 152 (59.78%)	0 (0.00%)	31 (0.86%)	33 (0.92%)	405 (11.25%)	0 (0.00%)	11 (0.31%)
2019	3 835	1 109 (28.92%)	2 726 (71.08%)	2 330 (60.76%)	0 (0.00%)	34 (0.89%)	25 (0.65%)	327 (8.53%)	0 (0.00%)	10 (0.26%)
2020	4 296	1 245 (28.98%)	3 051 (71.02%)	2 649 (61.66%)	0 (0.00%)	26 (0.61%)	23 (0.54%)	344 (8.01%)	0 (0.00%)	9 (0.21%)
合计	51 202	16 346 (31.92%)	34 856 (68.08%)	25 116 (49.05%)	392 (0.77%)	1 257 (2.45%)	964 (1.88%)	5 744 (11.22%)	421 (0.82%)	962 (1.88%)

资料来源：国泰安数据库。

注：(1) 每一家上市公司的分配类型只能属于每行列中的一种，即每家上市公司在每行中只出现一次。(2) 本表公司包括深圳证券交易所中小板、创业板上市公司。(3) 本表中的年度为财政年度，即本次股利分配所对应的会计年度，而不是分配股利的时间。我们认为，以财政年度为标准更能反映我国上市公司的股利政策，也便于计算股利支付率，本章中均以此为标准进行统计。(4) 年度分配和中期分配，中期股利分配的股利均包括在内。

1. 股利分配意愿

从总体上说,1994—2020 年,我国 A 股上市公司中,不分配股利公司占比为 31.92%(见表3-2)。就各年而言,1994—1996 年,上市公司中不分配股利的公司相对较少,尤其是 1994 年,只有 9.67% 的公司没有分配股利,为历年最低点。而 1996 年后,上市公司不分配股利现象日益突出。不分配股利公司占比从 1996 年的 26.19% 迅速上升到 1997 年的 45.93%,并在 1999 年达到最高点(54.45%)。虽然 2000 年后上市公司不分配股利现象有所缓解,但在 2002 年不分配股利公司占比又回升到 45.15%,之后一直到 2009 年,各年的不分配股利公司占比一直超过 40%。2010 年后,不分配股利公司占比大幅下降,2011—2020 年一直保持在 20%～30%,并在 2017 年达到最低点(20.01%)。整体来看(见图 3-1),自 1999 年起,我国 A 股上市公司不分配股利占比呈下降趋势,尤其是 2008 年后,这种下降趋势更为明显,表明随着中小投资者保护意识的加强和监管部门相关政策的出台,上市公司分配股利的意识逐步增强,通过分配股利来回报股东逐渐成为一种共识。

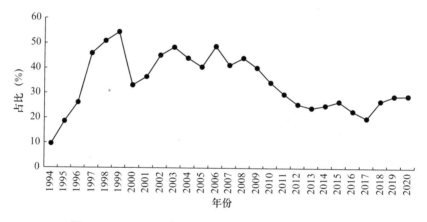

图 3-1 1994—2020 年我国 A 股上市公司不分配股利占比

2. 股利分配形式

公司分配股利的形式一般有现金股利、股票股利、负债股利和混合股利等。在我国,公司分配现金股利、股票股利以及混合股利的较多,而分配负债股利的很少见。具体来说,我国上市公司的股利分配形式呈现以下特征:

(1)股利分配形式以现金股利为主

如图 3-2 所示,1994—2020 年,我国 A 股上市公司的股利分配形式以现金股利为主,有 49.05% 的公司分配现金股利,占分配股利公司的 2/3 多。分配混合股利的公司次之,有15.80%的公司分配混合股利①。而分配股票股利和转增股本②的公司较少,分别只有0.77%和2.45%。在分配混合股利的公司中,以分配现金股利和转增股本的公司最多,占上市公司总数的11.22%(见表3-2)。

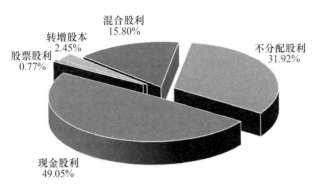

图3-2　1994—2020年我国A股上市公司股利分配形式

(2) 股利分配形式经历了较大变化

在我国资本市场成立初期,上市公司较多采用股票股利和混合股利的形式分配利润,如1996年在我国434家分配股利的上市公司中,有91家公司分配股票股利,195家公司分配混合股利,而分配现金股利的有102家。但随着时间的推移,分配股票股利和混合股利的公司越来越少,而分配现金股利的公司逐年增加。2020年,在3 051家分配股利的上市公司中,有2 649家公司分配现金股利,376家公司分配混合股利,而没有一家公司分配股票股利。具体来说,我国A股上市公司各种股利分配形式呈现如下特点:

第一,只分配现金股利的公司占比呈现稳步上升趋势。1994年、1995年两年,每年大约有超过30%的上市公司分配现金股利,而这一占比在1996—1999年下降了十几个百分点(最低至1996年的17.35%),但从2000年开始只分配现金股利的公司占比又明显上升。这主要是因为2000年3月中国证券监督管理委员会发布《关于上市公司配股工作有关问题的补充通知》③,要求公司在《配股说明书》中增加第五部分详细说明公司上市后历年分红派息的情况,这直接引起分配现金股利公司占比的快速上升,从1999年的26.17%上升到2000年的48.81%,上升了22.64个百分点。2002年,该占比有所回落。但2006

---

① 此处混合股利是指采用一种以上形式分配股利,具体包括同时分配现金股利和股票股利,同时分配现金股利和转增股本,同时分配股票股利和转增股本,同时分配现金股利、股票股利和转增股本等四类。

② 虽然转增股本不能算作股利分配的传统形式,但我国上市公司普遍存在转增股本的现象,而且转增股本同样能带来股东权益结构的变化,在某些时候,还能产生与股票股利同样的作用,所以,本书在分析我国上市公司的股利分配情况时将其包括在内,作为一种股利分配形式。

③ 此通知现已废止。不过2006年5月证监会发布的《上市公司证券发行管理办法》同样有相关规定。《上市公司证券发行管理办法》第二章第八条(五)项规定,公开发行证券公司"最近三年以现金或股票方式累计分配的利润不少于最近三年实现的年均可分配利润的百分之二十"。2008年,证监会更是将这一比例提高到30%。

年后,只分配现金股利的公司占比呈现迅速上升趋势,尤其是从 2016 年开始,该占比基本稳定在 60% 左右,并在 2017 年达到 62.23%,为历年最高。

第二,只分配股票股利的公司数量和占比迅速下降。1994—1996 年,每年大约有 20% 的上市公司只分配股票股利,但从 1997 年开始,只分配股票股利的公司数逐年下降。2000 年,只分配股票股利的公司数下降到 6 家,占当年公司总数的 0.55%。之后的 20 年里,除 2006 年外,只分配股票股利的公司数一直在个位数内徘徊,而且 2012 年后,已经连续八年没有一家公司只分配股票股利。

第三,部分公司存在转增股本行为。1994—2020 年,共有 1 257 家公司转增了股本,占公司总数的 2.45%。从图 3-3 可以看出,存在转增股本行为的公司占比分别在 1996 年和 2005 年达到两个高点。1996 年,有 46 家公司(占 7.82%)转增了股本,之后转增股本的公司占比呈下降趋势,到 2004 年,只有 20 家公司(占 1.47%)转增了股本,但在 2005 年,转增股本的公司骤然大幅增加,有 214 家公司(占 14.81%)进行了转增。结合混合股利形式,我们还发现了一个有趣的现象:1999 年前,转增股本往往和股票股利相结合,如 1996 年,同时进行转增股本和分配股票红利的公司有 118 家,占公司总数的 20.07%,成为当年最多的分配形式;而同时进行转增股本和分配现金股利的公司只有 28 家(占 4.76%)。但在 1999 年后,转增股本往往与现金股利相结合,转增股本 + 股票股利的公司占比逐年下降,而转增股本 + 现金股利的公司占比呈上升趋势。如 2016 年,同时进行转增股本和分配现金股利的公司达到 414 家,占公司总数的 13.32%,而同时进行转增股本和分配股票红利的公司只有 1 家(占 0.03%)。这同样是监管政策作用的结果。

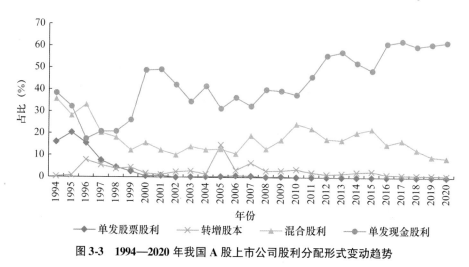

图 3-3 1994—2020 年我国 A 股上市公司股利分配形式变动趋势

第四,分配混合股利的公司占比先降后升,呈现明显的区间特征。1994—2006 年,分配混合股利的公司占比呈现下降趋势,但其下降幅度小于股票股利。1994 年,共有 107 家公司分配混合股利,占公司总数的 35.66%。之后两年每年大约都有 1/3 的公司分配混合股利。但1996年后,分配混合股利的公司占比出现较大幅度下降。1997年,只有20.21%的公司分配混合股利,1999年这一占比更是滑落到12.29%,之后的7年里,该占比虽然有所起伏,但基本稳定在10%~15%。从图3-3中我们也可以看出,虽然1994—2006年分配混合股利的公司占比呈现下降,但其下降幅度小于股票股利,每年仍有超过1/10的上市公司选择此种分配形式,而不像股票股利似的屈指可数。2006年后分配混合股利的公司占比出现上升趋势,并在2010年达到最高值(24.42%),但2017年后,分配混合股利的公司占比又开始回落,在2020年达到历史最低值(8.76%)。

混合股利四种形式的变动趋势较为复杂。如图3-4所示,1994年、1995年混合股利主要以现金股利+股票股利为主;1996—1999年,则以股票股利+转增股本为主;而2000年后,基本上以现金股利+转增股本为主。但无论哪种形式的混合股利,除1996年外,都未能成为上市公司股利分配的主要形式。

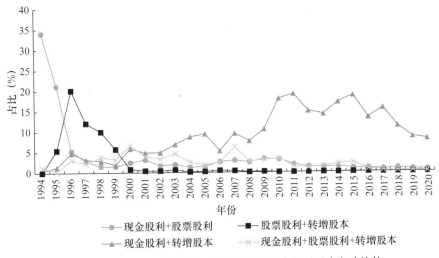

图3-4 1994—2020年我国A股上市公司混合股利形式变动趋势

3. 股利分配水平

(1) 现金股利分配水平

如表3-3所示,我国A股上市公司现金股利分配水平呈现以下特点:

第一,总体分配金额不高。平均每股分配现金0.18元,中位数为每股0.10元。就各年而言,平均值介于每股0.12~0.26元,中位数则在0.10~0.16元波动。2000年后,每股现金股利金额呈整体上升趋势。平均值从2000年的0.13元上升到2020年的0.26元,中位数从2000年的0.10元上升到2020年的0.15元,这种增长趋势在2016年后尤其明显。

第二,各公司间现金股利分配水平差别较大,且分配差距逐渐拉大。总体来说,

1994—2020 年,每股现金股利最大值达到 19.293 元,而最小值仅为 0.0008 元,相差 24 115 倍。就变化趋势而言,1995—2004 年这十年间,上市公司每股现金股利的标准差在 0.09~0.14 变化;2005—2014 年这十年间,标准差则在 0.16~0.24 变化;2015 年后,标准差逐年迅速增大,在 2020 年达到 0.53,表明公司间现金股利分配水平的两极分化现象越来越明显。

第三,现金股利分配水平受政策影响较大。如前文所述,证监会从 2000 年开始将是否发放现金股利作为配股的条件之一,所以在 2000—2005 年,分配现金股利的公司数量大幅增加,但与此同时,每股现金股利金额随之下降,说明很大一部分公司分配现金股利是为了迎合政策的需要。如图 3-5 所示,这一趋势显著体现在中位数、平均值和最小值上,无论是平均值、中位数,还是最小值,2000 年都是一个明显的分水岭。2000 年前,每股现金股利平均值均高于 0.16 元;而 2000 年后,每股现金股利平均值连续 5 年在 0.16 元以下徘徊,2001 年更是达到了最低点 0.12 元。就中位数而言,2000 年前的中位数均高于 0.12 元,而 2000 年后连续 5 年中位数均为 0.10 元。2000 年前,分配现金股利的公司的每股现金股利最小值为 0.010 元,但 2000 年后最小值达到了 0.004 元。2006 年 5 月 8 日证监会发布的《上市公司证券发行管理办法》对上述规定进行了修订。《上市公司证券发行管理办法》第二章第八条第(五)项规定,公开发行证券公司"最近三年以现金或股票方式累计分配的利润不少于最近三年实现的年均可分配利润的百分之二十。"2008 年 10 月 9 日证监会发布 57 号令《关于修改上市公司现金分红若干规定的决定》,将上述规定修改为"最近三年以现金方式累计分配的利润不少于最近三年实现的年均可分配利润的百分之三十"。这两个政策将上市公司的股利分配水平与近三年实现的可分配利润挂钩,所以,2006 年后,每股现金股利平均值明显提高,同时标准差也显著增大。

表 3-3 1994—2020 年我国 A 股上市公司现金股利分配水平

年份	最大值(元)	中位数(元)	平均值(元)	最小值(元)	标准差	样本数
1994	2.200	0.16000	0.212705	0.01400	0.214776	222
1995	0.720	0.15000	0.173340	0.01000	0.124206	203
1996	1.000	0.13000	0.168361	0.01000	0.128739	179
1997	0.740	0.15000	0.179076	0.01000	0.124461	220
1998	1.250	0.15000	0.184036	0.01000	0.139252	263
1999	0.800	0.12500	0.163676	0.01000	0.112562	309
2000	0.700	0.10000	0.134342	0.01000	0.092522	698
2001	1.100	0.10000	0.123470	0.01000	0.101784	706
2002	0.600	0.10000	0.133496	0.00400	0.098844	632

(续表)

年份	最大值（元）	中位数（元）	平均值（元）	最小值（元）	标准差	样本数
2003	1.000	0.10000	0.141962	0.00500	0.118105	616
2004	1.200	0.10000	0.153520	0.00500	0.129535	737
2005	1.700	0.10556	0.161564	0.00000	0.160970	637
2006	3.000	0.10000	0.160001	0.00600	0.200571	716
2007	2.000	0.10000	0.160393	0.00400	0.169862	804
2008	2.000	0.10000	0.156129	0.00400	0.190664	849
2009	1.200	0.10000	0.168503	0.01000	0.166653	1 000
2010	2.300	0.13000	0.201648	0.00787	0.209727	1 314
2011	3.997	0.12000	0.192562	0.00350	0.216986	1 613
2012	6.419	0.10000	0.170192	0.00130	0.232968	1 805
2013	4.374	0.10000	0.149021	0.00080	0.197192	1 869
2014	4.374	0.10000	0.150232	0.00118	0.205966	1 945
2015	6.171	0.10000	0.153840	0.00100	0.227515	2 002
2016	6.787	0.10000	0.163733	0.00200	0.266169	2 360
2017	10.999	0.10000	0.180807	0.00100	0.306916	2 769
2018	14.539	0.10900	0.201421	0.00100	0.426146	2 601
2019	17.025	0.12000	0.216473	0.00100	0.433390	2 692
2020	19.293	0.15000	0.263801	0.00210	0.526093	3 025
合计	19.293	0.10000	0.177902	0.00080	0.297979	32 786

资料来源：国泰安数据库。

注：(1) 每股现金股利采用的是税前值，而非税后值；(2) 年份以财政年度为准，而不是股利分配年度；(3) 只要当年分配过现金股利，不管是年度分配、中期分配，还是季度分配，均包括在内。

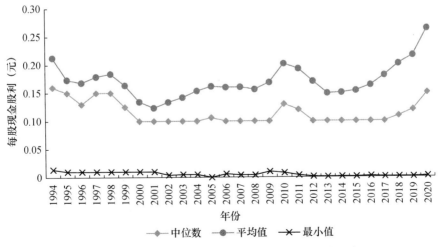

图 3-5　1994—2020 年我国 A 股上市公司现金股利分配水平

(2) 股票股利分配水平

如表3-4所示,我国A股上市公司股票股利分配水平呈现以下特点:

第一,就总体而言,平均每股股票分配0.27股,中位数为0.20股。这表明上市公司通过分配股票股利,股本规模平均扩大了27%,有半数的公司股本规模扩大了20%以上。

第二,就各年而言,每股股票股利平均值在0.17~0.44股波动,中位数各年间的波动小于平均值,大多数年份每股股票股利的中位数都是0.20股,说明在分配股票股利的公司中,基本上每年都有一半的公司通过股票股利使公司股本增长超过20%。

第三,各公司间股票股利分配水平的差别小于现金股利。1994—2020年,每股股票股利最大值为1.60股,最小值为0.0079股,相差202倍,远小于现金股利的24 115倍。

第四,股票股利分配水平并没有显现出2000年前后的明显差异,只是1999年后,分配股票股利的公司占比明显降低,这与前面的结果一致。

表3-4 1994—2020年我国A股上市公司股票股利分配水平

年份	最大值(股)	中位数(股)	平均值(股)	最小值(股)	标准差	样本数
1994	0.90	0.200000	0.208370	0.050000	0.148972	154
1995	1.00	0.183000	0.210943	0.013000	0.174311	174
1996	1.00	0.200000	0.263236	0.012000	0.176551	258
1997	1.00	0.200000	0.259999	0.050000	0.181911	188
1998	1.10	0.200000	0.269963	0.050000	0.161368	168
1999	0.85	0.200000	0.252681	0.060000	0.149582	123
2000	0.70	0.200000	0.221157	0.043719	0.116027	114
2001	1.00	0.149238	0.174464	0.016200	0.143703	96
2002	0.60	0.200000	0.185180	0.016700	0.103782	65
2003	0.80	0.200000	0.215383	0.016000	0.116744	94
2004	0.60	0.200000	0.197829	0.046250	0.118267	57
2005	0.70	0.200000	0.271052	0.010000	0.164363	55
2006	1.00	0.200000	0.245948	0.046000	0.185277	97
2007	1.00	0.200000	0.287430	0.010000	0.184667	158
2008	1.00	0.200000	0.291718	0.010000	0.216391	86
2009	1.50	0.250000	0.325455	0.100000	0.223532	121
2010	1.60	0.300000	0.376888	0.039350	0.268985	138
2011	1.30	0.250000	0.316623	0.030000	0.255444	77
2012	1.00	0.200000	0.308294	0.007906	0.231399	62
2013	1.00	0.300000	0.357004	0.050000	0.244563	70
2014	1.40	0.300000	0.354458	0.050000	0.235872	91

(续表)

年份	最大值（股）	中位数（股）	平均值（股）	最小值（股）	标准差	样本数
2015	1.30	0.400000	0.442246	0.025000	0.296620	93
2016	1.00	0.200000	0.339608	0.050000	0.255437	51
2017	0.60	0.300000	0.288131	0.100000	0.145760	38
2018	0.80	0.225000	0.259286	0.050000	0.146244	44
2019	0.60	0.200000	0.254211	0.050000	0.124338	35
2020	0.70	0.300000	0.306250	0.050000	0.162380	32
总计	1.60	0.200000	0.269740	0.007900	0.195344	2 739

资料来源：国泰安数据库。

注：(1) 年份以财政年度为准，而不是股利分配年度；(2) 只要当年分配过股票股利的均包括在内；(3) 此表中包括年度分配、中期分配和季度分配的股票股利。

4. 股利分配的市场反应

市场对我国上市公司的股利政策一般会有什么反应呢？20世纪90年代后期，国内学者开始对此开展实证研究，但遗憾的是，未能获得一致的结论。

陈晓等(1998)研究了1997年首次派发现金股利的40家上市公司的股利公告的市场反应，结果表明，虽然宣告现金股利能够为股东带来10%水平上显著的超额收益，但在扣除交易费用的影响后完全失去了意义，即现金股利没有市场反应。魏刚(1998)以1997年派发现金股利的59家上市公司为样本，发现了显著为负的市场反应。俞乔和程滢(2001)研究了1992—2000年所有上市公司分配股利的情况，结果表明，不论是首次分红还是一般的年度分红，现金股利所引起的股价异常收益显著小于股票股利和混合股利。在控制了除息除权日的溢出效应、大宗交易引起的股价偏差及红利公告期间的风险因素后，市场对一般的年度分红并不敏感，但却特别讨厌以现金股利为首次分红的分配方式，这在一定程度上证实了市场存在股利的宣告效应。孔小文和于笑坤(2003)以2000年宣告发放股利的公司为样本，发现上市公司无论采取何种股利政策都会在股利宣告日产生一定的累计超额收益，不分配股利的公司累计超额收益率最高，分配股票股利的公司次之，分配现金股利的公司在股利宣告日前后也存在正的超额收益，而同时分配现金股利和股票股利的公司最不受市场欢迎，累计超额收益率最低。

虽然研究方法和研究样本的差异可能导致不同文献间研究结果的差异，但股利政策市场反应不一的原因可能是现金股利政策并不像信号理论认为的受公司盈余状况或投资项目好坏的影响，而是受公司代理问题的影响，那么现金股利的市场反应就是对股利政策本身的反应，从而代理问题不同的公司的现金股利公告就产生了不同的市场反应(李增泉等，2004)。李增泉等(2004)对现金股利市场反应的检验结果表明，只有当所有权安排不利于保护投资者权益时，是否分配股利才会引起完全不同的市场反应(分配股利公司与不分配股利公司在宣告日前一天与当天的累计超额收益分别为显著的正值和负值),特别当公司面临的发展机会较少时,上述差异更为明显。结论支持利益协同效应[①](alignment effect),而不支持壕沟防御效应[②](entrenchment effect)。

3.3.2 股利理论的实证检验

我国学者对国外股利理论的实证检验主要集中在信号理论、代理理论和迎合理论方面。同时,由于特殊的制度背景,我国形成了具有中国特色的半强制分红政策。关于半强制分红政策的研究,已成为近年来我国上市公司股利理论研究的一大方向。

1. 信号理论

国外研究表明,股利具有信号传递效应。那么我国企业的股利是否也有信息含量呢?

原红旗(2004)对股利信号理论进行了验证,结果表明现金股利在我国并不具有明显的信号传递效应。他发现,股利的变化主要依据当期收益的变化(不仅包括经营性收益的变化,还包括暂时性收益的变化),而并不反映未来收益变化的信息,也就是说,股利在我国没有信号作用。陈浪南和姚正春(2000)、何涛和陈晓(2002)也没有找到支持信号理论的证据。

而吕长江和王克敏(1999)、魏刚(1999)、孔小文和于笑坤(2003)的经验研究却在一定程度上支持股利具有信息含量这一假设。吕长江和王克敏(1999)以沪深两市 1997 年、1998 年支付现金股利的 316 家上市公司为样本,研究发现股利分配公司的股利支付水平主要取决于公司前期股利支付额和当期盈利水平及其变化。魏刚(1999)以 1992—1997 年 389 家中国上市公司为样本,研究发现股利增加的公司的盈利在股利变化当年及之后的两年内均有显著的增长,而股利减少的公司的盈利在股利变化后的两年内有显著的减少,而且不同类型的股利传递的信息有所差异。孔小文和于笑坤(2003)的研究表明,分配股利的上市公司的未来盈利情况好于不分配股利的上市公司,股利政策包含了公司对未来盈利的预期。现金股利、股票股利和混合股利对未来盈利的预期没有差别,无法根据公司发放的股利类型来判断公司未来的发展前景。

2. 代理理论

信号理论对我国上市公司股利行为的解释没有取得一致的结论。之后,众多学者着手从代理理论角度解释我国上市公司的现金股利政策。例如,吕长江和王克敏(2002)通过建立资本结构、股利分配及管理者持股比例之间的结构方程,发现公司股利政策与管理

---

① 利益协同效应是指当控股股东的持股比例提高到其能够完全控制公司经营行为后,其剥削行为则由于其与公司的利益愈趋一致而随持股比例的提高而减弱。
② 壕沟防御效应是指在较低的持股水平上,控股股东的剥削能力随其持股比例的提高而增强,从而对其他股东的剥削程度也随之提高。

者持股比例存在双向因果关系,即管理者持股比例较高的公司,股利支付率较低,而股利支付率较高的公司,其管理者持股比例通常较低。董艳和李凤(2011)则发现,管理层持股能够增加公司现金股利支付倾向和力度,但是这种作用只有在管理层持股水平相对较高时才能发挥出来。杨熠和沈艺峰(2004)发现,对于自由现金流较多的公司,分配现金股利会减轻代理成本的监督治理作用。

但随着研究的深入,很多学者认识到,仅用自由现金流假说来解释我国企业的股利行为具有诸多局限性,因为我国企业具有独特的股权结构。一方面,我国企业股权较为集中,绝大多数上市公司都是由国有企业改制而来,"一股独大"现象非常严重。另一方面,股权分置改革前,上市公司中很大一部分股份无法上市流通,而这部分股份的拥有者(即非流通股股东)往往居于控股地位。上述制度特性导致我国上市公司大股东与中小股东在投资成本、权利、投资目标与信息等几个方面存在重大差异(原红旗,2004)。由于居于控股地位的非流通股股东的股票不能在二级市场流通,只能获得股利和控制权收益而不能获得资本利得,加之非流通股股东与流通股股东的股权成本差异很大,同样的每股现金股利使非流通股股东的收益率远高于流通股股东的收益率,这导致大股东可以将现金股利作为一种"转移资源"的手段来使用(雷光勇,2007),因此"掏空"假说①反而更能解释我国企业的股利行为。

之后的研究更多地从我国这种特殊的制度背景出发,深入分析非流通股股东与流通股股东之间的利益差异,从中考察我国上市公司发放现金股利的动因。研究表明,我国上市公司发放现金股利,可能主要并不在于传递某种信号,或是作为解决公司股东与经理间代理问题的工具,更可能是作为股权分置与大股东控制条件下,我国上市公司大股东与中小股东以及非流通股股东与流通股股东间代理问题的结果呈现;现金股利更多的是被大股东用作从上市公司"转移资源"或"套现"的工具。

Lee and Xiao(2003)的研究表明,股权集中度高的公司愿意发放更多的现金股利。陈信元等(2003)通过对佛山照明高额现金股利案例的分析,发现高额现金股利并没有提高公司价值,可能只是大股东转移资金的工具。原红旗(2004)也发现,流通股股东和非流通股股东对股利有明显的不同偏好,大股东存在以现金股利转移资金的倾向。肖珉(2005)以2001年非金融类A股上市公司为样本,研究发现上市公司发放现金股利不是出于减少冗余现金的需要,而是与大股东套取现金的企图有关。唐跃军和谢仍明(2006)以1999—2003年在上交所和深交所上市的所有上市公司为样本,探讨了非流通股和流通股流动性、股权监督制衡机制对上市公司派发现金股利的影响,结果表明非流通股股东与流通股股东之间的确存在严重的利益冲突,非流通股股东通过现金股利的"隧道"效应谋取私利。

---

① 如前所述,在国外文献中,现金股利并没有被看作"掏空"的一种方式,反而其可以减少"掏空"对小股东利益的损害,从而保护小股东利益。

李增泉等(2004)以1997—2001年我国上市公司的3 000多个数据为样本,从投资者保护角度对我国上市公司的所有权安排与现金股利政策的关系进行了实证分析。结果表明,在控制其他因素后,反映投资者保护程度的第一大股东持股比例、控股股东的性质以及其他股东的持股集中度都对股利支付率具有显著影响(当所有权安排有利于保护中小投资者利益时,上市公司倾向于派发更多的现金股利)。王化成等(2007)从控股股东特征对上市公司股利分配倾向和分配力度的影响角度分析了沪深两市上市公司2002年、2003年的股利分配情况。研究结果表明,这种影响显著存在且对分配倾向和分配力度的影响趋于一致,即① 控股股东具有集团控制性质的上市公司的分配倾向和分配力度均显著低于没有集团控制性质的上市公司;② 所有权(现金流权)和控制权(投票权)的分离程度越高,股利分配倾向和分配力度越低;③ 国家控股上市公司的分配倾向和分配力度显著低于民营控股上市公司。

邓建平和曾勇(2005)对家族控制上市公司股利决策的研究同样支持"掏空"假说,他们发现家族企业股利决策的主要目的不是解决经理滥用自由现金流的风险,而是和控制性家族自身利益最大化有关。

但谢军(2006)得出了不同的结论。他考察了股利政策与第一大股东持股比例之间的关系,并根据公司成长性分类,研究不同成长性公司这两者之间的关系是否有所差异。研究发现,第一大股东持股比例越高,公司现金股利支付率越高,但这种正相关性随着公司成长机会(用市净率衡量)的增多而减弱,即高成长性公司第一大股东持股比例与现金股利支付率之间的系数显著低于低成长性公司。他认为,这一结论支持"自由现金流"假说,而并不支持"掏空"假说。魏志华等(2012)的研究也表明,在我国两类代理冲突都会对上市公司现金股利政策产生显著的负向影响,而且他们发现,家族控制上市公司具有相对消极现金股利政策的一个重要原因是家族控制加剧了第一类代理冲突(股东—经理代理冲突)而非第二类代理冲突(大股东—中小股东代理冲突),并进而降低了公司的现金股利支付意愿和支付水平。

3. 迎合理论

自迎合理论及"迎合"的概念提出以后,我国学者试图从迎合理论角度解释我国上市公司的股利政策,但并没有形成一致的结论。

黄娟娟和沈艺峰(2007)研究了我国上市公司是否支付现金股利的决策与流通股溢价之间的关系,发现我国上市公司的现金股利政策没有迎合流通股股东的需要,即迎合理论不能解释我国上市公司的股利政策。但是他们通过对股利支付意愿与第一大股东持股比例进行线性回归,发现我国上市公司的总体股利支付意愿和现金股利支付意愿均迎合了大股东的需要,而这种迎合实质上是一种受控关系。

熊德华和刘力(2007)对黄娟娟和沈艺峰(2007)的研究方法进行改进,从迎合理论的角度分别对1993—2006年我国上市公司的现金股利、股票股利决策进行实证检验。研究表明,投资者给予的现金股利溢价越高,公司越倾向于支付现金股利;股票股利亦如此。迎合理论对我国上市公司的股利政策有较强的解释力。

饶育蕾等(2008)结合迎合理论的思想,选取沪深两市2000—2004年的A股上市公司为样本,采用Logit回归模型研究了流通股股东的现金股利需求与上市公司是否发放现金股利之间的关系,结果发现社会公共投资者对现金股利的需求表现为股利折价,即投资者愿意支付相对较高的价格购买不发放现金股利公司的股票。

林川和曹国华(2010)基于中小板上市公司存在的股利政策消失现象,从迎合理论的角度,选取2004—2009年中小板上市公司的数据作为样本,研究发现迎合理论对中小板上市公司的股利支付意愿有一定的解释能力。中小板上市公司会根据市场状况制定股利政策,并根据现金股利溢价水平来决定是否支付现金股利。

支晓强等(2014)选取2001—2010年的数据,基于迎合理论,比较了股权分置改革前后我国上市公司的股利分配行为。研究发现,股权分置改革后,现金股利溢价对我国上市公司现金股利政策的解释力显著增强。这一结果表明,股权分置改革后,上市公司现金股利政策更加注重中小投资者的偏好。股票股利溢价对上市公司的股票股利政策在股权分置改革前后均有显著影响,这表明上市公司股票股利政策与中小投资者的偏好密切相关。

4. 半强制分红政策

如前所述,从2001年开始,中国证监会先后出台了一系列将上市公司股权再融资资格与股利支付水平相挂钩的监管政策,试图对上市公司的股利分配行为进行有效的引导和约束,保护中小股东的利益。具体来说,2001年和2004年的监管政策只是规定上市公司要进行股权再融资就必须先分红(弱约束期),而2006年和2008年的监管政策则明确了股权再融资公司必须达到的最低分红比例(强约束期)[①]。李常青等(2010)将这些监管政策称为半强制分红政策。

关于半强制分红政策的研究主要探讨该政策的合理性和实施效果,众多研究表明半强制分红政策在提高上市公司现金分红方面具有一定的效果。魏志华等(2014)发现,半强制分红政策显著提高了我国资本市场的现金股利支付意愿和支付水平,但同时他们也发现,半强制分红政策难以约束"铁公鸡"公司支付现金股利,也没有降低"铁公鸡"公司占比,而且2006年和2008年监管政策实施后,发放"门槛"股利的"微股利"公司明显增加。刘星等(2016)研究发现,半强制分红政策的实施虽然提升了上市公司的现金股利支付意愿,但未能整体提升上市公司的现金股利支付水平,它只是显著影响了具有再融资意

---

① 2006年5月,证监会发布的《上市公司证券发行管理办法》第二章第八条第(五)项规定上市公司公开发行证券应符合"最近三年以现金或股票方式累计分配的利润不少于最近三年实现的年均可分配利润的百分之二十"。2008年10月,证监会发布《关于修改上市公司现金分红若干规定的决定》,进一步规定上市公司公开发行证券应符合"最近三年以现金方式累计分配的利润不少于最近三年实现的年均可分配利润的百分之三十"。

愿的高成长低现金流公司、小规模公司及公司治理水平差的上市公司的现金股利支付水平。陈云玲(2014)认为，相较于无约束期而言，在弱约束期下上市公司的现金股利支付意愿、支付水平与盈利能力的正相关性变强了，但是在强约束期下这种相关性又变弱了。

半强制分红政策将上市公司的股权再融资资格与股利支付水平相联系，会增加公司的再融资成本，尤其是给那些资金需求较大的公司造成了很大的压力。李常青等(2010)研究发现，半强制分红政策对有股权再融资需求或潜在的股权再融资需求的成长性以及竞争行业上市公司带来了一定的负面影响。王志强和张玮婷(2012)研究发现，2008年的监管政策提高了高成长性公司股权再融资的"门槛"，但该"门槛"并不足以区分公司业绩水平的优劣。然而，王春飞和郭云南(2021)研究发现，从总体平均意义上看，半强制分红政策有助于降低受影响公司的股权融资成本。此外，于瑾等(2013)实证发现，支付现金股利并不能显著提高公司的市场价值。周冬华和赵玉洁(2014)研究发现，股权再融资上市公司会通过营运资本项目和获得地方政府的税费返还等路径来操控经营活动现金流，以达到相应分红比例的监管门槛，而股权再融资上市公司操控现金流的行为最终会导致其公司价值的下降。魏志华等(2017)基于股利代理理论和信号理论研究发现，上市公司支付现金股利有助于缓解两类代理冲突，但在半强制分红政策背景下，股利代理理论和信号理论的解释力显著弱化。可见，到目前为止，对于半强制分红政策的实施效果尚存在争议。

王国俊和王跃堂(2014)则以申请在创业板和中小板上市的公司为样本，从现金股利承诺制度与资源配置的角度研究了半强制分红政策的经济后果。研究发现，证监会和市场都青睐承诺分红比例高的公司，这些公司上市后的业绩优于承诺分红比例低的公司，这说明分红比例承诺传递了公司价值信号，提高了资本市场配置资源的效率。

3.4 股票回购与股票分割

3.4.1 股票回购

股票回购(stock repurchase)是指公司出资购回本公司发行在外的股票的行为。被购回的股票一般并不注销(但需要相应调整股本额)，而是作为库存股[①]，有些公司在时机有利时再重新出售。

---

① 库存股是指公司收回已发行的且尚未注销的股票。库存股具有以下四个特点：① 该股票是本公司的股票；② 它是已发行的股票；③ 它是收回后尚未注销的股票；④ 它是还可再次出售的股票。因此，凡是公司未发行的、持有其他公司的及已收回并注销的股票都不能视为库存股。此外，库存股还具有以下特性：一是库存股并不享有与其他发行在外股票一样的权利，如它不具有投票权、股利分派权、优先认购权等；二是库存股有一定的库存期限(一般在一个会计年度之内)，因为库存限过长易被公司管理层操纵(如公司为了操纵每股收益或出于管理层个人激励目的而有意回购股票)。

股票回购一般适用于拥有大量现金的企业,因此常常将它与现金股利相提并论。在没有个人所得税与交易成本的情况下,股票回购与现金股利对股东财富的影响没有差异。股票回购减少了公司流通在外的普通股股数,从而使每股收益增加、每股股价上升,因此,从理论上说,股票回购所带来的资本利得应等于分派的现金股利金额。但如果我们考虑税收,那么股票回购与现金股利对股东财富的影响就会有所不同。如果资本利得税税率低于红利税税率,则股票回购下的股东财富要多于发放现金股利下的股东财富,所以,在这种情况下股东会偏好股票回购;反之亦然。此外,现金股利可以连续发放,但股票回购不能经常为之,所以不能将股票回购看作现金股利的等价物。

1. 股票回购的方式

公司在决定实施股票回购时,可以采用的方式主要有要约回购(tender offer)、公开市场回购(open market repurchase)和私下协议回购(privately negotiated repurchase)。

(1) 要约回购

要约回购是企业向股东发出回购要约以购买部分股票。根据认购价格的确定方法不同,要约回购又分为固定价格要约回购和荷兰式拍卖要约回购。固定价格要约回购方式下,企业事先确定一个固定的认购价格,该价格通常高于现行市场价格,然后将该报价正式告诉股东。股东可自行决定是否以该价格出售股票。荷兰式拍卖要约回购方式下,企业事先只说明愿意回购的股票数量和愿意支付的最低、最高价格。通常,企业愿意支付的最低价格稍高于现行市场价格。接着,股东确定愿意出售的股票数量以及在企业给定的价格范围之内能够接受的最低出售价格,然后,企业根据股东的报价确定最终认购价格,并向报价低于或等于最终认购价格的股东回购股票。

(2) 公开市场回购

公开市场回购就是企业像其他投资者一样在股票市场上购买自己的股票。这种回购方式下的认购价格就是现行市场价格,所以对企业而言,公开市场回购的交易成本小于要约回购的交易成本。但这种方式往往受到较严格的监控,因此回购时间较长。

(3) 私下协议回购

与要约回购不同,私下协议回购只是针对少数重要股东,它往往作为公开市场回购方式的补充。私下协议回购的价格经常低于现行市场价格,尤其是在卖方首先提出的情况下。但当公司向存在潜在威胁的非控股股东回购股票时,私下协议回购的溢价会相当丰厚。

但是,无论采用哪种方式,都不能触犯相关法律法规,并尽量降低股票回购对股票市价的负面影响。

2. 股票回购的动因

从最初的税差理论,到20世纪80年代初的信号理论,再到之后的代理理论和公司控制权市场理论,这些主流财务理论都试图对公司股票回购的动因进行解释。

(1) 税差理论

税差理论认为,公司回购股票是基于税收考虑。虽然股票回购与现金股利对公司的影响很相似,但两者在税收上存在差异,股东出售因回购而价格上涨的股票时缴纳资本利得税,而发放现金股利时缴纳红利税。20世纪60年代初到70年代末,美国资本利得税实行优惠税率,也就是说,红利税税率高于资本利得税税率,所以,公司进行股票回购既能如发放现金股利一样减少公司的自由现金流,又能使股东获得更多的收益。此外,如果公司回购股票的资金来源是债务融资,那么由于利息的节税效应将降低股票回购的成本,股东还可间接从公司价值增加中获益。

(2) 信号理论

由于内部人与外部人之间的信息不对称,公司价值有可能被低估。如果经理认为公司股价被低估或公司未来盈利将优于市场预期,那么公司就可以通过股票回购向投资者传递股价被低估或公司未来盈利会提高的信号,以修正被低估的股价。所以,股票回购也像现金股利一样成为内部人向外部人传递公司经营状况的工具。

诸多研究发现,股票回购公司的股价往往被低估。针对这一现象,20世纪80年代,Masulis(1980)、Dann(1981)和Vermaelen(1981)等都不约而同地用信号理论来解释公司的股票回购行为。他们的研究为信号理论提供了强有力的证据。

(3) 代理理论——自由现金流假说

如果一家公司的现金超过其投资机会的需求量,但又没有足够的盈利性投资机会可以使用这笔资金,则为使股东利益最大化,公司就可以通过股票回购的方式,将资金分配给股东。因为在盈利保持不变的情况下,股票回购可以使流通在外的股票数量减少,由此使每股收益和每股市价提高。假定市盈率保持不变,则股东持有股份的总价值将由此而达到最大化。另外,股票回购还可以减少可供管理者支配的现金,降低代理成本。Stephens and Weisbach(1998)发现,制订股票回购计划与公司现金流水平正相关。

为了比较信号理论与代理理论(自由现金流假说),验证哪种理论更能解释公司的股票回购行为,Nohel and Tarhan(1998)将1978—1991年242家样本公司根据其托宾Q的高低分为两类,分别考察这两类公司在股票回购后的业绩表现及决定其业绩表现的诸多因素。实证结果发现,低托宾Q公司[①]在股票回购当年及之后三年里,其业绩表现要明显好于其他同类公司;而高托宾Q公司无论在回购后的哪一年,其业绩表现都没有得到提高。而且,低托宾Q公司回购后的业绩表现与公司的资产处置效率存在一定关系,而高托宾Q公司回购后的业绩表现与之没有任何联系。他们认为,以上结果更多地支持了自由现金

---

① Nohel and Tarhan(1998)以托宾$Q<1$或托宾$Q>1$为标准将样本分为低托宾Q公司和高托宾Q公司。托宾Q代表企业的投资机会。通过这种方法就可以在研究中考察自由现金流假说,因为一家企业自由现金流的多少与企业的投资机会相关联。如果两类公司回购后都表现出较好的业绩,则支持信号理论;如果两类公司回购后的业绩表现有差异,则支持自由现金流假说。

流假说,而不是信号理论。

(4) 公司控制权市场理论

公司控制权市场理论是随着20世纪80年代中期美国政府放松市场管制和公司间敌意并购行为的盛行而出现的。当公司发行在外的股票数量过多,导致每股收益低下、股价上涨乏力甚至被错误低估时,公司可能成为市场并购的目标,现有股东的控制权会受到较大威胁。为了抵制敌意并购,公司可以通过股票回购,减少流通在外的普通股股数,提高每股收益,从而使公司股价回升到比较合理的水平,降低公司被收购的威胁。Dittmar(2000)的研究表明,公司成为接管目标的风险越大,它越有可能回购股票。

3. 我国企业的股票回购

我国最早的股票回购事件是1992年小豫园并入大豫园的合并回购。之后,陆家嘴、厦门国贸、云天化、氯碱化工、申能股份等上市公司都通过协议转让方式回购了公司的非流通股。这些上市公司回购非流通股的目的主要有:① 减少国有股、优化股权结构,如陆家嘴回购国家股;② 并购需要,如豫园股份;③ 置换不良资产,如申能股份;④ 向市场传递积极信息,如云天化。谭劲松和陈颖(2007)分析了我国证券市场1994—2000年发生的陆家嘴、云天化、申能股份、冰箱压缩和长春高新等五起股票回购事件,发现国外关于股票回购的理论(税差理论、信号理论、代理成本理论)都无法对上述五起股票回购事件的动因做出合理解释。他们认为,这五起股票回购的真正动因在于满足地方政府实现地区经济发展等公共治理目标的功能诉求,是上市公司向国有股控股大股东进行利益输送的渠道。

2005年6月,中国证监会发布了《上市公司回购社会公众股份管理办法(试行)》,为公开市场回购打开了方便之门。《上市公司回购社会公众股份管理办法(试行)》第二章第八条规定,上市公司回购股份应当符合以下条件:① 公司股票上市已满一年;② 公司最近一年无重大违法行为;③ 回购股份后,上市公司具备持续经营能力;④ 回购股份后,上市公司的股权分布原则上应当符合上市条件,公司拟通过回购股份终止其股票上市交易的,应当符合相关规定并取得证券交易所的批准;⑤ 中国证监会规定的其他条件。

我国《公司法》(2006年修正)也适当地放开了旧《公司法》中关于公司不得拥有自己股票的规定。《公司法》(2006年修正)第一百四十三条规定:"公司不得收购本公司股份。但是,有下列情形之一的除外:(一) 减少公司注册资本;(二) 与持有本公司股份的其他公司合并;(三) 将股份奖励给本公司职工;(四) 股东因对股东大会作出的公司合并、分立决议持异议,要求公司收购其股份的。"对于第(一)项情形下收购的本公司股份应当自收购之日起十日内注销;对于第(二)项、第(四)项情形下收购的本公司股份应当在六个月内转让或者注销。对于公司依照第(三)项规定收购的本公司股份,不得超过本公司已发行股份总额的百分之五,而且用于收购的资金应当从公司的税后利润中支出,所收购的股份应当在一年内转让给职工。《上市公司回购社会公众股份管理办法(试行)》

和《公司法》(2006年修正)实施后,上市公司回购流通股行为的逐渐增多,如中石油的大型股票回购活动。但总体来说,我国上市公司进行股票回购的事件依然较少。之后随着《公司法》的几次修正,股票回购的规定进一步放宽。《公司法》(2018年修正)将公司可以收购本公司股份的情形扩大为六种,增加了"(五)将股份用于转换上市公司发行的可转换为股票的公司债券"和"(六)上市公司为维护公司价值及股东权益所必需"两种情形,并将第(三)项情形改为"将股份用于员工持股计划或者股权激励"。同时规定,属于第(三)项、第(五)项、第(六)项情形的,公司合计持有的本公司股份数不得超过本公司已发行股份总额的百分之十,并应当在三年内转让或者注销。2018年11月,证监会、财政部、国资委联合发布《关于支持上市公司回购股份的意见》,支持上市公司通过发行优先股、可转债等多种方式为回购本公司股份筹集资金。

如表3-5和图3-6所示,2011年后,随着股票回购政策的变化,我国A股上市公司实施股票回购的公司数和事件数均迅速增加,尤其是2018年,上市公司股票回购热情高涨,回购公司数和事件数都成倍增加,分别达到964家和1 297次。

表3-5 2005—2021年我国A股上市公司股票回购情况

年份	股票回购公司数(家)	股票回购事件数(次)
2005	5	5
2006	24	24
2007	3	3
2008	7	7
2009	4	5
2010	7	9
2011	15	17
2012	55	64
2013	84	98
2014	150	171
2015	227	265
2016	310	381
2017	430	534
2018	964	1 297
2019	821	1 115
2020	847	1 088
2021	965	1 316
合计	4 918	6 399

资料来源:国泰安数据库。

注:(1)本表按照股票回购预案公告日期统计,而不是按照股票回购实质日期统计;(2)本表公司包括深圳证券交易所中小板、创业板上市公司;(3)本表中的股票回购事件数按照每家公司当年发布回购预案公告的次数统计。

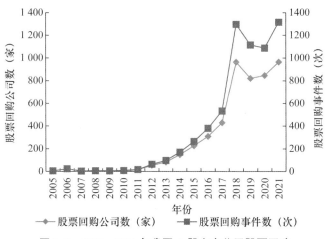

图 3-6 2005—2021 年我国 A 股上市公司股票回购

3.4.2 股票分割

股票分割(stock split)是指公司管理层将某一特定数额的新股,按一定的比例交换一定数额流通在外的股份的行为,例如两股换一股的股票分割,就是两股新股换一股旧股。股票分割后,公司股票面值降低,发行在外的普通股数量增加。

股票分割对企业的财务结构不会产生任何影响,一般只会使发行在外的股票数量增加、每股面值降低,并由此使每股市价下跌,而资产负债表中股东权益各账户(股本、资本公积、留存收益等)的余额都保持不变,股东权益合计数也维持不变。所以,实行股票分割,不会增加公司价值,也不会增加股东财富。

1. 股票分割的目的

从公司的角度来说,实行股票分割的主要目的在于:

第一,股票分割可使股票市价下跌。这是股票分割的主要动机。因为当股票价格超过一定限度后,一些并不富有的投资者可能因价格过高而放弃对该股票的投资。所以,一些大公司为了迎合这类投资者的心理而进行股票分割,以使公司股票数量增加,每股面值降低,股票市价下跌,从而期望股票在市场上的交易更加活跃。

第二,股票分割会带给投资者信息上的满足。股票分割一般都是成长中的股价不断上涨的公司所采取的行动。公司宣布股票分割,等于告诉投资者本公司的盈余还会继续大幅增长。这一信息将会使投资者争相购买公司股票,引起股价上涨。

第三,股票分割在有些情况下也会增加股东的现金股利。一般来说,只有极少数的公司能在股票分割之后维持分割之前的每股股利,但也可能使股东的实际股利增加。例如,某公司股票分割前每股股利为 3 元,某一股东拥有 100 股股票,那么他可获得现金股利 300 元。现在该公司股票一分为二,如果分割后公司股票的每股股利为 1.6 元,该股东目前拥有200股股票,那么他可获得现金股利320元,比股票分割前多20元。

2. 股票分割与股票股利

股票分割与股票股利类似,两者都能达到增加股票数量的目的,而且都不会增加公司价值和股东财富,但两种方式下股东权益的明细不一样。股票分割通过降低股票的面值,使发行在外的普通股数量增加,但不改变股东权益各项的金额;而分配股票股利虽然同样可以使公司发行在外的普通股数量增加,但由于不改变股票的面值,因此分配股票股利后,股东权益内部结构发生了变化,留存收益减少,股本和资本公积增加。

可见,除了对股东权益明细产生的影响不同外,股票股利与股票分割可以说基本相同。从实务上讲,两者之间的差别较小,一般根据有关证券管理部门的规定来加以区别。美国纽约证券交易所规定,发行25%以上的股票股利都被认为是股票分割。

当然,有些公司可能认为股票价格过低,要提高股价,则可以采取反分割办法。如某公司发行在外的股票为200 000股,每股面值1元,股票市价为5元/股。现公司想提高股价,采用两股换一股的反分割政策,则发行在外的股票数量变为100 000股,每股面值增加为2元,在其他条件不变的情况下,股票价格将是10元/股。

本章小结

股利理论就是研究股利支付与股票价格及公司价值之间是否存在某种关系的理论。股利理论可以大致分为股利无关论和股利相关论两种。股利无关论认为,股利政策不会影响公司价值,而股利相关论认为,股利政策对公司价值有相当大的影响。由于税收、信息不对称、代理成本等的存在,股利无关论下的假设条件在现实生活中不可能成立,因此股利政策将影响公司价值。对此进行解释的理论有"在手之鸟"理论、税差理论、信号理论、代理理论、迎合理论等。

公司股利政策的制定是一件极其复杂的事情,它会受到诸多因素的影响。这些因素包括法律、契约、行业、税率以及变现能力、投资机会、筹资能力、盈利的稳定性、股权控制要求等公司内部因素。

由于我国特殊的制度背景,我国上市公司的股利分配行为有别于发达市场经济国家的企业,而且具有明显的年份特征,如分配现金股利的公司占比在2000年快速上升,而分配股票股利的公司占比迅速下降。关于我国上市公司股利政策的研究主要集中在信号理论、代理理论、迎合理论和具有中国特色的半强制分红政策上。

股票回购是指公司出资购回本公司发行在外的股票的行为。股票回购的方式有要约回购、公开市场回购和私下协议回购三种。对于股票回购动因的理论解释主要有税差理论、信号理论、代理理论和公司控制权市场理论。股票分割是指公司管理层将某一特定数额的新股,按一定的比例交换一定数额流通在外的股份的行为。股票分割只会增加公司发行在外的普通股数量,而不会增加公司价值和股东财富。

关键概念

股利无关论	股利相关论	"在手之鸟"理论
信号理论	代理理论	迎合理论
股利溢价	除息日	客户效应
掏空	结果假说	替代假说
股利政策	稳定股利政策	剩余股利政策
现金股利	股票股利	利益协同效应
壕沟防御效应	股票回购	要约回购
公开市场回购	私下协议回购	控制权市场
股票分割	半强制分红政策	

讨论题

1. 各种股利理论之间是否存在某种逻辑关系,请谈谈你的看法。
2. 影响我国企业股利政策的因素主要有哪些？这些影响因素会不会随着时间而变化？
3. 2000年后,我国监管部门出台了一系列股利监管政策,这些政策会对上市公司产生什么影响,请谈谈你的看法。
4. 哪种理论更能解释我国企业的股票回购行为,请结合实际案例进行说明。

案 例

贵州茅台的高现金股利政策[①]

2011年3月21日,贵州茅台公布其2010年利润分配预案:每10股送1股派现23元,其以每股2.3元的现金分红创下A股派现之最,现金分红的数额(含税)占合并报表中归属于上市公司股东净利润的比重达到44.8%,这是贵州茅台自2005年以来连续第5年增

---

① 改编自:童盼、马俊杰:"高股利政策——贵州茅台的理性选择",《财务与会计(理财版)》2011年第9期。

加现金股利,也是其在坚持了多年的纯现金股利政策后又一次启动了股票股利。贵州茅台为什么会分配如此高的股利?是公司的理性选择,还是一时冲动?投资者对贵州茅台的高股利政策有何反应?

一、贵州茅台股利政策概述

截至2010年,贵州茅台是中国唯一一家跻身世界500强的食品饮料制造业企业,公司主营贵州茅台酒系列产品的生产和销售,同时进行饮料、食品、包装材料的生产和销售,防伪技术的开发,以及信息产业相关产品的研制开发。

贵州茅台于2001年8月27日在上海证券交易所上市。上市十年,其股利政策呈现如下特征:① 连续性。自上市后,贵州茅台坚持每年发放现金股利以回报投资者,这在我国1 000多家上市公司中难能可贵。据统计,2000—2009年,我国上市公司中能够连续十年发放现金股利的只有45家,占总数的4.62%。② 增长性。2005—2010年,贵州茅台股利支付水平稳步增长。如表1所示,2005年贵州茅台每股现金股利为0.300元,之后逐年上升,2008年每股现金股利达到1.156元,在所有A股上市公司中排名第三;2009年继续上升至1.185元,排名第二;到2010年每股现金股利达到2.300元,成为A股市场的派现之王。就股利支付率而言,贵州茅台2007—2009年的现金股利支付率一直保持在20%到30%之间,2006年和2010年的现金股利支付率均超过了40%。③ 高股利。与同行业公司相比,贵州茅台的每股现金股利和现金股利支付率均较高,尤其是每股现金股利,比行业平均水平高出数倍甚至数十倍。

那么,贵州茅台的现金股利为何稳步增长?是由于贵州茅台的长期盈利,还是由于公司缺乏投资机会,或者是其他原因?

表1 贵州茅台2001—2010年股利分配状况

年度	行业平均每股现金股利（元）	行业现金股利支付率（%）	贵州茅台每股现金股利（元）	贵州茅台现金股利支付率（%）	贵州茅台分红方案
2010	0.37	35.04	2.300	44.84	每10股派23元送1股
2009	0.28	20.78	1.185	25.93	每10股派11.85元(含税)
2008	0.20	20.65	1.156	28.72	每10股派11.56元(含税)
2007	0.15	17.66	0.836	27.87	每10股派8.36元(含税)
2006	0.14	38.42	0.700	42.77	每10股派7元(含税)
2005	0.07	27.25	0.300	12.66	每10股派3元(含税)
2004	0.09	22.09	0.500	23.96	每10股转增2股派5元(含税)
2003	0.08	32.80	0.300	15.47	每10股转增3股派3元(含税)
2002	0.07	23.03	0.200	14.60	每10股送1股派2元(含税)
2001	0.17	37.04	0.600	45.69	每10股转增1股派6元(含税)

资料来源:国泰安数据库。

二、贵州茅台股利政策评析

1. 为了迎合股东或债权人的需要?

股利政策作为将公司利润在留存于企业与分配给股东之间的选择会受到各利益相关方(尤其是股东和债务人)的影响,那么,贵州茅台的高股利是不是为了迎合其股东或债权人的需要?

自上市以来,贵州茅台第一大股东一直是中国贵州茅台酒厂有限责任公司,股权属性是国有法人股,其持股比例在股权分置改革前一直维持在64.68%。2006年贵州茅台完成股权分置改革,此后,第一大股东持股比例略有下降,为61.78%,但仍处于绝对控股状态。可见,贵州茅台的高股利不是股权结构尤其是控股股东变更引起的。另外,股权分置改革前,我国上市公司股权结构存在流通股与非流通股并存的特征,国内众多学者从代理成本的角度研究发现,现金股利是非流通股股东从上市公司转移资金的渠道,即现金股利迎合了非流通股股东的需要。贵州茅台股权分置改革前非流通股占比为67.97%,随着有限售条件的流通股逐渐解禁,其非流通股(包含有限售条件的流通股)占比逐年下降,2007年、2008年分别为56.78%和51.78%,2009年更是下降为0。但是随着非流通股占比的下降,贵州茅台的现金股利不降反升,可见,贵州茅台的高股利不是为了迎合大股东的需要。

此外,公司年报显示,2006—2010年,贵州茅台既无长期借款又无短期借款,应付债券项目金额也为0,表明公司没有有息负债,所以,也不存在迎合债权人的问题。

2. 实施再融资的需要?

为了抑制大股东对中小股东的侵害行为,监管机构发布的监管政策中将支付股利(特别是现金股利)作为上市公司进行股权再融资的条件之一。例如,2004年证监会发布的《关于加强社会公众股股东权益保护的若干规定》规定:上市公司最近三年未进行现金利润分配的,不得向社会公众增发新股、发行可转换公司债券或向原有股东配售股份。2006年5月8日证监会发布实施的《上市公司证券发行管理办法》规定:上市公司公开发行证券的条件之一是"最近三年以现金或股票方式累计分配的利润不少于最近三年实现的年均可分配利润的百分之二十"。2008年10月9日证监会发布实施的《关于修改上市公司现金分红若干规定的决定》将上述发行条件修改为"最近三年以现金方式累计分配的利润不少于最近三年实现的年均可分配利润的百分之三十"。在这样的制度背景下,我国出现了众多上市公司为了再融资而发放现金股利的现象,其各年的股利支付率往往随着监管政策的变化而变化。那么,贵州茅台多年坚持高股利政策是不是也是出于这一目的?

实际上,2001—2010年贵州茅台除首次公开发行A股募集199 814.45万元资金外没有启动再融资计划,截至2010年年底,公司已累计使用募集资金197 771.34万元,仍剩余2 043.11万元。可见,"不差钱"的贵州茅台稳定增长的现金股利政策并不是为了符合证监会规定的再融资标准而实施的。

3. 高盈利下的自然选择？

贵州茅台自上市以来创造了高增长的神话,2001—2010年,公司总资产从34亿多元增长到255亿多元,增长了6.5倍,净利润从3亿多元增长到50多亿元,增长了近16倍。如表2所示,2001—2010年,贵州茅台的营业收入和净利润每年均实现正增长,营业收入年均增长率达24.90%,净利润年均增长率为37.33%。贵州茅台的净资产收益率也呈上升趋势,尤其是2007—2010年,每年均保持在30%左右,超过行业平均水平。就每股收益而言,贵州茅台同样实现了持续稳定的上升,且远远超过行业平均水平;2008年,公司每股收益在所有A股上市公司中排名第二,而2009年和2010年的每股收益均居A股上市公司之首,显示了贵州茅台卓尔不群的经营业绩。

表2 贵州茅台2001—2010年财务状况

年度	营业收入增长率(%)	净利润增长率(%)	每股收益(元)	净资产收益率(%)	货币资金(亿元)	年末未分配利润(亿元)
2010	20.30	17.28	5.35(1.07)	27.45(14.36)	128.88	139.03
2009	17.33	13.80	4.57(0.82)	29.81(15.51)	97.43	105.62
2008	13.88	34.89	4.03(0.52)	33.79(10.36)	80.94	79.25
2007	47.82	88.40	3.00(0.47)	34.38(11.25)	47.23	50.77
2006	24.57	34.66	1.59(0.26)	25.51(6.57)	44.63	23.25
2005	30.59	36.86	2.37(0.20)	21.97(3.63)	38.92	18.07
2004	25.35	40.32	2.09(0.19)	19.68(3.67)	28.98	12.03
2003	30.85	55.06	1.94(0.16)	17.06(8.57)	23.40	7.25
2002	13.40	14.67	1.37(0.20)	13.21(3.98)	17.80	2.88
2001	—	—	1.31(0.34)	12.97(7.50)	19.56	0.78
均值	24.90	37.33	2.76(0.42)	23.58(8.54)	52.78	43.89

资料来源:国泰安数据库。
注:每股收益和净资产收益率两列中括号中数值为行业平均水平。

贵州茅台的高增长与持续盈利为其积累了大量的资金。如表2所示,上市十年来,贵州茅台的货币资金从2001年的19.56亿元增长到2010年的128.88亿元;年末未分配利润则从2001年的0.78亿元增长到2010年的139.03亿元,两者均已突破百亿元。如此多的资金和利润可以用来干什么？投资、股票回购和发放股利将是公司的三种选择。

第一,我们来看公司的投资状况。从贵州茅台自身的发展来看,公司仍处于增长时期。公司在2003年产能突破1万吨,规划2015年实现产能4万吨,收入突破260亿元(含税),2020年实现产能5万吨,所以,其仍需要大量资金进行项目投资。在此期间,贵州茅台较大的投资项目包括2006年启动的"十一五"万吨茅台酒工程项目和2008年启动的

"十一五"循环经济工业园区建设项目,2011年公司又启动了"十二五"万吨茅台酒工程项目。但同时我们发现,这些与主营业务相关的投资项目的资金需求远小于其实现的利润,根据2010年年报披露,贵州茅台计划投入25亿元实施新的项目建设,只相当于公司未分配利润总额的1/5左右。贵州茅台整体投资风格较为保守,除了与主营业务相关的对内投资(如传统工艺的技改、产能的扩大、营销网络的建设等),公司对外投资尤其是股权投资很少。2006—2010年,贵州茅台对外股权投资增加额为0;对外债权投资方面,只在2010年增加了5 000万元持有至到期投资,为商业银行次级定期债券投资。可见,贵州茅台进行投资以后仍会剩余大量资金,或者说公司在近期没能为其高盈利积累的大量资金找到合适的投资项目。

第二,当公司拥有大量闲置资金时,可以进行股票回购。遗憾的是,我国对股票回购的法律限制较为严格,公司一般不能随意回购自己的股票,只有在某些特殊情况下才可进行。如我国《公司法》(2006年修正)第一百四十三条规定:"公司不得收购本公司股份。但是,有下列情形之一的除外:(一)减少公司注册资本;(二)与持有本公司股份的其他公司合并;(三)将股份奖励给本公司职工;(四)股东因对股东大会作出的公司合并、分立决议持异议,要求公司收购其股份的。"而对于贵州茅台来说,这些特殊情形基本不存在。另外,股票回购后,公司股价会上升。而在2011年5月31日,贵州茅台每股收盘价已达到203.8元,突破了200元,实施股票回购将使公司股价进一步上升,这是公司股东和管理层都不愿意看到的结果。可见,采用股票回购的方式来减少公司的资金和未分配利润同样不可行。

那么,在投资和股票回购都无法消化公司闲置资金的情况下,增加现金股利以回报股东就是贵州茅台自然而然的选择了。

4. 重启股票股利原因何在?

贵州茅台在坚持了多年纯发放现金股利的股利政策之后,在2010年度利润分配方案中增加了股票股利的内容。那么贵州茅台此次发放股票股利的原因何在?

第一,通过股票股利的发放进一步传递公司经营前景良好的信息。股票股利会扩大公司发行在外的股数,稀释每股收益和每股净资产,如果没有对未来高增长的把握,那么公司不会轻易启动股票股利。2011年"十一五"万吨茅台酒产能释放,加之2011年茅台酒提价,贵州茅台高增长的前景可以预期。事实也正如此,根据贵州茅台2011年一季度报表,公司一季度净利润同比增长48.9%,实现基本每股收益2元,业绩高速增长已显痕迹。可见,贵州茅台此次发放股票股利表明公司对经营前景充满信心。

第二,股票股利的发放在一定程度上可以满足公司投资者关系管理的需要。从贵州茅台的股东构成来看,机构投资者数量众多,且持股比例较高。如何做好投资者关系管理是公司关注的话题。作为一家高成长的企业,贵州茅台自上市以来就吸引了机构投资者的注意。到2004年年底,前十大股东中机构投资者数量已由2001年的1家增加到8家,之后到 2010 年一直稳定在 8 家(如表 3 所示)。机构投资者持股比例在 2003 年年末只有 6.6781%，2004 年猛升至 18.5001%，2007 年和 2008 年更是升至 25% 左右。但 2009 年和 2010 年机构投资者减持现象较为明显，其持股比例仅为 15% 左右，表明机构投资者的投资热情在减弱。机构投资者投资热情的减弱与贵州茅台的高股价有一定的关系。2010 年年底，贵州茅台股票价格达到 183.92 元/股，仅次于洋河股份，成为 A 股第二高价股。如此高的股价将大大降低股票的上升空间，从而降低投资者的投资回报率。在这样的背景下，贵州茅台推出的 2010 年度高派现加送股的利润分配方案，一方面可以用现金股利实实在在地回报投资者，提升投资者信心；另一方面送股之后公司发行在外的股数增加，股价下跌，股票上升空间加大，可以留住或吸引更多的机构投资者。实际上，贵州茅台历来重视投资者关系管理，最典型的例子是 2010 年贵州茅台的董事会换届，新一届的董事会中增加了来自券商的独立董事。

表 3　贵州茅台 2001—2010 年机构投资者持股情况

日期	前十大股东中机构投资者数量(家)	机构投资者持股比例(%)
2010 年 12 月 31 日	8	15.7540
2009 年 12 月 31 日	8	15.6758
2008 年 12 月 31 日	8	25.1929
2007 年 12 月 31 日	8	24.4043
2006 年 12 月 31 日	8	17.8409
2005 年 12 月 31 日	8	17.8354
2004 年 12 月 31 日	8	18.5001
2003 年 12 月 31 日	5	6.6781
2002 年 12 月 31 日	3	—
2001 年 12 月 31 日	1	—

资料来源：国泰安数据库。

三、贵州茅台股利政策的市场反应

贵州茅台基于高盈利而实施的稳定增长的现金股利政策在股票市场上的反应如何？积极回报投资者的股利分配行为是否得到了投资者的认可呢？

我们选取股利宣告日为事件基准日，以股利宣告日前后五天(-5,5)为事件窗口研究贵州茅台股利政策的市场反应。超额收益率的计算采用市场调整法，即用股利宣告日公司股票的实际收益率减去市场回报率(用上证综合指数计算)，累计超额收益率为事件窗口期内每日超额收益率的加总。如表 4 所示，除 2007 年外，贵州茅台股票在股利宣告日均产生了正的超额收益率，累计超额收益率除 2005 年、2007 年外也为正值，尤其是 2008—2010 年这三年，公司累计超额收益率高达 5% 左右，表明贵州茅台理性选择的股利政策得到了市场的认可。应该说，贵州茅台用稳定增长的现金股利回报投资者，营造了良好的股权文化，赢得了市场的掌声，也培育了投资者长期投资的价值理念。

表4 贵州茅台股利宣告日前后的股价反应

股利宣告日	开盘价（元/股）	收盘价（元/股）	股票收益率	市场回报率	超额收益率	累计超额收益率
2011年6月27日	207.20	208.27	0.89%	0.44%	0.45%	0.40%
2010年6月29日	128.51	126.27	-1.36%	-4.27%	2.91%	4.38%
2009年6月25日	132.99	135.89	2.95%	0.09%	2.86%	5.46%
2008年6月10日	159.06	157.83	-3.66%	-7.73%	4.67%	4.69%
2007年7月09日	118.20	120.15	1.93%	2.69%	-0.76%	-3.12%
2005年7月29日	53.02	53.16	-0.26%	-0.32%	0.06%	-2.83%
2004年6月25日	33.43	33.80	1.72%	-1.87%	3.59%	3.63%
2003年7月08日	24.95	25.17	1.21%	0.70%	0.51%	0.46%
2002年7月18日	36.05	36.24	0.95%	0.19%	0.76%	1.60%

资料来源：国泰安数据库。

注：（1）2005年股利分配方案的股利宣告日为2006年5月15日，此时贵州茅台正处于股权分置改革停盘期间（贵州茅台因股权分置改革有两次停盘：第一次是2006年2月24日至4月16日，第二次是2006年4月26日至5月24日），因此无法取得2006年股利宣告日前后股价反应的数据。（2）股票收益率=（股票当天收盘价-股票前一天收盘价）/股票前一天收盘价；市场回报率=（上证综合指数当天收盘指数-上证综合指数前一天收盘指数）/上证综合指数前一天收盘指数。

四、结论与启示

综合以上分析，我们可以看出，贵州茅台在持续盈利的基础上积累了大量超过投资需求的资金，在不适合进行股票回购的情况下，稳定增长的现金股利是贵州茅台所能做出的最佳选择。在当前对现金分红呼声很高的中国股市，贵州茅台的这一行为得到了市场的广泛认可，公司股票成为价值投资者的实践标的，公司股价持续上升，在上市后的十年间翻了近七倍。

从贵州茅台的高现金股利政策案例中，我们可以得到以下两点启示：第一，股利政策的制定是一个系统工程，需要综合考虑公司各方面状况。作为公司重要的财务政策之一，股利政策的制定受到诸多因素的影响，如投资状况、融资状况、股票回购等，在确定具体分配方案时必须兼顾这些因素，同时还需平衡公司各利益相关者（如大股东、机构投资者、债权人等）之间的利益。第二，积极回报投资者的股利政策可以让公司与股东实现"双赢"。作为国酒的生产者，贵州茅台虽然已经誉满中外，但通过慷慨的现金股利发放，可以进一步为其做广告，稳定公司的声誉和知名度。对于股东而言，则可以从高现金股利政策所带来的现金分红和股价上升中获取高额投资回报。正如贵州茅台管理层所表示的："回馈股东，与股东分享公司成长带来的收益是上市公司的一个基本准则，公司利益和股东利益从长远来看是一致的,长期投资公司的投资者将分享到公司成长带来的更多收益。贵州茅台坚持每年向投资者进行丰厚的分红,这是公司诚信经营和回报股东的最直接也是最有效的方式。"

[思考题]

1. 2010年后,贵州茅台一直实施高现金股利政策。2016年其派现金额为每10股派67.87元,股利支付率高达92.21%,请结合公司经营状况和股权结构,用股利理论解释贵州茅台派发高现金股利的原因。

2. 结合本案例,分析股利政策对公司价值的影响。

3. 试对贵州茅台的高现金股利政策做出评价。

第4章 资本预算与投资战略

【学习目标】

通过本章的学习,你应该掌握:
1. 资本预算的基本原则和基本技术;
2. 特殊情形下的资本预算方法;
3. 关于我国企业投资行为的经验研究发现;
4. 投资战略规划的制定和风险分析。

【素养目标】

通过本章的学习,强化风险意识,理解各种资本预算方法的逻辑,懂得制定投资战略规划和在特殊情境下进行投资决策,发挥投资在企业发展中的积极作用。

4.1 资本预算原理

为了实现增长目标,企业必须将融通来的资金投资于一些长期项目。资本预算就是企业做出长期项目投资决策的过程。也就是说,资本预算主要关注的就是企业如何做出重大的长期项目投资决策。在财务管理中,资本预算更多地表现为建立一些标准,从而让企业判断是否将资源投放到某个项目上去。资本预算的基本原理在财务管理的很多领域中也被广泛应用,比如营运资金投资、租赁、兼并和收购等。

4.1.1 资本预算的程序

资本预算涉及许多层面的企业活动。资本预算的具体程序要视所决策的项目的规模和复杂程度、决策者在企业中的层次以及企业的规模而定。对于一个大企业来说,典型的资本预算程序如图4-1所示。

1. 战略规划

战略规划是用来明确企业未来蓝图的。战略规划将企业的目标转化成具体的政策、方向、组织结构以及业务发展战略等。另外,企业的愿景和使命等也会在战略规划中阐明。如图4-1所示,在资本预算的不同阶段都会有向战略规划的反馈。其关键是要保证

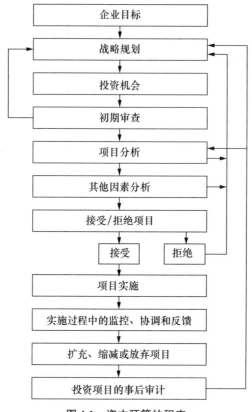

图 4-1 资本预算的程序

战略规划得到正确的实施,以及反思究竟是否需要对战略做出调整。

2. 投资机会

捕捉投资机会是资本预算中的关键环节。在市场经济中,投资机会可能随时随处都存在,但是也可能随时发生变化。企业在捕捉投资机会时,要本着"有所为有所不为"的原则。投资项目的提出应该符合企业目标、愿景、使命以及长期战略规划。当然,如果的确有非常好的投资机会,企业目标与愿景等也许可以随着稍做修改。为了捕捉投资机会,企业需要认真进行市场调研,把握市场的动态变化。有的企业通过研究开发部门来发现新的投资项目,有的企业通过鼓励员工提出合理化建议来发现新的投资项目,还有的企业则借用"外脑"来发现新的投资项目。

3. 初期审查

每个企业的管理者都会面对很多投资建议,但是并非所有的投资建议都能进入严格的项目分析过程。因此,企业需要对所发现的投资机会进行初期审查,以去芜存精。在这种初期审查中,一般需要对项目进行初步的数量分析,并根据管理者的直觉和经验进行判断。

4. 项目分析

当项目通过初期审查后,接下来就要进入严格的项目分析过程了。这一阶段的分析主要是预测项目的未来现金流量,分析与这些现金流量相联系的因素,进而计算项目净现值。企业还需要尝试其他现金流量预测方法,考察净现值对现金流量变化的敏感性等。这一阶段需要大量使用各种具体的现金流量预测技术、风险分析技术、项目评价技术等。

5. 其他因素分析

当一个项目通过具体的项目分析之后,还要考虑与这个项目有关的其他因素。这些因素对于项目的采纳、实施等都很关键。不过这些因素无法用货币来计量,因此不能在以财务分析为核心的上一阶段完成。需要考虑的其他因素一般包括:① 新招募员工或裁员的社会影响;② 项目对环境的影响;③ 项目对员工工作热情的影响;④ 与专利权、商标权等有关的法律问题;⑤ 项目与所在地政府执政理念的协调性等。

企业一般通过与各利益相关者讨论和磋商等方式来对上述因素做出分析,必要时还需要咨询法律顾问和外部专家。

6. 接受或拒绝项目

通过以上两个步骤,管理者应该对项目的具体情况有了清楚的认识。接下来,管理者需要综合考虑上述信息,并结合自己的管理和经营理念以及经验,做出接受或拒绝项目的重大决策。

7. 项目实施以及实施过程中的监控、协调和反馈

一旦决定接受投资项目,企业就需要积极实施。在实施过程中,企业的许多部门都将参与其中,这就需要企业各部门之间有畅通的信息交流渠道和共同的工作语言。各相关部门需要对项目的实施进度、工程质量等进行控制和监督,保证投资按照预算如期完成。对于项目执行过程中出现的问题和新的情况,各相关部门需要及时向有关管理者反馈,从而使管理者能够对项目进行后续分析,并根据不同的情况做出不同的处理,如延迟投资、扩充投资、缩减投资或放弃投资等。

8. 投资项目的事后审计

投资项目的事后审计是指对已经完成的投资项目的绩效进行的审计。通过对过去决策的对错分析,管理者可以改进未来的决策。例如,事后审计可以为项目评价提供很好的反馈,使管理者清楚自己原先对现金流量的预测是否过度自信或过于保守等。

4.1.2 资本预算的基本原则

资本预算的指导思想是股东财富最大化,这也是各种资本预算方法的使用以及判断这些方法优劣的标准。根据这一指导思想,资本预算的基本原则如下:

1. 基于现金流量做出决策

资本预算决策并非基于会计中利润的概念,如营业利润、净利润等。各种无形的收

益或成本也不考虑,因为如果它们是真正的收益或成本,那么最终应该表现为现金流量。

2. 现金流量的时间是重要的

财务学的一个基本概念就是考虑货币的时间价值,只有明确现金流量的时间才能对其时间价值做出准确的判断,从而做出正确的决策。在资本预算中,管理者需要耗费大量的精力来准确预测现金流量的时间。

3. 对现金流量的分析是基于机会成本

这一方面要求在资本预算中考虑增量现金流量,即决策所带来的现金流入减去决策所带来的现金流出,而那些即使没有此项决策也会发生的现金流量不在考虑之列;另一方面要求在对现金流量进行贴现时,应该基于资金的机会成本(或者称为资本成本、必要报酬率)。

4. 对现金流量的分析是基于税后基础

在资本预算中,税收因素必须考虑在内。这也是折旧等应计项目出现在现金流量计算中的原因,虽然折旧本身不是现金流量,但是它会影响净利润,进而影响所得税支出,从而影响现金流量。

5. 现金流量中不考虑融资成本

这个原则看起来非常不现实,怎么能不考虑融资成本呢?在资本预算中,融资成本虽然并没有体现在现金流量中,但体现在了贴现率中。在计算净现值时,现金流量应该根据必要报酬率贴现,而必要报酬率的确定是需要考虑融资成本的。如果在现金流量中也考虑融资成本的话,那就计算两次了。所以,我们在资本预算的现金流量分析中只需要考虑经营现金流量。

6. 管理者可以独立地考虑一个项目(也被称为价值可加性原则)

价值可加性原则意味着,当知道各个独立项目的价值后,我们将其简单地加在一起就是企业的价值。这一原则非常重要,因为这样我们就可以只考虑这个项目本身的特点,而不需要将其与其他项目进行无穷多的合并来进行审视了。

4.1.3 常用的资本预算方法

资本预算中常用的方法有回收期法、平均收益率法、净现值法、内含报酬率法和获利指数法。

1. 回收期

回收期是指回收初始投资所需要的年数。回收期是基于现金流量来计算的,即将初始投资额全部以现金流量形式收回所需要的时间。回收期法的概念很容易理解,但其缺点在于没有考虑货币的时间价值,也没有考虑回收期满以后的现金流量状况。

针对回收期法没有考虑货币时间价值的缺点,又出现了贴现回收期法。贴现回收期是指累计贴现现金流量等于初始投资额所需要的年数。不过贴现回收期法只是在贴现回收期中考虑了货币的时间价值和风险,而没有考虑回收期满以后的现金流量状况。

2. 平均收益率

平均收益率常用的计算公式如下:

$$\text{平均收益率} = \text{平均现金流量} / \text{初始投资额} \quad (4\text{-}1)$$

这一方法的特点是比较简单易懂,缺点是没有考虑货币的时间价值。

3. 净现值

净现值(NPV)是指投资项目投入使用后的净现金流量,按资本成本或企业要求达到的报酬率折算为现值,减去初始投资后的余额。净现值为正的项目应该被采纳。如果两个项目是互相排斥的,则净现值较大的项目应该被采纳。净现值的计算公式为:

$$\text{NPV} = \left[\frac{\text{NCF}_1}{(1+k)^1} + \frac{\text{NCF}_2}{(1+k)^2} + \cdots + \frac{\text{NCF}_n}{(1+k)^n}\right] - C = \sum_{t=1}^{n} \frac{\text{NCF}_t}{(1+k)^t} - C \quad (4\text{-}2)$$

式中:NPV 表示净现值;NCF_t 表示第 t 年的净现金流量;k 表示贴现率(资本成本或企业要求的报酬率);n 表示项目预计使用年限;C 表示初始投资额。

净现值法的最大优点在于它从股东的角度来评价投资项目。净现值法关注现金流量而非会计利润,强调投入资金的机会成本,所以它与股东财富最大化的财务目标是一致的。

4. 内含报酬率

内含报酬率(IRR)是指使投资项目的净现值等于零的贴现率。内含报酬率反映了投资项目的真实报酬率。其决策规则是,内含报酬率大于等于企业资本成本或必要报酬率的项目应该被采纳。如果两个项目是互相排斥的,则内含报酬率超过资本成本或必要报酬率最多的投资项目应该被采纳。内含报酬率的计算公式如下:

$$\sum_{t=1}^{n} \frac{\text{NCF}_t}{(1+\text{IRR})^t} - C = 0 \quad (4\text{-}3)$$

式中:IRR 表示内含报酬率;NCF_t 表示第 t 年的净现金流量;n 表示项目预计使用年限;C 表示初始投资额。

5. 获利指数

获利指数(PI)是投资项目未来现金流量的现值与初始投资额之比。获利指数大于等于 1 的项目应该被采纳。如果两个项目是互相排斥的,则获利指数超过 1 最多的投资项目应该被采纳。获利指数的计算公式如下:

$$\text{PI} = \text{未来现金流量的现值} / \text{初始投资额} = 1 + \text{NPV} / \text{初始投资额} \quad (4\text{-}4)$$

4.1.4 净现值法和内含报酬率法的比较

在大多数情况下,净现值法和内含报酬率法的结论是一致的。但在互斥项目的选择上,二者的结论有时会不一致。不一致的原因主要有两个:一是投资规模不同,二是现金流量发生的时间不同。下面我们举例说明。

例 4-1 假设有两个项目 A 和 B,其详细情况如表 4-1 所示。

表 4-1 项目 A 和 B 的相关数据表

项目	现金流量(元)				NPV(元)	IRR	必要报酬率
	第 0 年	第 1 年	第 2 年	第 3 年	第 4 年		
A	-2 000	800	800	800	800	536	21.86%	10%
B	-2 000	0	0	0	4 000	732	18.92%	10%

如果两个项目不是互斥的,那么两个项目都应该被选择。但如果项目 A 和项目 B 是互斥的,则按照净现值法应该选择项目 B,按照内含报酬率法应该选择项目 A。

无论是净现值法还是内含报酬率法,都对投资项目投入使用过程中产生的现金流量再投资时的报酬率做出了隐含的假设。从数学上讲,当你用某一特定的贴现率对现金流量进行贴现时,你实际上是在隐含地假设你可以按照相同的贴现率对这一现金流量进行再投资。例如,假设你对一年后将会收到的 1 000 元按照 10% 的贴现率进行贴现,其现值为 909 元(1 000/1.1)。如果你不是在一年后收到 1 000 元,而是再将其投资一年,收益率为 10%,那么这笔钱最终将增长为 1 100 元。但两年后的 1 100 元按照 10% 的贴现率进行贴现的现值同样是 909 元。因为这两笔未来现金流量的价值是一样的,所以你在隐含地假设,把较早的现金流量按照贴现率 10% 进行再投资对其价值没有影响。净现值法假定企业将其产生的现金流量再投资所获得的报酬率为资本成本,即本例中两个项目净现值法下相同的贴现率 10%。而内含报酬率法假定企业产生的现金流量再投资所获得的报酬率为内含报酬率,即本例中项目 A 的 21.86% 和项目 B 的 18.92%。

那么,你将项目产生的现金流量再投资的话,贴现率是 10%,还是 21.86%,抑或是 18.92%?或者说,哪个假设更合理些?选择资本成本,即本例中的 10%,意味着机会成本是 10%,即假定可以发现另一个报酬率为 10% 的项目。企业的资本成本,或者说必要报酬率,是市场决定的。所以说,净现值法对再投资报酬率的假设更合理些。而内含报酬率法对再投资报酬率的假设就存在问题了。由于现金流量是确定的,项目 A 和项目 B 的风险是相同的。既然如此,投资者如何能够对两个同样风险的项目按照不同的报酬率进行再投资?其实,项目 A 的报酬率是 21.86%,项目 B 的报酬率是 18.92%,并不表示你能够按照这两个报酬率进行再投资。事实上,如果你能够按照 21.86% 或 18.92% 的报酬率进行再投资,那么项目 A 和项目 B 就不应该取 10% 作为必要报酬率了。显然,净现值法对再投资报酬率的假设更合理些。

4.1.5 多重内含报酬率与没有内含报酬率的问题

一般的投资项目通常是在最初发生净现金流出,而在随后的项目存续期间内预期净现金流入。但在某些情况下,投资项目未来期间的预期净现金流量有些为正,有些为负,甚至有些投资项目在项目开始时的净现金流量就为正,而未来期间的预期净现金流量有正有负。在这些情况下,项目可能出现多个内含报酬率或者没有内含报酬率。

我们先来看一个多重内含报酬率的例子。

例 4-2 假定中石油考虑是否在一块已经开采的油田上安装一个高速油泵,该项目预期的现金流量如表 4-2 所示。

表 4-2 中石油油泵项目预期的现金流量

年度	0	1	2
预期现金流量(元)	-16 000	100 000	-100 000

安装油泵的成本为 16 000 元。在高速油泵投入使用后,第一年可以使油井增产 100 000 元的石油。但是第二年,高速油泵却使油井减产 100 000 元的石油。这是因为高速油泵将石油提前开采完了。中石油所面临的这个是否安装高速油泵将石油提前开采完的投资决策,实际上就是,是否以减少未来更远期间的现金流量为代价来换取较近期间的现金流量增加。通过图 4-2 的净现值曲线图,我们可以看到本项目在不同贴现率下的净现值。如果资本成本是 10%,那么该项目的净现值为负。按照净现值决策规则,应该拒绝该项目。但是按照内含报酬率决策规则,我们发现该项目有两个内含报酬率,分别为 25% 和 400%。①

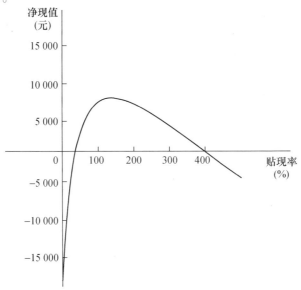

图 4-2 多重内含报酬率的净现值曲线

---

① 需要指出的是,看起来好像内含报酬率对这类项目有些束手无策了。但有的学者认为,之所以出现这种情况是因为没有正确地使用内含报酬率。如果使用恰当,也会得出与净现值决策规则相同的结论。感兴趣的读者可以参看 Copeland, W., *Financial Theory and Corporate Policy*, Reading, MA: Addison-Wesley Publishing Company, 1998, Chapter 2。

内含报酬率的计算公式为：

$$NPV = 0 = -16\,000 + \frac{100\,000}{(1+IRR)^1} + \frac{-100\,000}{(1+IRR)^2}$$

我们再来看一个没有内含报酬率的例子。

例 4-3 假定泰和咨询公司考虑是否接受客户的一项业务，该项目预期的现金流量如表 4-3 所示。

表 4-3　泰和咨询公司项目预期的现金流量

年度	0	1	2
预期现金流量(元)	10 000	-30 000	25 000

在项目开始前客户会支付泰和咨询公司 10 000 元，然后在项目第一年泰和咨询公司预期会支付各种经费 30 000 元，在项目第二年泰和咨询公司预期会从客户那里取得 25 000 元。通过图 4-3 的净现值曲线图，我们可以看到本项目在不同贴现率下的净现值。如果资本成本是 10%，那么该项目的净现值为正。按照净现值的决策规则，应该接受该项目。但是根据内含报酬率决策规则，我们发现该项目没有内含报酬率。净现值曲线告诉我们，无论是怎样的贴现率，该项目的净现值总是正的。

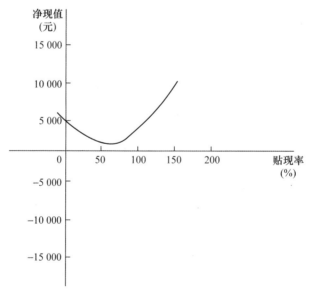

图 4-3　没有内含报酬率的净现值曲线

内含报酬率的计算公式为：

$$NPV = 0 = 10\,000 + \frac{-30\,000}{(1+IRR)^1} + \frac{25\,000}{(1+IRR)^2}$$

4.2 特殊情形下的资本预算

4.2.1 风险性投资决策

在前面的讨论中,我们假设现金流量是确定的。但是,在实践中,未来的现金流量是有一定程度的不确定性或风险。那么我们应该如何处理投资项目中的各种风险呢?常见的主要方法有敏感性分析、盈亏临界分析、模拟分析以及风险调整技术等。

1. 敏感性分析

敏感性分析的目的是,试图发现其他可能发生的情况,如果这些情况发生又意味着什么。具体来讲,在敏感性分析中,管理者应当对各个预测变量按照悲观、最可能和乐观等水平来分别计算各种情况下项目的净现值,以发现哪个变量导致项目净现值的变动最大。敏感性分析研究了各种未知变量影响下的现金流量,并计算了当对这些变量做出错误估计时所产生的后果。这种分析方法能够使管理者挖掘出那些潜在的因素,确定哪些额外信息是最有价值的并帮助发现那些不恰当的预测。

当然,敏感性分析并不意味着需要对所有涉及的因素都进行分析。在实务中,敏感性分析往往针对那些管理者认为存在较大不确定性并且对项目比较关键的因素。不过,在敏感性分析中需要考虑哪些变量没有固定的答案。你也许需要关注产品的单位销售价格或产品的销售成本,或者你需要关注公司所得税税率可能发生的变化。你应该考虑的就是这种变化对项目的净现值所产生的影响。

敏感性分析的一个缺陷是它有时给出的结果不够明确。例如,乐观和悲观到底是什么含义?部门之间往往会做出不同的解释。敏感性分析的另一个问题是各变量之间可能是互相联系的。例如,如果销售额超过了预期,需求比所预料的还要强劲,那么项目的利润就会增大。由于这些联系的存在,管理者就不能孤立地进行敏感性分析。不过,敏感性分析确实可以告诉我们应该对哪些变量加以密切关注。

2. 盈亏临界分析

盈亏临界分析关注的是某个收入变量下降多少或者某个成本变量增加多少将会使净现值变为零,也即了解项目净现值大于零所允许的收入变量和成本变量的波动幅度。盈亏临界分析是管理会计中最常用的分析方法之一。在这里,我们做的唯一调整就是将管理会计中的"盈亏"(会计利润为正抑或为负)换成了资本预算中的"盈亏"(净现值大于零抑或小于零)。

3. 模拟分析

模拟的目的是不通过实践而把握事物的实质,一般的模拟是指构建一个代表真实系统的模型,然后通过实验的方法来考察各种情形下模型的变化,进而更好地了解真实系统的运作。在资本预算中，模拟方法的应用相对简单些。其目的也是针对决策中存在的不确定性因素，考察投资项目结果可能的变化。与敏感性分析不同的是，模拟分析不再仅仅局限于几种方案。计算机会基于管理者对各种情况可能性的预测给出几十万种不同的变量组合。每一种变量组合对应着一种方案。模拟分析将计算每一种变量组合的项目净现值和其他一些盈利指标。从模拟分析的结果中就可以得到项目盈利结果的概率分布，进而帮助管理者更好地做出投资决策。

4. 风险调整技术

上述各种方法的优点在于使得管理者对项目的风险有一种感觉，理解项目的关键因素。但是这些方法都没有真正提供一种评价项目风险的直接基础。风险调整技术与上述方法不同，它依然采用净现值决策规则，管理者可以直接按之做出投资决策。

我们知道，净现值的影响因素有二：现金流量和贴现率。风险调整技术正是围绕这两个因素来展开的，要么调整现金流量，要么调整贴现率。

(1) 风险调整现金流量法

最直接对现金流量进行调整的方法就是确定当量法。这一方法将不确定的预计各年现金流量，按照一定的系数(即约当系数)折算为确定的现金流量，然后利用无风险贴现率计算净现值。其公式如下：

$$\text{NPV} = \sum_{t=1}^{n} \frac{\alpha_t \times \text{NCF}_t}{(1 + R_f)^t} - C \tag{4-5}$$

式中：α_t 表示 t 年的约当系数 $(0 < \alpha < 1)$；NCF_t 表示 t 年的预计现金流量；R_f 表示无风险贴现率；C 表示初始投资额。

(2) 风险调整贴现率法

与确定当量法不同，针对现金流量的风险，风险调整贴现率法是对贴现率进行调整。其公式如下：

$$\text{NPV} = \sum_{t=1}^{n} \frac{\text{NCF}_t}{(1 + \text{RADR})^t} - C \tag{4-6}$$

式中：风险调整贴现率(RADR)是针对本项目的风险而调整后的贴现率，也是股东的必要报酬率。项目的风险越大，风险调整贴现率就越高。风险调整贴现率一般依据资本资产定价模型等来确定。

从理论上讲，确定当量法要优于风险调整贴现率法。后者的缺陷主要有两方面：第一，风险调整贴现率法没有考虑到每个项目具有不同的风险，以及在项目生命周期中风险的变化，而是将各种备选项目归于同一风险类别。该方法在项目的整个生命周期中使用了同一风险贴现率。而确定当量法要求对每个项目各个期间的风险进行分析，进而明确确定当量。在实际中，项目的不确定性往往在最初几年比较大，而随着投资项目的进展，不确定性减弱，风险自然会下降。第二，风险调整贴现率法将无风险的时间价值和风险溢价混合在了一起。使用一个固定的贴现率意味着风险随着时间的推移而增加。因此,随着时间的推移,按照无风险收益率贴现的现金流量现值与按照风险调整贴现率贴现的现金流量现值的差异会越来越大。

4.2.2 修正现值和经济增加值

随着资本预算理论的发展,又有一些新的方法涌现出来,而且在实务界得到了一定程度的采用。修正现值(adjusted present value, APV)和经济增加值是比较常用的两种方法。

1. 修正现值

传统的净现值模型有一个隐含的假设,即企业融资全部来自权益。当企业运用财务杠杆时,资本预算的方法将有所不同。修正现值法就是一种考虑负债融资的资本预算方法。

一个项目的修正现值主要由五部分组成:① 项目经营净现金流量(不考虑筹资成本)按照全权益(无负债)筹资下的资本成本折算的现值。② 债务的税收利益的现值,即负债融资带来的节税作用。③ 项目筹资利息费用所导致的贴息或惩罚的现值。例如,在美国,州和地方政府发行的债券的利息是免税的,免税债券的利率大大低于应税债券的利率。市政当局可以按较低利率的免税债券筹得资金,因此企业从市政当局借得的款项通常利率也较低。这种借款上的优惠会使项目的价值增加。这就是负债融资的贴息。④ 新债券的发行成本。企业公开发行公司债券,要有中介机构(如投资银行)的参与,为此企业要为中介机构提供服务付费。这属于债券的发行成本,它降低了项目的价值。⑤ 财务困境成本。随着负债融资的增加,企业陷入财务困境甚至破产的可能性也随之增大。这会增加企业的成本,降低项目的价值。因为后两项不易量化,我们暂不考虑。修正现值的计算公式如下:

$$APV = \sum_{t=1}^{n} \frac{NCF_t}{(1+k_u)^t} - C + \sum_{t=1}^{n} \frac{T_t}{(1+i)^t} + \sum_{t=1}^{n} \frac{S_t}{(1+i)^t} \quad (4-7)$$

式中:k_u 表示全权益(无负债)筹资下的资本成本;T_t 表示第 t 年的债务税收利益;S_t 表示第 t 年负债融资的贴息或惩罚;i 表示企业借款利率。

例4-4 表4-4说明了债务的税收利益。假设有两家企业,一家有负债,一家无负债。它们的销售收入和营业成本相同,分别为200美元和50美元。有负债企业有利息费用10美元,税前利润为140美元;无负债企业没有利息费用,税前利润为150美元。有负债企业交纳了56美元的所得税,无负债企业交纳了60美元的所得税。这样,无负债企业的股东获得了90美元,有负债企业的股东获得了84美元。但是,有负债企业给投资者(包括股东和债权人)带来了94美元的现金流量,而无负债企业给投资者(仅为股东)带来的现金流量为90美元。有负债企业多出的4美元就是税前利息10美元的税收利益。

表 4-4　投资者(包括股东和债权人)所获得的现金流量的比较　　　　单位:美元

项目	有负债企业	无负债企业
销售收入	200	200
营业成本	−50	−50
营业利润	150	150
利息费用	−10	−0
税前利润	140	150
所得税(40%)	−56	−60
净利润	84	90
投资者所获得的现金流量	84 + 10 = 94	90

2. 经济增加值①

经济增加值是指企业调整后的税后营业净利润减去企业现有资产经济价值的机会成本后的余额。

经济增加值用于资本预算的决策规则是,只有经济增加值大于零的项目才是有利可图的。如果两个项目是互相排斥的,则应该选择经济增加值较大的项目。

4.2.3　通货膨胀下的资本预算

通货膨胀是经济生活中的一种常见现象,它也对企业的资本预算有一定的影响。管理者首先需要决定是按照名义(normal)现金流量或贴现率,还是按照实际(real)现金流量或贴现率来进行资本预算。名义现金流量包含了通货膨胀的影响,而实际现金流量扣除了通货膨胀因素。无论用名义指标还是用实际指标都可以进行资本预算决策。但是需要注意的是,如果使用名义现金流量,则必须同时使用名义贴现率;如果使用实际现金流量,则必须同时使用实际贴现率。现金流量和贴现率的口径必须一致。名义贴现率与实际贴现率的关系如下:

$$1 + 名义贴现率 = (1 + 实际贴现率) \times (1 + 通货膨胀率)$$

通货膨胀对项目现金流量的影响一方面表现为未来经营现金流量的增加,如名义销售价格上涨所导致的销售收入增加,另一方面表现为未来经营现金流量的减少,如原材料价格上涨所导致的现金流出增加。但是,通货膨胀对收入和成本的影响并不是完全一致的。经营净现金流量可能因通货膨胀而增加,也可能因通货膨胀而减少。另外,与客户、原材料供应商、员工等的关系,以及企业的资金来源等因素都将会影响通货膨胀的后果。

我们知道,虽然折旧本身不是现金流量,但是它会影响净利润,进而影响所得税支

---

① 对经济增加值的具体分析请参见本书 6.5.2。

出,从而影响现金流量。由于折旧金额是过去的投资所决定的,因此通货膨胀将使折旧的抵税价值降低,这增加了企业的实际纳税负担。所以,如果在项目生命周期中,通货膨胀水平超过了先前的估计水平,则项目的价值将会降低。

4.2.4 国际项目分析

随着经济全球化的发展,越来越多的企业走出国门,参与国际贸易乃至海外投资。这也就带来了如何进行国际项目资本预算的问题。其实国内项目资本预算的基本原理也适用于国际项目。但是国际项目的资本预算要更复杂些,有更多的问题需要考虑。核心问题主要是资本预算主体的选择与国家风险分析和评估。

1. 国际项目资本预算主体的选择

在国际项目资本预算中,首先面临的一个问题就是评价主体问题:我们应该站在具体管理该项目的子公司立场,还是应该站在为该项目大量融资的母公司立场。评价的主体不一样,评价的结果就可能不一样。这是因为子公司的净现金流量可能与母公司的净现金流量有很大差异。这种差异主要是由下列因素造成的:

第一,税收因素。假定某国际企业正在考虑对国外公司追加投资。子公司所在国的所得税税率较低,而母公司所在国对汇回的收益课以较高的税率,那么该项目在子公司看来可能是可行的,而母公司则认为不可行。

第二,汇兑限制。如果子公司所在国对税后利润汇回母公司有限制,规定必须将一定百分比的利润留在东道国,那么母公司可能对这一项目没有兴趣,而该项目对子公司却很有吸引力。

第三,管理费用。母公司往往要向子公司收取许可证费、专利权使用费或管理费等。这些费用的高低对母公司与子公司有着不同的含义,对于子公司是支出,对于母公司则是收入。因此,项目评价主体不同,得出的结论可能就会不同。

第四,汇率变动。汇率也是造成子公司的净现金流量与母公司的净现金流量有很大差异的因素之一。因为国外项目的收益汇回母公司时,通常都要把子公司所在国货币兑换成母公司所在国货币,所以母公司的净现金流量会受到汇率的影响。而如果从子公司的角度来评价项目的现金流量,则不需要考虑汇率的影响。

理论上,对国际项目资本预算主体的确定有三种观点:第一种观点认为应该以母公司为主体。持此观点者认为,对国外投资项目风险与报酬的考虑,归根结底是为了母公司股东的利益。这符合股东财富最大化的财务目标,因为母公司的现金流量最终是为支付股利以及实现母公司的其他目标提供基础。第二种观点认为应该以子公司为主体。持此观点者认为,母公司的投资者越来越多地来自世界各地,这样,投资目标就应该比以前更多地反映世界性的观点。许多跨国公司都制定了长期而不是短期的财务目标,在国外创造的利润倾向于在国外再投资,而不是汇回母公司。基于这种考虑,从子公司的角度进行评价也是恰当的。第三种观点认为应该分别以子公司和母公司为主体进行评价。持此观点者认为,国际财务管理的目标是多元的、复杂的,这取决于构成公司和公司环境的投资集团与各非投资集团的不同意愿。在国外投资的情况下,东道国政府是其中的集团之一。为了保证跨国公司投资者和东道国政府之间目标的和谐,应该从两个方面进行评价:一是以国外子公司为主体,二是以母公司为主体。如果以国外子公司为主体进行国际项目资本预算,则所用方法同国内一般的投资项目评价方法基本相同。如果以母公司为主体进行国际项目资本预算,则会涉及一些特殊问题。

2. 国家风险分析和评估

国家风险可以分为政治风险和经济风险。

(1) 政治风险

政治风险是指东道国发生的政治事件或东道国与其他国家的政治关系发生变化对跨国公司造成不利影响的风险。

根据影响的范围,政治风险可分为宏观政治风险和微观政治风险。宏观政治风险是指影响到所有外国公司的政治风险,包括东道国消费者对跨国公司的态度、东道国政府政局的稳定性以及东道国与其他国家发生战争的可能性等。东道国消费者的态度是一种温和的政治风险。东道国的消费者可能仅仅喜欢购买本国的产品。如果跨国公司准备进入国外市场,则必须检测消费者对当地制造商品的忠诚度。如果消费者非常忠诚于当地产品,那么跨国公司应该同当地一家企业合资,而不是采用出口策略。东道国的内战、骚乱、边境战争以及恐怖活动等政治事件,将会影响跨国公司员工的人身安全。饱受战火威胁的国家,其商业活动也很不稳定,所以跨国公司从该国所获得的现金流量也有很大的不确定性。微观政治风险是指仅对国际业务的某个领域或特定的跨国公司有影响的政治风险。例如,加拿大在 1980 年突然改变了欢迎外国投资者在其石油部门投资的传统政策,实施了一项旨在将外国在石油部门的投资比重从 75% 降至 50% 的新能源政策。

根据跨国公司受影响的方式,政治风险又可分为转移风险、经营风险和控制风险。转移风险是指由资本、利润和专有技术等跨国转移的不确定性所引起的政治风险。比如,东道国对外汇的管制,使得外国投资者无法将其资产和投资所得的利润等汇回母国或转移到其他国家。再如,东道国可以采取大幅调整汇率的办法,人为地使本国货币非正常贬值,以达到减少外国投资者正当利益的目的。经营风险是指由东道国对跨国公司在当地业务的政策的不确定性所引起的政治风险。比如,环境保护政策的变化、对生产本地化的要求、最低工资法,以及限制跨国公司从本国信贷机构借款等。控制风险是指由东道国对当地经营的控制或所有权方面的政策的不确定性所引起的政治风险。比如,对外国投资者最高持股比例的规定、要求在一定期限内将所有权转移给本国投资者,以及将跨国公司在当地的实体国有化。

(2) 经济风险

经济风险是指东道国经济上的因素对跨国公司造成不利影响的风险。例如,20世纪90年代初欧洲经济的衰退,对福特汽车、耐克、迪士尼等美国著名跨国公司在欧洲的业务造成了严重的影响。

根据影响的范围,经济风险可分为宏观经济风险和微观经济风险。宏观经济风险包括东道国的整体经济状况、市场供求和价格状况、税收调整等因素带来的风险。东道国经济状况的好坏,将对跨国公司的经营产生重要影响。利率、汇率和通货膨胀率是跨国公司应重点考虑的因素。较高的利率会抑制经济增长,减少对跨国公司产品的需求;较低的利率会刺激经济,并增加对跨国公司产品的需求。汇率将严重影响一国的进口,终将影响生产和收入水平。通货膨胀会影响消费者的购买力水平,因此也会影响跨国公司产品的需求量。利率、汇率和通货膨胀率三者之间也是相互影响的,在分析时必须综合考虑。同一产品在不同国家的市场供求和价格状况是不一样的。供过于求将使产品价格被迫下调,减少跨国公司的营业利润。因此,跨国公司应该密切关注东道国市场供求状况的变动,适时调整自己的产品战略。税收是影响跨国公司净利润的重要因素。由于各国应纳税所得额、所得税税率等的确定与计算差别较大,跨国公司必须了解各国的税收法规及其最新调整。另外,东道国与母国之间是否签订税收减免条约、东道国是否有吸引外资的税收优惠条款等,也是跨国公司应当密切关注的。微观经济风险是指仅对某个跨国公司的经营有影响的经济风险,如公司可能面临的行业风险、公司生产所需原材料供应情况的变化等。

跨国公司不仅在海外投资前要评估国家风险,而且在投资后要追踪评估国家风险。跨国公司可以设立自己的专家组来对国家风险进行评估,但由于国家风险评估是一项比较复杂、专业性很强的工作,在实务中,跨国公司往往借助于职业机构的力量来完成这项工作。例如,中国出口信用保险公司、摩根士丹利公司、BMI研究公司和《欧洲货币》(*Euromoney*)杂志等都提供国家风险评估的有关数据。当完成国家风险评估之后,接下来的资本预算决策就类似于风险性投资决策,只是此处的风险是国家风险。常用的方法依然是风险调整贴现率法和风险调整现金流量法。例如,风险调整贴现率法下,根据与项目有关的国家风险的大小,相应地调整该项目要求达到的报酬率,构成风险调整贴现率,并据以进行投资决策。

4.2.5 实物期权

传统的投资项目分析方法都属于静态分析,一般是在第0期对未来各期的现金流量做出假设,然后计算净现值。这实际上假设了企业会一直被动地持有该项投资。但是随着项目的进展,企业往往会在项目实施过程中做出一些调整。例如,如果项目进展顺利,则企业往往会追加投资;而如果项目出现了问题,则企业就会削减投资甚至干脆放弃该项目。实物期权(real option)就是资本预算中使用的,允许管理者在未来对以前的决策做出相应更改的选择权。与传统方法不同,管理者不是在第0期就做出全部决策,而是可以等待,直至当前不确定的事项在未来明确时再做出补充决策。实物期权的存在提高了投资项目的价值,而且可以比较容易地进行修正的项目比那些没有灵活性的项目更具价值。投资的前景越不确定,这种灵活性就越有价值。

1. 实物期权的类型

常见的实物期权有以下几种类型:

(1) 投资时机期权

投资时机期权(timing option)是指企业可以不用现在投资,而是等待获得进一步信息之后再行投资的选择权。实际上,任何项目都可以被看成你现在就可以投资的期权。当然你并不需要立刻就行使该期权,你需要做的是在推迟投资所损失的现金流的价值与在这段时间内收集到有价值的信息的可能性之间做出权衡。例如,某石油公司拥有一个油田的开发权,公司可以根据当前市场的油价和今后一段时间的油价走势来决定是现在开采还是在未来某一时期开采。

(2) 规模期权

规模期权(sizing option)主要分为两类:一类是允许企业在未来某一时日项目执行不佳时放弃该项目,即放弃期权(abandonment option)。一旦某个项目不再具有盈利能力,企业就应该行使放弃期权。有些资产比较容易处理,比如有形资产通常就比无形资产更易出售。一些存在活跃二手市场的商品,如不动产、飞机、汽车和某些机器工具之类的资产相对都比较容易出售。而像软件公司通过研发项目积累起来的非专利技术等资产,在处置时就不会有很大的价值。另一类是允许企业在未来某一时日项目进展非常好的情况下追加投资,即增长期权(grown option),或称扩展期权(expansion option)。

(3) 弹性期权

弹性期权(flexibility option)是指企业在进行投资以后,在未来某一时日根据新的情况和信息可以采取相应经营措施的期权。它包括根据未来投入成本决定是否改变生产技术的期权,以及当某一设备可以生产出多种产品时,根据市场需求改变产品组合的期权等。例如,在当前的价格水平下,使用以天然气为燃料的锅炉比以石油为燃料的锅炉要便宜。但是企业可能选择既能以天然气又能以石油为燃料的锅炉,虽然这种锅炉的价格要贵些。原因在于,当天然气的价格上涨至超过石油价格时,使用双重燃料锅炉的企业就拥有了一项有价值的期权,它们可以将以天然气为燃料的锅炉转换为以石油为燃料的锅炉。

2. 评价方法

评价存在实物期权的投资项目的常见方法有以下几种:

第一,采用传统的现金流量贴现方法,不考虑实物期权。如果在不考虑实物期权的情况下,项目的净现值都大于零,则加上实物期权后项目的价值只会更高。因此,企业只需采纳该项目即可。

第二,项目的净现值=不考虑实物期权的净现值－期权的成本＋期权的价值。在根据预期的现金流量计算出净现值后,估算期权的成本和价值,进而计算出项目的净现值。

第三,决策树法。这种方法的优点是比较直观,容易理解。

第四,期权定价模型。这种方法有着深厚的理论基础,企业往往需要聘请期权理论专家才能使用这一方法。

下面我们举例说明上述第二、第三种方法的应用。

例 4-5 飞迅公司准备购买一台新的零件加工机器,根据估计的现金流量计算出该设备的净现值为 –80 万元。飞迅公司的管理者考虑是否再投资 60 万元,此项追加投资可以使该机器以煤、天然气和石油为燃料。原来的投资方案是以煤为燃料的。这一可以在时机适宜时选择便宜燃料的期权的估计价值为 200 万元。那么,包含此项弹性期权的项目的净现值是多少呢?

$$\text{项目的净现值} = \text{不考虑实物期权的净现值} - \text{期权的成本} + \text{期权的价值}$$
$$= -80 - 60 + 200 = 60(\text{万元})$$

如果没有弹性期权,那么这个项目是不可行的。但是考虑了弹性期权后,该项目的净现值大于零。

例 4-6 正则工程机械公司(以下简称"正则公司")的科技人员开发了一种新的叉车。正则公司准备对该产品进行试制生产和试推广,最初阶段需要 1 年的时间并需要耗费 20 万元。管理层预测该试制生产和试推广成功的概率只有 50%。如果成功的话,正则公司就会投资 4 000 万元兴建一个生产工厂,该工厂预期将在未来 20 年中每年带来 500 万元的税后现金流量。假定资本的机会成本为 10%,该项目的净现值就是 257 万元(–4 000 +500×8.514)。如果在市场上的试推广不成功,正则公司就会停止该项目,试制生产所花费的成本也就等于白白浪费了。

正则公司在这个试验性项目上的支出实际上等于购买了一项有价值的期权。我们可以绘制图 4-4 所示的决策树来对此项目进行分析。每一个正方形代表的是正则公司做出的一个行动或一项决策,每一个圆形代表的是后来的结果。正则公司从最左边那个正方形开始,如果决定实施该试验,则 1 年以后就可以知道试验的结果。然后正则公司就面临第二个选择:是结束该项目还是再投入 4 000 万元开始正式的大规模生产。综合来说,正则公司面临的决策是:是否应该现在投资 20 万元,然后这项投资有 50% 的可能性使公司在 1 年后获得一项净现值为 257 万元的项目。显然,该试验性项目的净现值在正常水平的贴现率下都是大于零的。

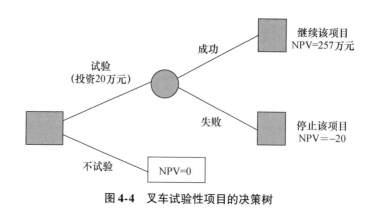

图 4-4 叉车试验性项目的决策树

4.3 投资行为:经验证据

4.3.1 实践中的资本预算方法使用情况

在过去的几十年中,研究者们记录了资本预算方法在实务中的使用情况。表 4-5 列示了 1960—2002 年关于资本预算方法使用情况的调查研究比较。我们可以看到,大家对何为最好的资本预算方法并没有一致的看法。Miller(1960)、Schall et al.(1978)和 Pike(1996)的研究表明回收期法是最受青睐的方法,而 Istvan(1961)的研究表明平均收益率法更受青睐。早期的研究一般都发现,贴现现金流量法是最不流行的资本预算方法。这可能与管理人员水平不高和计算机技术使用不广有关系。Mao(1970)和 Schall et al.(1978)更指出,净现值法是最不流行的资本预算方法,这与现代财务理论的结论形成了鲜明的对比。Klammer(1972)发现了管理者对贴现现金流量法的偏好,后来的一系列研究更是指出管理者最青睐内含报酬率法。1970—1983 年的八项研究都发现获利指数是最不流行的资本预算方法。Jog and Srivastava(1995)、Pike(1996)发现平均收益率法的流行程度在大大下降。在进入 21 世纪的两项研究中,Graham and Harvey(2001)发现实务界最推崇的依然是内含报酬率法,Ryan and Ryan(2002)发现贴现现金流量法最为流行,其中净现值法比内含报酬率法的流行程度稍高一点(表格未列出)。

Brounen et al.(2004)对美国和欧洲的公司进行了调查问卷研究。表 4-6 是五个国家的经理人员对各种资本预算方法的使用情况。

虽然在财务管理学的教材中(当然包括我们这本书),净现值法被认为是最好的资本预算方法,但是在实践中,还有很多方法被广泛使用。在欧洲,回收期法是使用率最高的资本预算方法。根据 Brounen et al.(2004)的调查,在英国、德国、荷兰和法国,将回收期法

表 4-5 关于资本预算方法使用情况的调查研究比较

作者	杂志	发表时间	总体	最常用的资本预算方法	最不常用的资本预算方法
Miller	《NAA 公告》(现为《管理会计》)	1960	《财富》500 强企业	回收期	贴现现金流量
Istvan	《商业研究局》	1961	部分大企业	平均收益率	贴现现金流量
Mao	《金融杂志》	1970	部分大中型企业	内含报酬率	净现值和获利指数
Williams	《管理计划》	1970	《财富》500 强企业和部分小企业	内含报酬率	获利指数
Klammer	《商业杂志》	1972	Compustat 数据库中的企业	贴现现金流量	回收期
Fremgen	《管理会计》	1973	Dun & Brastreet 参考中的企业	内含报酬率	获利指数
Brigham	《财务管理》	1975	部分财务经理	内含报酬率	获利指数
Petry	《企业地平线》	1975	《财富》500 强企业和《财富》50 强零售、运输和公用行业企业	内含报酬率	净现值
Petty et al.	《工程经济学》	1975	《财富》500 强企业	内含报酬率	获利指数
Gitman and Forrester	《财务管理》	1977	福布斯企业	内含报酬率	获利指数
Schall et al.	《金融杂志》	1978	Compustat 数据库中的企业	回收期	净现值
Oblak and Helm	《财务管理》	1980	《财富》500 强中的跨国公司	内含报酬率	获利指数
Hendricks	《管理计划》	1983	部分《财富》500 强企业	内含报酬率	获利指数
Ross	《财务管理》	1986	12 家大的制造企业	内含报酬率	回收期
Jog and Srivastava	《财务计划和教育》	1995	582 家加拿大公司	内含报酬率	平均收益率
Pike	《商业财务和会计杂志》	1996	英国的大公司	回收期	平均收益率
Graham and Harvey	《金融经济学杂志》	2001	财务执行官协会(Financial Executives Institutes, FEI)的成员企业	内含报酬率	调整后的现值
Ryan and Ryan	《商业和管理杂志》	2002	《财富》1 000 强企业	净现值	修正后的内含报酬率

资料来源：Ryan and Ryan(2002)，Graham and Harvey(2001)。

表 4-6　各种资本预算方法使用频率的均值

资本预算方法	美国	英国	荷兰	德国	法国
内含报酬率	3.09	2.31	2.36	2.15	2.27
净现值	3.08	2.32	2.76	2.26	1.86
回收期	2.53	2.77	2.53	2.29	2.46
敏感性分析	2.31	2.21	1.84	1.65	0.79
盈利倍数法	1.89	1.81	1.61	1.25	1.70
贴现回收期	1.56	1.49	1.25	1.59	0.87
实物期权	1.47	1.65	1.49	2.24	2.20
平均收益率	1.34	1.79	1.40	1.63	1.11
修正现值	0.85	0.78	0.78	0.71	1.11
获利指数	0.85	1.00	0.78	1.04	1.64

注：受访者用 0—4 的数字表示各种资本预算方法的使用频率，0 表示从不，4 表示总是在使用。

作为最青睐的资本预算方法的财务执行官的占比分别为 69.2%、64.7%、50% 和 50.9%。对于美国企业，按照 Graham and Harvey(2001) 的调查，57.6% 的受访者说他们在使用回收期法，但是回收期法是位于净现值法和内含报酬率法之后的第三种最流行的资本预算方法。在欧洲，回收期法之后是净现值法和内含报酬率法。

回收期法在欧洲的相对流行有些令人费解。毕竟回收期法没有考虑货币的时间价值，也没有考虑回收期满后的现金流量状况。一些研究者认为，对于那些面临严重资本约束的企业，使用回收期法是理性的。其逻辑是，对于这些企业，如果不能从投资项目上及早地收回初始投资，那么这些企业将停止经营并因此而无法收到在遥远的未来的现金流入。但是 Graham and Harvey(2001)、Brounen et al.(2004) 都没有发现支持上述论述的证据。

Graham and Harvey(2001)、Brounen et al.(2004) 都发现，大企业对净现值法和内含报酬率法的青睐胜于回收期法。上述调查样本中的美国企业相对而言规模要大些，这也在一定程度上解释了为什么美国企业更青睐净现值法和内含报酬率法。还有其他因素影响着资本预算方法的选择。非上市公司要比上市公司更频繁地使用回收期法。MBA 管理的公司有更强的偏好使用贴现现金流量法。

Hermes et al.(2007) 采用了类似前述研究的方法调查了中国和荷兰企业的资本预算实践。中国企业对净现值法、内含报酬率法、回收期法、平均收益率法和其他方法的使用频率的均值分别为 2.51、3.38、3.16、1.00 和 0.02。也就是说，最受中国企业管理者青睐的资本预算方法是内含报酬率法，其次是回收期法，再次是净现值法，然后是平均收益率法，而其他资本预算方法几乎没有得到使用。不过，Hermes et al.(2007) 所选取的中国企业的样本较小,只有45个,可能并不能很好地代表中国企业的实践。

关于资本预算方法的调查研究虽然很多,也发现了很多有趣的现象,但是有一个问题一直没有得到很好的回答。那就是,使用高级资本预算方法的企业是否比使用简单资本预算方法的企业表现更好？或许未来的经验研究会给我们提供相应的证据。

4.3.2 企业投资行为——现金流量与投资支出

作为企业财务行为中的两大重要组成部分,企业投资和融资行为之间的关系一直备受理论界与实务界人士的关注。在新古典经济学中,企业将会进行投资,直到边际回报等于零。这样我们将看不到投资支出与内部现金流之间有什么关系。但是现实情况并不符合新古典经济学的完美假设,企业内部产生的现金流与投资支出在很多情况下表现出较强的敏感性。例如,在我国的实践中,一方面,有些企业的管理者滥用资金,盲目投资于热门行业,甚至是有多少钱就花多少,出现了过度投资的现象；另一方面,有些企业面临融资难的问题,由于无法获得足够的资金,或者获取资金的成本异常高昂,企业不得不放弃很多投资机会,只能是有多少钱干多少事,出现了投资不足的现象。在上述两种情况下,企业的投资支出与内部现金流都会紧密相关。

理论界也提出了各种理论来解释企业投资支出与内部现金流之间的关系。典型的包括信息不对称假说和自由现金流假说。自由现金流假说更多地关注股东与经理之间的代理问题,而信息不对称假说更多地关注内部人与外部投资者之间的冲突。

1. 信息不对称假说

Myers and Majluf(1984)等从信息不对称角度出发来对投融资关系进行解释。由于企业内外部存在信息不对称,外部的资金供给者会要求较高的资本溢价,这使得外部资金成本大于内部资金成本,因此信息不对称严重的企业会面临严重的融资约束。如果企业面临这种融资约束,则企业会更多地根据自身现金流的情况来选择投资项目,甚至不得不放弃一些本来有利可图的项目,出现投资不足的现象。按照这一理论,投资支出同样会受到企业现金流的影响,融资约束严重的企业将表现出较强的投资—现金流敏感性。

Fazzari et al.(1988)是导致学术界广泛研究投资—现金流敏感性问题的开山之作。以该文为代表的这类文献通过考察投资支出对内部现金流变化的敏感性来研究融资约束对企业投资的影响。它们大多数提供了存在融资约束的证据。这些研究利用反映融资约束水平的企业特征指标,如股利支付率、规模、年限、集团成员或债务评级等,将企业进行分类,结果发现被认为面对较大融资约束的企业投资—现金流敏感性较强,融资约束表现得最为明显。Kaplan and Zingales(1997)对前述结论的一般性提出了挑战。他们根据公司年报中的各种定量和定性信息来确定企业的融资约束程度,并据此对企业进行分类。与前述证据相反,他们发现融资约束较小的企业的投资支出对内部现金流变化的敏感性最强。Cleary(1999)支持了Kaplan and Zingales(1997)的研究结论,即融资约束小的企业的投资支出对内部现金流的变化最为敏感。Chow and Fung(2000)采用传统的销售推动模型,对不同规模的上海制造企业的融资约束进行了检验。实证结果表明,上海小型制造企业比大型制造企业在固定资产投资上受到的融资约束要小,与研究假设相反。冯巍(1999)以在沪深交易所上市的 135 家制造企业 1995—1997 年的数据为样本,将企业内部现金流引进新古典综合派企业投资模型,检验引进新变量后模型和系数显著性的变化。结果表明,我国企业的投资规模不仅取决于投资机会与资金使用成本,企业内部现金流也对企业的投资规模具有显著影响。郑江淮等(2001)按照国有股权的比重对企业进行分组,发现国有股权比重越小,企业所受的外部融资约束越小。

2. 自由现金流假说

自由现金流假说是由 Jensen(1986)提出的,该假说认为管理者会偏离股东财富最大化的财务目标,致力于扩张自己的企业帝国,投资于一些有损股东财富但却能够给自身带来利益的项目。按照这一理论,投资支出会受到企业自由现金流的影响,自由现金流越多的企业会有更多的投资支出。周立(2002)以白酒行业为研究对象,发现 1998—2000 年白酒行业效益稳定但发展缓慢,上市公司自由现金流充沛,广泛投资于其他行业,由此推断白酒行业存在自由现金流代理问题,上市公司可能存在过度投资现象。

3. 对两种假说解释力度的检验

自由现金流假说更多地关注股东与经理之间的代理问题,而信息不对称假说更多地关注内部人与外部投资者之间的冲突。这两种假说从不同的角度对企业投资—现金流敏感性给予了解释,同时也具有不同的政策含义。于是也涌现出了一些致力于揭示投资支出与内部现金流敏感原因的文献,也就是检验信息不对称假说与自由现金流假说的解释力度。Oliner and Rudebusch(1992)选择企业年龄、上市地点、公司内部人的股票交易行为作为信息不对称的代理变量,用内部人持股比例和前二十大股东持股比例作为代理成本的代理变量,用企业规模作为交易成本的代理变量。他们发现了支持信息不对称假说的证据,而交易成本理论没有明显的解释力度。Vogt(1994)也探讨了投资支出与内部现金流之间相关关系的原因,发现信息不对称假说和自由现金流假说都对投资—现金流敏感性有解释力。Hadlock(1998)考察了一般被认为代表了管理者与股东利益结合程度的内部人持股对投资—现金流敏感性的影响。研究发现,内部人持股与投资—现金流敏感性之间呈非线性关系。当内部人持股从零开始增加时,投资—现金流敏感性上升很快;当内部人持股水平较高时,这一关系减弱;当内部人持股超过某一点时,投资—现金流敏感性缓慢下降。作者认为这支持了信息不对称假说,不支持自由现金流假说。Broussard et al.(2004)考察了管理层激励对投资—现金流敏感性的影响。他们用业绩—报酬敏感性作为管理者与股东利益结合程度的代理变量。他们发现,提高管理者与股东利益结合程度的主要后果是减少了自由现金流导致的过度投资。他们没有发现管理层激励加大了企业融资约束严重程度的证据。何金耿和丁加华(2001)以 1999 年、2000 年 397 家沪市上市公司为研究样本,对我国企业内部现金流与投资支出之间强敏感性的原因进行了检验,结果支持自由现金流假说。支晓强和童盼(2007)以管理层激励为切入点,研究了业绩—报酬敏感性对投资—现金流敏感性的影响。他们发现,投资—现金流敏感性与管理层业绩—报酬敏感性呈非线性关系。总体来看,随着业绩—报酬敏感性的上升,投资—现金流敏感性会先上升后降低。这表明,我国上市公司中的投资—现金流敏感性主要是由企业内外部信息不对称所导致的融资约束造成的。

4.4 投资战略

4.4.1 资本预算中的战略问题

在第一节和第二节中,我们介绍了资本预算中的具体方法,或者说战术问题。其中隐含的假设就是企业有许多投资机会,然后利用资本预算方法从中做出选择。但这些投资机会从哪里来呢?正如图 4-1 中所示,资本预算的前两个环节是战略规划和投资机会。如何发现投资机会,以及如何对投资战略进行评价,就是资本预算中的战略问题,或者说企业的战略规划。

在进行投资战略规划时,管理者应该一方面考虑企业现有的内部资源,另一方面考虑市场的竞争环境,系统地寻找企业未来的增长点,发现投资机会,并且动态地针对企业内外部的情况适时地做出调整。不过,投资战略规划并不是简单地发现投资机会。投资战略规划不仅要审视企业内部资源和外部环境如何结合,而且要审视对企业生存发展至关重要的其他三个方面:第一,明确投资机会与企业现有资产之间的关系,它们是互补还是协同;第二,考察投资项目与企业未来增长之间的关联度;第三,将风险分析贯穿到投资机会识别中,对之进行风险收益权衡。总体来说,企业投资战略规划就是考察现有资产、投资机会和未来增长之间的关系,以及它们与企业风险承受水平之间的关系。

4.4.2 投资项目与投资战略

我们知道,净现值大于零的项目是指项目产生的收益大于资本成本,即产生超额收益的项目。要想获得超额收益,企业应该根据自身比竞争对手更擅长的特点来构建竞争优势和选择投资项目。可以给企业带来超额收益的典型投资战略包括:

1. 高资本需求项目投资战略

高资本需求项目是指在研究开发、基础设施和销售渠道等方面需要大量初始投资的项目。这种大的资金需求可以让潜在的竞争对手望而却步,从而形成市场壁垒。这样企业就可以获得超额收益,并利用规模效应降低成本。

2. 差异化投资战略

差异化投资战略是将企业提供的产品或服务差异化,从而树立起一些全产业范围内具有独特性的东西。企业实施差异化投资战略的方式有许多,如设计名牌形象,保持技术、性能特点、顾客服务、商业网络及其他方面的独特性,等等。最理想的状况是企业在几个方面都具有差异化的特点。当然,这一投资战略的实施需要企业投入较大的资本。差异化投资战略使企业在某一方面或某几方面区别于竞争对手,并且获得目标客户的支持,从而获得超额收益。

3. 政府管制项目投资战略

政府在进出口、安全标准、健康标准、环境因素等方面的管制会形成市场壁垒,使得不符合条件的企业无法进入。所以,企业可以根据自身条件,选择投资政府管制项目,从而获得超额收益。

4. 成本领先投资战略

这一战略要求企业致力于能够营造成本领先态势的投资。比如,高效、规模化的生产设施的投资,对原材料供应实施控制的投资,独特技术方面的投资,等等。当然,与之相配合,企业还应全力以赴地降低成本,严格控制管理费用及研发、服务、推销、广告等方面的成本费用,从而使企业的总成本低于竞争对手,获得竞争优势。

4.4.3 发现投资机会的工具

在进行投资战略规划时,管理者不应通过拍脑袋等手段随意地寻找投资机会,而应使用一些发现投资机会的工具。这些工具将帮助管理者系统地思考问题,分析企业的优势、劣势、机遇和挑战,从而真正寻找到那些能够提升股东价值的投资项目。下面我们介绍几种实践中被证明行之有效的工具。

1. 生命周期分析法

生命周期分析法是描述产品、企业和行业动态演变过程的一个重要工具。虽然生命周期分析法直接描述的是销售额和利润的变化过程,但是我们可以将其用于投资战略规划。因为在不同的生命周期阶段,企业的投资需求、风险水平等是不同的。许多产品的生命周期曲线是 S 形的,分为引入、成长、成熟和衰退四个阶段。其中,引入阶段指产品引入市场时销售额缓慢增长的时期。在这一阶段,由于产品引入市场需要支付巨额费用,利润几乎不存在。成长阶段指产品被市场迅速接受和利润大量增加的时期。成熟阶段指因产品已被大多数的潜在购买者接受而销售额增长缓慢的时期。为了对抗竞争、维持产品的地位,营销费用日益增加,利润稳定或下降。衰退阶段指销售额下降的趋势增强和利润不断下降的时期。企业的生命周期就是企业所生产产品生命周期的组合。图 4-5 是典型的生命周期曲线,同时表 4-7 说明了不同阶段流动性、盈利能力、现金流量等指标的特征。显然,在不同的生命周期阶段,企业的投资机会有所不同。例如,引入阶段需要企业支付大笔投资额,而现金流量的风险很大且金额较小。成熟阶段则需要企业支付的投资额较小,而现金流量相对容易预测且金额较大。因此,使用传统的贴现现金流量法有时结论可能存在偏颇,尤其是在引入阶段。在引入阶段,企业今天所进行的投资是为了获得明天的投资机会,也就是说为了获得一种投资的期权。正如我们在第二节所介绍的那样,如果不考虑实物期权,那么企业有可能放弃本来有利可图的投资项目。

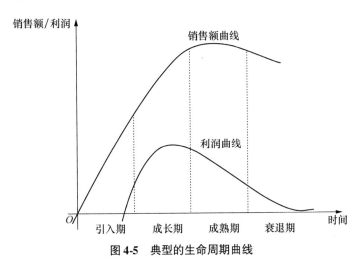

图4-5 典型的生命周期曲线

表4-7 不同生命周期阶段的指标特征

指标	阶段			
	引入	成长	成熟	衰退
流动性	低	略有改进	改进很大	高
利润	亏损	改进很大	下降	下降
财务杠杆	高	高	下降	低
现金流量	小(或者为负)	大,且处于上升态势	大	下降
销售额	低	快速增长	增速放缓	下降

在应用生命周期曲线对项目进行分析时,要注意两个问题:第一,项目究竟处于生命周期的哪个阶段是很难准确判断的。有些项目的某个阶段可能很长,而另外一些项目的该阶段却可能很短。第二,S形的生命周期曲线只是一种比较典型的生命周期曲线,还有双峰形、扇贝形等生命周期曲线。如图4-6所示,双峰形的项目经历了两个循环,销售额的第二个驼峰是产品进入衰退阶段时因促销推进而形成的。在正常情况下,再循环的销售额和持续期低于第一次的循环周期。扇贝形的项目是基于发现了新的产品特征、用途或用户而使其生命持续向前。例如,尼龙的销售就显示了这种特征,因为许多新的用途——降落伞、袜子、衬衫——一个接一个地被发现。

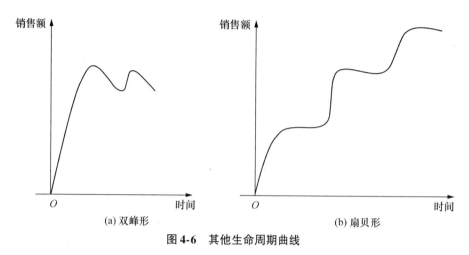

图 4-6　其他生命周期曲线

2. 经验曲线

生命周期曲线让我们了解了企业销售额和利润的动态演变过程,而经验曲线则展示了企业成本的动态演变过程。为了提升股东价值,控制成本是尤为必要的。如果企业选择了成本领先投资战略,则了解成本性态并加以控制就显得非常关键。故此,与成本控制或成本抑减有关的投资项目也需要引起管理者的关注。

经验曲线效应是说一项任务越是经常被执行,则做这项任务的代价就越小,即随着产品累计产量的增加,单位成本会降低。一般而言,形成经验曲线的原因有三个:一是学习效果,由于重复工作所带来的学习效果;二是科技进步,从事一项工作一段时间后,较容易进行生产流程改善;三是产品改善,产品生产一段时间后可以清楚地了解顾客偏好,经过设计改善,可以在不影响产品功能的同时降低成本。图 4-7 就是典型的经验曲线。

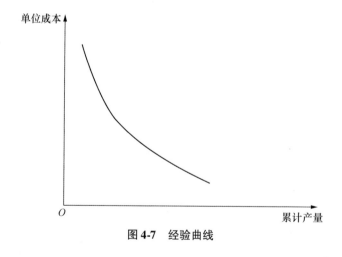

图 4-7　经验曲线

根据经验曲线,在行业中占有很大市场份额的企业的产量较大,故该企业可以享受经验曲线效应,获得成本领先优势。要维持这一优势,企业需要持续投资,保持产量。那么,管理者在分析与获取大市场份额有关的投资项目时,需要考虑未来的经验曲线效应。这个资本预算带来的问题是,未来的现金流量很难预测,因为经验曲线效应是否能够实现以及实现的程度如何都很难事先预料。但是,管理者应该在进行投资决策时意识到这一问题,并明确其未来的不确定性。

3. 波士顿矩阵法

波士顿矩阵法也是战略规划中常用的一种方法。该方法可以用图4-8来说明。

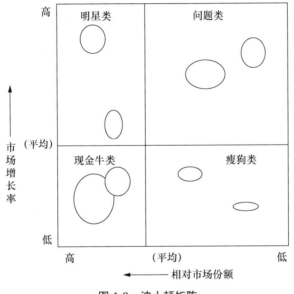

图 4-8 波士顿矩阵

在图4-8中,纵坐标市场增长率表示该业务的销售量或销售额的年增长率;横坐标相对市场份额表示该业务相较于最大竞争对手的市场份额,用于衡量企业在相关市场上的实力。八个圆圈代表企业的八个业务单位,它们的位置表示该业务的市场增长率和相对市场份额的高低;其面积大小表示该业务的销售额大小。波士顿矩阵法将企业的业务分成问题、明星、现金牛和瘦狗四种类型。问题业务是指高市场增长率、低相对市场份额的业务。它们往往是企业的新业务。为了发展这类项目,企业必须建立工厂,增加设备和人员,以便跟上迅速发展的市场并超过竞争对手,这些意味着大量的资金投入。只有那些符合企业长远发展目标、企业具有资源优势、能够增强企业核心竞争能力的业务才应得到追加投资。可以说,问题项目也具有实物期权的性质。明星业务是指高市场增长率、高相对市场份额的业务,这是由问题业务继续投资发展起来的,可以视为高速增长市场中的领导者,它将成为企业未来的现金牛业务。但这并不意味着明星业务一定可以给企业带来滚滚财源,因为市场还在高速增长,企业必须继续投资,以保持与市场同步增长并击退竞争对手。需要注意的是,明星业务的未来现金流量依赖于未来的市场竞争情况和市场发展情况,所以很难明确其现金流量。现金牛业务是指低市场增长率、高相对市场份额的业务,这是成熟市场中的领导者,它是企业现金流量的来源。由于市场已经成熟,企业不必大量投资来扩张市场规模,同时作为市场中的领导者,该业务享有规模经济和高边际利润的优势,能够给企业带来大量的现金流量。瘦狗业务是指低市场增长率、低相对市场份额的业务。一般情况下,这类业务常常是微利甚至是亏损的。瘦狗业务之所以存在,多数是由于感情方面的因素,虽然一直微利经营,但像人对养了多年的狗一样恋恋不舍而不忍放弃。瘦狗业务通常要占用很多资源,多数时候是得不偿失的。

企业在这四类业务中都可以发现投资机会。不过,不同类别业务的投资规模和盈利能力有较大的差异。例如,明星业务需要较多的投资,但是产生现金流量的能力较弱;而现金牛业务需要的投资较少,但是现金流量颇丰。传统的净现值法往往局限于某个具体项目,却忽略了项目之间的关系以及对企业长期竞争力的影响。波士顿矩阵法提供了一个分析框架,能够帮助管理者从战略层面考虑问题,实现投资战略规划的目的。因此,管理者在投资战略规划中应该区分各类业务并了解各类业务之间可能存在的相互转化问题。而且,管理者需要在各类业务之间做出权衡,从而把企业的资源合理地配置到这些项目上。

4.4.4 投资战略规划中的风险分析

投资战略规划的目的并不是消除和规避风险。正如财务管理的基本理念——风险与收益对等——所说的那样,没有风险,收益自然也会大打折扣。投资战略规划的目的是帮助管理者识别风险,并且评估在此种战略下企业所面临的风险是否能够得到满意的回报。

为了更好地识别风险,管理者需要考虑影响投资项目未来现金流量的市场因素或环境因素。有些因素是可以预期的,而有些因素却是无法预期的。管理者无法准确地预测那些无法预期的因素对未来现金流量的影响。更重要的是,管理者应该了解这些因素的内在波动性。

仅识别风险是不够的,管理者还需要对风险做出评估。管理者应该对各种投资战略的风险等级进行区分。图4-9是一种评估投资项目的可行方法(Clark et al. ,1989)。

在图4-9中,投资项目的风险水平用预期现金流量的波动来计量,收益水平用投资回报率来计量。根据项目的风险和收益,我们可以将备选投资项目分为四类。另外两个需要考虑的变量是资本成本和企业自身现金流量的波动性。这一方法将投资项目分为可行的、激进的、保守的和不可行的四类。XX'是风险收益基准线,它是对投资项目风险和收益的综合反映。在综合考虑投资项目的风险和收益时,管理者应该关注风险收益基准线之上的项目。例如,A、B、C项目是可以接受的,而D、E、F项目应该放弃。按照这种方法

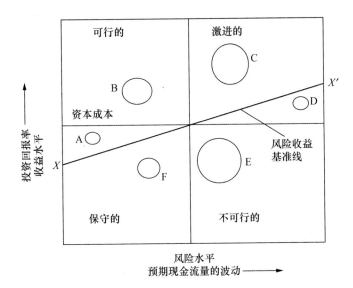

注：○ 表示项目的规模。

图4-9 投资战略规划中的风险分析

选择的投资项目体现了企业的风险接受程度,进而能够帮助管理者选择那些能够提升股东价值的项目。

本章小结

资本预算主要关注的是企业如何做出重大的长期项目投资决策。资本预算中最常用的方法有回收期法、平均收益率法、净现值法、内含报酬率法和获利指数法。其中,净现值法被认为是理论上最准确的方法,与内含报酬率法相比,净现值法对再投资报酬率的假设更合理。另外,内含报酬率法还可能需要面对多重内含报酬率和没有内含报酬率的情形。

风险性投资决策中常见的主要方法有敏感性分析、盈亏临界分析、模拟分析以及风险调整技术等。资本预算中管理者应考虑通货膨胀影响。对于国际项目,需要关注资本预算主体的选择与国家风险评估。实物期权的存在可能对投资决策的结论有很大影响。实物期权的存在提高了投资项目的价值。而且那些可以比较容易进行修正的项目比那些没有灵活性的项目更具价值。投资前景越不确定,这种灵活性就越有价值。

关于实践中资本预算方法使用情况的研究有很多,它们能够帮助我们更好地将理论与实践相结合。解释企业投资支出与内部现金流之间关系的理论主要有信息不对称假说和自由现金流假说。自由现金流假说更多地关注股东与经理之间的代理问题,而信息不对称假说更多地关注内部人与外部投资者之间的冲突。

如何发现投资机会,以及如何对投资战略进行评价,就是资本预算中的战略问题,或者说企业的战略规划。投资战略规划的目的并不是消除和规避风险,而是帮助管理者识别风险,并且评估在此种战略下企业所面临的风险是否能够得到满意的回报。

关键概念

资本预算　　　　　回收期　　　　　　　平均收益率
净现值　　　　　　内含报酬率　　　　　获利指数
现金流量　　　　　机会成本　　　　　　价值可加性原则
敏感性分析　　　　盈亏临界分析　　　　模拟分析
风险调整现金流量　风险调整贴现率　　　修正现值
互斥项目　　　　　名义现金流量　　　　名义贴现率
实物期权　　　　　投资时机期权　　　　规模期权
放弃期权　　　　　增长期权　　　　　　弹性期权
风险溢价　　　　　加权平均资本成本　　决策树
战略规划　　　　　生命周期分析法　　　经验曲线
波士顿矩阵

讨论题

1. 如何在资本预算实务中利用实物期权,请结合实际案例加以说明。
2. 如何看待理论界和实务界对最佳资本预算方法的差异?
3. 如何理解企业的投资支出与内部现金流之间的关系。

案　例

攀和资源公司的资本预算

　　张志斌先生是攀和资源公司的总经理,现在他需要对一个投资项目做出决策。
　　20×7年1月,攀和资源公司在其拥有的一块土地上发现了铁矿石。初步的试验性钻探显示,该矿脉可以在7年内每年产出200万吨铁精矿,平均品位约54%。
　　攀和资源公司总资产为80亿元,其中包括2亿元的现金储备。新矿的开采需要大笔支出,打开这一矿脉并配备相应的机器设备预计要花费20亿元,但是在采矿业中,实际成本超过预计10%或15%是很普遍的。此外,如果新的环境保护条例出台,还会增加8 000万元的成本。从开始施工到正式投产开采大约需要半年的时间,开采支出期初一次性投入。攀和资源公司在银行的信用较好,张志斌相信公司可以以8%的利率借到25亿元。

公司财务部门预测该铁精矿的运营成本为每年7亿元,其中3亿元为固定成本,4亿元为变动成本。张志斌认为财务部门对运营成本的预测比较准确。问题在于开采该矿脉的初始成本和铁精矿的售价不易确定。

此外,还有一个开采该矿脉的备选方案。按照这一方案,公司可以降低3亿元的开采成本,并在较大程度上消除成本超过预期的不确定性。问题在于这一方案会使固定运营成本上升很多,固定运营成本会在预计产量的水平上提高到每年3.4亿元。

铁精矿的价格波动很大。当前的价格是每吨700元,而上年年初的价格是每吨400元,年末一度达到每吨1000元。大家对未来的价格没有形成一致的意见。有的专家预计价格会快速上涨到每吨1500元,而有的专家却认为价格会下跌到每吨600元。张志斌对这两种看法都不是很赞同,他的预测是价格会在未来两年按照50%的增长率持续上涨,三年后价格会跌至800元左右,之后价格每年大约按照20%的增长率增长。张志斌还认为,公司的运营成本会随通货膨胀率上涨,并且估计年通货膨胀率为3%。

公司对固定资产采用直线法计提折旧,项目终了时固定资产无残值,折旧期限为7年,会计折旧和税法折旧一致。

公司现在的所得税税率为33%,但从明年1月1日开始,由于国家的相关法规变化,所得税税率将变为25%。

张志斌在采矿业拥有丰富的经验,他知道投资者在类似的项目中通常要求至少14%的名义收益率。

[思考题]
1. 请对本项目做出净现值分析,并进行敏感性分析和盈亏平衡分析。
2. 张志斌最为担心的情形是什么?他最关注哪项预测的准确性?
3. 在做出决策时,在哪些方面还需额外的信息?
4. 公司有无必要采用备选方案?

第5章　内部财务理论与营运资金战略

【学习目标】

通过本章的学习,你应该掌握:
1. 内部财务理论;
2. 目标利润管理和目标成本管理;
3. 营运资金战略及其影响因素;
4. 营运资金管理。

【素养目标】

通过本章的学习,树立内部资本周转管理意识,能够开展目标利润管理和目标成本管理,结合我国企业实际情况合理选择营运资金筹资战略、营运资金投资战略和营运资金管理方式,以提高内部资本周转效率。

5.1　内部财务理论

内部财务理论的产生及其发展直接受到20世纪30年代世界经济危机的影响。1929—1933年,资本主义世界爆发了空前的经济危机。其主要表现为商品滞销、物价下跌、现金奇缺、利息猛涨、证券价格猛跌、信用紧缩等,大量的工商企业和银行纷纷倒闭,经济处于一片萧条之中。

残酷的现实促使幸存下来的企业的财务人员与财务学者反思企业以前的财务行为,人们认识到:企业财务管理的重点不仅在于资金的筹集,还必须使筹集到的资金在企业内部得到最经济、最有效的利用,从而最大限度地提高资金利用的综合经济效果。反之,如果在资金的使用上放任自流,对财务收支等不进行有效的控制,则必然导致企业经营管理的失败。也就是说,在企业的财务管理活动中,必须对资本的使用情况给予密切的关注。资本的使用表现为资本的不断循环周转以及周转过程中的价值增值,因此,对资本周转的关注直接导致了内部财务理论的产生。

内部财务理论的重要意义在于将财务管理的重点从外部筹资管理转向内部资本周转管理,并采取一系列科学的管理方法及控制手段,来保证资本周转的效率与安全。这对于企业利润的顺利实现以及管理水平的提高都是至关重要的。也正是由于内部财务理论的不断成熟和完善,财务管理与决策才成为企业管理的关键内容之一。

5.1.1 内部财务理论的核心:资本周转的安全与效率

内部财务理论的核心问题,即资本周转的安全与效率问题,事实上也是现代企业财务管理的重要组成部分。资本周转的安全,是确保企业长期稳定发展的前提;资本周转的效率,则是提高企业竞争能力的关键。

1. 保障资本周转安全

资本周转的安全是出资者及企业管理当局资本经营的基础目标,是实现资本增值的基础。为了确保资本周转安全,企业必须做到:

第一,树立风险观念。在现代市场经济条件下,企业的理财环境及财务活动本身都日益复杂化。同时,财务人员认识能力及控制能力的局限性,决定了资本周转的各个阶段都存在不同程度的风险。一方面,如果风险成为现实,则企业必然遭受损失,表现为资本的亏蚀,亦即资本周转安全程度的下降;另一方面,高风险与高收益往往是相互对称的,风险报酬往往是企业整个投资报酬的重要组成部分。为了确保资本周转安全,企业财务决策过程必须对风险和报酬进行权衡。高风险的项目必须有较高的报酬才能被采纳,否则,宁可采纳中低风险的项目。此外,企业还应根据自身的具体情况,尽可能地应对和减少风险,及早对风险进行识别、分析和评估,采取一定的措施和办法(如回避、化解、转嫁等)来预防及控制风险。

第二,资本足额补偿。资本周转的过程事实上是资本不断被消耗又不断得到补偿的过程。在这一过程中,资本的周转绝对不应导致资本价值的丧失,否则,资本周转的安全性就得不到保证,资本的规模就会萎缩。另外,这种补偿应该是足额补偿,即不仅是货币形式的补偿,还应是实物形式或者说生产经营能力的补偿,尤其是在通货膨胀比较严重时更应如此。

第三,内部财务控制。严密的内部财务控制可以有效地保证资本周转安全。这种财务控制一般包括:① 组织系统,即将企业的内部单位按照其责任范围及控制区域划分为相应的责任中心,这是进行内部财务控制的必要前提。② 信息系统,即通过责任会计系统来计量、传送、报告财务控制所需的各种信息。责任会计系统一般包括责任预算的编制、预算执行情况的核算、分析评价及业绩报告三个部分。③ 考核制度,这是财务控制制度发挥作用的重要因素。它规定了责任中心业绩评价的指标、解释方法、考核标准以及业绩报告的内容、时间等。④ 激励制度,这是维持财务控制制度长期有效运行的重要因素,适当的货币激励、非货币激励、惩罚等手段有利于提高企业员工的努力程度,从而有助于实现企业总的经营目标。

就内部财务控制的层次来说,股东大会、董事会及总经理、业务经理之间的逐级委托代理关系导致了财务的分层管理,即分别形成了相应的出资者财务、经营者财务和财务经理财务等。而企业经营过程中的财务控制则集中体现在总部对分部的财务控制上。总部对分部的财务控制必须全面考虑分权管理的利弊,采取有效的控制手段,明确划分财务权限。内部银行制度是企业进行内部财务控制的典型手段。内部银行一方面是企业的资金结算中心,另一方面又是企业的责任核算中心。

显然,上述财务控制既有利于保障资本周转安全,又有利于提高资本周转效率。

2. 提高资本周转效率

显然,在资本周转的过程中不断地实现资本增值,是出资者及企业管理当局的终极目标。在保障资本周转安全的同时,只有不断地实现资本增值,企业的规模才能扩大,财务实力才能不断增强,出资者才能获得满意的回报。而对资本增值程度的评价一般均表现为对资本周转效率的评价。也就是说,资本周转效率越高,资本增值程度越高;反之,资本周转效率越低,资本增值程度越低。因此,内部财务理论的第二个核心问题就是提高资本周转效率。

如果我们将企业的资本理解为债权人资本和所有者资本之和,亦即企业的资本总额相当于企业的资产总额,那么我们就可以通过资产利润率体系来分析提高资本周转效率的主要途径和方法。

资产利润率 = 销售利润率 × 总资产周转率

$$= \frac{税后利润}{销售净额} \times \frac{销售净额}{资产总额} = \frac{税后利润}{资产总额}$$

可见,提高企业的资本周转效率,不外乎以下两条途径:

第一,提高销售利润率,即提高企业的盈利幅度。为此,应从销售收入和成本费用两个方面同时入手:或者是在目前的成本费用开支水平下尽量增加销售收入,或者是在保持现行销售收入的情况下进一步降低成本费用的开支水平。当然,从动态意义上讲,也可以是努力使销售收入的增长速度快于成本费用的增长速度。

第二,提高总资产周转率,即提高全部资产的周转速度。总资产周转率反映了企业利用资产形成销售收入的能力。为提高这一比率,企业或者是在现有的资产规模下尽量增加销售收入,或者是在现有的销售收入水平下尽量减少资产总额。当然,从动态意义上讲,也可以是努力使销售收入的增长速度快于资产总额的增长速度。

实践中,企业还必须对影响资产周转的各种因素进行具体分析,对流动资产和固定资产各个项目进行逐一比较。一方面,要分析资产的各构成部分在占用量上是否合理,是否存在对其投资过多,使其增长率超过了销售收入增长率,从而导致全部资产周转速度放慢的现象;另一方面,要分析资产各构成部分的具体使用情况,以判断资产周转的主要问题发生在哪里。可供选用的指标主要包括流动资产周转率、存货周转率、应收账款周转率和总资产周转率等。

需要指出的是,资本周转的安全和效率事实上是同一问题的两个方面,安全是效率的基础,效率是安全的延伸和结果。或者说,安全是资本周转的低层次或者说第一层次的目标,效率则是资本周转的高层次或者说第二层次的目标。实务中,不能将二者人为地割裂开来:或者片面追求效率而忽视安全,或者过于注重安全而忽视效率。没有安全的效率是危险的,而没有效率的安全也是不可能长久的。

5.1.2 内部财务理论的基本框架

通过前面对资本周转安全与效率的分析,我们可以从两个方面构建内部财务理论的基本框架:一是从手段或管理方式上加以构建,二是从管理内容上加以构建。

1. 按管理方式构建

从保障资本周转安全与提高资本周转效率的具体手段和管理方式来看,内部财务理论的基本内容包括目标财务管理和内部财务控制两个方面。

(1) 目标财务管理

目标财务管理是目标管理在财务管理中的应用。目标管理最早出现于20世纪50年代的美国,是以泰罗的科学管理和行为科学理论为基础形成的一套管理制度。目标管理就是把目标作为一切管理活动的出发点和归宿。目标财务管理就是将管理目标进行量化,对一些重要的财务指标,如利润指标、成本指标等进行目标管理。所以,目标财务管理又可细分为目标利润管理、目标成本管理等。

目标利润管理是指对目标利润的制定及其实现过程进行全面的管理,采取各种措施来保障目标利润的实现。具体包括目标利润的确定、目标利润的实现和控制、目标利润的敏感性分析等。目标成本管理是指在企业的生产经营活动中,把成本目标从企业的目标体系中抽取出来,围绕目标成本开展各项成本管理活动,从而以最小的成本与费用开支,获取最佳的经济效益。具体包括目标成本的确定与目标成本的实施。

(2) 内部财务控制

内部财务控制是内部控制的一部分,内部财务控制是实现企业经营目标的有效方式。财权的适当划分是内部财务控制的关键,因此,内部财务控制的首要问题是建立一套合适的财务体制,确定出资者与经营者、总部与分部之间财权的划分。总部对分部实施财务控制的手段主要包括人员控制、经营控制、资本控制、预算控制、报酬控制等。

责任中心的确立及其业绩评价方法的选择是内部财务控制的核心内容。责任中心的建立,实际上是对企业整体目标的一种责任分割,是企业规模扩张导致组织结构分权化的必然结果。按照各责任中心所负责任和控制区域的不同,一般将责任中心划分为成本中心、利润中心和控制中心三种。责任中心确立后,如何对其经营业绩做出恰当的评价,从而引导各责任中心朝着使企业整体价值最大化的方向努力,就成为企业面临的一个基本问题。同时,做出恰当评价的关键就是确定各责任中心的评价标准或考核指标,而针对不同的责任中心,其评价标准或考核指标有着明显的区别。进行各责任中心业绩评价时的另一个重要问题,就是对各责任中心之间的横向和纵向经济往来加以科学、准确、公正的计量。此时,必须对内部转移价格有一个充分的考虑,应针对不同的责任中心,制定恰当的内部转移价格。

2. 按管理内容构建

从资本周转安全与效率方面的具体管理内容来看,内部财务理论的基本内容可以分为长期资本管理和营运资金管理两个部分。长期资本管理主要是指以现金流量为基础,在考虑货币时间价值的基础上确定各长期投资项目经贴现的现金流量,并以此为投资项目评价和决策的依据。营运资金管理主要是指对企业流动资产和流动负债的管理,既包括营运资金总体上的结构配置问题(营运资金战略),又包括营运资金各具体项目的管理问题。

本章和下一章将对内部财务理论进行全面阐述。本章主要介绍目标财务管理和营运资金管理(长期资本管理已在上一章中做了具体阐述),下一章则介绍内部财务控制方面的内容。

5.2 目标财务管理

如前所述,目标财务管理是目标管理思想在财务管理中的具体应用。目标财务管理的中心内容是目标利润管理和目标成本管理。

5.2.1 目标利润管理

目标利润是指企业在未来一定时期内必须达到而且通过努力能够达到的利润水平,是企业经营目标的重要组成部分。目标利润管理是目标管理原理和方法在利润管理中的具体运用,是对目标利润的制定及其实现过程进行全面的管理。它要求企业通过科学的方法确定企业在一定时期内所要实现的目标利润,然后根据目标利润的要求,测算各项经营收支的目标,并归口分级进行分解、落实,有效实施日常控制,严格考评,以确保目标利润的实现。

1. 目标利润的制定与分解

(1) 制定目标利润的基本要求

目标利润的制定是财务管理者筹划和控制企业未来的重要内容,它关系到今后一定时期内整个企业生产经营活动的顺利进行,决定着企业各项计划的质量水平。所以,企业目标利润的制定应符合企业的经营目标,充分考虑企业所处的内外部环境。具体来说,目标利润的制定应达到以下基本要求:

第一,目标的合理性。各部门、各单位的目标利润应掌握在其力所能及的范围内,但实现这一目标又存在一定的难度,必须付出一定的努力。也就是说,一方面,目标不能脱离实际和可能,需要充分考虑企业面临的复杂多变的外部环境及其不确定性,并充分估计实现目标利润的风险程度及允许的风险限度;另一方面,目标应体现一种挑战性或先进性,充分挖掘增加利润的潜力,这样才能促进个人及组织的成长和发展。

第二,环境的适应性。制定目标利润应充分考虑企业内部环境和外部环境,平衡资源条件,协调内外关系。企业内部环境基本上是企业可以控制的、制约的,但内部环境的改善,应朝着适应外部环境的方向进行,比如企业经营能力的提高,品种、价格和质量的变化就必须考虑外部资源条件、市场状况及其保证程度。

第三,过程的反复性。目标的制定应是一个反复循环的过程,制定目标的第一步是最高管理层确定在未来特定时期内企业的最重要目标,但是在最高管理层将目标分解给下一级部门或人员时,应有一个反复循环的过程,也就是说,上下级之间应有充分的沟通,使目标更易于接受和实施。

第四,指标的全面性。企业在建立自己的目标体系时,应将企业行为中影响效益和发展的重要环节都充分考虑到,尽量将每一个重要环节都纳入目标体系。企业所实现的利润既是多种因素交互作用的结果,又是经营活动各环节、内部各部门相互衔接、密切配合的产物。各项具体目标必须支持总目标,个体目标又必须支持单位目标。目标之间相互配合,为实现目标利润提供了坚实的基础。

(2) 目标利润的制定方法

目标利润的制定应在分析和研究企业内部条件、外部环境的基础上,充分考虑计划期情况的变化,采用科学的方法进行认真测算。制定目标利润的方法主要有以下四种:

第一,本量利分析法。本量利分析法就是根据产品预计销售数量与固定成本、变动成本之间的变动规律对目标利润进行预测的方法。具体做法是:首先,在充分进行市场预测的基础上,科学预测产品的销售数量;其次,进行边际利润率、固定成本、变动成本的预测分析;最后,利用下列公式确定目标利润。

目标利润 = 预计销售数量 × (单价 − 单位产品销售税金 − 单位产品变动成本) − 固定成本总额

= 预计销售数量 × 单位边际利润 − 固定成本总额

= 销售收入 × 边际利润率 − 固定成本总额

第二,财务比率法。财务比率法就是以利润同有关财务指标之间的比例关系为基础,根据上一年度企业相关财务比率以及计划年度预计的对应经营数据(如销售收入、投资额等)来确定目标利润的方法。常见的财务比率有销售利润率、成本费用利润率、资产利润率等。财务比率法的基本公式分别为:

目标利润 = 预计销售收入 × 销售利润率

目标利润 = 预计成本费用额 × 成本费用利润率

目标利润＝(上年度企业实际资产占有额＋计划年度预计投资额)×资产利润率

采用财务比率法确定目标利润需要具备两个条件：一是销售、成本费用等预测已完成，并且准确；二是销售利润率、成本费用利润率、资产利润率等指标较为稳定，能够反映企业未来的经营趋势。

第三，因素分析法。因素分析法就是在企业上年度利润水平的基础上，估计计划年度利润各影响因素的变动趋势及其对利润的影响程度，进而汇总相加来确定计划年度的目标利润的方法。利润的影响因素主要包括销售价格、销售结构、销售成本、期间费用、销售税金等。因素分析法不是按照产品分别确定目标利润，而是就全部可比产品[①]进行综合确定，因此，此法可以综合反映计划年度影响可比产品利润增减变动的原因，但不能说明各种产品的利润水平。因素分析法的基本公式为：

目标利润＝计划产量按上年度成本费用计算的总成本费用×计划年度营销比例×上年度成本费用利润率＋各影响因素的变动对利润的影响

第四，利润增长比率法。利润增长比率法是指根据企业上一年度的实际利润水平及过去连续若干年(通常为近两年)利润增长率的变动趋势与幅度，并考虑计划年度可能影响利润变动的有关因素，来确定目标利润的方法。利润增长比率法一般应用于发展较为稳定的企业。利润增长比率法的基本公式为：

目标利润＝上年度实际利润×(1＋利润增长率)

(3) 目标利润的分解

当目标利润制定出来以后，还需要将其分解并落实。通过目标利润的分解，企业各部门和每个职工都能明确自己为实现目标利润应履行的职责、完成的任务。通过目标利润的分解，企业中就形成了一个自上而下层层分解、自下而上层层保证的目标网络体系。目标利润的分解可以按组织或职能部门展开，也可以按工作岗位展开。下面介绍两种目标利润的分解方法。

第一，利润构成指标归口分解法。对车间(或分厂)不宜下达利润指标的企业，可将上述计算确定的目标销售收入、目标成本费用、营业外收支计划等指标，按其主要负责部门归口分解下达。只要各归口负责部门超额完成各自承担的指标，就可确保目标利润的实现。如目标销售收入指标由销售部门归口负责，销售部门再将销售收入分解为产品销售数量、销售价格、全年合同数、货款回收率等小指标，落实到有关科室和个人。目标成本费用指标由生产部门、人事部门、财务部门等归口负责。营业外收支计划由人事部门、行政部门和财务部门等归口负责。

第二，内部利润分级分解法。许多企业各车间(分厂)独立性强，完全可以按市场价格或内部结算价格核算销售利润或内部利润。对于这类企业，完全可以将企业总目标利

[①] 指计划年度产品种类与上年度相比未发生变化。如果是新产品及不可比产品，其目标利润就要单独确定。

润分解为车间(分厂)分目标利润下达。

在目标利润的分解过程中,企业需注意以下两点:一是应保持上级与下级的沟通和协商,以充分调动下级的积极性;二是协调好横向目标之间和纵向目标之间的关系,以保证上下左右之间的系统性和一致性。

2. 目标利润的日常控制

制定与分解目标利润只是企业实施目标利润管理的第一步,目标利润管理的关键还要看落实,也就是采取恰当的方法来确保目标利润的顺利实现。在目标利润管理的具体实施过程中,为了保证目标利润如期实现,企业必须加强日常控制。目标利润的日常控制主要包括对目标利润的组织、指挥监督、检查、处理等以及对旬、月、季各阶段目标的衔接协调、平衡。目标利润的日常控制方法通常有以下几种:

第一,企业内部的利润承包控制法。企业内部的利润承包控制法就是在企业内部实行经济责任制的条件下,按责、权、利相结合的原则,对企业各个业务单位和经营部门核定利润指标,分级核算盈亏。采用这种控制方法的基本要求是划小核算单位,将各核算单位视同独立经营,实行独立核算,以收抵支,自负盈亏,赋予相应的权力,使其真正成为二级责任中心。

第二,目标利润的分类控制法。目标利润的分类控制法就是对企业经营的各类产品销售利润实行分类控制,也就是说,将目标利润分解到各类产品,分别对不同产品进行控制,以保证目标利润的实现。实施分类控制法有两大基本要求:一是产品实行分类核算,即对产品生产、库存商品、产品销售收入、产品销售成本、各种税金等按品种进行核算,并采用适当的方法分摊共同负担的费用,通过分类核算提供各类产品的盈亏情况。二是对不同产品采取不同的控制措施。在分类控制利润的过程中,企业要分主次,找出控制重点。重点控制的产品有两类:一类是企业利润主要来源的重点盈利产品,另一类是亏损产品。对于重点盈利产品,企业要采取"保"和"促"的方针,充分利用核算资料,进行专题分析,摸清供求变化规律,加强经营控制,从而保证利润的稳定获取和不断增加。对于亏损产品,企业则要分析其亏损原因,并考虑是否应该停产,企业可以采用本量利分析法,分析亏损产品是否提供了边际贡献,如果提供了边际贡献,就不应停产,如果没能提供边际贡献,则应考虑停产。

第三,目标利润的日程进度控制法。目标利润的日程进度控制法就是企业和各二级责任中心编制目标利润的日程进度计划(一般习惯按旬、月、季制定各阶段计划目标),并及时掌握各阶段已实际实现的利润,从中发现实际脱离计划的数值与原因,为采取必要的控制措施提供信息。采用这种控制方法有两个基本问题:一是目标利润在时间上的进一步细分问题;二是目标利润实际完成进度表的填列,尤其是月度内各旬利润实际完成额的测算问题。这两个问题的恰当处理是有效运用该方法的基本条件。对于第一个问题,目标利润按时间分解可主要依据企业销售收入日程表和预计的销售利润率。对于第二个问题,进度表可根据实际需要确定所列示的项目,各旬的利润数可根据各类产品计划销售利润率和本月各旬实际销售收入加以计算。

另外,在执行目标利润的过程中,企业所处的经营环境可能发生预料之外的变化,导致某些部门或单位难以实现预定的目标。在这种情况下,企业应对其目标利润进行适当的修订。

3. 目标利润的考核

目标利润的考核是目标利润管理的最后一个环节,但同时又是一个不可缺少的环节。这一环节主要包括两方面的工作:一是对目标利润的实现程度进行衡量,确定企业是否实现了目标利润;二是分析差异形成的原因。

目标利润实现程度的衡量比较简单,通常有比较法和比率法两种方法。比较法是通过比较实际利润与目标利润来进行评判,如果实际利润≥目标利润,则说明企业完成或超额完成了目标利润;相反,如果实际利润<目标利润,则说明企业没有完成目标利润。比率法则是通过实际利润与目标利润的比值来进行评判,如果 $\frac{实际利润}{目标利润} \geq 1$,则说明企业完成或超额完成了目标利润;反之,则没有完成目标利润。

对目标利润实现情况的评价则较为复杂。无论是正差异,还是负差异,企业都应深入、具体、细致地分析差异形成的原因,并根据原因和可控范围,划清界限,明确责任,采取相应的调整措施,同时及时调整下一期的目标利润。为了保证目标利润的顺利实现,企业还可以将目标利润的实现情况与责任人的收入挂钩,通过建立各部门与各级管理人员的利润责任合同书和综合评价考核体系,来强化目标利润的考核。

5.2.2 目标成本管理

目标成本是指企业在一定时期内为实现目标利润所必须达到的成本控制标准。它是企业成本管理工作的奋斗目标。目标成本一般包括目标成本额、单位产品成本目标、成本降低目标三个相互联系的方面。目标成本管理是目标管理原理和方法在成本管理中的具体运用,是对目标成本的制定及其实现过程进行全面的管理。

1. 目标成本的制定与分解

如同目标利润的制定,目标成本的制定也应符合企业经营目标,充分考虑企业所处的内外部环境。恰当的目标成本应具有以下特点:① 可行性,目标成本应是企业经过努力可以达到的;② 先进性,目标成本应具有鼓励先进、激发全体员工积极性的功能;③ 科学性,目标成本应以大量的资料为依据,经过科学的方法测算以后确定;④ 协调性,目标成本应与企业总目标相协调。

(1) 目标成本的制定方法

制定目标成本的方法主要有:

第一,目标利润倒推法。目标利润倒推法是指在产品销售数量与销售价格既定的前提下,从已经确定的目标利润出发倒挤出目标成本的方法。其计算公式为:

目标成本 = 预计销售收入 − 销售税金 − 目标利润

单位目标成本 = 预计单价 × (1 − 税率) − $\dfrac{目标利润}{销售数量}$

第二,趋势外推法。趋势外推法是指从企业历史成本资料中发现变化趋势,并据此测算目标成本的方法。具体包括高低点法、散点图法、最小平方法、移动平均法、指数平滑法、回归分析法等。最为常用的方法主要是高低点法和回归分析法。

趋势外推法下的基本测算公式为:

目标成本 = 固定成本 + 单位变动成本 × 计划期产量

单位目标成本 = $\dfrac{目标成本}{计划期产量}$

高低点法下:

单位变动成本 = $\dfrac{最高产量期总成本 − 最低产量期总成本}{最高产量期总产量 − 最低产量期总产量}$

固定成本 = 某期总成本 − 单位变动成本 × 某期产量

回归分析法下:

$$a = \dfrac{\sum y - b \sum x}{n}$$

$$b = \dfrac{n \sum xy - \sum x \sum y}{n \sum x^2 - \left(\sum x\right)^2}$$

式中:a 表示固定成本;b 表示单位变动成本;x 表示各期产量;y 表示各期总成本;n 表示观察期。

在利用高低点法或回归分析法测算出固定成本和单位变动成本后,再考虑计划期的产量,即可测算出计划期的目标成本和单位目标成本,进而指导企业的成本管理活动。

第三,选择树标法。选择树标法是指选择某一先进成本水平作为目标成本的一种方法。可供选择的范围包括按企业平均先进水平制定的定额成本或标准成本、国内外同类产品的先进成本、本企业历史上最好水平的实际成本、上年度实际成本扣除计划年度的成本降低因素等。

第四,经验判断法。因缺乏完备的统计资料而难以进行或不必进行复杂的数量分析时,可由熟悉业务的有关专门人员根据企业目前的状况、过去的经验及未来有关因素的可能变化和影响,通过分析、综合、估计和判断,确定计划年度目标成本的参考值。

第五,预测汇总法。预测汇总法是指按费用要素或成本项目就其变动情况分别预

测,然后加以汇总,从而得出目标成本的初步值的方法。其计算公式为:

$$目标成本 = 基期成本 + \sum(\pm 客观因素对每一要素的影响程度 - 主观努力使每一要素降低的程度)$$

$$= 基期成本 + \sum 每一要素增减变动值$$

此外,还可以运用工业工程法、契约检查法、账户分析法等来测算目标成本。

制定目标成本的方法虽然很多,但选择时应注意以下几点:第一,选择的方法所要求的有关条件(如数据资料、人员状况等)是否具备;第二,该种方法测算的准确性如何;第三,可考虑同时采用多种方法进行测算,并通过比较和平衡确定目标成本。

(2) 目标成本的分解

目标成本确定以后,应将其按照企业的组织结构逐级分解落实到有关的责任中心。目标成本的分解往往不能一次完成,而是需要在上下级之间反复进行协商讨论,并进行修订。企业可以根据自身的组织结构和成本形成过程的具体情况,有选择地应用以下一种或几种目标成本的分解方法:① 按管理层次分解,即自上而下按总部、分厂、车间、班组、个人层层分解,从而将目标成本逐级纵向展开;② 按管理职能分解,即在统一的管理层次上,将目标成本按职能部门分解横向展开,如生产部门负责制造成本,销售部门负责销售费用等;③ 按时间分解,即根据目标成本实现的期限要求,将目标成本在时间顺序上或阶段上进行分解,从而有利于分步骤、分阶段地控制和实现目标成本,如将年度目标成本分解为季度或月份目标成本,甚至分解为旬或日目标成本;④ 按成本要素分解,如将成本分解为固定成本和变动成本、直接成本和间接成本等;⑤ 按产品品种、部件或零件分解,或者按产品形成过程分解。

2. 目标成本的日常控制

目标成本的日常控制是指在企业的生产经营活动中,对影响成本的各种因素进行引导、管理和监督,并采取措施及时纠正脱离控制标准的偏差,从而将实际成本控制在规定的目标成本以内。其一般程序包括:① 制定成本控制的标准;② 监督成本的形成过程;③ 及时纠正实际成本与控制标准的偏差。目标成本控制是实现目标成本的有效手段,通过对成本形成过程的严密控制,来保证目标成本的实现。

3. 目标成本的考核

目标成本的考核类似于目标利润,同样包括衡量和评价分析两个方面,即首先对目标成本的实现程度进行衡量,确定企业是否实现了目标成本,然后分析差异形成的原因。

目标成本实现程度的衡量通常也有比较法和比率法两种方法。比较法是通过比较实际成本与目标成本来进行评判,如果实际成本≤目标成本,则说明企业目标成本管理较为有效,将成本控制在了目标成本范围内;相反,如果实际成本>目标成本,则说明企业未能将成本控制在目标成本范围内,目标成本管理失效。比率法则是通过实际成本与目标成本的比值来进行评判,如果 $\frac{实际成本}{目标成本} \leqslant 1$,则说明企业实现了目标成本;反之,则没有实现目标成本。

同样,对目标成本实现情况的评价也较为复杂。无论是正差异还是负差异,企业都应深入、具体、细致地分析差异形成的原因,并根据原因和可控范围,划清界限,明确责任,采取相应的调整措施,同时及时调整下一期的目标成本。当然,为了保证目标成本的顺利实现,企业还可以根据有关责任人的完成程度给予相应的奖励或处罚。

5.3 营运资金战略

从战略上看,营运资金管理应解决好以下三个问题:① 营运资金投资战略,即流动资产与长期资产的比例关系问题;② 营运资金筹资战略,即流动负债筹资与长期资金筹资的比例关系问题;③ 营运资金战略组合,即投资结构与筹资结构的组合问题。

5.3.1 营运资金投资战略

1. 概述

营运资金投资战略就是要解决在既定的总资产水平下,流动资产与固定资产及无形资产等长期资产之间的比例关系问题。这一比例关系可由流动资产占总资产的比重来表示。可供企业选择的营运资金投资战略可以归纳为以下三种:

第一,中庸的营运资金投资战略。企业流动资产占总资产的比重比较适中,流动资产在保证正常需要的情况下,再适当增加一定的保险储备。

第二,激进的营运资金投资战略。企业流动资产占总资产的比重相对较小,流动资产一般只能满足正常需要,不安排或只安排很少的保险储备。

第三,保守的营运资金投资战略。企业流动资产占总资产的比重相对较大,除正常需要量及基本保险储备外,再增加一定的额外储备。

不同战略下的风险和收益水平有着明显的不同。在激进战略下,收益率较高的长期资产所占比重相对较大,企业将具有较高的获利能力,但由于流动资产占比较小,在既定的流动负债水平下,企业流动性相对较差,从而面临的无力偿债风险也相应较高。在保守战略下,收益率较低的流动资产所占比重相对较大,导致企业的获利能力较低,但高流动资产持有率将使企业有足够的流动资产用于偿付到期债务,从而企业的流动性较强,偿债风险较低。在中庸战略下,由于企业流动资产占比介于激进战略和保守战略之间,因此其风险和收益水平也介于两者之间。三种营运资金投资战略下的风险和收益水平如表5-1所示。

表 5-1 营运资金投资战略下的风险和收益水平

营运资金投资战略	风险水平	收益水平
激进战略	高	高
中庸战略	一般	一般
保守战略	低	低

可见,在营运资金投资战略的决策上,首要的问题就是风险和收益的权衡。企业应根据自身的具体情况,结合自身对风险的态度和对收益的偏好程度,做出以企业价值最大化为目标的相应选择。一般来说,不存在一种适用于所有企业的单一的最优营运资金投资战略。

企业流动资产投资的相关成本决定着营运资金投资战略的选择。一般来说,流动资产投资的相关成本主要有持有成本和短缺成本两种。流动资产的持有成本是指持有流动资产的机会成本,以及一些流动资产如存货的仓储成本。持有成本与流动资产规模呈正向变动,企业持有的流动资产越多,持有成本就越高。短缺成本则正好相反,其与流动资产规模呈反向变动,企业持有的流动资产越多,短缺成本就越低。短缺成本一般表现为流动资产不足所带来的失去销售机会、丧失客户信誉的成本,以及短期内将其他资产转换成流动资产的交易成本。由于这两种成本随企业流动资产规模的扩大朝相反的方向变动,因此企业在进行营运资金投资决策时,应尽量使流动资产的总成本最低,也就是寻找持有成本与短缺成本相等时对应的流动资产规模点。

对于不同的企业,流动资产的持有成本与短缺成本也有所不同,因此其适用的营运资金投资战略也应有所不同。对于持有成本高、短缺成本低的企业,比较适用激进的营运资金投资战略;而对于持有成本低、短缺成本高的企业,比较适用保守的营运资金投资战略;对于介于这两者之间的企业,则适用中庸的营运资金投资战略。

2. 中国的经验证据

表 5-2 列示了 1997—2020 年中国 A 股上市公司各年流动资产占总资产的比重(以下简称"流动资产占比")。

表 5-2 1997—2020 年中国 A 股上市公司流动资产占比

年份	公司数(家)	最大值	最小值	均值	中位数	标准差
1997	704	0.9596	0.0785	0.5590	0.5721	0.1768
1998	808	0.9822	0.1109	0.5510	0.5695	0.1778
1999	905	0.9782	0.0466	0.5448	0.5696	0.1790
2000	1 039	0.9632	0.0169	0.5582	0.5719	0.1830
2001	1 118	0.9928	0.0636	0.5417	0.5575	0.1916
2002	1 178	0.9875	0.0205	0.5275	0.5415	0.1976

(续表)

年份	公司数(家)	最大值	最小值	均值	中位数	标准差
2003	1 239	0.9946	0.0167	0.5292	0.5363	0.2010
2004	1 328	1.0000	0.0301	0.5255	0.5303	0.2037
2005	1 324	0.9892	0.0401	0.5103	0.5149	0.2065
2006	1 402	0.9945	0.0107	0.5096	0.5142	0.2151
2007	1 507	1.0000	0.0203	0.5221	0.5276	0.2192
2008	1 562	1.0000	0.0239	0.5195	0.5196	0.2190
2009	1 708	1.0000	0.0000	0.5490	0.5604	0.2320
2010	2 058	1.0000	0.0147	0.6016	0.6260	0.2344
2011	2 290	1.0000	0.0135	0.6109	0.6428	0.2216
2012	2 417	1.0000	0.0170	0.5903	0.6090	0.2178
2013	2 462	1.0000	0.0087	0.5734	0.5918	0.2128
2014	2 578	1.0000	0.0147	0.5628	0.5780	0.2126
2015	2 766	0.9999	0.0087	0.5568	0.5634	0.2121
2016	3 048	1.0000	0.0304	0.5676	0.5808	0.2082
2017	3 401	0.9999	0.0167	0.5793	0.5934	0.2031
2018	3 483	0.9994	0.0158	0.5694	0.5859	0.1992
2019	3 680	0.9996	0.0137	0.5725	0.5842	0.2024
2020	4 128	0.9995	0.0293	0.5907	0.6076	0.2034
合计	48 133	1.0000	0.0000	0.5628	0.5766	0.2100

资料来源:国泰安数据库。

注:考虑到金融保险业的特殊性,剔除金融保险业上市公司。

如表5-2所示,中国A股上市公司营运资金投资呈现如下特点:

第一,流动资产的投资规模超过总资产的一半。近二十多年来,中国A股上市公司流动资产占比的均值和中位数分别为0.5628、0.5766,均超过了50%,表明中国A股上市公司的总资产中至少有一半是流动资产,而且至少有一半以上的上市公司流动资产占比达到50%。可见,中国A股上市公司在营运资金投资上较为保守。

第二,各公司间流动资产的投资规模差异不大。1997—2020年,中国A股上市公司流动资产占比的标准差为0.2100,说明各公司间流动资产的投资规模差异不大。以2020年为例,如表5-3所示,流动资产占比位于均值(0.5907)附近的公司最多,共有2 692家公司的流动资产占比介于0.4到0.8之间,占公司总数的65.21%;而只有3.80%(157家)的公司的流动资产占比小于0.2。从总体趋势来看,2000年后流动资产投资规模的波动幅度变化不大。

表 5-3 2020 年中国 A 股上市公司流动资产占比分布

项目	0~0.1	0.1~0.2	0.2~0.3	0.3~0.4	0.4~0.5	0.5~0.6	0.6~0.7	0.7~0.8	0.8~0.9	0.9~1.0
公司数(家)	37	120	242	361	570	689	754	679	473	203
占比(%)	0.90	2.91	5.86	8.75	13.81	16.69	18.27	16.45	11.46	4.92

资料来源：国泰安数据库。

第三，流动资产的投资规模总体上先降后升。如图 5-1 所示，1997—2006 年中国 A 股上市公司的流动资产占比呈下降趋势，均值及中位数都有所下降，2006 年比 1997 年都下降了 5 个百分点，表明中国 A 股上市公司的营运资金投资渐趋激进。在这十年里，随着中国经济的高速增长，社会平均投资回报率逐步提高，企业持有流动资产的机会成本在上升。同时，随着中国资本市场的发展，企业融资方式和融资渠道增多，流动资产的短缺成本在下降。这些都使得企业在营运资产投资战略的选择上渐趋激进，将更多的资金投资到长期资产上，而逐步降低流动资产的投资规模。2006 年以后，中国 A 股上市公司的流动资产占比呈上升趋势，尤其是 2010 年、2011 年两年，流动资产占比均超过 60%。这与其间中国经济增速放缓、利率提高有着直接的关系。然而，2012—2020 年，中国 A 股上市公司的流动资产占比又有所下降，但下降幅度并不明显。

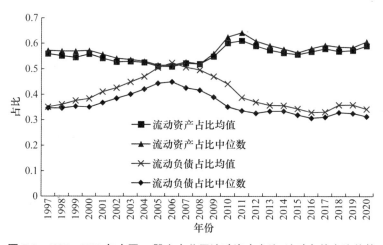

图 5-1 1997—2020 年中国 A 股上市公司流动资产占比、流动负债占比趋势

5.3.2 营运资金筹资战略

1. 概述

营运资金筹资战略就是要解决在既定的总资产水平下，流动负债筹资与长期资金筹资的比例关系问题。这一比例关系可由流动负债占总资产的比重来表示。可供企业选

择的营运资金筹资战略可归纳为如下三种：

第一，中庸的营运资金筹资战略。筹资来源的到期日与资金占用的期限长短相匹配，即临时性流动资产所需资金由流动负债即短期资金来筹集，而永久性流动资产（指企业经常占用的一部分最低的产品和原材料储备）、固定资产、无形资产等长期资产所需资金则由长期负债、自有资金等长期资金来筹集。

第二，激进的营运资金筹资战略。临时性流动资产和一部分永久性流动资产由流动负债即短期资金来筹集，其余长期资产所需资金则由长期资金来筹集。更加极端的表现是，有的企业所有的永久性流动资产乃至一部分固定资产所需资金也由流动负债即短期资金来筹集。在这种情况下，短期筹资过度利用，流动负债占总资产的比重大大提高。

第三，保守的营运资金筹资战略。全部长期资产以及部分临时性流动资产所需资金均由长期资金来筹集，其余部分临时性流动资产则由短期资金来筹集。在这种情况下，短期筹资的使用从而流动负债占总资产的比重均被限制在一个较低的水平上。

不同战略下的风险和收益水平有着明显的差异。在激进战略下，流动负债的占比大大提高，从而使企业的资金成本下降，利息支出减少，企业收益增加。但由于大量使用期限较短的流动负债，企业的流动比率下降，偿债压力较大，从而面临的无力偿还到期债务的风险也相应增加。在保守战略下，由于流动负债处于一个较低的水平，企业的流动比率较高，从而偿债风险相应降低。但由于长期资金筹资占比较高从而资金成本上升，企业需承担大量的利息支出，从而收益水平下降。在中庸战略下，由于企业流动负债占比介于激进战略和保守战略之间，因此其风险和收益水平也介于两者之间。三种营运资金筹资战略下的风险和收益水平如表 5-4 所示。

表 5-4　营运资金筹资战略下的风险和收益水平

营运资金筹资战略	风险水平	收益水平
激进战略	高	高
中庸战略	一般	一般
保守战略	低	低

可见，在营运资金筹资战略的决策上，首要的问题仍然是风险和收益的权衡。企业应根据自身的具体情况，结合自身对风险的态度和对收益的偏好程度，做出以企业价值最大化为目标的相应选择。一般来说，不存在一种适用于所有企业的单一的最优营运资金筹资战略。

2. 中国的经验证据

表 5-5 列示了 1997—2020 年中国 A 股上市公司各年流动负债占总资产的比重（以下简称"流动负债占比"）。

表 5-5 1997—2020 年中国 A 股上市公司流动负债占比

年份	公司数(家)	最大值	最小值	均值	中位数	标准差
1997	704	0.8766	0.0181	0.3510	0.3446	0.1605
1998	808	1.4002	0.0158	0.3610	0.3457	0.1781
1999	905	1.9916	0.0138	0.3760	0.3533	0.2031
2000	1 039	2.6194	0.0091	0.3840	0.3504	0.2300
2001	1 118	7.2500	0.0117	0.4109	0.3680	0.3831
2002	1 178	7.3906	0.0126	0.4263	0.3852	0.3819
2003	1 239	17.6498	0.0108	0.4491	0.4013	0.5913
2004	1 328	12.0974	0.0081	0.4704	0.4212	0.5576
2005	1 324	25.2037	0.0126	0.5052	0.4439	0.7988
2006	1 401	31.9485	0.0085	0.5240	0.4498	0.9690
2007	1 505	35.8540	0.0000	0.5067	0.4260	1.0644
2008	1 560	18.6706	0.0153	0.4961	0.4167	0.8568
2009	1 706	25.4664	0.0017	0.4703	0.3898	0.9747
2010	2 058	29.4540	0.0080	0.4418	0.3519	1.1367
2011	2 290	17.0113	0.0028	0.3884	0.3360	0.5692
2012	2 417	12.1274	0.0110	0.3703	0.3261	0.4581
2013	2 461	8.3070	0.0060	0.3579	0.3343	0.2519
2014	2 578	4.0002	0.0074	0.3570	0.3348	0.2103
2015	2 766	3.1466	0.0129	0.3441	0.3198	0.1908
2016	3 048	1.1109	0.0127	0.3297	0.3074	0.1772
2017	3 401	1.9833	0.0077	0.3316	0.3111	0.1788
2018	3 483	20.3502	0.0056	0.3591	0.3291	0.4116
2019	3 680	23.3634	0.0064	0.3596	0.3257	0.4702
2020	4 127	9.7058	0.0049	0.3431	0.3132	0.2543
合计	48 124	35.8540	0.0000	0.3892	0.3477	0.5457

资料来源:国泰安数据库。

注:剔除了金融保险业上市公司和流动负债占比大于 50 的极端值企业。

如表 5-5 所示,中国 A 股上市公司的营运资金筹资呈现如下特点:

第一,总体上,中国 A 股上市公司的营运资金筹资战略较为保守。近二十多年来,中国 A 股上市公司流动负债占比的均值和中位数分别为 0.3892、0.3477,表明中国 A 股上市公司的总资产中只有 38.92% 通过流动负债筹集,而且至少有一半以上的上市公司的流动负债占比不到 34.77%。如前所述,中国 A 股上市公司流动资产占比的均值和中位数分别为 0.5628、0.5766,可见,中国 A 股上市公司的一部分流动资产是通过长期资金筹集的,表明中国 A 股上市公司在营运资金筹资上较为谨慎。

第二,中国 A 股上市公司的营运资金筹资战略不断变化。如图 5-1 所示,1997—2020 年中国 A 股上市公司的流动负债占比均值及中位数先升后降,1997 年流动负债占比均值和中位数分别为 0.3510 和 0.3446,2006 年则分别上升到最高值 0.5240 和 0.4498,而 2016

年又分别回落到最低值 0.3297 和 0.3074。可见,2006 年是中国 A 股上市公司营运资金筹资战略的分水岭。2006 年以前,中国 A 股上市公司的营运资金筹资战略渐趋激进,流动负债筹资规模逐年上升,而长期资金筹资规模不断下降。但 2006 年以后,随着中国资本市场渐趋成熟和完善,中国 A 股上市公司通过发行债券和股票筹资的规模越来越大,所以,上市公司的营运资金筹资出现了相反的趋势,即流动负债筹资规模逐年下降,而长期资金筹资规模不断上升,营运资金筹资战略渐趋保守。这与前述中国 A 股上市公司的流动资产投资规模先降后升的趋势正好相反。

第三,各公司间流动负债筹资规模差异较大。1997—2020 年,中国 A 股上市公司流动负债占比的标准差为 0.5457。流动负债占比的标准差先升后降,1997 年标准差只有 0.1605,2010 年则上升到 1.1367,但 2016 年又回落到 0.1772。这说明不同企业间流动负债筹资规模差异较大,而且这种分化趋势在各年间存在明显的差异。

5.3.3 营运资金战略组合

综合前面对营运资金投资战略和筹资战略的分析与考察,我们可以得出如表 5-6 所示的几种营运资金战略组合。

表 5-6 营运资金战略组合

投资战略 (流动资产占比)	筹资战略(流动负债占比)		
	激进(高)	中庸(一般)	保守(低)
激进(低)	最激进	激进	中庸
中庸(一般)	激进	中庸	保守
保守(高)	中庸	保守	最保守

第一,最激进的营运资金管理战略。企业营运资金的筹资战略和投资战略均十分激进,在这种情况下,企业的收益水平最高,但相应的风险水平也最高。

第二,激进的营运资金管理战略。具体又有两种情况:① 激进的筹资战略和中庸的投资战略的组合;② 中庸的筹资战略和激进的投资战略的组合。在这些情况下,企业的收益水平较高,相应的风险水平也较高,但程度比最激进的营运资金管理战略要低一些。

第三,中庸的营运资金管理战略。具体又有三种情况:① 激进的筹资战略和保守的投资战略的组合;② 保守的筹资战略和激进的投资战略的组合;③ 中庸的筹资战略和中庸的投资战略的组合。在①和②两种情况下,流动负债占比及流动资产占比对风险水平和收益水平的影响具有一种相互抵消的作用,从而使企业的风险水平和收益水平的表现均为一般。在第③种情况下,企业的风险水平和收益水平的表现也均为一般。

第四,保守的营运资金管理战略。具体又有两种情况:① 保守的筹资战略和中庸的投资战略的组合;② 中庸的筹资战略和保守的投资战略的组合。在这些情况下,企业的收益水平较低,相应的风险水平也较低,但程度比最保守的营运资金管理战略要高一些。

第五,最保守的营运资金管理战略。企业营运资金的筹资战略和投资战略均十分保守,在这种情况下,企业的收益水平最低,相应的风险水平也最低。

五种营运资金战略组合下的风险和收益水平如表5-7所示。

表5-7 营运资金战略组合下的风险和收益水平

营运资金管理战略	风险水平	收益水平
最激进	最高	最高
激进	较高	较高
中庸	一般	一般
保守	较低	较低
最保守	最低	最低

5.3.4 营运资金战略选择的影响因素

如前所述,风险和收益的权衡是影响营运资金战略选择的首要因素,此外,企业在进行营运资金战略选择时,还必须适当考虑以下因素:

1. 行业因素

不同行业的经营内容和经营范围有着明显的差异,从而导致不同行业的流动资产占比、流动负债占比以及流动比率等也存在较为明显的差异。这些都会影响该行业企业营运资金战略的选择。表5-8列示了2020年中国A股上市公司分行业流动资产占比、流动负债占比的均值。

表5-8 2020年中国A股上市公司分行业流动资产占比、流动负债占比均值

行业	公司数(家)	流动资产占比	流动负债占比	差异
A:农、林、牧、渔业	46	0.4659	0.3565	0.1094
B:采矿业	76	0.3638	0.3496	0.0142
C:制造业	2 726	0.6034	0.3286	0.2747
D:电力、热力、燃气及水生产和供应业	120	0.2551	0.2972	-0.0421
E:建筑业	101	0.7330	0.5450	0.1880
F:批发和零售业	173	0.6270	0.4744	0.1525
G:交通运输、仓储和邮政业	104	0.3207	0.2748	0.0459
H:住宿和餐饮业	8	0.2971	0.2966	0.0005
I:信息传输、软件和信息技术服务业	353	0.6722	0.3179	0.3542
K:房地产业	118	0.7488	0.4686	0.2802
L:租赁和商务服务业	61	0.5740	0.4327	0.1413
M:科学研究和技术服务业	64	0.6528	0.2999	0.3530
N:水利、环境和公共设施管理业	79	0.4762	0.3170	0.1593

(续表)

行业	公司数（家）	流动资产占比	流动负债占比	差异
O:居民服务、修理和其他服务业	1	0.8437	0.2551	0.5886
P:教育	11	0.4465	0.4731	-0.0266
Q:卫生和社会工作	13	0.4378	0.3770	0.0608
R:文化、体育和娱乐业	60	0.6042	0.3347	0.2695
S:综合	13	0.5282	0.3684	0.1597

资料来源:国泰安数据库。

注:(1) 行业根据证监会《上市公司分类指引》(2012 年修订)。(2) 剔除了流动资产占比、流动负债占比的极端值。(3) 考虑到金融保险业的特殊性,剔除金融保险业上市公司。

如表5-8所示,中国各行业上市公司间营运资金投资差异较大。如果不考虑只有一家上市公司的居民服务、修理和其他服务业(流动资产占比为84.38%),则房地产业上市公司的营运资金投资战略最为保守,其流动资产占比达到了74.88%;接下来是建筑业,流动资产占比为73.30%,这两个行业上市公司的流动资产占比都超过了70%;而需要大型设备投资的电力、热力、燃气及水生产和供应业以及住宿和餐饮业上市公司的营运资金投资战略较为激进,其流动资产占比均较小,分别只有25.51%和29.71%。

就营运资金筹资而言,各行业上市公司间的差异较小。建筑业上市公司的流动负债占比最大,超过了50%,为54.50%。接下来是批发和零售业以及教育行业,这两个行业上市公司的流动负债占比分别为47.44%、47.31%。而营运资金筹资战略最为保守的是居民服务、修理和其他服务业上市公司,其流动负债占比为25.51%。

就2020年而言,除电力、热力、燃气及水生产和供应业以及教育行业上市公司外,其他行业上市公司的流动资产占比均大于流动负债占比,且两者差异大部分超过了10%,这表明中国大多数上市公司的营运资金筹资战略较为保守,有相当一部分的流动资产运用长期资金筹集。尤以居民服务、修理和其他服务业,信息传输、软件和信息技术服务业以及科学研究和技术服务业为最,这三个行业上市公司的流动资产占比均比流动负债占比高出35%以上。而采矿业、住宿和餐饮业的营运资金筹资战略较为中庸,流动资产占比与流动负债占比较为匹配,基本上是流动资产所需资金通过流动负债筹集,而长期资产所需资金通过长期资金筹集。

2. 规模因素

规模大的企业与规模小的企业相比,其流动资产占比可以相对较小,因为大企业有较强的筹资能力,当出现偿债风险时,其通常能够迅速筹集到资金,承担风险的能力较强,从而可以使流动资产占比处于一个较低的水平。规模大的企业与规模小的企业相比,还可以有更小的流动负债占比,这是因为大企业在资本市场上筹集长期资金的能力较强,因而对流动负债的依赖程度相对小于中小企业。

表 5-9 列示了 2020 年不同规模中国 A 股上市公司流动资产占比和流动负债占比的均值。首先,根据各公司总资产规模将所有公司分成四个区间,区间 1 内公司规模最小,平均总资产为 11.1 亿元,而区间 4 内公司规模最大,平均总资产为 642 亿元。通过比较这四个区间内公司的流动资产占比和流动负债占比,我们发现,流动资产占比随着公司规模的扩大呈下降趋势,也就是说,规模越大的公司,流动资产占总资产的比重越小,营运资金投资战略越激进。然而,随着公司规模的扩大,流动负债占比呈上升趋势,也就是说,规模越大的公司,流动负债占总资产的比重越大,营运资金融资战略越激进。可见,规模越大的企业,由于其承担风险和筹集资金的能力较强,其采用的营运资金管理战略较激进。

表 5-9　2020 年不同规模中国 A 股上市公司流动资产占比、流动负债占比均值

指标	区间 1	区间 2	区间 3	区间 4
流动资产占比	0.6589	0.6196	0.5685	0.5153
流动负债占比	0.2987	0.3157	0.3537	0.4042
总资产均值(元)	1.11×10^9	2.58×10^9	5.86×10^9	6.42×10^{10}
公司数(家)	1 031	1 032	1 032	1 032

3. 利息率因素

利息率的动态变化及长短期资金利息率的静态差异均会对营运资金水平产生明显的影响。当利息率较高时,企业倾向于降低流动资产占比,以减少对流动资产的投资,降低利息支出。当长短期资金的利息率相差较小时,企业倾向于降低流动负债占比,以更多地利用长期资金。反之,流动资产占比和流动负债占比则会出现相反的变动趋势。如 20 世纪 70 年代末到 80 年代初,美国的利息率不断上升,各企业为降低利息支出,纷纷减少资金占用,大量削减流动资产。美国制造业的流动资产占比从 1965 年的 55% 下降到 1983 年的 41%(荆新等,2006)。

4. 经营决策因素

企业的各项经营决策对营运资金水平也有着非常明显的影响。这些经营决策主要包括生产决策、信用政策、股利政策、长期投资决策等。诸多实证研究为此提供了充足的证据。例如,程建伟和周伟贤(2007)以 2000—2005 年中国 586 家 A 股上市公司为样本,研究发现投资水平、资产负债率及现金替代物与公司现金持有水平负相关,债务期限结构和每股股利与公司现金持有水平正相关。胡国柳和王化成(2007)以 1998—2002 年中国 585 家非金融类 A 股上市公司为研究样本,考察了上市公司现金持有的影响因素。结果表明,公司增长机会、股利支付率与公司现金持有水平显著正相关,现金替代物、财务杠杆及公司年龄与公司现金持有水平显著负相关。彭桃英和周伟(2006)以 1998—2000 年连续三年持有高额现金的上市公司为样本,考察了中国上市公司持有高额现金的动因。他们发现,高现金持有企业,其投资机会越多,盈利能力越强,代理成本越小。可见,营运资金战略是企业整体战略的一个组成部分。因此,企业在进行营运资金战略选择时,必须充分考虑企业其他有关经营决策可能产生的影响。

5.4 营运资金管理

5.4.1 现金持有水平

企业之所以持有一定数量的现金是因为对现金存在需求。一般来说,企业对现金的需求包括:① 交易需求,企业持有现金以应付日常事务开支;② 预防需求,企业持有现金以应付可能出现的突发事件对现金的不时之需;③ 投机需求,企业持有现金以应付可能存在的潜在获利机会。因此,如果企业持有充足的现金,企业就可以保证日常生产经营活动的正常开展,妥善处理新冠疫情、火灾、竞争对手大幅降价等紧急事件,抓住有利的商业机会以及建立良好的商业信誉。

但企业持有过多的现金会降低企业的盈利能力。现金作为一种非营利性资产,不能或很少能够产生收益。因此,企业持有过多的现金会使一部分现金由于无法投入正常周转而处于闲置状态,从而降低企业的盈利能力。所以,企业应在流动性和盈利性之间进行权衡,使现金持有处于一个最佳的水平。

Modigliani and Miller(1958)指出,在不存在任何市场摩擦的完美市场中,企业外部资金是内部资金的完美替代,企业现金持有水平与企业价值无关。然而,信息不对称、契约不完备、委托代理冲突等均意味着市场摩擦的真实存在。在放宽 MM 理论完美市场假说条件之后,经济学家提出了更加贴近现实的诸多理论,如权衡理论、代理理论、信息不对称理论以及融资优序理论等来解释企业的财务行为。依据这些理论的实证研究表明,在宏观和微观层面上都有诸多因素影响企业的现金持有水平,如宏观层面上有宏观政策不确定性、政治环境不确定性、经济政策不确定性、市场化进程、通货膨胀、投资者保护以及营商环境等;微观层面的影响因素主要是企业的财务特征和治理结构两个方面,如增长机会、投资水平、负债水平、股利政策、外资持股、混合所有制、股权质押以及管理层股权激励等。

如表 5-10 所示,2001—2020 年中国 A 股上市公司货币资金占总资产的比重在 14.05%(2005 年)到 25.39%(2010 年)之间变动,其中只有 2009—2012 年这四年货币资金占总资产的比重超过了 20%。

表 5-10　2001—2020 年中国 A 股上市公司货币资金占比、商业信用占比和短期借款占比

年份	货币资金/总资产	应收账款/总资产	预付账款/总资产	应付账款/总资产	预收账款/总资产	短期借款/总资产
2001	0.1757	0.1643	0.0369	0.0631	0.0232	0.2406
2002	0.1652	0.1208	0.0355	0.0704	0.0273	0.2446

(续表)

年份	货币资金/总资产	应收账款/总资产	预付账款/总资产	应付账款/总资产	预收账款/总资产	短期借款/总资产
2003	0.1610	0.1487	0.0385	0.0751	0.0322	0.2532
2004	0.1571	0.1487	0.0382	0.0815	0.0355	0.2517
2005	0.1405	0.1439	0.0396	0.0891	0.0404	0.2554
2006	0.1441	0.1317	0.0408	0.0938	0.0426	0.2505
2007	0.1597	0.0869	0.0428	0.0937	0.0469	0.2305
2008	0.1616	0.0828	0.0391	0.0966	0.0473	0.2250
2009	0.2058	0.0860	0.0375	0.0952	0.0512	0.2039
2010	0.2539	0.0895	0.0400	0.0900	0.0476	0.1732
2011	0.2449	0.0978	0.0392	0.0904	0.0440	0.1584
2012	0.2255	0.1070	0.0332	0.0901	0.0418	0.1533
2013	0.1908	0.1138	0.0299	0.0928	0.0406	0.1563
2014	0.1765	0.1198	0.0235	0.0945	0.0365	0.1471
2015	0.1782	0.1215	0.0204	0.0903	0.0348	0.1401
2016	0.1824	0.1240	0.0200	0.0924	0.0366	0.1225
2017	0.1754	0.1298	0.0191	0.0933	0.0347	0.1261
2018	0.1643	0.1354	0.0190	0.0953	0.0359	0.1337
2019	0.1706	0.1350	0.0181	0.0988	0.0363	0.1305
2020	0.1932	0.1395	0.0171	0.1055	0.0365	0.1216

资料来源：国泰安数据库。

注：(1)考虑到金融保险业的特殊性，剔除金融保险业上市公司；(2)表中货币资金、应收账款、预付账款、应付账款、预收账款和短期借款占总资产的比重均为剔除极端值后的平均值；(3)由于《企业会计准则第14号——收入》(财会〔2017〕22号)对应收项和预收项进行了重分类，表中统计的2018年后的应收账款数据包括应收账款和合同资产两项内容，预收账款数据包括预收账款和合同负债两项内容。

5.4.2 商业信用

商业信用是指企业的客户以承诺事后付款为条件来获得商品、劳务等。企业向客户提供商业信用(即赊销)的收益主要有：① 增加销售，提高市场竞争能力。因为企业通过赊销在向客户提供商品或劳务的同时，实际上也向客户提供了一笔无息贷款，从而有利于吸引客户，扩大企业的市场份额。② 降低存货占用，加速资本周转。企业持有存货须支付管理费、仓储费、保险费等一系列费用，因此，企业向客户提供商业信用可以减少产成品存货，节约各种费用。

但企业向客户提供商业信用必然导致以应收账款为主要内容的债权资产的增加，进而可能产生以下几种成本：① 机会成本，即企业因持有应收账款而放弃的可能投资于其他项目所获得的收益；② 管理成本，即企业从应收账款发生到收回期间，为维持应收账款管理系统正常运行所发生的费用,如调查客户信用情况的费用、收集信息的费用、收账费用等;③ 坏账成本,即企业因客户破产、解散、财务状况恶化、拖欠时间较长等而导致欠款无法收回的损失。

可见,在信用管理中,企业应在信用政策所增加的收益与该项政策所增加的成本之间做出权衡,以实现企业效益的最大化。

1. 商业信用相关理论

企业为什么采用商业信用?关于该问题的理论解释可以分成两类:一是从融资角度分析,如融资优势理论;二是从经营角度分析,如价格歧视(price discrimination)理论、交易动机、产品质量保证作用等。

(1) 融资优势理论

Schwartz(1974)较早提到商业信用的融资优势。相较于传统的金融机构,供应商在调查客户的信用状况、监督和促使款项收回方面具有优势,从而使得供应商在为客户提供信用上具有成本优势,所以商业信用大量存在。Petersen and Rajan(1997)将商业信用的融资优势总结为以下三点:① 供应商具有信息获取优势。第一,供应商会更频繁地访问客户的营业场所;第二,客户的订单数量和订货时间能够反映客户的经营状况;第三,客户放弃现金折扣可以提醒供应商关注客户的信誉度,是否存在信用状况恶化的可能性。虽然金融机构也可以收集到类似信息,但供应商能够更快、成本更低地获取这些信息。② 供应商具有控制客户的优势。企业的正常运营有赖于原材料的稳定供应,客户对供应商的选择往往是经济的和不可替代的,所以,当客户不能及时还款时,供应商就会以断货作为威胁敦促其偿还货款。由于更换供应商的成本较高(如信息搜寻成本、原材料质量风险等),企业一般不愿承担未来无法获得现有供应商供货的风险。对于小企业来说,供应商的这种控制优势更明显。相反,金融机构在这方面的控制力较弱,因为不再提供贷款很难马上对借款企业的正常生产经营活动产生影响。③ 供应商具有挽回损失的优势。如果客户违约,那么供应商可以通过索回供应的原材料来弥补损失。原材料越经久耐用,担保价值越高,则商业信用越有优势(Mian and Smith,1992)。虽然金融机构也可以通过获得违约客户的资产来收回欠款,但供应商已经建立原材料的销售网络,其重新占有和销售货物的成本(即货物变现成本)低于金融机构。客户未使用的原材料越多,供应商在寻找潜在购买者上具有的优势越大。商业信用通常被企业作为银行借款的替代品,因为其具有融资优势。

Gianetti et al. (2011)实证检验了融资优势理论,结果发现商业信用的使用能够降低信息不对称程度,便于企业从缺乏信息的银行获得借款。货币紧缩(monetary tightening)或金融危机时期,商业信用被企业作为银行借款的替代品(Choi and Kim 2005;Love et al., 2007)。

(2) 价格歧视理论

众多研究认为,商业信用常被供应商用来实施价格歧视(Brennan et al.,1988;Mian

and Smith,1992)。直接实行价格歧视往往被法律禁止,商业信用可以帮助企业绕开这些法律限制。Brennan et al.(1988)认为,在缺乏竞争的产品市场中,如果现销客户的需求弹性大于赊销客户,或者现销客户的保留价格高于赊销客户,企业就可以通过商业信用在现销客户和赊销客户之间实施价格歧视,从而获取更多利润。另外,对于边际贡献(售价减变动成本)较高的产品,企业往往有较大的动力在不降低当前客户价格的基础上增加销售,而且只要不影响现有销售,它们愿意为增加销售而承担额外的成本。此时,针对高风险客户的高定价商业信用将被采用。信用等级较高的低风险客户会觉得商业信用定价过高而选择在折扣期内偿还货款,获得价格上的折扣;反之,信用等级较低的高风险客户则觉得值得采用商业信用融资,他们会拖到信用期到期日付款,因为这比他们从其他渠道融得的资金成本更低。当然,供应商不会仅为了支持高风险客户而实施价格歧视,因为客户的需求在短期内是变化的,供应商在决定是否采用商业信用为客户提供帮助时会考虑客户带来的长期利益。诸多研究(Wilner,2000;Fisman and Raturi,2004;Van Horen,2005;Gianetti et al.,2011)表明,供应商会给予关系较好或更有能力的客户更长的信用期,以实施价格歧视。

(3) 交易动机

Schwartz(1974)最早提到商业信用的交易动机。商业信用的交易动机又可以分为两个方面,一是交易成本理论,二是促销动机。

交易成本理论认为,商业信用可以降低交易成本。在正常交易中,到货时间往往是不确定的,这就需要企业多持有存货和现金,以保证生产经营活动的正常开展。商业信用使交易过程中的商品交换与货币交换相分离,买方可以在商品交换后一段时间再支付货款(当商品供不应求时,买方甚至会在商品交换前支付货款),或者在某一固定时间(每月或每季)对期间内发生的所有交易进行集中结算,这使得货币交换不再受不确定的到货时间影响,支付具有弹性和可预见性,从而减少企业的预防性资金需求,节约交易成本(Ferris,1981)。另外,很多商品的消费具有季节性,为了平滑生产周期,企业需要储存大量货物,这会增加存货的仓储成本和融资成本。通过在客户和时间上有选择地使用商业信用,企业可以很好地进行存货管理,降低仓储成本(Emery,1987)。

促销动机认为,当市场竞争激烈时,供应商可以通过提供更优惠的商业信用来扩大销售,保持与客户之间的关系。Schwartz(1974)认为,商业信用条款以及条款的保障执行措施是商品有效价格的组成部分,商业信用可以使企业从竞争中脱颖而出,赢得销售。当市场需求因季节性而发生变化时,供应商可以通过修订信用条款来缓解商品需求的季节性差异(Emery,1987)。买方市场下,商业信用更能够为供应商留住客户,尤其是信用良好的客户,促使产品尽快销售(Love et al.,2007;Fabbri and Menichini,2010;Gianetti et al.,2011)。

(4) 产品质量保证作用

Smith(1987)基于信息不对称提出了商业信用的产品质量保证作用。商业信用可以克服因信息不对称而导致的逆向选择问题,给予客户一段评价产品质量的时间,如果在这段时间内产品质量出现问题或者供应商承诺的服务没有履行,则客户可以拒绝付款,所以商业信用可以看成供应商对产品质量的一种保证;同时,通过商业信用,供应商向客户传递了产品质量较高的信号。Lee and Stowe(1993)、Long et al.(1993)、Klapper et al.(2012)通过考察供应商或客户特征对企业应收账款的影响,间接验证了商业信用的产品质量保证作用。

2. 中国企业商业信用现状

中国企业商业信用中占比较大的是应收账款和应付账款。如表5-10所示,2001—2020年中国A股上市公司应付账款占总资产的比重呈上升趋势,由2001年的6.31%上升到2020年的10.55%;而应收账款占总资产的比重先降后升,由2001年的16.43%下降到2008年的8.28%,之后又逐年上升到2020年的13.95%。商业信用中预收账款和预付账款占总资产的比重都较小,各年均值基本都在5%以下。同时还可以发现,2001—2020年中国A股上市公司短期借款占总资产的比重迅速下降,由2001年的24.06%下降到2020年的12.16%,这与应付账款占总资产的比重近二十年来的上升趋势形成鲜明的对比。2016—2020年商业信用融资规模(应付账款+预收账款)已超过短期借款,这表明中国企业越来越多地使用商业信用进行短期负债融资,商业信用融资作用突显。

对中国企业商业信用的研究验证了融资优势理论(余明桂和潘红波,2010;王彦超和林斌,2008;石晓军和张顺明,2010)。陆正飞和杨德明(2011)研究发现,中国资本市场商业信用的存在与货币政策有关,只有在货币政策紧缩时期,融资优势理论才能解释商业信用的存在。江伟等(2021)发现,中国上市公司利用应收账款的产品质量保证作用构建合作型客户关系。

5.4.3 中国企业营运资金管理现状

从总体上说,2001—2020年中国企业的营运资金管理水平有所提升。如表5-11所示,相较于2001年,2020年中国A股上市公司的应收账款周转天数和存货周转天数均有所下降,尤其是应收账款周转天数下降明显,而应付账款周转天数却有所上升,表明中国企业开始注重营运资金管理,尤其是对应收账款的管理收效明显,获得了较好的绩效。但与发达国家企业相比,中国企业的营运资金管理尚处于相对较低的水平。2020年中国A股上市公司平均应收账款周转天数为76.23天,存货周转天数为96.01天,应付账款周转天数为87.49天,营运资金周转天数为84.75。而哈克特集团(Hackett Group)和CFO杂志通过对美国最大的1000家非金融企业调查后发布的营运资金计分卡(working capital scorecard)显示[①],美国企业2020年应收账款周转天数为41.5天,比2019年减少1.6天;

---

① Ramona Dzinkowski,"The 2021 CFO/The Hackett Group Working Capital Scorecard:Inventories,Receivables Need Attention",CFO,2021,June.

存货周转天数为54.4天,比2019年增加3.6天;应付账款周转天数为63.6天,比2019年增加4.5天;营运资金周转天数为32.3天,比2019年减少2.5天。可见,中国企业应收账款和存货的周转速度均慢于美国企业,营运资金的管理水平与美国企业还有一定的差距。

表5-11　2001—2020年中国A股上市公司营运资金周转状况

年份	应收账款周转天数	存货周转天数	应付账款周转天数
2001	120.14	114.22	54.74
2002	92.17	104.14	56.65
2003	82.90	97.03	57.41
2004	79.95	90.40	56.11
2005	73.59	93.16	57.24
2006	65.82	90.32	57.62
2007	47.32	82.63	54.79
2008	35.98	88.75	57.19
2009	37.25	92.39	62.18
2010	35.20	82.73	59.16
2011	40.45	88.97	61.25
2012	47.74	95.74	66.14
2013	51.69	95.90	68.55
2014	58.17	95.79	74.27
2015	67.05	100.12	78.91
2016	68.59	99.13	80.70
2017	70.63	95.03	79.18
2018	72.56	94.02	78.54
2019	74.92	97.84	81.86
2020	76.23	96.01	87.49

资料来源:国泰安数据库。

注:(1)表中应收账款周转天数、存货周转天数、应付账款周转天数均为中位数。因为一般来说,均值容易受到极值的影响,而中位数则不会。(2)表中数据计算公式为:应收账款周转天数=应收账款平均余额/(营业收入/365);存货周转天数=存货平均余额/(营业成本/365);应付账款周转天数=应付账款平均余额/(营业成本/365)。

5.4.4　中国企业营运资金管理的方式

中国企业在营运资金管理上有着各种各样的方式,如存货管理有采用ABC法管理的,有采用定额存货管理的,有采用经济订货量管理的,还有采用零存货管理的。以财政部《财务与会计》杂志"理财广场"栏目中1985—2018年和"理财案例"栏目中2019—2020年所有企业的经验报道为研究样本,对中国企业营运资金管理(具体为采购与付款管理、存货管理以及应收账款管理)方式的统计分析结果如表5-12所示。

表 5-12 营运资金管理方式统计分析

时间	项目	采购与付款管理						
		计划定额采购	采购招标	收集信息	分类控制	付款控制	采购责任制	比价采购
1985—2000 年	样本数(个)	38	6	10	4	12	7	
	占比(%)	44	7	11	5	14	8	
2001—2020 年	样本数(个)	12	35	6	10	21	7	12
	占比(%)	15	44	8	13	26	9	15
合计	样本数(个)	50	41	16	14	33	14	12
	占比(%)	30	25	10	8	20	8	7

时间	项目	存货管理							
		清仓压库	定额存货	零存货	经济订货量	ABC分类	均衡生产	供应商库存	库龄
1985—2000 年	样本数(个)	46	21	10	4	15	14		
	占比(%)	39	18	8	3	13	12		
2001—2020 年	样本数(个)	11	16	15	10	9	9	6	4
	占比(%)	20	29	27	18	14	16	11	7
合计	样本数(个)	57	37	25	14	23	23	6	4
	占比(%)	33	21	14	8	13	13	3	2

时间	项目	应收账款管理						
		加速回收	信用管理	账龄分析	销售责任制	清欠	信息采集	收款责任制
1985—2000 年	样本数(个)	21	24	5	45	68		
	占比(%)	18	20	4	38	57		
2001—2020 年	样本数(个)	9	18	7	13	18	1	7
	占比(%)	18	36	14	26	36	2	14
合计	样本数(个)	30	42	12	58	86	1	7
	占比(%)	18	25	7	34	51	1	4

资料来源:1985—2000年数据摘自胡奕明、曾庆生:"企业财务管理实务发展前沿研究——一份基于经验报道的统计分析",《中国工业经济》2001年第1期,第74—79页;2001—2020年数据为手工收集(样本总数为452个,经筛选后为352个,其中涉及企业营运资金管理的有效样本为102个)。

如表5-12所示,在采购与付款管理中,有30%的样本企业采用计划定额采购方式,高于其他管理方式的应用。居于第二位的是采购招标,达到25%。虽然在采购与付款管理中,采用计划定额采购方式的企业数量多于采购招标,但2000年后,采用计划定额采购方式的企业明显减少,而采用采购招标方式的企业迅速增加。紧随其后的是付款控制方式,有20%的企业通过在付款环节严加控制来进行采购管理,以降低采购风险,具体包括限额付款、控制预付、延期付款、货到付款和付款复审等方式。另外,有10%的企业采用诸如建立价格信息库、供应商信息库、建设原材料信息网,每日调查进货市场价格等方式收集相关信息,为采购价格、采购数量的确定以及进货渠道的选择等相关采购决策提供及时、有用的信息,以降低采购成本和采购风险。此外,还分别有8%、8%和7%的样本企业采用采购责任制、分类控制、比价采购等方式进行采购管理。

可以看出,为了降低采购成本和采购风险,中国企业可谓"八仙过海、各显神通",采用了各种各样的管理方式,有的企业甚至采用一种以上的控制方法。但同时我们也发现,企业的管理方式随着时间的推移在悄悄地发生变化,计划定额采购管理在中国企业采购与付款管理中的地位明显下降,而采购招标、付款控制、比价采购等方式受到更多的青睐。虽然计划定额采购管理可以对企业采购过程进行合理控制,但如果缺少相关信息的支持(从表5-12可以看出,虽然有部分企业开始收集采购信息,但其比重远小于实施计划定额采购管理的企业),那么计划往往无法反映实际情况,导致采购过量或不足,从而致使库存大量积压、资金占用和资产流失,或者库存不足影响正常的生产经营活动。因此,中国企业很有必要加强采购信息的收集和利用,以做出正确的采购决策,同时也可杜绝采购过程中的一些不良行为,如收取采购回扣等。

在存货管理中,有57家样本企业采用清仓压库的方式管理存货,占样本总数的33%,为所有存货管理方式中应用最广的一个。清仓压库也就是通过处理积压物资,减少仓储,从而减少流动资金占用。应该说,清仓压库能够较快地处理掉积压存货,实现资金的流转,但清仓压库只有当存货出现积压以后才能发挥作用,这时损失已经造成,只是通过清仓来减少损失而已,清仓压库最多只是一个补救措施。如果一家企业的存货要等到出现状况后才开始管理,那么存货管理实际上并没有真正发挥作用。采用定额存货管理(实行计划控制存货数量及资金占用量)、ABC分类管理(对不同价值、数量的存货实行不同的管理)、零存货管理(对某些购买方便的物资采用"随用随买"的方式,充分利用社会库存,以减少资金占用)和均衡生产管理的企业占比都超过了10%,分别占样本总数的21%、13%、14%和13%,而采用经济订货量管理、供应商库存管理(供应商等上游企业基于其下游客户的生产经营、库存信息,对下游客户的库存进行管理与控制)和库龄管理的企业相对较少,分别只占8%、3%和2%。

同时,我们也看到,近年来中国企业的存货管理有了长足的进步,一些较为先进的管理方式,如经济订货量管理、零存货管理等被更多的企业采用,2001—2020年采用这些方式的企业占比较之前明显上升,而且出现了供应商库存管理和库龄管理等新的管理方式。

对于应收账款的管理,有51%的样本企业采用了清欠的方式,这是最为普遍的一种方式,其次是销售责任制,占34%。销售责任制就是对应收账款的回收采取销售员承包制,并对回收情况良好的销售员予以奖励。另外,有25%的企业进行了信用管理,18%的企业通过预收货款、现款交易、不赊销、缩短发货时间和结算时间等方式加速应收账款的回收。相对来说，采用较为科学的管理方式的企业占比较小，如采用账龄分析法的企业只占样本总数的 7%。但是通过不同时期的比较我们可以发现，2000 年后，中国企业的应收账款管理正渐趋科学化，采用账龄分析法和通过信用管理来加速应收账款回收、减少坏账金额的企业占比大幅上升，而采用清欠和销售责任制的企业占比则下降较快。

本章小结

内部财务理论将财务管理的重点从外部筹资管理转向了内部资本周转管理。其核心问题是保障资本周转安全与提高资本周转效率。就其基本框架而言，可以从管理方式上构建，包括目标财务管理和内部财务控制两个方面；也可以从管理内容上构建，包括长期资本管理和营运资本管理两个方面。

目标财务管理是目标管理思想在财务管理中的具体应用。目标财务管理的中心内容是目标利润管理和目标成本管理。目标利润是指企业在未来一定时期内必须达到而且通过努力能够达到的利润水平。目标成本是指企业在一定时期内为实现目标利润所必须达到的成本控制标准。无论是目标利润管理，还是目标成本管理，都要求企业通过科学的方法确定企业在一定时期所要实现的目标利润和目标成本，然后进行分解、落实，并实施有效的日常控制和严格的最终考核，以保证目标的实现。

营运资金战略包括营运资金投资战略、营运资金筹资战略和营运资金战略组合三个问题。经验证据表明，从总体上说，中国上市公司的营运资金投资战略和营运资金筹资战略都较为保守，但正逐步向激进型转变。影响营运资金战略选择的因素有风险和收益、企业所处行业、企业规模、利息率，以及生产决策、信用政策、股利政策、长期投资决策等企业的经营决策。

企业持有现金的需求有交易需求、预防需求和投机需求，但持有过多的现金会降低企业的盈利能力，所以企业应在流动性和盈利性之间进行权衡，使现金处于一个最佳的持有水平。影响现金持有水平的因素有宏观和微观两个层面。商业信用是指企业的客户以承诺事后付款为条件来获得商品、劳务等。关于企业采用商业信用原因的理论解释有融资优势理论、价格歧视理论、交易动机、产品质量保证作用等。

关键概念

内部财务理论	内部财务控制	资产利润率
销售利润率	总资产周转率	目标财务管理

目标利润管理　　　　目标成本管理　　　　长期资本管理
营运资本管理　　　　本量利分析法　　　　激进战略
保守战略　　　　　　中庸战略　　　　　　现金持有水平
商业信用　　　　　　应收账款周转天数　　存货周转天数
应付账款周转天数　　营运资金周转天数　　经济订货量
零存货管理　　　　　ABC 分类管理　　　　供应商库存管理
账龄分析

讨论题

1. 如何构建内部财务理论？请结合公司实例进行详细说明。
2. 试分析目标利润管理和目标成本管理在中国企业的应用现状及应用前景。
3. 结合中国企业的制度背景，谈谈公司治理结构对营运资金战略的影响。
4. 结合中国企业实例，分析企业采用商业信用的原因。

案　例

国美电器的营运资金战略

一、基本背景

国美电器有限公司(以下简称"国美电器")成立于1987年1月1日,是一家以经营各类家用电器为主的全国性家电零售连锁企业。本着"创新务实、精益求精"的企业理念,依靠准确的市场定位和薄利多销的经营策略,国美电器得以蓬勃发展。

成立十年后,国美电器成为中国驰名商标,并逐渐发展为中国最大的家电连锁企业。在商务部公布的"2004年中国商业连锁企业"30强中,国美电器以238.8亿元位列第二,并再次蝉联家电连锁企业第一。2004年,国美电器在香港联合交易所成功上市,2006年成功收购上海永乐生活家电。2007年12月,国美电器成功并购北京大中电器。2011年4月,国美电子商务网站全新上线。2013年,国美电器在北京、天津、上海、成都、重庆、西安、广州、深圳等境内256个城市以及香港地区拥有直营店1 605家,成为境内外众多知名家电厂家在中国最大的经销商。2016年8月,国美电器在"2016中国企业500强"中排名第104位。在长期的经营实践中,国美电器形成了独特的商品、价格、服务、环境四大核心竞争力。

二、国美电器的营运资金战略

零售业是一个竞争激烈且需要大量资金的行业,随着国美电器的快速扩张,大举进军消费能力薄弱的二线、三线城市,其单店销售额下降、利润降低。如何维持营运资金的畅通,并充分利用营运资金,是国美电器经营成败的关键。

国美电器的法宝之一就是利用资金快速周转过程中产生的"沉淀资金"。也就是说,国美电器从厂商进货,支付的是三到六个月期限的银行票据,如果销售顺畅、回款迅速,则国美电器始终可以有大量现金流。这部分资金在会计报表中反映为应付账款和应付票据。如表1所示,随着公司规模的扩大,2004—2016年国美电器应付账款和应付票据金额整体呈上升趋势。2016年12月31日,公司从这两项上获得的资金达到238.984亿元,占流动负债总额的79.49%,占负债总额的58.54%,占资产总额的38.67%。这部分金额巨大的"沉淀资金"除了满足国美电器的正常经营和扩张需要,还流向国美电器体系之外,投资于房地产、证券等耗资巨大的领域,这也为国美电器带来了极大的风险。

就营运资金筹资战略而言,国美电器较为激进,流动负债占比(等于流动负债/总资产)很大,基本上没有长期负债。2005年,公司流动负债占比甚至达到80%。但从营运资金投资战略来看,国美电器较为保守,营运资金投资较大,大部分资金占用在流动资产上,如2010年流动资产占总资产的比重为92.42%。

整体来说,2004—2016年,国美电器的营运资金战略渐趋激进。如表2所示,2004年公司流动资产占比高出流动负债占比11.71个百分点,而两年之后,两者之间的差异只有2.56个百分点。虽然2007年,两者之间的差异迅速回升到20.63个百分点,但2010年后,基本都保持在10个百分点以下。此外,公司货币资金占比、流动资产占比和流动负债占比均呈下降趋势。2004年,国美电器货币资金占比略低于1/3,而2016年该占比只是略高于1/5。流动资产占比从2004年的81.64%下降到2016年的59.37%,流动负债占比从2004年的69.93%下降到2016年的48.65%。这些都表明十几年来国美电器的营运资金战略发生了一些变化。那么,国美电器的营运资金战略为何会发生变化呢?是由于原来的营运资金战略不再适合公司发展的需要而进行的调整,还是由于公司经营不善造成公司资金周转困难?这种变化对公司来说是好事还是坏事?

三、同行业比较

国美电器在国内市场的主要竞争对手是苏宁电器。苏宁电器的全国化格局发力于2001年、2002年,以每年新开200家连锁店的速度发展。2004年7月,苏宁电器在深圳证券交易所上市,上市当日即成为第一高价股,报收于32.70元/股。在之后的10个月里,其股价一直处于领跑地位,最高达到70.25元/股,并以119.21%的涨幅成为年涨幅之最。在股市上的上佳表现使得苏宁电器成为公众关注的企业,逐步坐稳家电零售连锁业老二的交椅。

苏宁电器的营运资金同样主要来自供应商,其流动负债也大部分为应付账款和应付

表 1 2004—2016 年国美电器资产、负债项目

单位:千元

年份	现金及现金等价物	抵押存款	应收账款(应收票据)	流动资产	资产	短期借款	应付账款(应付票据)	其他应付款(预提费用)	流动负债	负债
2004	1 659 094	901 319	71 844	4 175 127	5 113 768	0	3 193 234	329 758	3 575 812	3 742 812
2005	1 079 347	3 133 124	30	8 406 830	9 367 894	0	6 805 277	605 661	7 496 600	7 496 600
2006	1 451 837	7 448 755	75 189	15 497 138	21 176 229	729 330	12 614 613	1 286 431	14 955 396	15 935 840
2007	6 269 996	6 614 725	97 719	22 337 559	29 837 493	300 000	13 556 545	1 939 695	16 180 091	19 444 825
2008	3 051 069	4 840 456	45 092	18 482 711	27 495 104	170 000	12 917 958	1 530 141	15 147 247	18 795 069
2009	6 029 059	8 796 344	54 199	23 272 720	26 551 058	350 000	15 815 261	1 829 514	20 682 377	23 960 715
2010	6 232 450	6 268 130	206 102	23 488 994	25 414 211	100 000	16 899 683	1 819 999	19 549 509	21 474 726
2011	5 971 498	4 388 998	199 598	24 083 984	37 227 468	0	17 140 383	1 523 315	21 216 213	21 309 174
2012	6 730 960	6 019 027	194 746	22 974 374	36 378 629	2 434 374	16 971 671	1 631 309	21 524 100	21 624 316
2013	9 015 813	6 406 795	245 492	26 345 489	39 323 985	2 683 171	18 077 489	2 046 809	23 834 231	24 006 527
2014	8 794 112	6 072 895	267 694	31 087 024	44 076 673	3 425 950	20 880 430	2 425 413	27 879 157	28 042 155
2015	7 437 717	3 880 903	189 439	27 148 242	41 587 785	971 512	19 290 931	2 591 986	24 739 800	24 899 423
2016	13 236 752	5 382 804	162 908	36 692 544	61 802 129	520 164	23 898 406	3 932 511	30 064 269	40 826 902

资料来源:国泰安数据库。

第 5 章 内部财务理论与营运资金战略

表 2 2004—2016 年国美电器、苏宁电器营运资金相关指标

单位:%

年份	国美电器							苏宁电器						
	流动负债占比	流动资产占比	货币资金占比	差异	(应付账款+应付票据)/负债总额	(应付账款+应付票据)/资产总额		流动负债占比	流动资产占比	货币资金占比	差异	(应付账款+应付票据)/负债总额	(应付账款+应付票据)/资产总额	
2004	69.93	81.64	32.44	11.71	85.32	62.44		57.81	88.62	25.86	30.81	76.91	44.46	
2005	80.02	89.74	11.52	9.72	90.78	72.64		71.33	89.18	16.25	17.85	89.58	63.95	
2006	70.62	73.18	6.86	2.56	79.16	59.57		63.71	92.40	37.73	28.69	90.22	57.48	
2007	54.23	74.86	21.01	20.63	69.72	45.43		70.25	83.79	46.00	13.54	85.33	59.95	
2008	55.09	67.22	11.10	12.13	68.73	46.98		57.85	79.51	48.91	21.66	85.80	49.63	
2009	77.90	87.65	22.71	9.75	66.00	59.57		58.36	84.25	61.28	25.89	90.86	53.02	
2010	76.92	92.42	24.52	15.50	78.70	66.50		57.08	78.52	44.07	21.44	84.26	48.09	
2011	56.99	64.69	16.04	7.70	80.44	46.04		61.48	72.63	38.04	11.15	79.29	48.75	
2012	59.17	63.15	18.50	3.98	78.48	46.65		61.78	70.15	39.48	8.37	73.72	45.54	
2013	60.61	67.00	22.93	6.39	75.30	45.97		65.10	65.05	30.16	-0.05	66.79	43.49	
2014	63.25	70.53	19.95	7.28	74.46	47.37		74.99	73.00	19.93	-1.99	40.60	30.44	
2015	59.49	65.28	17.88	5.79	77.48	46.39		77.79	75.11	16.27	-2.68	33.35	25.95	
2016	48.65	59.37	21.42	10.72	58.54	38.67		59.23	65.67	12.73	6.44	40.24	23.83	

资料来源:国泰安数据库。

注:货币资金占比=货币资金/资产总额×100%;差异=流动资产占比-流动负债占比。

票据。如表2所示,苏宁电器应付账款(应付票据)占负债总额的比重同样极高,2009年甚至达到了90.86%。

相比国美电器,苏宁电器2004—2016年营运资金战略变化较大。2013年前较为保守。一方面,其大部分年份的流动负债占比小于国美电器;另一方面,其大部分年份的流动资产占比却大于国美电器。而且,其流动资产占比都比流动负债占比高出一二十个百分点。但2013年后,其营运资金战略发生了明显的变化。其流动资产占比与流动负债占比之间的差异显著下降,2013—2015年三年甚至出现了负数。而且2013年后,其货币资金占比也下降明显,从2013年的30.16%下降到2016年的12.73%。

[思考题]

1. 国美电器的营运资金战略属于什么类型?是否符合公司特点?
2. 结合苏宁电器营运资金现状,试评价国美电器的营运资金战略。
3. 结合国美电器案例,讨论不同的营运资金战略对企业风险和收益的影响。
4. 随着京东等电子商务企业的发展,国美电器等老牌家电零售企业受到较大的冲击。请结合相关数据资料,分析在这样的竞争环境下国美电器是否需要调整其营运资金战略,以及如何调整。

第6章 内部资本市场与集团企业财务管控

【学习目标】

通过本章的学习,你应该掌握:

1. 内部资本市场与资本配置效率;
2. 集团企业的财务体制与财务控制;
3. 集团企业的资金集中管理;
4. 集团企业的内部转移定价;
5. 集团企业的业绩评价。

【素养目标】

通过本章的学习,强化全局观念,培养整体意识,懂得妥善处理集团企业内部财务关系,发挥内部资本市场在集团企业财务管理中的积极作用。

6.1 内部资本市场与资本配置效率

6.1.1 内部资本市场及其作用

自 20 世纪 Alchian(1969)和 Williamson(1975)提出内部资本市场概念以来,内部资本市场中的资本配置效率一直是财务和金融学界关注的焦点问题之一。借助企业总部的行政权威或控制权,内部资本市场可以以较低的成本复制外部资本市场的资本配置功能,促使资本向经济效益较高的内部单元流动。在降低交易成本、避免交易摩擦、缓解外部融资约束、提高项目投资效率等方面,内部资本市场代替外部资本市场在企业运营中发挥着重要作用。

相应地,有关内部资本市场的研究话题自 20 世纪中期以来逐渐在世界范围内引起广泛关注。其中,受不同国家企业组织形式差异的影响,学术界研究内部资本市场的概念框架也有所区别。在以美国为代表的发达市场国家,对内部资本市场相关话题的研究往往在联合大企业(conglomerates)的框架下进行,而在以中国为代表的典型的新兴市场国家,企业集团(business group)则是市场发展中的重要经济主体(Khanna and Yafeh,2007),相应地,对内部资本市场相关问题的探讨也就往往在企业集团的框架下进行。

在上述两种概念框架下,已有文献对内部资本市场在扩大融资规模(又称"多币效应",more money effect)、降低融资约束、提高投资效率(又称"活币效应",smarter money effect)以及增强行业竞争力等方向的"阳光面"(bright side)均进行了充分发掘和论证。例如,Stein(1997)通过构建理论模型,研究了公司总部如何在内部资本市场的多个竞争性项目中分配资本。该文认为,由于总部拥有剩余控制权,因此它比银行拥有更大的激励和更大的权力对项目进行优序挑选,并且通过各个项目间的相互竞争,将有限的资本分配到最具效率的项目上,即"挑选优胜者"。在模型中,Stein(1997)认为,内部管理者比外部投资者更加了解项目的相关信息,由此可以灵活地将资本从差的投资项目转移到好的投资项目中,从而将资本有效地分配到边际收益最高的部门。Cestone and Fumagalli(2005)通过构建理论模型,指出企业集团内部资源的灵活性具有重要的战略影响。企业在面临日益激烈的行业竞争时,所采取的战略往往取决于内部资源的充裕程度。当行业竞争升级时,企业要么退出行业,要么从集团内部的其他行业或部门向该行业调拨资源。相应地,集团内部财务资源调配的灵活性,在应对不断升级的行业竞争时具有重要的战略意义。Almeida et al.(2015)研究了内部资本市场在金融危机期间对韩国企业渡过危机的巨大帮助作用。该文发现,在1997年亚洲金融危机期间,韩国集团企业通过内部资本市场将现金流从低成长企业调往高成长企业,从而在外部难以获得融资的情况下,仍然获得了较高的投资效率及良好的业绩。Pelletier(2018)以跨国银行的内部资本市场为研究对象,发现在东亚金融危机期间,内部资本市场所提供的资金流能为银行集团其他成员的资本损失提供缓冲,同时也能用来扩大对地方私营部门的信贷金额。

随着研究的不断深入,内部资本市场的"黑暗面"(dark side)也日益引起关注。内部资本市场中的多重委托—代理关系以及多方利益个体对私人利益的追逐成为影响内部资本市场资本配置效率的重要因素。

6.1.2 双重代理成本下的内部资本市场:国外研究发现

Scharfstein and Stein(2000)是早期深入分析内部资本市场的运作机制,并指出内部资本市场"黑暗面"的研究文献之一。该文在外部投资者(股东)—总部 CEO—分部经理的分析框架下,研究了总部 CEO 和分部经理两级代理人的行为对内部资本市场资本配置效率的影响。在该文的研究框架下,内部资本市场的运作存在下述双重委托—代理关系:① 外部投资者(股东)与总部 CEO 之间的委托—代理关系;② 总部 CEO 与分部经理之间的委托—代理关系。相应地,内部资本市场的运作也将面临上述双重代理成本。下面,就西方研究内部资本市场中的双重代理成本与资本配置效率的文献做一评述。

第一,内部资本市场的"多币效应"加剧了外部投资者与总部 CEO 之间的委托—代理冲突。内部资本市场放松了不完全外部市场对企业的融资限制,内部各部门间的资金调拨与配置使总部 CEO 能够掌控更多的现金流,且有了更多从事项目运作的机会。Stulz(1990)指出,根据传统的委托—代理理论,总部 CEO 作为外部投资者的代理方和内部资本市场的直接经营者,具有构建自己的"企业帝国"、扩大私人收益的动机和冲动,这很可能导致自由现金流的过度投资问题。

第二,内部资本市场中的"活币效应"将导致分部经理的寻租行为。Scharfstein and Stein(2000)在双重代理模型的框架下,分析了分部经理的寻租行为如何对内部资本市场的运作效率产生影响。该文指出,为了提高与总部 CEO 的薪酬谈判能力,分部经理具有较强的通过从事非生产性活动来谋取私人利益的寻租动机。分部投资机会越差,分部经理的寻租成本越低,寻租现象将越严重。为了激励分部经理努力工作,总部 CEO 不得不给予投资机会较差的分部经理一定的补贴。由于总部 CEO 自身也是代理人,对现金流有着个人偏好,故他将避免以现金的形式直接给予薪酬补贴,而是更倾向于在项目预算中提高对这些分部经理的资本配置,这样一来,投资机会较差的分部经理也将获得较多的资本配置,从而导致内部资本市场中的"吃大锅饭"现象。

Scharfstein(1998)以美国 165 家多元化联合大企业在 1979 年的资本支出为研究对象,对内部资本市场中的"吃大锅饭"行为进行了实证考察。研究发现,在企业中具有良好投资机会的分部(以托宾 Q 值衡量)获得的投资额要少于同行业内同类独立公司获得的投资额;相反,投资机会较差的分部却获得了相对较多的投资额。这一研究发现支持了内部资本市场中存在的"吃大锅饭"现象,资本的平均配置使得价值大的项目失去了足额的投资机会。

Bernardo et al.(2006)构建了一个拥有两个分部的公司的内部资本配置模型,并从新的角度论证了内部资本市场中的"吃大锅饭"现象。该文假定公司拥有一强一弱两个分部,强分部比弱分部拥有较好的投资机会。研究表明,由于代理成本和信息成本的存在,在资本配置中公司的项目选择政策往往向弱分部倾斜,两个分部间的投资机会差别越大,对弱分部的倾斜程度越高。

相应地,针对上述内部资本市场中存在的双重代理成本,越来越多的研究文献开始关注提高内部资本市场资本配置效率的可能机制和途径。例如,Data et al.(2009)以 1992—2003 年的美国公司为样本,使用行业调整的价值增加值(industry-adjusted value added)、内部资本配置的相对价值增加值(relative value added)及绝对价值增加值(absolute value added)等指标来衡量内部资本市场资本配置效率,考察了 CEO 薪酬对内部资本市场资本配置效率的影响。研究发现,CEO 的薪酬激励在内部资本市场资本配置中发挥着重要作用。具体而言,CEO 被授予的股权越多,他们的行为决策越有利于提高内部资本市场资本配置效率。类似地,Ozbas and Scharfstein(2010)的研究也发现,高管人员的股权多少将对内部资本市场的投资行为产生影响。Kolasinski(2009)以 1985—2003 年美国多元化联合大企业中公开发行债券的子公司为研究对象,考察了母公司安排子公司负债的一系列动机及影响。研究发现,当企业内部的不同子公司间整体经营风险差别较大时,为了避免资产置换问题,母公司将安排子公司承担外部负债;当子公司现金流充足而成长机会较少时,为了降低自由现金流的代理问题,母公司将安排子公司承担无担保的外部负债;当子公司的投资机会好于集团内的其他子公司时,母公司将安排其承担一定的由母公司担保的外部负债。进一步的研究表明,在这些被母公司安排承担外部负债的子公司中,其现金流与其他子公司的投资相关程度较低,从而表明母公司利用子公司的外部负债来保护成长机会好的子公司免受内部资本市场"吃大锅饭"现象的影响。Cho(2015)研究了信息披露对内部资本市场资本配置效率的提升作用。美国财务会计准则 SFAS 131 要求上市公司管理层披露关于内部资本市场范围的认定,从而提高了内部资本市场的信息透明度。该文发现,这一准则强制执行后,多元化联合大企业的内部资本市场资本配置效率有了显著提升,且这一提升作用在代理问题严重的企业中更为显著。Thapa et al. (2020)以印度推行的债权人保护改革为研究背景,发现相较于更容易获取内部资本市场资金援助的集团附属企业,内部资本受限的企业在债权人保护加强后,企业与企业之间的相互借款显著增加,且伴随着实际投资的扩张、经营业绩的改善和更好的市场估值。这表明内部资本市场能够提高资本配置的效率。

6.1.3 多重代理成本下的内部资本市场:国内研究发现

如前文所述,企业集团是中国内部资本市场的主要载体。相应地,国内文献往往在企业集团的框架下研究中国内部资本市场的相关话题。在中国特定的制度背景下,控股股东、母公司管理层和子公司管理层成为参与内部资本市场运作的重要主体,相应地,中国内部资本市场的资本配置效率也将受到控股股东与中小股东、股东与母公司管理层以及母公司管理层与子公司管理层等多重委托—代理关系的影响。

国内文献就控股股东的"掏空"行为对企业集团内部资本市场资本配置效率的影响展开了多角度的研究。比如,杨棉之(2006)以及 Fan et al. (2008)的研究表明,原本旨在为提高资本配置效率而存在的企业集团内部资本市场,部分地被异化为向控股股东进行利益输送的渠道。邵军和刘志远(2007)运用案例分析法,研究了鸿仪系的内部资本市场的资本配置效率。研究结果表明,鸿仪系通过内部资本市场频繁地进行内部资本配置,然而内部资本配置并非基于效率原则,而是服从于控股股东的"战略"需要。该文的研究结论意味着,在中国特殊的制度背景下,控股股东可能通过内部资本市场做出损害中小股东利益的行为。

国内对母公司管理层与子公司管理层代理成本的关注较少。只有少数几篇文献对这些问题有所涉及。邹薇和钱雪松(2005)通过构造两层次委托—代理模型,强调了外部资本市场和内部资本市场之间的相互作用,得出资本配置扭曲和资本使用效率低下的关键是外部资本市场运作不完善对企业内部管理者寻租行为的影响。该文指出,只有改变融资成本偏低的现状,并加强公司治理结构建设,才能解决中国企业融资过热、资本使用效率低下等一系列问题。陆正飞和张会丽(2010)考察了在内部资本市场中的所有权安排对现金在上市公司及其子公司之间分布的影响,得出子公司中少数股东的力量客观上为子公司管理层创造了更大的寻租空间,而控股股东和高管持股成为监控子公司管理层寻租行为的有效力量。窦欢和陆正飞(2016)发现,企业集团通过安排下属上市公司与集团财务公司签订《金融服务协议》的方式来构建内部资本市场,侵占中小股东的利益。该文发现,企业集团将下属上市公司的款项存放在持股财务公司,从而影响上市公司的现金持有价值。当第一大股东的持股比例较高时,关联存款占现金的比重随第一大股东持股比例的上升而增大,且关联存款占现金比重大的公司的现金持有价值更低。刘慧龙等(2019)研究了金字塔结构企业集团成员公司距离最终控制人的层级数对其现金持有竞争效应的影响及其机制。该文发现,增加现金持有能够提高公司的市场竞争优势,金字塔层级的增加会弱化现金持有竞争效应,这种作用是金字塔层级增加扩大了成员公司在集团内部资本市场的交易规模导致的。

6.2 集团企业的财务体制与财务控制

集团企业组织结构的特殊性,决定了其财务管理有别于一般企业。集团企业财务管理的首要任务就是要建立和完善财务管理体制,健全集团内部的财务控制机制。

6.2.1 集团企业的体制特征与组织结构

集团企业的体制特征主要取决于母公司的角色定位,以及由此决定的母公司与子公司的关系模式和组织结构模式。

1. 体制特征

所谓母公司的角色定位,就是指母公司或者说集团总部应该做些什么。Goold and Campbell(1987)通过对各种组织总部和分部之间关系的研究,提出了母公司的三种角色定位,即战略规划者、战略投资者和战略控制者,具体如表6-1所示。

表6-1 集团企业母公司的角色定位及其比较

角色	主要特征	优点	缺点
战略规划者	总计划制订者 自上而下 详细规定 详细控制	有利于协调	母子公司失去接触
战略投资者	股东/债权人 财务目标 投资控制 自下而上	反应迅速	失去方向 母公司不能增加价值(母公司失去存在的理由)

(续表)

角色	主要特征	优点	缺点
战略控制者	战略制定者 财务与战略目标 自下而上 不太进行细节控制	母子公司相互帮助 协调工作 相互激励	太多讨价还价 必要的文化变革 产生新的官僚

如果母公司定位于战略规划者,则其主要职能就是为集团发展制订详细的总计划,并为每个子公司分配详细的任务和责任,因此,子公司被视为执行集团计划的分支机构。这种模式的主要优点是,母公司可以对集团战略的实施进行有效的协调。但是,由于决策制定过程缺少各子公司管理人员的参与,因此母公司的战略规划可能难以为子公司管理人员所接受,从而影响集团战略的实施效果。

如果母公司定位于战略投资者,即母公司将自己视为各子公司的股东或债权人,则子公司可以自主地制定发展战略,而母公司的主要任务是制定集团财务目标和评估子公司的经营与财务业绩。这种模式的主要优点是,子公司灵活性强,能够更迅速地顺应市场环境的变化并调整战略决策。但是,这种模式的问题在于,母公司对子公司的控制能力较弱。

如果母公司定位于战略控制者,则其关注重点就是集团的整体战略。在这种模式下,母公司不仅要自上而下地制定战略规划,而且要通过对各子公司的业务计划进行积极有效的协调,来确保集团整体战略的实现。总体而言,这是一种更能体现集团利益一体化要求的模式,但该模式的运行成本相对也更高。

2. 组织结构

集团企业的组织结构主要有直线职能制、事业部制和控股制三种模式。

直线职能制的基本特征是:集团内部划分为若干职能部门,集团总部对这些部门进行策划和运筹,直接指挥各部门的运行,各部门和下属单位均由集团最高层领导直接进行管理。直线职能制实质上是一种按专业管理职能划分部门的、高度集权的管理体制。在这种组织结构下,母子公司虽在民事法律地位上平等,但在生产经营和财务管理等方面则是控制与被控制的关系。直线职能制比较适合业务和产品比较简单、规模较小的集团企业。

事业部制是把市场机制引入集团内部,按产品、部门、地区和顾客划分为若干事业部,实行集中指导下的分散经营的一种组织管理模式。事业部制理论上可以有三种情形,即利润中心、投资中心和战略事业单位。事业部制组织结构将首创精神和资源配置相结合,将规模和效益相结合,被称为"创造企业家的公司",它对经理层的职业化以及随之出现的经营权与所有权的分离具有重要的推动作用。但是,事业部制的弊端也比较明显:第一,各事业部因其利益的独立性,容易产生本位主义,从而忽视企业的长远发展和整体利益,影响各部门的协调;第二,企业上层与事业部内部都要设置职能机构,难免机构重叠,导致组织成本上升;第三,对事业部授权时,在权限上较难把握,不是过于集权就是过于松散。

控股制是在集团总部下设若干子公司,集团总部作为母公司对子公司进行控股,承担有限责任,从而使经营风险得到限制。母公司对子公司既可以通过控制性股权进行直接管理,又可以通过子公司董事会以及出售公司股份资产来进行控制。控股制组织结构最主要的特征是子公司等业务单位的自主权,尤其是战略决策自主权较大。控股制组织结构对于大型集团企业(尤其是大型跨国公司)非常适用。它既能发挥母公司的战略优势,又能发挥子公司的积极性和灵活性;而且在必要时,母公司可以放弃没有前途的子公司,以避免财产损失和经营风险。

6.2.2 集团企业的财务体制:集权与分权

建立集团企业的财务体制,其根本目的是使集团企业内部纵向各层次之间的财务关系得到妥善处理,实现责权利关系的制度化,以及协调纵向各层次的财务目标和财务行为。财务体制的关键是财务决策权的集中与分散问题。根据决策结构的特征,集团企业的财务体制一般可以划分为完全集中的财务体制、管理的分散的财务体制、受控制的分散的财务体制和完全分散的财务体制四种类型。

完全集中的财务体制和完全分散的财务体制一般均不适用于实体化的集团企业,因为前者只能与所有成员企业都是非独立法律实体(如分公司)的集团企业相适应,后者则只能与各成员企业完全分散经营不影响企业总体战略目标实现的集团企业相适应。作为实体化的集团企业,其成员企业之间往往具有某种业务上的联系,特别是那些实施纵向一体化战略的集团企业,要求其成员企业之间保持密切的业务联系。

如果说加强成员企业之间的业务联系是决定集团企业财务体制集中化的必要条件,那么母子公司之间的资本关系特征则是决定财务体制集中化的充分条件。通常来讲,只有当一方掌握另一方50%以上的有表决权的股份时,它们之间才可能成为母子公司关系,母公司才可能对其控制的子公司实施相对集中的财务体制。理论上,母公司只可能对其全资子公司实施完全集中的财务体制。

集团企业财务体制的集中或分散,除受上述基本因素决定之外,还要考虑集中或分散的利益和成本。一般而言,集中的利益主要表现在:容易使母子公司的财务目标趋于协调,有利于实现财务资源的优化配置;集中的成本则主要表现在:子公司的积极性受损以及决策效率下降。与此相反,分散的利益主要表现在:有利于调动子公司的积极性和提高其决策效率;分散的成本则主要表现在:子公司的财务目标和财务行为容易偏离集团总体的战略方向。实践中,这些利益和成本很难确切地度量,因此,对财务体制集中和分散程度的安排很难做出定量的测定,往往是建立在定性综合判断基础上的折中。

对于集团企业,适度分权之所以是必要的,主要是由集团企业的以下特征决定的:① 财务主体多元化。集团企业的母公司与子公司虽然在资本关系上是控制与被控制的关系,但是在民事法律地位上是平等的,即它们都是独立的法律主体。因此,尽管母公司可以通过股权关系控制子公司的重大经营和财务决策,但子公司独立的法律主体地位决定了子公司的财务管理有其独立地位。② 财务决策多层次化。集团企业在确立母公司主导地位的同时,必须充分考虑到不同层面子公司的具体情况,适度分权,以最大限度地提高子公司财务决策的效率和调动子公司管理层的积极性,减少内部矛盾冲突,降低内部协调成本。③ 投资和业务领域多元化。集团企业的母公司和各子公司往往从事着不尽相同的投资与业务活动,因此,只有财务适当分权,才能使各业务单元保持必要的灵活性。

当然,从集团企业整体的利益角度来看,财务管理的适当集权总是必要的。财务管理的适当集权是集团企业整体战略得以实现的一个必要条件,也是在集团内部优化资源配置的必要基础。否则,集团就会形同虚设,如同一盘散沙。

实践中,集团企业财务管理的集权与分权只能是相对的。对于每一个具体的集团企业,理论上总是存在集权与分权适当的结合点,这一结合点的具体位置则取决于一些影响集权与分权安排的具体因素。除前已论及的战略考虑外,这些影响因素还包括:① 组织结构。不同组织结构下的集团企业,其财务管理的集权和分权程度不尽相同。一般地,在直线职能制组织结构下,集权程度最高;在控股制组织结构下,集权程度其次;在事业部制组织结构下,集权程度最低。② 集团规模。在其他条件既定的情况下,集团规模越大,财务管理的集权程度越低而分权程度越高。③ 地理分布。在其他条件既定的情况下,集团下属的子公司或其他分支机构的地理分布越分散,越有必要更多地分权,以使子公司或其他分支机构保持财务决策的灵活性和提高财务决策的效率,从而更好地服务于业务经营。④ 管理水平。集团企业能否实施偏于集权的财务体制,还取决于集团总部即母公司是否拥有足够的财务决策和财务控制能力。特别是在集团企业规模庞大、组织结构复杂、业务经营高度多元化的情况下,实施集中模式的财务体制,集团总部即母公司将面临巨大的挑战。

6.2.3 集团企业的财务控制:模式、要点及手段

1. 财务控制模式

按照侧重点不同,集团企业的财务控制可以划分为三种不同的模式,即参与型财务控制模式、评价型财务控制模式和参与评价结合型财务控制模式。

(1) 参与型财务控制模式

参与型财务控制模式的基本特征是,集团总部即母公司的财务管理部门,直接参与子公司的财务管理与控制,子公司在集团内部被视为"二级法人"(尽管子公司对外具有独立的法律主体地位)。在这种财务控制模式下,集团总部对子公司的财务控制是直接

参与的,而不仅仅是间接的监督和控制。这种财务控制模式的最大优势是,有利于集团企业实现整体资源的优化配置,以及集团企业整体利益的最大化。但其缺陷也很明显,主要是:① 子公司作为独立法人的财权被剥夺,不利于发挥子公司的积极性;② 集团总部的财务管理部门有可能陷于对子公司财务控制的具体事务处理和复杂矛盾协调之中,而疏于考虑集团的总体财务发展战略;③ 集团财务的过度集中控制导致集团内部各单位之间财务关系的处理违背了有关法律法规的要求,破坏了子公司的财务独立性,从而因损害子公司少数股东或债权人的权益而引致法律诉讼。

参与型财务控制模式是一种偏于极端的财务控制模式,主要适用于以下两种情形:① 子公司财务管理能力较差,从而不能有效地组织财务管理,需要集团总部通过集中财务控制加以规范;② 某一或某些子公司的经营和财务活动对集团整体发展具有重大影响,因此集团总部需要对其施加重大影响。

(2) 评价型财务控制模式

评价型财务控制模式的基本特征是,集团总部即母公司作为投资者或者委托者,子公司作为被投资者或者受托者,子公司接受母公司的委托,按母公司的目标和要求组织生产经营和财务活动,接受母公司对其生产经营和财务活动的监控,并定期向母公司报告计划执行情况和结果。

在评价型财务控制模式下,集团总部只保留重大财务决策的审批权,而将一般财务事项的决策权和日常财务管理权都交由子公司,其主要优点是使子公司具有高度的灵活性,有助于提高子公司的财务决策效率和积极性。但是,其弊端也很明显,主要是不便于协调,从而不利于集团协同作用的发挥。

(3) 参与评价结合型财务控制模式

参与评价结合型财务控制模式是上述两种极端模式的折中。在参与评价结合型财务控制模式下,集团总部保留了较大的财权,但也让子公司拥有一定的财务自主权。相对而言,这种财务控制模式的集权成分要大于分权成分。在这种模式下,集团总部通常保留的财权主要是:编制、实施和监控集团整体的财务战略;建立和完善集团统一的财务政策;统一处理重大的对外财务关系,包括与股东和银行等债权人等的沟通;建立和完善集团对子公司的业绩评价标准,并通过预算考核等方式落实业绩评价工作;建立集团统一的财务报告政策和财务会计制度。

在参与评价结合型财务控制模式下,子公司并不只是被动地执行集团总部的财务决策和财务政策,而是在遵循集团整体财务战略、决策和政策的前提下,制定子公司自己的财务决策和财务政策,并通过编制财务预算、确定业绩评价办法等工作,实施财务决策,组织日常的财务活动,以及对下属单位的财务活动实施监督和控制。

参与评价结合型财务控制模式作为一种折中的财务控制模式,较上述两种极端的财务控制模式具有更强的适应性。实践中,更多的集团企业实施的财务控制模式往往是这种折中模式。当然,集团总部究竟在多大程度上集权、多大程度上分权,在不同的集团企业之间并没有一个标准,需要企业根据自身情况加以把握。

2. 财务控制要点

集团总部即母公司作为子公司的所有者,即便是在采取高度集权的财务体制的情况下,也并不直接管理下属单位的日常财务活动,而是主要通过以下两个方面实现财务控制:一是建立和完善子公司的财务决策机制;二是建立和完善子公司的业绩评价机制。前者解决的是子公司的财务决策问题,后者解决的是财务决策的实施效果评价问题。从财务控制的角度来看,对子公司财务决策的控制是事前控制,而对子公司业绩评价的控制则是事后控制。关于业绩评价问题,本章第5节将会具体讨论,这里主要讨论一下事前的财务控制,即集团总部对子公司财务决策控制的要点。

对于子公司的财务决策,集团总部须通过一定的方式加以干预。通常情况下,有必要加以干预的财务决策事项主要包括以下四大方面:

第一,重大筹资事项。一般来讲,集团总部需要干预子公司的长期筹资决策,其原因是长期筹资决策会对子公司的资本结构、财务风险和收益水平等产生长期影响。对于子公司的短期融资,集团总部是否需要加以干预则视情况而定。例如,在实施高度集权的财务体制的集团企业中,集团总部往往也要对子公司的短期融资实施干预,甚至可以由集团总部统一处理与银行等金融机构的信贷关系。这样做的基本利益是,能够使集团整体的信贷谈判能力更强。当然,过度的控制会影响子公司财务的灵活性,甚至会影响子公司的积极性。这就要求集团总部权衡利弊,把握集权和分权的尺度。

第二,重大投资事项。重大投资事项可以分为两个方面,即子公司内部的固定资产添置、更新等长期投资事项和对外的长期投资事项。一般来讲,集团总部对这些长期投资事项总要进行一定程度的干预,尤其是子公司的对外投资,更需要加以严格控制。子公司在主营业务领域内的投资,相较于在主营业务以外领域和对外的投资而言,出现重大问题的可能性要小一些,因此,集团总部可能会将相对更多的财务决策权交由子公司,但对于后者,就需要进行严格的审批,甚至可以明确地加以限制。

第三,日常财务管理活动中的特殊问题。对于子公司的日常财务管理活动,集团总部通常并不加以干预,但这并不意味着集团总部完全放弃了干预的权力。如果子公司的日常财务管理活动会对集团的整体利益产生重大影响,则集团总部有必要进行一定的干预。例如,当集团内成员企业之间有着广泛的交易活动时,相互之间的款项结算就可能成为一个重大的事项,集团总部如果不进行任何干预,而是顺其自然发展,那么成员企业之间的款项拖欠就可能导致被拖欠的成员企业财务运转困难。

第四,企业并购、清算及破产等。子公司发生的这些方面的财务活动,不仅对集团企业的未来发展有着重大影响,而且对集团企业股东、债权人、员工等众多利益相关者之间的利益协调影响巨大。因此,集团总部需要对其进行干预。

3. 财务控制手段

集团总部即母公司对子公司的财务控制,除可以采取下达或审批财务预算等常规手段外,还可以采取以下两种非常规手段,即委派财务总监和资金集中管理。

财务总监委派制是指母公司为维护集团整体利益,强化对子公司经营管理活动的财务控制与监督,由母公司直接对子公司委派财务总监,并将其纳入母公司财务部门的人员编制,实行统一管理与考核奖罚的制度。财务总监委派制在实际操作中又可分为两种类型:财务监事委派制与财务总管委派制。财务监事委派制是指母公司作为子公司的所有者或主要出资人,向子公司派出财务总监,专门履行母公司对子公司财务管理活动监察与控制的职能。财务总管委派制是指母公司以经营者的身份通过行政任命的方式向子公司派出财务主管人员,在纳入母公司财务部门的人员编制并实行统一管理与考核奖罚的同时,使其总管子公司的财务管理事务,进而直接介入子公司的管理决策层。

财务监事委派制与财务总管委派制这两种财务总监委派制的具体特征虽有所不同,但其目的基本相同,即母公司通过委派人员促使子公司的财务决策符合集团整体利益最大化的要求。但是,无论是财务监事委派制,还是财务总管委派制,其本身都存在一定的问题,如财务总监如何在母公司的立场与子公司的立场之间进行平衡是一个很难拿捏的问题。如果完全站在母公司的立场上考虑问题而不顾及子公司的利益,则财务总监就成了一个纯粹的监督者,可能走向过度监督,这不利于子公司的业务开展和事业发展;相反,如果过多地强调服务于子公司的业务开展和事业发展,则财务总监的基本监督功能就可能在不知不觉间被弱化,有违初衷。所以,委派财务总监的做法不仅是一种制度,而且是一种艺术,需要被委派的财务总监灵活处理,适度权衡。

6.3 集团企业的资金集中管理

6.3.1 集团企业资金集中管理的必要性

随着市场经济的快速发展,中国越来越多的企业已由过去的单体企业发展成为集团企业。根据国家工商行政管理局于1998年制定并颁发的《企业集团登记管理暂行规定》,企业集团是指以资本为主要联结纽带的母子公司为主体,以集团章程为共同行为规范的母公司、子公司、参股公司及其他成员企业或机构共同组成的具有一定规模的企业法人联合体。

企业集团是多个法人企业的联合体,不具有独立法人地位。企业集团内部各法人企业都有各自独立的经济利益。母公司是企业集团内部的核心法人企业。母公司以控股方式联结集团内的其他成员企业,并在此基础上通过董事会控制成员企业。依照内部关系的紧密程度,企业集团内部通常可以分为四个层级:第一层为核心层,一般就是母公司,在整个集团中处于中心地位;第二层为紧密层,一般由若干被母公司控股的子公司组成,这些子公司都具有法人资格,但在一些重大经营和财务决策方面受母公司控制;第三层为半紧密层,一般由若干母公司持股、参股的企业组成,它们按照契约规定受集团母公司的协调;第四层为松散层,一般由那些以合同、协议等形式与母公司长期保持生产、经营配套和协作关系的企业组成。因此,企业集团的资金管理不仅要关注集团总部即母公司自身的资金管理,还必须关注对子公司或其他分部资金的管理与控制,以及集团内部资金筹集和使用的统筹与协调。

所谓资金集中管理,就是指母公司借助资本纽带或契约纽带等,控制成员企业的资金营运,聚集资金资源,以提高集团整体的资金使用效率。集团企业实施资金集中管理的必要性,具体表现在以下几个方面:① 集团企业发展壮大的需要。资金是企业的血液,资金充足和流转顺畅,是集团企业得以发展壮大的前提和基础。② 集团企业防范风险的需要。为防范风险,集团企业需对各成员企业的重大投融资活动和日常资金调度进行必要的监管与控制。为此,集团企业资金信息的收集、整理、分析、控制、调度等就显得尤为重要。③ 集团企业资源整合的需要。为了最大限度地发挥集团企业各项资源的协同效应,就必须进行企业资源的整合。资金是企业资源的主要形态。只有母公司站在集团整体的角度,在子公司及其他成员企业之间进行合理的资金调配,才能够实现集团整体利益的最大化。④ 集团企业提高内部运行效率的需要。集团企业往往存在大量的内部交易,产生了大量的内部资金结算业务。通过对集团成员企业的资金进行适度的统一调配和集中管理,能够有效地减少资金在途时间、汇划成本和不必要的内部结算手续,从而提高集团企业内部资金的使用效率。⑤ 集团企业内部调剂余缺的需要。资金集中管理后,母公司以吸收存款的方式将集团内各成员企业暂时闲置和分散的资金集中起来,再以发放贷款的形式分配给集团内需要资金的企业,从而充分挖掘内部潜力,起到内部资金相互调剂补充、减少外部贷款、降低整体财务费用的作用。⑥ 集团企业发挥规模优势和增强整体信用能力的需要。通过实行集团资金的集中管理,集团企业统一对外开户,统一调度资金,用集团企业的整体信用进行融资,其整体偿债能力和信用能力大大增强。

6.3.2 集团企业资金集中管理的主要政策依据

为推动集团企业加强资金的集中管理,中国政府相关部门先后出台了相关政策来予以支持和鼓励。

1. 关于国有企业的相关政策

早在1997年,财政部就颁布了《关于加强国有企业财务监督若干问题的规定》(现已失效),指出:"企业要根据资金性质、额度大小等情况,建立必要的资金调剂内部控制制度,确保资金的安全,有条件的企业要逐步建立资金结算中心,统一筹集、分配、使用、管理和监督资金活动。"1999年,国家经济贸易委员会下达了《国有大中型企业建立现代企业制度和加强管理的基本规范(试行)》,指出:"实行母子公司体制的大型企业和企业集团,应当通过法定程序加强对全资、控股子公司资金的监督和控制,建立健全统一的资金管理体制,充分发挥企业内部结算中心的功能,对内部各单位实行统一结算。严格按照银行账户管理办法开立和使用银行账户,结算账户统一归口管理,取消内部各单位违规开立的银行账户,杜绝资金账外循环现象。"2001年,财政部颁布的《企业国有资本与财务管理暂行办法》指出:"企业应当按照建立现代企业制度的要求,明晰产权,理顺和规范资本与财务管理的关系。企业拥有子公司的,要建立母子公司资本与财务管理体制,母公司以其出资额为限对子公司承担责任。"母公司的主要职责之一是:实行企业内部资金集中统一管理,依法管理子公司投资、融资事项。

2. 关于财务公司的相关政策

为规范企业集团财务公司(以下简称"财务公司")行为,防范金融风险,促进财务公司稳健经营和健康发展,中国银行保险监督管理委员会依据《中华人民共和国公司法》《中华人民共和国银行业监督管理法》等法律法规,制定了《企业集团财务公司管理办法》(2022年10月13日中国银行保险监督管理委员会令2022年第6号公布,自2022年11月13日起施行,以下简称《办法》)。该《办法》包括总则、机构设立及变更、业务范围、公司治理、监督管理、风险处置与市场退出以及附则等7章,共62条。其中第九条规定,申请设立财务公司的企业集团应当具备下列条件:"① 符合国家政策并拥有核心主业。② 具备2年以上企业集团内部财务和资金集中管理经验。③ 最近1个会计年度末,总资产不低于300亿元人民币或等值的可自由兑换货币,净资产不低于总资产的30%;作为财务公司控股股东的,最近1个会计年度末净资产不低于总资产的40%。④ 财务状况良好,最近2个会计年度营业收入总额每年不低于200亿元人民币或等值的可自由兑换货币,税前利润总额每年不低于10亿元人民币或等值的可自由兑换货币;作为财务公司控股股东的,还应满足最近3个会计年度连续盈利。⑤ 现金流量稳定并具有较大规模,最近2个会计年度末的货币资金余额不低于50亿元人民币或等值的可自由兑换货币。⑥ 权益性投资余额原则上不得超过本企业净资产的50%(含本次投资金额);作为财务公司控股股东的,权益性投资余额原则上不得超过本企业净资产的40%(含本次投资金额);国务院规定的投资公司和控股公司除外。⑦ 正常经营的成员单位数量不低于50家,确需通过财务公司提供资金集中管理和服务。⑧ 母公司具有良好的公司治理结构或有效的组织管理方式,无不当关联交易。⑨ 母公司有良好的社会声誉、诚信记录和纳税记录,最近2年内无重大违法违规行为。⑩ 母公司最近1个会计年度末的实收资本不低于50亿元人民币或等值的可自由兑换货币。母公司入股资金为自有资金,不得以委托资金、债务资金等非自有资金入股。银保监会规章规定的其他审慎性条件。"

3. 关于税收的相关政策

2000年,财政部、国家税务总局发布了《关于非金融机构统借统还业务征收营业税问题的通知》(财税字〔2000〕17号),指出:"对企业主管部门或企业集团中的核心企业等单位向金融机构借款后,将所借资金分拨给下属单位(包括独立核算单位和非独立核算单位),并按支付给金融机构的借款利率水平向下属单位收取用于归还金融机构的利息不征收营业税。"该项政策从国家税收的角度承认了企业集团通过统借统还方式实施的资金集中管理,并在税收上对不高于金融机构借款利率的情况给予了一定的税收政策支持。

由上可见,中国的集团企业实施资金集中管理已经具备必要的法规和政策支持。

6.3.3　集团企业资金集中管理的基本原则

集团企业在实施资金集中管理的过程中,处理好集权与分权的关系,是决定资金集中管理效果的最为重要的因素。一般而言,集团企业在处理集权与分权的关系时,应充分考虑和遵循以下几条基本原则:

第一,与集团组织架构相匹配。资金管理集权与分权的程度首先依赖于集团的组织架构,而集团的组织架构及其变革又取决于集团企业的整体实力。一般来说,集团企业的实力越强,可供选择的资金控制方式就越多。实力越弱的集团企业,变革集团组织架构的相对成本越高,可供选择的资金控制方式就越少。

第二,以资金合理配置为基本追求。资金集中管理不应演化为对成员企业资金简单粗暴的"掠夺",而应是在集团资金供给总量既定情况下的合理配置。集团企业资金是否得到了合理配置,其唯一的判断标准就是资金是否投向了集团内部最有效率的方面,从而使集团企业总体的资金回报率得以提高。

第三,有助于控制集团整体的财务风险。资金集中管理不仅应有助于促进资金效益的提高,同时还应有助于控制和降低集团整体的财务风险。因此,集团母公司必须充分了解集团各成员企业的经营和财务状况及其所处的发展阶段,采取适当的资金控制模式,控制财务风险,以避免财务风险在集团内部蔓延。

6.3.4　集团企业资金集中管理的经济后果

从一定程度上来说,资金管理的集中程度反映了集团企业内部的权力配置状况,或者说母公司对下级子公司的集权或分权程度。Jensen and Meckling(1992)指出,完全集权的组织模式会增大信息成本,而完全分权的组织模式会增大代理成本,因此二者之间存在均衡点,使得企业的总组织成本最小。集团企业内部的资金管理也受相同的组织理论约束。如果一个经营不善、内部发展不均衡、资金供给量远小于资金需求量的集团企业进行资金集中管理,就有可能产生较大的风险。因此,只有充分了解集团企业的整体状况、所处的发展阶段、客观现实和资金特点,采取相应的资金管理模式,才能降低其财务风险。实施不同集中程度的资金管理,可能为集团企业带来以下几个方面的经济后果。

1. 集中程度过低:代理成本严重

Coase(1937)在《企业的性质》一文中强调了两种可供选择的资源配置方式的存在:

一种是依靠外部市场的价格体系发出的资源配置和交易机会信号实现的资源配置;另一种则是依靠企业内部行政权力实现的资源配置。前者存在交易成本,而后者又面临内部代理问题与代理成本。企业通过将相关契约内部化,相应地节约了交易成本,但同时又要以内部代理成本的上升为代价。集团企业是介于单体企业与市场之间的一种组织形式,因而更加面临交易成本节约与代理成本上升两种问题的权衡。若集团企业即母公司对内部资金的集中管理和控制程度过低,则会由于下级子公司管理层具有构建企业帝国的强烈动机,使集团内部的投资水平失控,各成员企业间的资金余缺失衡,进而丧失集团企业的整体战略优势。

2. 集中程度过高:子公司积极性丧失

子公司作为独立的法人企业,在一定程度上具有自身独立的经济利益诉求。若母公司权力过于集中,则势必影响下级子公司的积极性。就资金管理问题而言,更是如此。母公司对资金掌控的程度,与下级子公司管理层的私人利益休戚相关。当下级子公司因过度集中的资金管理体制而受到束缚时,其运作效率和经营效益也将相应地受到影响。特别地,如果资金集中管理使得集团成员企业的发展面临资金瓶颈的制约,则这种集权化的管理就违背了集团存在的初衷——经济利益最大化。

3. 集中程度适中:资金综合效率最大化

张会丽和吴有红(2011)的研究发现,财务资源配置的集中程度与企业的经营绩效呈显著的倒"U"形关系,即过度集中或过度分散的财务资源配置都将对企业的经营绩效产生不利影响。企业只有执行与其财务特征相匹配的适度集中战略,才能最大化经营绩效。对资金的控制不应视为狭隘的资金限量分配,而应视为在集团资金供给量为一固定预期值下的合理配置。合理配置的标准是资金回报周期短与资金回报率高,即投入—产出的均衡和高效。集团企业只有对内部资金实施适度的集中管理,才能达到上述标准,进而提高整个集团的综合运作效率。

6.4 集团企业的内部转移定价

转移价格是指集团企业内部相关联的各方在交易过程中所采用的价格。转移价格的实施,既会影响集团企业的整体战略,又会影响集团企业内部各方的业绩和利益。因此,需要在效率和公平之间进行权衡。

6.4.1 转移定价及其动机

集团企业的转移价格是企业对中间产品内部转让计价结算的一种标准,其使用的目的是实现企业的经营战略,正确地评价和考核内部责任中心的经营成果。

转移定价是随着社会化大生产的发展和企业组织形式及结构的变化应运而生的一

种管理手段,它反映了企业内部分工与合作的要求。如图 6-1 所示,在传统的直线职能制组织结构下,企业只有一个利润中心,因而不会发生利润中心之间的转移价格问题。而当企业发展出多个利润中心时,就会形成如图 6-2 所示的存在分部结构的组织形式。这些分部亦即企业内部的利润中心,一方面它们没有独立的经营和财务决策权,相互之间需要按企业总部的要求进行交易和结算;但另一方面又需要追求各自的利润目标。因此,就有必要按转移价格来计算内部交易的结算金额。

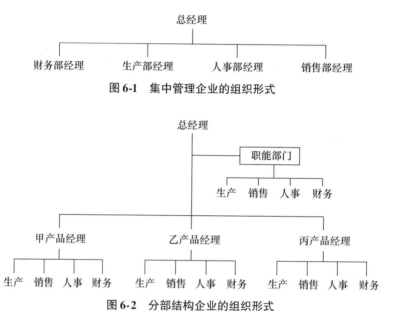

图 6-1　集中管理企业的组织形式

图 6-2　分部结构企业的组织形式

对于集团企业而言,实行转移定价的基本动机与上述多利润中心的情形一样。但是,由于集团企业下属的经营单位不仅是利润中心,还有可能是投资中心,它们比一般企业的利润中心具有更强的独立性,而且集团企业内部各经营单位之间的交易数量和交易频率往往显著地高于一般的多利润中心企业,因此集团企业实行转移定价的目的就更为复杂。通常来讲,集团企业实行转移定价的目的主要有三个方面,即明确经济责任、实现内部资金调度和取得避税效应。

首先,通过制定合理的转移价格,集团企业就可以调节内部供求双方的利益,明确各方的经济责任,便于经济责任的落实。同时,经济责任的落实也有助于集团企业的内部业绩评价。之所以需要通过制定转移价格来实现明确经济责任的目的,是因为集团内部交易的对象有可能缺乏活跃的外部交易市场,如果任由卖方定价,就很有可能因垄断而定价过高,从而使买方成本过高。买方就会将此作为不能实现经营和财务目标的借口。

其次,集团企业可以根据整体的发展战略,以各种方式进行资金的内部调度,转移定价就是其中的主要方式之一。通过转移定价的方式,集团企业可以将资金配置到集团战略发展所要求的项目上来,实现整体的战略目标。例如,假如集团内有一家子公司,目前盈利一般甚至亏损,发展资金不足,但属于朝阳产业,市场前景很好,那么,集团为了使该子公司得到优先发展,就可以通过转移定价的方式,让该子公司在与其他集团成员企业进行交易时,以较低的转移价格买入或以较高的转移价格卖出,从而实现资金向该子公司的汇集。

最后,集团企业各成员企业的纳税地位并不完全相同,有些成员企业可能享有某些税收优惠,或者处于低税负国家或地区,而另外一些则不能享受税收优惠,或者处于高税负国家或地区。因此,通过制定相应的转移价格,就可以将利润集中到享有税收优惠或税负较低的成员企业,从而降低集团整体的纳税负担,取得避税效应。

6.4.2 转移定价的影响因素

企业是否及如何实施转移定价,除了以上所述的基本动机,还要受到企业管理战略和管理过程等方面特征的影响。

首先,管理战略的特征决定了实施转移定价的必要性。例如,相较于采取横向多元化战略的集团企业而言,采取纵向一体化战略的集团企业更有必要实施转移定价。这是因为,当采取纵向一体化战略时,各子公司或其他利润中心都是同一产业链上的一个环节,其利益都建立在集团整个产业链的整体利润的基础之上,因此,集团内部成员企业之间的交易及定价就不应该简单地取决于交易双方的意愿,而是要考虑到内部交易及定价对集团整体战略实施和集团整体利益的影响。那么,这种战略下的转移定价就不可能是完全市场化的协商定价,而是或多或少带有集团总部的强制性。

其次,管理过程的特征决定了转移定价的可能性与可行性。管理过程的特征可以从主体因素和客体因素两个方面来看。影响转移定价的主体因素主要包括企业的集权或分权程度、分部组织形式、集团高级管理层的能力和权威。企业越是集权,分部的权力就越小,转移定价主要是集团高级管理层的决策,分部管理者参与的程度就越低,转移定价的强制性就越强。分部是否为法人,也会对转移定价产生重大影响。如果分部是独立的法人,则其自主权就相对较大,从而集团内部交易及定价的自主性就较强、强制性就较弱。相反,如果分部为非法人机构,则集团内部交易及定价的强制性往往较强。当然,如果集团企业想要实施高强制性的转移定价,则集团高级管理层就必须具有高度的权威性和足够强的管理与协调能力,否则,就很难平衡各分部之间的利益关系。客体因素对转移定价的影响主要是由客体的性质决定的,包括客体的形式和中间产品的外部市场状况等。一般来讲,产品的转移定价更多地依据市场价格,而劳务、资金和无形资产的转移定价则更多地依据成本。中间产品的外部市场状况对转移定价的影响也很显著。当中间产品完全没有外部市场,从而没有市场价格可供参考时,转移定价就只能以成本为基础;相反,当中间产品存在外部市场时,就可能参考市场价格进行转移定价。特殊情况下,如果企业分部是某一中间产品的唯一买方或唯一卖方,则转移定价往往会更有利于这一方。

再次,转移定价也要考虑其对各分部心理和行为可能产生的影响。转移定价会影响各分部的财务业绩,因而对分部不利的转移定价就会招致分部的抵制。如果集团强制性地实施对某些分部不利的转移定价,则不仅会导致这些分部行为的消极,而且会引致分部之间的利益冲突,以及由此导致的集团内部各成员企业之间协调性的下降。

最后,必须指出的是,转移定价的制定和实施,除了需要考虑上述集团内部的影响因素,还需要考虑来自集团外部的各种制约因素。其中最为重要的有以下两个方面:一是税务部门的反避税行动。企业存在通过转移定价实现避税的动机,而政府的税务部门可以对企业转移定价的合理性展开调查,并对明显偏离市场价格标准的转移定价行为予以制裁。二是资本市场监管机构对小股东利益保护的举措。出于保护小股东利益的考虑,资本市场监管机构往往要求企业表明其转移价格的公允性;否则,就会被裁定为非公允的关联交易,企业也会因此而受到相应的处罚。

6.4.3 转移定价制度

转移定价制度并不存在统一的模式。在实践中,根据各利益主体参与程度的不同,基本上有两种做法,即集团总部直接干预的转移定价制度和各分部自主协商的转移定价制度。

直接干预的转移定价制度是指集团总部根据集团整体战略的需要,直接规定上游子公司的产品生产计划,并按总部规定的转移价格将产品"销售"给下游子公司。这种转移定价制度的主要好处是,可以把集团企业中不经济的行为缩减到最小限度,符合集团整体利益最大化目标的要求。但是,其弊端是会削弱分权的优越性,子公司经理将会失去经营上的灵活性和独立决策的其他好处。而且,集团高级管理层也会在解决价格争执方面应接不暇。因此,如果转移价格问题不经常发生,则直接干预的转移定价制度具有更大的优越性;如果转移定价问题经常发生,则直接干预的代价太高,采用这种制度就不太合适。

自主协商的转移定价制度是指允许各分部经理共同协商内部转让产品和劳务的价格。在协商过程中,集团总部主要是起协调与信息沟通的作用,而不是采取直接命令的方式。这种转移定价制度有助于调动各分部经理参与管理的积极性,使转移定价制度得到真正的贯彻与实施。然而,这种制度也有其明显的不足之处:一是自主协商过程往往会耗费大量的管理精力,特别是在转移价格制定基础、相关费用的确定等问题上,很难形成一致意见;二是最终形成的转移价格在很大程度上依赖于各分部经理的协商能力,从而使转移价格偏离其战略目标,不利于实现集团企业整体利益最大化。

6.4.4 转移定价方法

无论采用怎样的转移定价制度,具体的转移定价方法不外乎以下三种,即以成本为基础的转移定价方法、以市价为基础的转移定价方法和双重定价法。

1. 以成本为基础的转移定价方法

以成本为基础的转移定价方法具体又包括完全成本法、标准成本加成法和边际成本法三种。

(1) 完全成本法

完全成本法是指集团企业内部交易的转移价格以提供产品的子公司的全部成本为依据加以确定。采用完全成本法的最大优点是概念明确,易于实施。同时,它可以满足各子公司存在和发展的基本需要。但是,完全成本法存在以下明显的问题:① 完全成本法无法根据各子公司的利润、投资收益率或其他效益指标来衡量其业绩,这和子公司作为利润中心的宗旨是相违背的。② 完全成本法将使得处于不同生产环节的子公司业绩衡量相互依赖,容易引发子公司之间的相互推诿和摩擦。③ 完全成本法下,由于上游子公司的成本总是能够得到补偿,因此可能造成上游子公司放松对产品成本的管理和控制。从集团的角度来看,完全成本法很可能违背目标一致原则,导致次优决策。

(2) 标准成本加成法

标准成本加成法是指所采用的成本应当是标准成本,而不是实际完全成本。以标准成本为基础确定转移价格,有利于鼓励上游子公司控制生产经营成本,改善经营业绩。采用标准成本加成法的主要问题在于如何估计必要的利润或加成率。加成率水平的高低,将直接影响到各子公司的经济利益。特别是当上游子公司提供的产品或服务并不对外销售时,加成率的确定就没有十分客观的依据。

(3) 边际成本法

边际成本法是指以边际成本为基础制定转移价格。边际成本法最大的优点是,促使上游子公司的生产能力在短期内发挥最大作用。但是它的弱点是,在确定转移价格时不考虑固定成本,这从短期来看是可行的,但是从长期来看,只有全部成本得到补偿,集团企业或子公司才有利润可言。实践中,如果采用边际成本法,则有可能导致上游子公司成本补偿不足,进而影响其积极性。因此,集团企业需要在对上游子公司进行业绩评价的同时进行业绩水平的调整计算,或者调整业绩评价的标准,以使该类子公司得到公正的评价和激励。

一般认为,以成本为基础确定转移价格主要适用于以下两种情况:① 在集团企业外部并没有同样的产品,因此不存在可以竞争的市价;② 采用市价容易使各子公司的经理产生较大的利益冲突。

2. 以市价为基础的转移定价方法

如果集团企业采用市价作为转移价格的基础,则通常必须遵循下列原则:① 如果上游子公司愿意对内供应,且其要求的价格与市价相同,则下游子公司有内部购买的义务;② 如果上游子公司要求的价格高于市价,则下游子公司有选择在市场采购的权利;③ 如果上游子公司选择对外供应,则应当有不对内供应的权利;④ 集团企业内部应当设置一个仲裁部门,当子公司之间因转移价格而发生争执时,它可以实施仲裁,明确责任。

通常认为,市价是转移价格的上限。实践中,在市价基础上打一折扣被认为是比较合理的做法,其主要理由是,内部交易可以节省交易费用。

如果集团企业的中间产品或劳务市场是有竞争性的,且子公司的相互依赖又微不足道,则中间产品或劳务市场中的实际价格就是最理想的转移价格,因为它一般可导致最优决策。因此,以市价为基础的转移定价方法主要被实行高度分权化管理的集团企业采用。

3. 双重定价法

鉴于按成本法和市价法制定转移价格都各有不足,如果集团企业认为没有最优的单一转移价格,则可以考虑采用双重定价法这种折中的做法。在双重定价法下,集团总部通常根据不同的子公司制定不同的转移价格。例如,上游子公司的转出价格可以采用市场价格,而下游子公司的转入价格可以采用标准成本。采用双重定价法既可以解决下游子公司被动地承受上游子公司生产低效的难题,又可以使上游子公司感受到市场竞争的压力。但是,双重定价法下,如果上游子公司高价出售,下游子公司低价购买,就可能导致上下游子公司都忽视成本控制,因此,这种转移定价方法虽然可能使所有子公司的积极性都得到充分调动,但未必能够带来集团整体利益的最大化。

6.5 集团企业的业绩评价

建立和完善业绩评价制度,采取适当的激励措施,借以调动子公司或分部的积极性,是集团企业财务管理的又一重要方面。

从集团总部的观点来看,选择评价子公司业绩的指标应遵循以下基本原则:① 能促使各子公司紧紧围绕集团总部的最大利益开展业务;② 能同时反映两个因素,而不是只反映一个因素,以避免子公司行为的片面和极端;③ 尽可能简单、明确,同时又切实可行;④ 不仅要反映当期财务成果,还要反映预期财务成果。这些原则相互之间(如原则②和③之间)可能存在一定的冲突,实践中需要根据企业实际情况确定哪个原则更应该被优先考虑。

随着企业经营环境和经营方式的变迁,业绩评价经历了从财务评价模式到价值评价模式、平衡评价模式的发展和演变。

6.5.1 财务评价模式

所谓财务评价模式,是指以财务指标为中心进行业绩评价。但是,在财务评价模式下,究竟以哪些财务指标为主进行业绩评价,则是随着时代发展而不断变化的。

在18世纪中后期工厂制度建立之初,控制成本是企业财务管理的一个核心问题。与此相适应,企业的业绩评价多以成本指标为中心。19世纪中后期,随着市场竞争的日趋激烈,尤其是企业生产规模的扩大,以传统的成本指标为中心进行业绩评价已不能满足有效控制成本的需要,标准成本及差异分析制度应运而生。标准成本及差异分析制度的推广与运用,使企业的成本评价指标更为完善。

进入20世纪,随着企业经营朝着多元化和综合化发展,企业组织相应地走向集团化。这些涉足众多生产经营领域的集团企业,其多元的业务经营领域和复杂的管理组织结构,决定了需要建立与之相适应的业绩评价体系。1903年,美国杜邦公司率先实行了以投资报酬率为核心的企业业绩评价指标体系。杜邦公司的财务主管法兰克·唐纳森·布朗(Frank Donaldson Brown)提出了著名的杜邦模型,其核心关系模式即为:

$$权益报酬率 = 投资报酬率 \times 权益乘数$$

以及

$$投资报酬率 = 资产周转率 \times 销售利润率$$

根据杜邦模型,权益报酬率、投资报酬率和销售利润率这三个指标共同成为评价企业及其所属各部门业绩的重要依据,这标志着现代财务指标评价体系的初步形成。

总体看来,权益报酬率、投资报酬率和销售利润率等业绩评价指标主要是依据财务报表中的相关数据计算出的财务比率,这些数据的采集严格遵循会计准则,减少或避免了人为对相关指标的调整,具有较强的可靠性和可比性,从而大大增强了财务评价模式被用于评价集团子公司业绩的可操作性。但是,随着企业经营环境的变化,财务评价模式也逐渐暴露出一些问题:第一,财务评价指标都是比率指标,本质上是一种相对数,虽能鼓励集团子公司提高效率,但不能有效地鼓励其追求规模扩张;第二,财务评价指标反映的业绩主要是企业的短期业绩,难以反映长期业绩,因而,以此评价企业业绩极易助长子公司的短期行为。

6.5.2 价值评价模式

财务评价模式不能确切地反映企业实现的未来价值,价值评价模式便是为了克服财务评价模式的这一缺陷应运而生的一种新的业绩评价模式。1986年,艾尔弗雷德·拉帕波特(Alfred Rappaport)在《创造股东价值》一书中,提出了一种从股东价值角度进行企业业绩评价的方法。1991年,思腾思特(Stern Stewart)公司提出了经济增加值(economic value added,EVA)指标。1997年,杰弗里·贝克德瑞(Jeffrey Bacidore)等人创建了修正的经济增加值(refined economic value added,REVA)指标,从而逐步形成了较为完善的价值评价模式的理论和方法体系。

1. EVA

EVA是指企业调整后的税后营业净利润(NOPAT)减去企业现有资产经济价值的机会成本后的余额。

EVA 的计算公式为:

$$EVA = NOPAT - K_w \times NA$$

式中:K_w 表示企业加权平均资本成本;NA 表示企业现有资产的经济价值。

运用 EVA 衡量企业业绩的基本思路是:企业的投资者可以通过股票市场,自由地将其投资于企业的资本加以变现,进而转作其他投资。因此,投资者至少应从企业获得投资的机会成本,亦即企业加权平均资本成本。

事实上,EVA 是 20 世纪 50 年代美国杜邦公司开始使用的剩余收益(residual income, RI)概念进一步发展而来的。EVA 与 RI 的基本区别有二:① EVA 运用资本资产定价模型(CAPM)确定资本成本,从而使其可以针对特定的被评价单位的市场风险来确定资本成本;② EVA 采用资产的经济价值概念,从而减少了对外财务报告所要求的会计方法对业绩评价的影响。从西方国家企业的使用情况来看,EVA 理念的作用主要是让被评价者克服盲目投资、盲目使用权益资本的痼疾,从而有助于提高资产运用效率。

2. REVA

REVA 是由杰弗里·贝克德瑞等人于 1997 年在一篇题为"关于最佳财务业绩衡量研究"的论文中提出的。其计算公式如下:

$$REVA_t = NOPAT_t - K_w \times MV_{t-1}$$

式中:$NOPAT_t$ 表示第 t 期期末企业调整后的税后营业净利润;MV_{t-1} 表示第 $t-1$ 期期末企业资产的市场价值,等于企业所有者权益的市场价值加上经过调整的企业负债价值(总负债减去无利息的流动负债)。

由上述计算公式可以看到,REVA 与 EVA 的区别在于资产价值的确定方法不同。在 REVA 理念下,企业用于创造利润的资产价值总额既不是企业资产的账面价值,又不是企业资产的市场价值。

3. 对 EVA 和 REVA 的评价

尽管对 EVA 和 REVA 指标的应用还有不少争议,它们与企业价值的相关性也没有得到强有力的实证分析支持,但与传统的业绩评价指标相比,这两个业绩评价指标有一些共同的优点:首先,这两个指标都考虑了资本成本,从而真正地以股东财富(所有者财富)的增加来衡量企业的经营业绩;其次,这两个指标在不同程度上将业绩评价由内部推向了市场;最后,这两个指标将利润和资产占用以机会成本的方式联系起来,以一种较易理解的方式增强了经营者对投资效益和资产充分利用的关注,并且有助于加强具体投资项目决策和股东财富最大化之间的联系,促进经营战略和经营决策的协调。

这两个业绩评价指标的缺陷主要体现在以下两个方面:其一,这两个指标不能根据财务报表数据直接计算得出,而需要加以调整、分析,在数据收集和计算方面有一定的困难;其二,营业利润及资产价值的调整都因企业而异,这在一定程度上增加了指标计算的工作量,影响了指标在不同企业间的可比性。

6.5.3 平衡评价模式

价值评价模式较财务评价模式有了显著的改进,但从根本上看,它依然侧重于从财务的角度进行业绩评价。随着企业间竞争的不断加剧,企业在关注以财务指标反映的短期业绩的同时,更多地以战略的眼光关注财务指标所不能反映的,但对企业未来的长远发展和股东的长期利益十分重要的非财务指标。这就导致了一种新的业绩评价模式——平衡评价模式——的产生。平衡评价模式的核心工具就是所谓的平衡计分卡(balanced score card,BSC)。

平衡计分卡是由美国哈佛大学教授罗伯特·S.卡普兰(Robert S. Kaplan)和复兴全球战略集团总裁戴维·D.诺顿(David D. Norton)率先提出的。相较于传统的以财务指标为主的业绩评价系统,平衡计分卡则强调非财务指标的重要性,通过对财务、客户、内部经营过程、学习与成长等既各有侧重又互相影响的四个方面的业绩进行评价,来沟通目标、战略和企业经营活动之间的关系,以实现短期利益与长期利益、局部利益与整体利益的均衡,如图6-3所示。

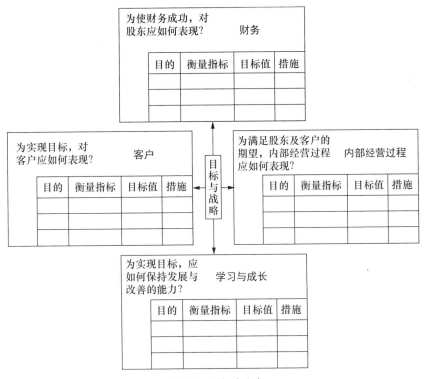

图6-3 平衡计分卡

从图 6-3 中可以看到,平衡计分卡是由一个中心和四个侧面构成的。

平衡计分卡的中心就是企业目标与战略。使用平衡计分卡评价企业业绩所考察的四个侧面,并非孤立的四个方面内容的简单凑合,而是围绕体现和实现企业目标与战略这一核心而展开的、具有逻辑联系的四个侧面。因此,企业欲采用平衡计分卡,首先必须形成明确且切实可行的企业目标与战略,否则,平衡计分卡就会庸俗化为纯粹的折中主义。当然,如果企业形成了目标与战略,但没有平衡计分卡这个有效的工具,那么也难以将企业目标与战略落到实处。归纳为一句话,即清晰的企业目标与战略是建立平衡计分卡业绩评价体系的前提和基础,而企业目标与战略需要通过平衡计分卡加以"分解"落实。所以,如果企业在建立平衡计分卡业绩评价体系时未能很好地体现企业目标与战略,那么即便业绩评价结果优秀,企业目标与战略也未必能够实现。这时,平衡计分卡就徒具形式了。

如前所述,平衡计分卡中的企业业绩评价体系所包括的四个方面的基本内容是财务、客户、内部经营过程、学习与成长。这四个方面各有侧重,相互影响,共同构成了企业业绩评价体系。它们沟通了企业目标与战略,平衡了企业发展中的短期利益与长期利益、局部利益与整体利益。

1. 财务方面

财务方面的业绩评价指标旨在从出资人利益实现的角度,衡量企业本期实现的财务成果。尽管单纯地以财务指标来评价企业业绩有种种缺陷,但不可否认的是,财务指标是股东、债权人等企业出资人十分关心的一个方面。从终极意义上讲,出资人投资于企业,要的就是价值的增值。而财务指标是对持续经营中的企业在一定时期所创造价值的最基本的衡量。而且,企业的财务数据易于采集,也较为齐全和可靠。这些都决定了业绩评价无论如何也离不开财务指标。

通常,平衡计分卡中使用的财务指标主要有权益报酬率、投资报酬率、经营现金流量和 EVA 等。

2. 客户方面

客户方面的业绩评价指标主要反映的是企业为客户提供的价值的大小。随着企业之间的竞争日趋激烈,企业经营战略的价值取向也逐步转向以客户需求为导向。提供高质量的产品和服务,培育良好的品牌形象,已成为企业实现长远战略目标的一个关键性因素。为此,平衡计分卡设置了客户方面的业绩评价指标。

平衡计分卡中反映企业客户方面的业绩评价指标主要有客户满意程度、客户保持程度、获取新客户的能力及市场份额等。

3. 内部经营过程方面

内部经营过程方面的业绩评价指标主要反映的是为了向客户提供高质量的产品和服务,进而提高企业的财务效益,而对一系列业务流程的建立和完善。

平衡计分卡中反映企业内部经营过程方面的业绩评价指标主要有新产品推出能力、新产品设计能力、订单完成率、成本报酬率、生产能力利用率、设备完好率、产品合格率、售后服务的反应时间及处理时间等。

4. 学习与成长方面

学习与成长方面的业绩评价指标主要反映的是企业为确保创造长期的成长和价值增值所必须做好的一些基础建设。在激烈的市场竞争中,企业必须不断地增强其自主创新能力。创新和学习体现着企业及其员工素质的提高,是企业的核心竞争力之一。

平衡计分卡中反映企业学习与成长方面的业绩评价指标主要有员工满意程度、员工流动率、员工培训次数、新产品研发周期和员工有效建议年平均数量等。

与传统的业绩评价模式相比,平衡评价模式的特点和进步之处主要体现在以下几个方面:首先,它将目标与战略具体化,加强了内部沟通;其次,以客户为尊,重视竞争优势的获取和保持;再次,重视非财务业绩衡量,促进了结果考核和过程控制的结合;最后,利用多方面考核所具有的综合性,促进了短期利益与长期利益的平衡。

当然,以平衡计分卡为代表的企业业绩平衡评价模式也并非完美无缺。其主要不足有:第一,业绩指标覆盖面广,计算过程复杂而烦琐,制约着企业业绩评价工作效率的提高;第二,忽略了政府、供应商等利益相关者的诉求;第三,这种模式更适用于企业内部不同时期经营状况的纵向比较,不利于不同企业同期经营状况的横向比较;第四,很难厘清其所考察的四个侧面相互之间的逻辑关系,从而综合的结果是否是一种恰当的平衡就不得而知了。

本章小结

内部资本市场可以以较低的成本复制外部资本市场的资源配置功能,促使资本向经济效益较高的内部单元流动。在降低交易成本、避免交易摩擦、缓解外部融资约束、提高项目投资效率等方面,内部资本市场代替外部资本市场在企业运营中发挥着重要作用。但是,内部资本市场也会加剧外部投资者(股东)与总部 CEO 之间的委托—代理冲突,导致分部经理的寻租行为。

建立和完善财务体制,健全财务控制机制,是集团企业财务的基础工作。财务体制的关键是财务决策权的集中与分散问题。根据决策结构的特征,集团企业的财务体制一般可以划分为完全集中的财务体制、管理的分散的财务体制、受控制的分散的财务体制和完全分散的财务体制四种类型。按照侧重点不同,集团企业的财务控制可以划分为三种不同的模式,即参与型财务控制模式、评价型财务控制模式和参与评价结合型财务控制模式。

集团企业的母公司借助资本纽带或契约纽带等,控制成员企业的资金营运,聚集资金资源,实行资金集中管理,有利于提高集团整体的资金使用效率。当然,集团企业必须充分了解集团的整体状况、所处的发展阶段、客观现实和资金特点,进而采取与这些特点相适应的资金管理模式。

集团企业转移定价的实施,既会影响集团企业的整体战略,又会影响集团企业内部各方的业绩和利益。因此,需要在效率和公平之间进行权衡。集团企业转移定价的目的主要有明确经济责任、实现内部资金调度和取得避税效应。转移定价制度根据各利益主体参与程度的不同,基本上有两种做法,即集团总部直接干预的转移定价制度和各分部自主协商的转移定价制度。

建立和完善业绩评价制度,采取适当的激励措施,借以调动子公司或分部的积极性,是集团企业财务管理的又一重要方面。随着企业经营环境和经营方式的变迁,业绩评价经历了从财务评价模式到价值评价模式、平衡评价模式的发展和演变。

关键概念

集团企业	母公司	子公司
内部资本市场	多币效应	活币效应
集权	分权	财务控制
组织结构	直线职能制	事业部制
转移价格	利润中心	成本法
市价法	杜邦体系	经济增加值
修正的经济增加值	平衡计分卡	

讨论题

1. 找一个熟悉的集团企业,了解其财务体制和财务控制体系,并进行评述。

2. 第1题中所找的集团企业是否实行了资金集中管理?为什么实行或不实行资金集中管理?如果实行了资金集中管理,其效果如何?

3. 第1题中所找的集团企业是否实施了平衡计分卡?若已实施,则了解其实施的效果和实施中遇到的问题,并分析应该如何改进;若未实施,则分析该集团企业是否有必要和是否有条件实施平衡计分卡。

案 例

中钢集团的高负债之路[①]

中国中钢集团有限公司(以下简称"中钢集团")作为一家大型中央国有企业,曾创造了央企快速成长的神话——2003 年公司总资产仅为 100 亿元,2010 年已发展至 1 200 亿元,足足翻了十几倍,其发展模式也一度受到国资委认可。但是 2014 年 9 月 22 日,"中钢集团百亿元贷款全面逾期"的消息在市场风传,一石激起千层浪,中钢集团的债务危机逐渐揭开面纱……

一、中钢集团及其上市公司简介

中钢集团是一家国资委旗下的中央国有企业,主要从事冶金矿产资源开发与加工,冶金原料、产品贸易与物流,相关工程技术服务与设备制造等业务,曾多次进入"中国企业 500 强"和"世界企业 500 强"(见表 1)。截至 2013 年 12 月 31 日,中钢集团的总资产达到了 1 100 亿元。

表 1 中钢集团在"中国企业 500 强"及"世界企业 500 强"排名

年度	中国企业 500 强	世界企业 500 强
2006	第 88 位	—
2007	第 60 位	—
2008	第 33 位	—
2009	第 24 位	第 372 位
2010	第 32 位	第 352 位
2011	第 40 位	第 354 位
2012	—	—
2013	—	—
2014	—	—

资料来源:作者整理。

中钢集团成立于 1993 年 5 月,最初由中国冶金进出口总公司、中国钢铁炉料总公司、中国国际钢铁投资公司和中国冶金钢材加工公司组建而成,原名为中国钢铁工贸集团公司。2004 年 8 月,集团更名为中国中钢集团有限公司。

2006 年 8 月,中钢集团收购吉林炭素股份有限公司(股票代码:000928)控股股东吉

[①] 案例作者:陆正飞、何捷。

林炭素集团有限责任公司所持有的国有法人股 15 018 万股，控股比例达 53.09%，成为吉林炭素股份有限公司的控股股东，并将吉林炭素股份有限公司更名为"中钢集团吉林炭素股份有限公司"。2014 年 10 月，由于重大重组导致中钢集团吉林炭素股份有限公司主营业务发生变化，其名称变更为"中钢国际工程技术股份有限公司"，简称变更为"中钢国际"。截至 2014 年 11 月 7 日，中钢集团在中钢国际的持股比例为 20.39%，其全资子公司中国中钢股份有限公司(以下简称"中钢股份有限公司")的持股比例达到了 35.13%，中钢集团依然是中钢国际的实际控制人。

2006 年 8 月 2 日，中钢集团旗下子公司中钢集团安徽天源科技股份有限公司(以下简称"中钢天源")在深圳证券交易所挂牌交易，股票代码为 002057。2008 年 10 月 31 日，中钢集团将其持有的中钢天源 2 448 万股股权(占集团总股本的 29.14%)过户到了中钢股份有限公司名下。截至 2014 年 9 月，中钢股份有限公司在中钢天源的持股比例为 25.94%，第二大股东中钢集团马鞍山矿山研究院有限公司(隶属于中钢集团)的持股比例为 8.28%，中钢集团依然是中钢天源的实际控制人。至此，中钢集团旗下已有两家上市公司。中钢集团与旗下上市公司控股结构如图 1 所示。

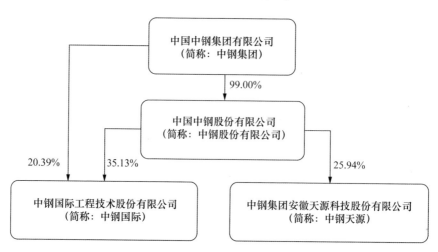

图 1　中钢集团与旗下上市公司控股结构(截至 2014 年 9 月)
资料来源：作者整理。

二、中钢集团债务危机

(一) 中钢集团贷款逾期事件

2014 年 9 月 22 日，"中钢集团百亿元贷款全面逾期"的消息在网络上风传，此后消息愈演愈烈，传闻称其逾期贷款涉及 9 家银行，并指国务院国资委可能注资 200 亿元。这一消息立即引起了市场和媒体对中钢集团债务危机的广泛关注。

次日，中钢集团回应表示"公司确有个别资金回笼未按期到账，在宏观经济下行的环境下,钢铁行业低迷,公司资金紧张,但经营仍处于平稳正常状态"。工商银行和民生银行也陆续否认传闻。工商银行相关负责人称"中钢集团及其下属公司在工行的融资余额占中钢集团全部金融机构融资余额的比重不足1.3%,目前工行相关融资均未违约"。民生银行也表示"只有个别分行对中钢集团旗下经营良好的当地子公司有少量授信,目前,这些子公司经营正常,还款付息正常,相关贷款未产生逾期或不良"。

尽管中钢集团和相关银行纷纷辟谣,但市场对其高负债风险并非杞人忧天。中诚信国际评级报告显示,中钢集团总负债已从2007年的657.76亿元增加到了2013年的1033.52亿元,资产负债率已从2007年的89.33%提高到了2013年的93.87%,一直居高不下(见表2)。我们通过Wind数据库财务数据发现,根据申银万国行业分类,2013年12月31日,钢铁类上市公司的平均资产负债率为64.95%,其中资产负债率最低的为常宝股份(22.25%),最高的为抚顺特钢(85.12%)。而国资委旗下的另外三家央企上市公司宝钢股份、鞍钢股份、武钢股份的资产负债率分别为47.03%、49.29%、60.78%,均低于中钢集团的资产负债率。尽管中钢集团整体并未上市,与钢铁类上市公司的内外部环境可能有所不同,但中钢集团93.87%的资产负债率不得不令人担忧。

表2 中钢集团主要财务数据

财务数据	2007-12-31	2008-12-31	2009-12-31	2010-12-31	2011-12-31	2012-12-31	2013-12-31
总资产(万元)	7 363 158.76	9 925 172.52	12 449 547.77	12 583 532.96	12 581 642.55	10 914 442.82	11 010 171.04
总负债(万元)	6 577 568.31	8 931 940.21	11 285 905.79	11 468 701.88	12 105 531.65	10 707 319.21	10 335 177.90
资产负债率(%)	89.33	89.99	90.65	91.14	96.22	98.10	93.87
主营业务收入(万元)	12 353 116.72	16 835 988.55	16 404 265.30	18 456 624.08	17 976 694.27	14 973 743.10	14 047 408.46
主营业务利润(万元)	645 646.08	929 665.39	636 322.19	818 678.53	897 950.91	61 189.93	590 341.75
EBIT(万元)	453 491.72	477 078.66	311 589.87	198 596.87	-99 811.63	128 977.36	346 574.65
EBITDA(万元)	510 458.01	543 637.24	389 706.53	298 521.32	31 014.23	292 680.10	458 579.74

资料来源:作者整理。

事实也正是如此。2014年6月24日,中诚信国际在"10中钢债"①的评级报告中表示:"中钢集团资产负债率很高,经营持续亏损且面临很大的流动性风险,下属子公司除中钢股份有限公司外,其余主要子公司也面临很大的经营和偿债压力,从中钢集团合并报表口径来看,无法为(中钢股份有限公司)本期债券提供有力担保。"

(二)中钢股份有限公司负债情况

中钢集团持股99%的中钢股份有限公司是其主要经营主体,集团大部分负债也是来自中钢股份有限公司及其子公司。

---

① 2010年10月20日,中钢股份有限公司发行20亿元公司债,中钢集团作为其担保人。

根据中钢股份有限公司年报,2007年以来中钢股份有限公司资产负债率一直处于90%以上的水平,其中2011年达到最高值98.47%(见表3)。截至2013年12月31日,中钢股份有限公司总负债为950.67亿元,其中短期借款为369.74亿元(见表4),逾期未还的短期借款为向衡阳市珠晖区人民政府借款3 000万元(见表5);长期借款为50.23亿元(见表6),逾期未还的长期借款为2 685万元(见表7),主要为向建行和农行的借款,逾期时间均已超过6年。

表3 中钢股份有限公司资产负债情况

财务数据	2007-12-31	2008-12-31	2009-12-31	2010-12-31	2011-12-31	2012-12-31	2013-12-31
资产总计(万元)	6 383 425.84	7 935 539.38	10 111 138.49	10 044 692.66	10 208 464.03	9 784 892.05	10 020 298.07
负债合计(万元)	5 907 122.14	7 261 010.29	9 408 043.89	9 340 453.56	10 052 482.68	9 273 889.00	9 506 692.53
资产负债率(%)	92.54	91.50	93.04	93.00	98.47	94.78	94.87

资料来源:作者整理。

表4 中钢股份有限公司2013年12月31日短期借款分类 单位:元

项目	期末余额	年初余额
质押借款	8 627 307 401.50	1 090 918 800.44
抵押借款	1 051 646 288.66	937 688 482.00
保证借款	20 069 154 707.52	23 612 231 950.50
信用借款	7 226 025 631.93	8 981 571 118.55
合计	36 974 134 029.61	34 622 410 351.49

资料来源:《中国中钢股份有限公司2013年度报告》。

表5 中钢股份有限公司2013年12月31日短期借款逾期未还情况

借款单位	借款金额(元)	借款利率	借款类别	借款资金用途	逾期时间(天)	未按期偿还原因	预计还款期
衡阳市珠晖区人民政府	30 000 000.00	无息	信用借款	建设周转金	735	由于流动资金紧张	2015年6月30日
合计	30 000 000.00	—					

资料来源:《中国中钢股份有限公司2013年度报告》。

表6 中钢股份有限公司2013年12月31日长期借款分类 单位:元

项目	期末余额	年初余额
质押借款	1 647 606 899.29	2 308 251 000.00
抵押借款	417 466 250.00	784 578 828.94
保证借款	2 199 260 000.00	2 452 230 000.00
信用借款	758 830 130.00	4 102 729 365.34
合计	5 023 163 279.29	9 647 789 194.28

资料来源:《中国中钢股份有限公司2013年度报告》。

第6章 内部资本市场与集团企业财务管控

表7 中钢股份有限公司2013年12月31日长期借款逾期未还情况

借款单位	借款金额（元）	借款利率	借款类别	借款资金用途	逾期时间（年）	未按期偿还原因	预计还款期
建行四支行	17 350 000.00	7.56%	信用借款	自用	6	改制造成长期挂账	无法预计
陕西省农业银行	3 000 000.00	7.20%	信用借款	由人行委托西安交行办理的RH大型钢水精炼炉国产化专项购汇贷款最终转入农行	15	未催收	无法预计
爱建信托	3 000 000.00	7.56%	信用借款	自用	12	改制造成长期挂账	无法预计
浦联证券	2 000 000.00	6.14%	信用借款	自用	12	改制造成长期挂账	无法预计
建行一支行	1 420 000.00	7.56%	信用借款	自用	22	改制造成长期挂账	无法预计
建行五支行	80 000.00	7.56%	信用借款	自用	18	改制造成长期挂账	无法预计
合计	26 850 000.00						

资料来源：《中国中钢股份有限公司2013年度报告》。

2013年6月28日，中诚信国际在"10中钢债"评级报告中首次将中钢股份有限公司主体评级从AA调整为AA－，评级展望从"稳定"调整为"负面"。2014年6月23日，中诚信国际维持中钢股份有限公司主体评级AA－，评级展望从2013年6月的"负面"调整为"稳定"。但是在2014年9月发布的评级报告中，中诚信国际对中钢股份有限公司主体的评级展望又重新调整为"负面"（见表8），并表示"近期媒体的负面报道[①]可能导致公司融资环境的变化，并对公司的流动性产生负面影响。此外，2014年下半年以来，国际铁矿石供应持续增加，6月至今铁矿石均价下降约20%；主要受房地产市场调整的影响，钢铁下游行业的用钢需求增速下降，公司以铁矿石与钢材产品贸易为主的业务受到一定程度的影响。考虑到受宏观经济与行业环境的影响，公司承受一定的经营压力"。

表8 "10中钢债"历史信用评级

时间	评级标准	信用评级	评级展望	变动方向	评级机构
2007年5月25日	担保人评级	AA＋	稳定	首次	中诚信国际
2008年3月17日	担保人评级	AA＋	稳定	维持	中诚信国际

---

① 指2014年9月22日中钢集团百亿元贷款全面逾期消息及后续媒体报道。

(续表)

时间	评级标准	信用评级	评级展望	变动方向	评级机构
2010年6月24日	主体评级	AA	稳定	首次	中诚信国际
	债券评级	AA	—	首次	中诚信国际
2012年1月31日	债券评级	AA	—	维持	中诚信国际
	担保人评级	AA	—	调低	中诚信国际
	主体评级	AA	稳定	维持	中诚信国际
2013年1月23日	担保人评级	AA	—	维持	中诚信国际
	主体评级	AA	—	维持	中诚信国际
2013年6月28日	债券评级	AA−	—	调低	中诚信国际
	主体评级	AA−	负面	调低	中诚信国际
2014年6月23日	债券评级	AA−	—	维持	中诚信国际
	主体评级	AA−	稳定	维持	中诚信国际
2014年9月29日	主体评级	AA−	负面	维持	中诚信国际

资料来源:作者整理。

(三) 中钢集团旗下上市公司负债情况

中钢集团被曝出债务违约的相关传闻后,中钢集团旗下上市公司中钢天源明确表示,公司与中钢集团有关联往来,但业务、资金方面并不受影响。根据中钢天源2013年年度报告,中钢天源仅有对中钢集团马鞍山矿山研究院有限公司的"其他应付款" 345.19万元,性质为"应付上市前股利",与中钢集团并无资金拆借,资产负债率一直保持在较低水平,未见异常(见表9)。

表9 中钢天源资产负债情况

财务数据	2006-12-31	2007-12-31	2008-12-31	2009-12-31	2010-12-31	2011-12-31	2012-12-31	2013-12-31	2014-09-30
资产总计(万元)	34 018.22	38 819.72	36 393.49	36 131.78	43 646.49	49 234.43	63 831.82	58 659.73	58 981.53
负债合计(万元)	10 133.14	13 919.71	12 838.72	12 286.04	19 080.86	23 607.99	18 022.12	10 693.74	9 451.21
资产负债率(%)	29.79	35.86	35.28	34.00	43.72	47.95	28.23	18.23	16.02

资料来源:作者整理。

另一家上市公司中钢国际对中钢集团的债务违约传闻并未有相关说明。但从其年报来看,中钢国际与中钢集团间的资金拆借较为频繁。截至2014年6月30日,中钢国际对中钢集团"其他应付款"达5.92亿元。自2006年中钢集团成为中钢国际实际控制人后,中钢国际资产负债率也节节攀升,从2006年的57.41%攀升至2013年的82.35%。2014年半年报显示,中钢国际资产负债率已达到92.90%(见表10)。

表 10 中钢国际资产负债情况

财务数据	2006-12-31	2007-12-31	2008-12-31	2009-12-31	2010-12-31	2011-12-31	2012-12-31	2013-12-31	2014-6-30
资产总计（万元）	217 795.90	267 265.55	258 047.45	249 256.42	241 585.03	247 614.28	244 937.51	211 291.55	193 208.19
负债合计（万元）	125 043.37	157 287.07	164 322.64	147 393.65	145 678.73	153 883.56	164 824.35	174 006.16	1 794 83.30
资产负债率(%)	57.41	58.85	63.68	59.13	60.30	62.15	67.29	82.35	92.90

资料来源：作者整理。

三、中钢集团债务危机的成因

"冰冻三尺非一日之寒"，中钢集团的债务危机也并非近年才形成，其原因可能要追溯到 2003—2011 年的急速扩张，这一时期的扩张使得中钢集团的总资产从 100 亿元增长至 1 200 亿元，但扩张带来的问题日益显现。

（一）黄天文的扩张时代(2003 年 12 月—2011 年 5 月)

1. 国内国外并购重组

2003 年 12 月，黄天文出任中钢集团总经理兼党委书记，当时的中钢集团以铁矿石进出口、钢铁及相关设备贸易为主。黄天文在任时，曾计划将中钢集团往实业方向转型，向钢铁的供应、销售等环节渗透，将中钢集团发展成为一家"钢铁行业生产型服务商"。但当时国资委主任李荣融提出央企要做大做强，预计将 160 多家央企重组为 80~100 家，行业前 3 名以外的都有可能被重组。为了逃脱被重组的命运，中钢集团只能主动出击，将自身做大做强。

从 2005 年开始，中钢集团进行了一系列并购重组，先后在西安、洛阳、衡阳、吉林等地投资控股和设立子公司(见表 11)，并逐步构建起了"矿业、炭素、耐火、铁合金、装备制造"五大产业运作格局。

表 11 2005—2007 年中钢集团并购重组事项

时间	事项
2005 年 8 月	中钢集团投资控股西安冶金机械有限公司，更名为"中钢集团西安重机有限公司"
2005 年 9 月	中钢集团投资控股洛阳耐火材料集团有限公司，更名为"中钢集团洛阳耐火材料有限公司"
2006 年 6 月	中钢集团重组衡阳有色冶金机械总厂，成立"中钢集团衡阳重机有限公司"
2006 年 7 月	中钢集团重组邢台机械轧辊集团有限公司，更名为"中钢集团邢台机械轧辊有限公司"
2006 年 8 月	中钢集团重组吉林炭素股份有限公司，更名为"中钢集团吉林炭素股份有限公司"
2006 年 8 月	中钢集团重组吉林新冶设备有限责任公司，更名为"中钢集团吉林机电设备有限公司"
2007 年 5 月	中钢集团重组吉林铁合金股份有限公司，更名为"中钢集团吉林铁合金股份有限公司"

资料来源：作者整理。

除了国内扩张,中钢集团在海外收购方面也有大动作。2008年9月,中钢集团正式完成对澳大利亚中西部公司(Midwest Corporation)的收购,以13亿美元将对方98.52%的股权收入囊中。此次收购被亚洲两家著名的金融与投资专业杂志《亚洲金融》(*Finance Asia*)和《财资》(*The Assets*)分别评为2008年度"最佳并购交易"和"最佳交易",被国内誉为"中国国有企业的第三次海外敌意收购尝试,也是第一宗成功的敌意收购案例"。该项目原计划铁矿石年产量3 000万吨以上,但现实给了中钢集团重重一击。由于港口、铁路等基础设施问题,该项目在2011年6月23日被叫停。此外,中钢集团在非洲拥有近10家公司,所投资的资源种类主要为铁矿石和铬矿。但是海外项目收益甚微,进口红土镍矿等多业务组合也出现失误,这些都成为中钢集团连续亏损的重要原因。

2. 民营企业资金占用

除了扩张失利,中钢集团与民营企业的资金往来方式也出现了问题。

2007年,中钢集团与山西中宇开始巨额的资金往来。起初,中钢兰州分公司通过山西苑军实业集团有限公司与山西中宇展开业务合作。2007年5月,三方签订了有效期5年的战略合作协议。根据协议,中钢集团将通过旗下的中钢钢铁有限公司(以下简称"中钢钢铁")包销5年山西中宇的产品,包括山西中宇扩大生产后的产量。此后,中钢钢铁西安分公司承接了原中钢兰州分公司的业务。

按照中钢钢铁的最初设想,山西中宇每月产量为20万吨,依照当时的钢材价格5 000元/吨计算,每月销售收入约为10亿元,中钢钢铁提前两个月预付货款20亿元以保证山西中宇的正常运转。但这种预收货款的方式使得山西中宇占用了中钢集团大量资金。

2008年,由此形成的财务黑洞开始显现,山西中宇对中钢集团的欠款达到了26亿元,到2010年下半年,欠款已近40亿元,尽管最后两家公司之间的债务问题得到了解决,但中钢集团为此付出了高达34亿元的代价。

3. 上市计划失利

2007年春节后,中钢集团启动了整体上市计划,成立了专门的"长江项目办公室"负责上市计划,并聘请了普华永道会计师事务所担任其上市审计机构。但有消息称,在进行2008年一季度财务审计时,普华永道注意到,中钢集团对山西中宇存在可疑大额资金往来,并向公司管理层质询。此后,普华永道曾专程派人前往山西查看山西中宇工厂的具体情况。在进行二季度财务审计时,普华永道认为,中钢集团对山西中宇的预付货款已出现严重问题,必须为可能存在的损失进行相应调整。2008年下半年,中钢集团解除了与普华永道的合作关系,将会计师事务所更换为中瑞岳华。中瑞岳华最终出具了一份2009年度审计报告,但要求其审计报告不得用于上市。

2011年,中钢集团上市计划仍未成功,总裁黄天文却因债务等问题而被国资委免职。

(二) 贾宝军未挽狂澜(2011年5月—2014年10月)

2011年5月,贾宝军接任中钢集团总经理一职。上任后他开始了一系列调整,包括削减资金占用量较大的业务、清理高库存、成立专项小组解决资金占用问题;此外,撤销了"长江项目办公室",开展事业部改革,对中基层干部重新竞聘上岗。

在这一调整方针下,2012年中钢集团相继出售四川炭素有限公司、杭州湾大桥项目股权、中钢广铁有限公司等资产。与此同时,中钢集团的业务也在收缩。《每日经济新闻》指出:"根据海关资料,中钢集团2011年进口铁矿石2 500万吨,排名全国第4;2012年进口量仅2 000万吨左右,排名下滑至第6位;2013年进口量再度下降,为1 194万吨。"

然而,出售资产及业务收缩并未给中钢集团带来转机。贾宝军上任3年后,中钢集团债务危机再度爆发,民营企业占用资金较多、负债高以及企业盈利能力弱的局面并未改变。

2014年6月,中钢集团管理层和员工均收到一封以"中钢集团还有希望吗?"为题的公开信。信中指出,中钢集团通过财务造假、申请财政补贴才实现2013年财务报表的盈利;集团被海鑫、鑫达等民营企业套牢的资金接近20亿元。信中还指出,贾宝军本身做钢铁业出身,对服务业务并不熟悉,在人事方面排斥异己,导致多位"老中钢"出走。这一信件重新引起了市场对中钢集团与民营企业间资金占用的关注。

2014年9月22日,"中钢集团百亿元贷款全面逾期"的消息传出,曾经的山西中宇事件、海鑫与鑫达事件再次被起底,各大银行也将中钢集团列入"关注类",中钢集团的流动性风险令人担忧。

(三) 徐思伟临危受命(2014年10月至今)

2014年10月11日,原中钢集团党委书记和副总经理徐思伟正式接任贾宝军出任总经理一职,中钢集团开始了新一轮的变革。此次,中钢集团提出了五步改革方针:第一步,业务梳理;第二步,构建好各个板块的核心公司;第三步,按照精简高效的原则打造总部机构;第四步,优化人员配置;第五步,完善相应的机制。

徐思伟上任后,进行了一些大动作。2014年11月17日,中钢集团总经理徐思伟与力拓集团首席执行官山姆·威尔士(Sam Walsh)共同签署了《恰那合营企业再延期框架协议》。同日,中钢集团将其累计持有的中钢集团吉林铁合金股份有限公司(以下简称"中钢吉铁")73.326%的股权(3.8亿股)挂牌转让。在挂牌信息中,中钢吉铁的资产总计25.78亿元,中钢集团直接或间接持有73.326%的股权,对应价值应为18.90亿元。但由于中钢吉铁的负债高达27.68亿元,此次转让股权的对应评估值为-1.39亿元,挂牌价格仅为800万元。2014年12月16日,辽宁中泽集团与中钢吉铁签约并购,正式完成对中钢吉铁的控股。

新的一年已经开始,中钢集团改革之路任重道远,其能否脱困依然是个问题。

四、中钢集团债务危机提出的问题和思考

中钢集团曾经历迅速崛起的辉煌岁月,但也在债务泥潭中无法自拔,脱困成谜,其发展模式和危机处理战略不禁引起我们深思。快速扩张带来的优势能否长久,又该如何保

持？商业信用如何合理利用？面对债务危机,企业应该如何应对？CEO 更替能否挽回残局？这些都值得我们进一步思考。

[思考题]

1. 分析与讨论中钢集团发生债务危机的原因。

2. 画图：

(1) 画出中钢集团、中钢国际资产负债率走势图。

(2) 找到与中钢集团和中钢国际行业相同、规模相当的对比公司,画出对比公司的资产负债率走势图。

(3) 比较中钢集团(或中钢国际)与其对比公司的资产负债率,说明中钢集团、中钢国际与对比公司相比,资产负债率是否过高或过低。

3. 计算中钢集团、中钢国际的过度负债率。

(1) 参考方法1:过度负债率 = 企业实际资产负债率 – 行业资产负债率中位数。

(2) 参考方法2:通过回归方式预测中钢集团(或中钢国际)的目标负债率。过度负债率 = 企业实际资产负债率 – 企业目标负债率。

4. 根据第2、3题,进一步讨论：

(1) 企业如何判断是否过度负债？

(2) 企业如何避免走向过度负债？

下篇

第7章 并购概述

【学习目标】

通过本章的学习,你应该掌握:
1. 并购的基本概念;
2. 并购的发展历程及其特征;
3. 并购的基本理论;
4. 并购的基本现象。

【素养目标】

通过本章的学习,深刻理解并购的概念及基本理论,从经济发展的历史全局视角与公司发展的主体视角理解并购的作用,发挥并购在社会资源整合与企业发展中的积极作用。

7.1 并购的基本概念

7.1.1 并购与公司成长

诺贝尔经济学奖获得者乔治·施蒂格勒(George Stigler)认为,"没有一家美国大公司不是通过某种程度、某种方式的并购而成长起来的,几乎没有一家大公司是完全依靠内部扩张成长起来的"。在市场经济条件下,并购是实现公司扩张的重要方式,是公司通过产权交易取得对其他公司的控制权,以增强自身经济实力,实现公司发展目标的经济行为。

上海复星医药(集团)股份有限公司(以下简称"复星医药",股票代码:600196.SH,02196.HK)成立于1994年,1998年在上海证券交易所挂牌上市。自上市以来,复星医药进行了包括兼并收购在内的多项资产重组,实现了快速发展,成长为中国领先、创新驱动的国际化医药健康产业集团,直接运营的业务包括制药、医疗器械与医学诊断、医疗健康服务,并通过参股国药控股股份有限公司(以下简称"国药控股")进入医药分销领域。表7-1展示了复星医药自上市以来的重要兼并收购和资产重组活动。

表 7-1 复星医药的重要兼并收购和资产重组活动

1998 年	与全国部分省市约 150 家医院合作新建现代生物医学技术研究应用中心
1998 年	收购上海五洋药业健康产品有限公司 60% 的股权,投资控股上海永信维生素有限公司,收购上海创新科技公司等
2009 年	与中国医药集团合作成立的国药控股成功登陆港交所(01099.HK),国药控股拥有并经营中国最大的药品分销及配送网络,覆盖全国 29 个省级行政区
2010 年	与美中互利(北京)国际贸易有限公司在香港共同成立合资公司美中互利医疗有限公司
2010 年	收购浙江迪安诊断技术股份有限公司
2011 年	收购岳阳广济医院、安徽济民肿瘤医院
2012 年	收购和睦家医院、钟吾医院
2013 年	收购南阳肿瘤医院等地方性医院
2013 年	斥资 2.4 亿美元收购以色列 Alma Lasers(阿尔玛激光)有限公司 95.6% 的股权
2013 年	出资 2 250 万美元认购美国肿瘤检测公司 Saladax 约 30% 的股权,以 12.6 亿美元收购印度领先注射剂药企 Gland Pharma 约 86.08% 的股权

资料来源:根据复兴医药官网和公司公告整理。

在全球范围内,公司并购已经有一百多年的历史,尤以美国公司为代表。随着我国资本市场的发展,我国公司的兼并收购活动也在不断增加。在当前阶段,公司之间的并购不仅金额巨大,而且超越了国家界限,跨国并购成为重要形式,例如复星医药并购以色列阿尔玛激光有限公司,吉利并购沃尔沃轿车等。作为产权交易高级形态的公司并购,其最直接的经济后果无疑是加速了资本集中,优化了资源配置和组合。

另外,各个国家的法律法规对公司并购进行了规定。在不同的法律背景和语言环境下,公司并购表现为不同的术语和名词,如合并、收购、兼并等。这些词语之间虽然存在一定的差异,但实质基本相同。为简化起见,本书统一采用并购来表述。

7.1.2 并购的概念

正是由于不同法律规定和经济环境的差异,公司并购概念所包含的范围和内容也存在广义、狭义之分。

狭义的并购概念是指我国《公司法》所定义的吸收合并与新设合并。如果一家公司吸收其他公司,被吸收的公司法人主体资格不复存在,即为吸收合并;如果两家以上的公司合并成立一家新的公司,合并后原先各方解散,即为新设合并。吸收合并更接近兼并(merger)的概念;而新设合并更接近合并(consolidation)的概念。

广义的并购是指一家公司将另一家正在营运中的公司纳入其集团,其目的是借此提高市场占有率、进入其他行业或者将被并购公司分割出售以牟取经济利益。广义的并购概念不仅包括狭义的并购活动,还包括以控制或施加重大影响为目的的股权收购或资产购买,这种购买并非以取得被购买方的全部股权或资产为目的,而是以取得能够施加控制或重大影响的部分股权或资产为目的。国外学者通常用收购(acquisition)或接管(takeover)来表述除狭义并购以外的其他公司并购活动。

广义的并购概念与狭义的并购概念的主要区别在于,狭义的并购概念反映了公司实现资本集中的特定模式,其结果可能会形成一家新的经济实体;而广义的并购概念涵盖了公司所有借助外力成长的模式,即利用其他公司现有的生产能力来扩张营运,其结果是被收购公司成为收购方的附属公司,没有新的经济实体出现。

本书所采用的是广义的并购概念,即包括《公司法》所定义的吸收合并与新设合并,以及以控制或施加重大影响为目的的股权收购或资产购买。无论并购采用何种形式,凡是意图取得其他公司控制权或施加重大影响的,在本书中均被称为并购公司,而与其相对的另一方则被称为目标公司。

7.2 并购的类型

公司并购活动,根据不同的标准,可以划分为不同的类型。对于并购公司来说,采取不同类型的并购决策可能导致并购成本存在很大的差异,且并购双方所需完成的工作也不完全相同。因此,公司需要认真分析并购类型,选择对自己最有利的方式。

7.2.1 按出资方式划分

按不同的出资方式,公司并购可以分为出资购买资产式并购、出资购买股票式并购、以股票换取资产式并购、以股票换取股票式并购。

1. 出资购买资产式并购

出资购买资产式并购是指并购公司使用现金购买目标公司全部或绝大部分资产以实现并购。在现金购买资产的形式下,目标公司按购买法或权益合并法计算价值并入并购公司,其原有法人地位及纳税户头消灭。对于产权关系、债权债务清楚的公司,这种并购方式能做到交割清楚,没有后遗症或遗留纠纷,资产定价较为合理。这种并购方式主要适用于非上市公司。

2. 出资购买股票式并购

出资购买股票式并购是指并购公司使用现金、债券等方式购买目标公司一部分股票,以实现控制目标公司资产及经营权的目的。出资购买股票可以通过一级市场进行,也可以通过二级市场进行。随着证券市场的发展,通过市场出资购买目标公司股票是一种简便易行的并购方法,但因为受到有关证券法规信息披露原则的制约,如购进目标公司股份达到一定比例,或达到该比例后持股情况再有相当变化都需履行相应的报告及公告义务,在持有目标公司股份达到特定比例时更要向目标公司股东发出公开收购要约,等等,所有这些信息披露要求都容易被人利用,哄抬股价,导致并购成本激增。并购公司如果通过发行债券的方式筹集资金进行并购,则容易因此而承受巨大的债务负担。

3. 以股票换取资产式并购

以股票换取资产式并购是指并购公司向目标公司发行自己的股票以交换目标公司的大部分资产。一般情况下,并购公司同意承担目标公司的债务责任,但双方亦可以做出特殊约定,如并购公司有选择地承担目标公司的部分责任。在此类并购中,目标公司应承担两项义务,即同意自我清算,并把所持有的并购公司股票分配给目标公司股东。这样,并购公司就可以防止新发行的大量股份集中在极少数股东手中,对现有的控制权结构产生不利影响。并购公司和目标公司之间通常还要就目标公司的董事及高级职员参加并购公司的管理事宜等达成协议。

4. 以股票换取股票式并购

以股票换取股票式并购是指并购公司直接向目标公司股东发行股票,以交换其所持有的目标公司的大部分股票。一般而言,交换的股票数量应至少达到并购公司能控制目标公司的足够表决权数。通过此项安排,目标公司就成为并购公司的子公司,亦可通过解散而并入并购公司。无论在哪种情况下,目标公司的资产都会被置于并购公司的直接控制之下。

7.2.2 按行业相互关系划分

按并购公司与目标公司所处的行业相互关系,公司并购可以分为横向并购、纵向并购及混合并购。

1. 横向并购

横向并购是指市场上的竞争对手之间的合并,例如生产同类产品的厂商之间或是在同一市场领域出售相互竞争的商品的分销商之间的并购。横向并购的结果是资本在同一生产、销售领域或部门集中,优势公司吞并劣势公司组成横向托拉斯,扩大生产与销售规模以达到新技术条件下的最佳经济规模。

实质上,横向并购的目的在于消除竞争、扩大市场份额、增加并购公司的垄断实力或形成规模效应。此种并购形式在早期并购中非常流行,特别是在20世纪20年代的第一次并购浪潮中。由于横向并购(尤其是大型公司的并购)容易破坏竞争形成高度垄断的局面,许多国家为了保持市场的合理竞争,都会对此类并购密切关注并严格限制,例如美国的《克莱顿法》(1914年)第7条即特别针对横向并购活动加以规范,禁止任何不合理限制竞争或导致独占的结合。

2. 纵向并购

纵向并购是指公司与其供应商或客户的合并,即优势公司将与本公司生产紧密相关的从事生产、营销过程的公司收购过来,以形成纵向生产一体化。纵向并购实质上是处于同一产品不同生产阶段的公司之间的并购,并购双方往往是原先的原材料供应者和产成品购买者,所以对彼此的生产状况比较熟悉,有利于并购后的相互融合。从并购方向来看,纵向并购又有向后并购和向前并购之分,前者是指生产原材料和零部件的公司并购加工、装配公司以及生产公司并购销售公司,后者则是向生产流程前一阶段公司的并购。纵向并购主要集中于加工制造业和与此相关的原材料生产公司、运输公司、商业公司等。

纵向并购的优点是能够扩大生产经营规模,节约通用的设备、费用等;可以加强生产过程各环节的配合,有利于协作化生产;可以加速生产流程,缩短生产周期,节省运输、仓储、资源和能源等;此外,较少地受到各国反垄断法的限制。

3. 混合并购

混合并购是指既非竞争对手又非现实或潜在的客户或供应商的公司间的并购。混合并购有三种形态,即产品扩张型并购、市场扩张型并购、纯粹的扩张并购。产品扩张型并购是指相关产品市场上公司间的并购,贝塔斯曼公司通过并购进入多媒体领域就可以视为产品扩张型并购。市场扩张型并购是指一家公司为扩大其竞争领域而向其尚未渗透的地区生产同类产品的公司进行的并购;而纯粹的扩张并购是指那些生产和经营彼此间毫无联系的若干公司之间的并购。混合并购的主要目的在于降低公司长期经营一个行业所带来的特定行业风险。

与混合并购密切相关的是多元化经营战略。按照多元化经营战略,公司或采取合资形式,或采取并购方式,向本公司的非主导行业投资或开辟新的业务部门,以便减少经营局限性、分散投资风险以及扩大公司知名度。与横向并购和纵向并购相比,混合并购因并购公司与目标公司没有直接的业务关系,其并购目的往往较为隐晦而不易被人察觉和利用,有可能降低并购成本。与纵向并购类似,混合并购也被认为不易限制竞争或构成垄断,故不常成为各国反垄断法控制和打击的对象。在1960—1970年美国第三次企业并购浪潮中,混合并购占据了相当重要的地位。

7.2.3 按是否通过中介机构划分

按是否通过中介机构,公司并购可以分为直接并购与间接并购。

1. 直接并购

直接并购是指并购公司直接向目标公司提出并购要求,双方通过一定的程序进行协商,共同商定完成并购的各项条件,从而在达成协议的条件下实现并购。如果直接并购只是针对目标公司的部分股权,并购公司可能允许目标公司取得新增发的股票;如果直接并购的目的在于获得目标公司的全部股权,则可由双方共同协商,在确保共同利益的基础上确定股份转让的条件和形式。鉴于直接并购需要目标公司自始至终大力配合,在其对并购持反对态度的情况下不可能成功,故直接并购又被称为友好并购或协议收购。当然,在直接并购中,除并购公司采取主动攻势外,目标公司也可能出于某种原因而主动提出转让经营控制权的请求,如本身经营遇有困难、股东对经营缺乏信心而对并购公司寄予厚望,甚至在遭遇敌意并购时意图寻找友好并购者等。

2. 间接并购

间接并购是指并购公司并不直接向目标公司提出并购要求,而是在证券市场上以高于目标公司股票市价的价格大量收购其股票,从而达到控制该公司的目的;并购公司也可以利用目标公司股价下跌之机大量吸纳其股票而达到同样的目的。间接并购一般都不是建立在自愿、协商(指对目标公司而言)的基础之上,极有可能引起双方的激烈对抗。在这种情形下,间接并购往往构成敌意并购。

7.2.4 按收购目标公司股份是否受到法律规范强制划分

按收购目标公司股份是否受到法律规范强制,公司并购可以分为要约收购与协议收购。

1. 要约收购

要约收购(tender offer)的法律含义是,当并购公司持有目标公司(特指上市公司)股份达到一定比例,可能操纵后者的董事会并进而对股东权益造成影响时,并购公司即负有对目标公司所有股东发出收购要约,以特定出价购买股东手中持有的目标公司股份的强制性义务。例如,《股票发行与交易管理暂行条例》(1993年公布)第四十八条规定:"发起人以外的任何法人直接或者间接持有一个上市公司发行在外的普通股达到百分之三十时,应当自该事实发生之日起四十五个工作日内,向该公司所有股票持有人发出收购要约,按照下列价格中较高的一种价格,以货币付款方式购买股票:①在收购要约发出前十二个月内收购要约人购买该种股票所支付的最高价格;②在收购要约发出前三十个工作日内该种股票的平均市场价格。前款持有人发出收购要约前,不得再行购买该种股票。"

2. 协议收购

协议收购是指并购公司通过私下与目标公司的控股股东达成股份收购协议,取得公司股份达到一定比例并获得公司控制权的并购行为。通过遗产继承或者司法裁决方式获得公司的控制权,通常也被视为协议收购的方式之一。与要约收购不同,在协议收购中,并购公司在取得目标公司控制权以后,经过证券监管部门的许可,无须向市场中的其他投资者发出收购要约。在中国的股票市场中,协议收购是上市公司股权转让的主要形式。

7.2.5 按是否利用目标公司本身资产来支付并购资金划分

按是否利用目标公司本身资产来支付并购资金,公司并购可以分为杠杆收购与非杠杆收购。

1. 杠杆收购

杠杆收购(leveraged buy-out,LBO)是指并购公司利用目标公司资产的经营收入,来支付并购价金或作为此种支付的担保。换言之，并购公司不必拥有巨额资金，只需准备少量现金(用以支付并购过程中必需的律师、会计师等费用)，而收购所需剩余资金来自贷款，此贷款以目标公司的资产及营运所得为融资担保和还款来源。这种并购方式的财务实质，就是并购公司利用更高的财务杠杆替代目标公司的低财务杠杆。在杠杆收购中，并购公司的实际出资在并购总价格中所占比重很小，通常在10%到15%之间。

在杠杆收购中，并购公司除投资非常有限的金额(自有资金)外，不负担进一步投资的义务，而贷出绝大部分并购资金的债权人，只能向目标公司求偿，却无法向真正的借款方即并购公司求偿。贷款方往往在目标公司资产上设有担保，以确保优先受偿地位。本书第11章将详细介绍杠杆收购的财务安排和财务风险特征。

2. 非杠杆收购

非杠杆收购是指不用目标公司的资产及营运所得来支付或担保支付并购价金的并购方式，早期并购浪潮中的并购形式多属此类。但非杠杆收并购不意味着并购公司不用举债即可负担并购价金，实践中，几乎所有的并购都是利用贷款完成的，只是借贷数额的多少以及贷款抵押的对象不同而已。

7.2.6 其他特殊的公司并购形式

除以上划分标准外，具体的并购方式还有承担债务式并购、长期租包式并购。

1. 承担债务式并购

根据承担债务的程度不同，承担债务式并购又可分为两种：一种是在资产和债务等值的情况下，并购公司以承担目标公司全部债务为条件，接收其全部资产所有权和经营权，目标公司的法人资格消失；另一种是并购公司以承担目标公司部分债务，同时提供技术、管理服务为条件，取得其部分资产所有权和全部经营权，目标公司虽然更换了管理层，但仍独立核算、自负盈亏，公司的法人地位和纳税主体没有改变。

2. 长期租包式并购

长期租包式并购是公司并购与公司承包租赁经营责任制相结合的一种形式。例如，有些公司并购条件尚不成熟，便采取公司间长期承包租赁经营的形式实现生产要素的优化组合，待时机成熟后再进行并购。

7.3 并购的发展历程

在工业革命的早期，并购就已经成为公司重要的经营方式，由于资本市场发育程度的限制，并购活动并不激烈。19世纪中叶，随着资本市场的发展，公司并购日益活跃。其中，以美国公司的并购最具代表性。在美国经济发展的过程中，公司并购经历了五次主要的发展阶段，而且第五次并购浪潮在全球范围内的影响仍然存在。

7.3.1 第一次并购浪潮

美国公司的第一次并购浪潮发生在19世纪与20世纪之交,其高峰时期为1898—1903年。许多专家认为,这次并购浪潮是诸次并购浪潮中最重要的一次,因为它造就了企业垄断。美国著名经济学家、经济史专家艾尔弗雷德·D. 钱德勒(Alfred D. Chandler)认为,从20世纪开始的大并购运动到美国参与第一次世界大战的这段时间,美国形成了自己的工业。1907年,大部分美国工业企业都具备了现代结构。此后,大企业继续集中在那些它们于1907年时就已集中于其内的相同的工业组织。而且相同的企业继续保持其在这些集中了的工业中的优势地位。在并购的高峰时期(1898—1903年),被并购企业总数达2 653家,其中仅1898年一年因并购而消失的企业就达1 028家。在这5年中,并购的资本总额达到了63亿多美元;美国的工业结构出现了永久性变化,100家最大公司的规模增长了4倍,并控制了美国工业资本的40%。

在第一次并购浪潮中,并购的主要形式是横向并购,特别是"小并小"的并购占据了主导地位。后来具有垄断地位的大公司很多都是由多家小公司合并而产生的。表7-2显示,1895—1904年,数家公司合并成为一家大公司占到了合并总数的83.5%,大公司兼并小公司仅占16.5%,随着大公司的不断增多,大公司兼并小公司逐渐成为第一次并购浪潮的主流。

表7-2 1895—1920年美国公司各种并购方式的比重 单位:%

时期	公司数		资产金额	
	数家公司合并成为一家大公司	大公司兼并小公司	数家公司合并成为一家大公司	大公司兼并小公司
1895—1904	83.5	16.5	87.2	12.8
1905—1914	52.5	47.5		
1915—1920	34.5	65.5	52.4	47.6

资料来源:Nelson, N., "Mergers movements in American industry 1895—1956", *Nebr Books*, 1959, 12(5): 189-213;转引自徐波,《第五次企业购并浪潮及对我国经济影响的研究》,中国商务出版社2004年版。

在第一次并购浪潮中,资本市场的发展发挥了极大的推动作用,当时将近60%的并购是在纽约股票交易所中进行的。许多公司通过金融中介的协助,向公众发行股票来筹集资金,将并购后公司的未来收益转换为资本,从而完成了巨型公司的组建。投资银行在此过程中提供并购所需的资金,甚至充当并购促办人的角色并从中牟利。例如,著名的摩根集团领导完成了19世纪80年代后期的美国铁路系统的并购,一手操纵了美国钢铁公司的成立。

7.3.2 第二次并购浪潮

美国公司的第二次并购浪潮发生于20世纪20年代,1929年达到了并购的最高峰,1919—1930年,美国有12 000家公司被并购。在此次并购浪潮中,并购形式更加多样化,虽然横向并购仍较普遍,但出于对反垄断法的担心,更多的公司采取了纵向并购(把生产的不同阶段联合起来)、产品扩张型并购(把生产与现有产品不同但有关的产品的企业联合起来)和市场扩张型并购(把不同地区销售同一产品的企业联合起来)方式。大规模的纵向并购以福特汽车公司最为典型,通过并购,福特汽车公司成为一家集生产焦炭、生铁、钢材、铸件、锻造、汽车零部件、装配以及运输、销售和金融等环节于一体的统一联合公司。

此次并购浪潮在工业部门中主要集中于石油、金属原料和食品行业,同时在工业部门之外的其他行业也发生了大量并购。据统计,至少有2 750家公用事业、1 060家银行和10 520家零售商进行了并购。在第二次并购浪潮中,规模较小的公司之间的并购活动占据了主导地位,从而削弱了各行业中原有垄断公司的市场份额,产业结构也由近似完全垄断转向寡头垄断。对规模经济和寡头垄断地位的追求是此次并购浪潮的主要动力。

7.3.3 第三次并购浪潮

美国公司的第三次并购浪潮发生于20世纪五六十年代,其中以60年代后期为高潮。此次并购浪潮的规模很大,仅1967—1969年3年高峰期完成的并购事件就高达19 858起,而且并购所涉及的资金规模极为庞大。从并购数来讲,大规模(指1 000万美元以上的)的并购事件并不多,但从资产量来讲,大规模的并购事件所占比重很大。1968年,大规模的并购数只占3.3%,但资产量占到42.6%。

此次并购浪潮涉及范围广,对公司的组织结构具有深远影响。此次并购浪潮的主要形式是混合并购。其中,资产在1 000万美元以上的大公司共发生并购711起,属于横向并购和纵向并购的共132起,其余579起均属于混合并购。表7-3列示了第三次并购浪潮中美国各种并购方式占并购资产的比重,可以认为在第二次世界大战后的三十多年中,美国混合并购形式所占的比重一直呈上升趋势,并在1968年达到最高峰。

表7-3 第三次并购浪潮中美国各种并购方式占并购资产的比重　　单位:%

年度	横向并购	纵向并购	混合并购
1945—1951	38.8	23.8	37.4
1952—1955	39.3	11.5	49.3
1956—1959	32.3	20.0	47.7
1960—1963	21.3	23.8	54.9
1964—1969	20.1	8.9	71.0
1968	10.1	7.2	82.6

单位:%（续表)

年度	横向并购	纵向并购	混合并购
1969	22.5	7.7	69.8
1970	19.4	4.5	76.1

资料来源:美国联邦贸易委员会,《合并与兼并统计报表》,1977年;转引自徐波,《第五次企业购并浪潮及对我国经济影响的研究》,中国商务出版社2004年版。

由于各国政府严格执行反垄断法,以及这一时期管理科学得到迅速发展,计算机在公司里逐渐得到广泛应用,现代大公司内部管理机制日趋完善,这使得经理人员对大型混合公司的有效管理成为可能。所有权和经营权的完全分离,也增强了经理人员采取多元化经营策略的动机。股票持有者能够通过持有多样化的证券来分散他们的风险,而经理人员分散公司经营风险的主要手段就是扩充公司产品的种类。大型混合公司并购的主要目标是追求公司经营上的保障。

7.3.4 第四次并购浪潮

美国公司的第四次并购浪潮发生于20世纪70年代中期,延续至整个80年代,其中以1985年为高峰年度。从1979年起,单个并购活动的交易价值已达到10亿美元以上。1984年超级规模的并购有18起,1985年达32起。石油、化工类企业发生超级规模的并购已属常事,非石油企业进入超级并购的行列。与以往并购浪潮不同的是,本次并购浪潮中出现了大量的"小企业并购大企业"的现象。例如,1985年销售额仅为3亿美元、经营超级市场和杂货店的帕特雷·普莱得公司竟以借债方式,以17.6亿美元的价格收购了年销售额达24亿美元、经营药品和化妆品的雷夫隆公司。这种以负债获得资金进行赌博式收购的方式,在很大程度上得益于金融媒介的支持。"以债换权益"(debt-for-equity)的并购方式取代了正常的"以股票换股票"(stock-for-stock)的并购方式,杠杆收购成为并购的主要方式。

此次并购浪潮的动因来自美国公司对日渐低落的竞争力寻求变革。它们认为,要突破困境首先要增强竞争力,在这种思想的指导下,公司战略转向以公司价值最大化为目标,突破的重点就是提高投资回报率,即通过削减亏损部门,将经营资源集中投资于能够发挥公司优势的部门。有计划的"放弃",即放弃无利可图且与长远利益无关或相矛盾的子公司及经营业务,成为一种合理化的方法。可以认为,第四次并购浪潮是对第三次并购浪潮中混合并购的反作用,并购与资产剥离并行,1970—1980年,资产剥离在并购活动中的占比达到了35%以上,而在1968年,这一占比仅为12%。

在此次并购浪潮中,金融界为公司并购筹资提供了极大的便利,其主要形式是发行垃圾债券,这种债券资信程度极低,违约风险很大,利率很高。垃圾债券的出现,使并购者的财务能力与发动并购的实际能力相脱节,受到了大量中小公司,特别是投机分子的青睐。1980—1989年,美国的杠杆收购高达1万起,以杠杆收购方式并购的公司总价值达2 350亿美元,涉及2 800家公司。

7.3.5 第五次并购浪潮

随着第四次并购浪潮趋近尾声,以及全球经济一体化、自由化格局的加强,第五次并购浪潮应运而生。此次并购浪潮不再以美国公司为代表,跨国并购成为主要因素。1991年,全球并购交易额近544亿美元;2000年,全球并购交易额达到34 600亿美元。2001年以后,随着世界经济增长速度的下降和国际直接投资的减少,全球并购交易开始大幅下降,2001年全球并购交易额为17 400亿美元,2002年则进一步减少为11 980亿美元。

此次并购浪潮的主要特点是并购公司着眼于国内外的竞争,希望通过并购改变公司的组织结构、降低产品成本,提高公司竞争能力。目标公司已不再局限于国内公司,而是国际上所有的公司,跨国并购成为此次并购浪潮的主要内容。随着国际经济一体化,金融、电信等行业管制的放松,国际金融、电信等行业的并购活动成为此次并购浪潮的另一个主要力量,不断产生新的金融巨头和电信巨头。

由于20世纪70年代混合并购导致公司过度分散化的恶果,此次并购浪潮中许多公司开始注重自身的"基本业务",并购活动集中在同行业间的其他公司。从表面上看,此次并购浪潮类似于第一次并购浪潮,都是以同行业横向并购为主。但是,两者还是存在重要差别的。在第五次并购浪潮中,降低全球成本,取得全球竞争优势是并购的主要目的;而在第一次并购浪潮中,并购的目的主要是获取国内市场份额,取得国内垄断优势。

7.3.6 中国公司并购的发展历史

中国公司的并购大致可以分为起步和发展两个阶段。这两个阶段的重要分水岭是中国股票市场的出现和发展。

1. 起步阶段(1984年至20世纪90年代中期)

改革开放以来,中国最早出现公司并购活动的是河北省保定市。1984年在市政府的参与下,保定纺织机械厂、保定锅炉厂以承担目标公司全部债权债务的方式分别兼并了保定市针织厂和保定市风机厂,开创了中国公司并购的先河,并为其他地区的公司所仿效。

1987年党的十三大报告明确表示,小型国有企业产权可以有偿转让给集体或个人,这为推动全国范围内公司并购的发展奠定了政治基础。在整个20世纪80年代,共有6 226家公司并购了6 966家目标公司,资产交易规模为82.25亿元,仅在1989年就有2 315家公司并购了2 559家目标公司,资产交易规模为20亿元。

在起步阶段,局部产权交易市场开始兴起,使产权转让逐渐走向规范化,1988年,武汉市成立中国第一家公司产权转让市场,并制定出相应的公司产权转让规则。随后许多城市相继建立了各自的产权转让市场,进一步促进了公司并购的发展。1989年2月,政府颁布了《关于企业兼并的暂行办法》(现已失效)和《关于出售国有小型企业产权的暂行办法》,明确了公司并购的相关政策规定。

在起步阶段,中国公司并购主要集中在同一行业、同一部门或同一地区内部,20世纪80年代后期逐渐朝跨地区、跨行业并购方向发展;并购方式主要是承担债务式、出资购买式和控股式并购;政府作为国有企业的所有者和管理者发挥了主要作用,通过自上而下的方式,由政府根据产业政策,以所有者身份进行干预和引导,促进了公司之间的并购,并购的目标也主要体现了政府的经济目标,如消除国有企业亏损和优化经济结构等。

2. 发展阶段(20世纪90年代中期至今)

1990年证券交易所的成立和股票市场的运作,使中国公司的并购进入了一个新的发展阶段,通过全国统一的股票市场进行产权交易和公司并购成为可能。随着股票市场的发展,上市公司已经成为中国国民经济发展的重要力量,上市公司的并购成为公司并购的重要方式。

在发展阶段,公司并购也出现了许多不同的特征。上市公司的并购重组与产业结构调整联系更为紧密,许多上市公司的主营业务发生了较大转变,特别是许多公司从传统产业转向电子信息、生物制药等高新技术产业,而目标公司主要处于纺织、冶金、商业、机械等过度竞争的行业。例如,北大方正集团并购延中实业股票后,就将上市公司的主营业务从模糊不清的服务业转向了信息技术产业,并力图成为中国信息技术产业的领先者。显然,公司并购推动了资本向高新技术领域的流动。

由于各种政策管制的存在,并购也成为中国上市公司规避管制的重要手段。按照证监会的规定,上市公司配股、增发以及摘牌等重要决策均与公司财务业绩有关,并购就成为控股股东操纵利润,获得配股、增发资格或保住公司上市资格的重要方式。而且由于各种政策的限制,民营企业很难直接发行股票进行融资,因此购买现有上市公司的控制权实现上市再融资目的(即买壳上市)就成为中国公司并购的另一个主要特征。由于股权分置改革的影响,协议收购成为上市公司股权交易的主要方式,而要约收购屈指可数。

在股票市场以外,中国公司的并购也开始与国际市场接轨,一批有实力的公司开始到国外并购公司来实现跨国经营。1992年中国首钢出资1.2亿美元购买了秘鲁铁矿公司,保证了长期稳定的原料供应。进入21世纪以来,中国公司的跨国并购日益引人注目,联想集团收购IBM的个人电脑业务,复星医药并购以色列阿尔玛激光有限公司,吉利并购沃尔沃轿车等都成为中国跨国并购的典型。

表7-4统计了2007—2021年中国上市公司作为并购方完成的并购交易,共1 416起。从图7-1可以看出,中国上市公司的并购交易数量在2015年达到顶峰,2016年以后交易数量和交易总金额虽然有所下降,但是平均交易金额出现了明显的上升趋势(见表7-4)。2020年以来的新冠疫情不仅增加了公司日常经营的财务压力,对公司的并购活动也有所抑制。

表 7-4　2007—2021 年中国上市公司并购交易

年度	交易数量(起)	交易总金额(万元)	平均交易金额(万元)
2007	1	11 700.79	11 700.7900
2008	5	342 359.14	68 471.8285
2009	9	1 540 290.28	171 143.3639
2010	11	11 163 422.67	1 014 856.6060
2011	62	19 885 079.79	320 727.0934
2012	52	12 278 200.56	236 119.2414
2013	69	14 230 005.31	206 231.9610
2014	121	23 449 029.94	193 793.6359
2015	270	81 478 703.36	301 772.9754
2016	237	80 820 421.98	341 014.4387
2017	185	80 636 175.63	435 871.2196
2018	123	50 855 960.81	413 463.0960
2019	124	76 912 398.76	620 261.2803
2020	89	52 701 681.55	592 153.7253
2021	58	25 124 583.63	433 182.4764

资料来源:作者根据 Wind 数据库手工整理。

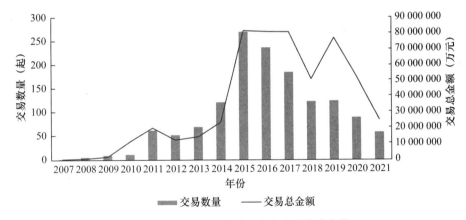

图 7-1　2007—2021 年中国上市公司并购交易

资料来源:作者根据 Wind 数据库手工整理。

表 7-5 统计了 2007—2021 年中国上市公司并购的主要目的,其中横向整合是主要目的,共 743 起,占比为 52%;多元化战略位居其次,共 232 起,占比为 16%;垂直整合为 78 起,占比为 6%。这表明当前阶段,横向整合是中国上市公司并购的主要目的,而垂直整合和多元化发展战略处于相对次要的位置。而以买壳上市为目的的并购活动有 153 起,占比为 11%,这说明在以审核制为主的监管环境下,公司上市存在较高的制度成本,随着

注册制的全面推行,以买壳上市为主要目的的并购活动将会有所减少。

表 7-5　2007—2021 年中国上市公司并购的主要目的

并购目的	数量(起)
横向整合	743
多元化战略	232
买壳上市	153
垂直整合	78
战略合作	69
业务转型	48
整体上市	45
资产调整	26
财务投资	8
其他目的	14

资料来源:作者根据 Wind 数据库手工整理。

7.4　并购的理论分析

对于企业并购活动的产生,理论界存在许多不同的看法,主要可以分为两大学派:效率理论学派和代理理论学派。其中,效率理论学派认为,公司并购的动机是提高公司的经营效率;而代理理论学派认为,并购是公司管理人员的代理行为或市场约束代理行为所致。一些学者认为,通过并购实现避税也是公司并购的重要动机,即税收优惠理论。

表 7-6 对并购活动的理论解释进行了归纳。

表 7-6　并购理论汇总

1. 效率理论
(1) 差别管理效率假说
(2) 无效管理者替代假说
(3) 经营协同效应假说
(4) 多元化经营假说
(5) 财务协同效应假说
(6) 战略重组假说
(7) 价值低估假说
2. 代理理论
(1) 制约代理问题假说
(2) 管理主义假说
(3) 管理层自负假说
(4) 自由现金流量假说
3. 税收优惠理论

7.4.1 效率理论

效率理论认为,并购决策具有潜在的经济效益,主要是公司经营业绩的提高或获得某种形式的协同效应,即"1+1>2"的效应。公司通过对经营活动进行重新组合,可以为获得正的投资净现值提供一个坚实的基础。

目前,绝大多数的效率理论都是用于分析混合并购产生的动机,但是在效率理论中,并购后业绩提高的原因仍然存在不同的观点和看法,由此形成了不同的假说。我们认为,需要对每一种假说单独进行介绍,以便清楚地对其加以区分,因为每一种假说都可以用来解释某些特定类型的并购决策。

1. 差别管理效率假说

解释并购动机的最一般理论假说是差别管理效率假说。假定 A 公司管理层比 B 公司管理层更有效率,则在 A 公司收购 B 公司之后,B 公司的经营效率便被提高到 A 公司的水平。因此,并购提高了 B 公司的经营绩效,这不仅会给私人带来经济利益,还会带来社会效益,整个经济的效率水平将因此类并购活动而提高。

应用差别管理效率假说分析现实中的公司并购决策存在一个理论上的难点。如果把问题引向极端,我们将会得出这样的结论:当整个经济活动中只有一家公司时,其管理效率将达到最大化。在现实的经济生活中,公司内部协调或管理能力的限制将会阻碍这一结果的出现,因此公司总是存在一个最优的规模边界。

当然,我们不能因为差别管理效率假说存在一些缺陷就否认它的理论价值。差别管理效率假说的意义在于:它肯定了在现实经济中,总是存在效率低于行业平均水平或者没有充分发挥其经营潜力的公司,它们就是潜在的目标公司,从事相似经营活动的公司则最有可能成为潜在的并购公司,它们具有对效率低于行业平均水平或者未充分发挥经营潜力的公司进行侦查的动机和能力,并且懂得如何改善目标公司的经营业绩。

如果对差别管理效率假说进行更严格的阐述,即可以看成效率理论中的管理协同假说。如果一家公司有一个高效率的管理队伍,其能力超过了公司现有的管理需求,则该公司便可以通过收购一家管理效率较低的公司来使其额外的管理资源得以充分利用。

管理协同假说是存在一定的理论前提的。对于利用过剩的管理资源来进行并购的公司而言,如果它可以无条件地释放其过剩资源,则它不一定要进行并购。但是如果管理层是一个整体且不可分割或者受到规模经济的制约,解雇剩余的人力资源将是不可行的,在此基础上,假设因为行业需求状况的限制,在行业内进行扩张是不可能的,那么并购公司虽然可以通过进入目标公司的相关行业来充分利用其过剩的管理资源,但是若并购公司不具有目标公司所在行业特有的工艺知识(或非管理性的组织资本),则进入该行业就未必有利可图(或有竞争力)。因此,并购公司将通过收购一家有相关知识资本的公司来解决困难,以利用自身过剩的管理资源。

管理效率低下或业绩不佳的公司可以通过直接雇用管理人员增加管理投入的方式,改善自身的管理业绩。直接雇用管理人员可能是不充分的,因为其无法保证在一个相关阶段内组织机构能有一个有效的管理队伍。而且,有效的经营管理通常需要大量的管理人才,规模较小、业绩不佳的公司很难满足这一要求。

在上述情况下,两公司的并购将会产生管理上的协同效应,将目标公司非管理性的组织资本与并购公司过剩的管理资本结合在一起,两者的共同作用有助于提高目标公司的经营业绩和市场价值。

2. 无效管理者替代假说

无效管理者替代假说的基本假设是目标公司的所有者(或股东)无法更换管理者,必须通过代价高昂的并购来更换无效管理者。这里所说的无效管理者只是指公司管理层未能充分发挥公司的经营潜力,而另一管理团体可能对该公司的资产进行更为有效的管理。也就是说,无效管理者仅仅是指不称职的管理者,几乎其他任何人都可以比现在的管理层做得更好。但是由于公司股权过度分散等,现有的公司股东难以直接通过"用手投票"的方式更换管理者,作为替代机制,公司并购(即通过控制权市场的作用)就可以起到更换无效管理者的作用。

无效管理者替代假说可能与上述差别管理效率假说或下述代理理论难以区分。在差别管理效率(或管理协同)假说中,并购公司的管理层力图补充目标公司的管理人员,并且目标公司的管理人员在特定业务活动方面具有经验,难以被并购公司的管理层完全替代,因此差别管理效率假说更可能成为横向并购的理论基础,而无效管理者替代假说可以为从事不相关业务的公司间的并购活动即混合并购提供理论基础。

但是,应用无效管理者替代假说来解释公司并购活动也存在一些缺陷:

第一,该假说把并购活动看成更换管理者的最后措施,这种观点显然缺乏说服力。虽然该假说进一步提出,并购不仅意味着所有者无力更换不称职的管理者,还可能是市场上有能力的管理者稀缺,因此公司并购就可以提供必要的管理人才。如果后半部分观点成立的话,则无效管理者替代假说与差别管理效率假说也就几乎无法区分了。

第二,如果替换不称职的管理人员是并购活动的唯一动因,那么把目标公司作为一家独立的子公司来经营就足够了,并购公司没有必要与其合并,因此无效管理者替代假说难以解释其他形式的并购活动。

第三,从该假说中可以得出一个确定的预测,即并购后目标公司的管理者将被替换,但研究表明实际并非如此,至少在混合并购中就不是这样。Magenheim and Mueller(1988)在对一项针对混合并购的调查中发现,仅有16%的并购公司更换了两个或更多的高级管理人员,在60%的情况下,所有高级管理人员都被保留了下来(该项调查中有24%

的公司没有回答此问题)。他们认为,在相对较短的期限内进行了多项并购活动的公司,如果只使用其自身的管理资源或把目标公司的管理者免职后雇用新的管理者,将会面临无法对目标公司进行有效管理的困难,上述调查中的结论与预测相一致。因此,若更换不称职的管理者是主要动机,则并购活动就不可能集中于少数几家进行多项并购的公司,恐怕也就无法看到 20 世纪 60 年代混合公司迅速涌现的现象。

综上所述,虽然在某些并购活动中的确有更换能力低下的管理者的情况发生,但是把无效管理者替代假说作为并购活动的一般性解释是缺乏说服力的。

3. 经营协同效应假说

经营协同效应假说认为,公司可以通过横向、纵向或混合并购来提高经营效率和业绩。经营协同效应假说假定在行业中存在规模经济,而且在并购之前,所有公司的经营活动水平都没有达到规模经济的潜在要求。

规模经济因生产要素不可分割而产生,例如人员、设备、公司的一般管理费用等,当其平摊到较大单位的产出中时(即降低了单位产品的成本),可以相应地提高公司的利润率。因此,在制造业中,对厂房及设备的大量投资产生了典型的规模经济,在一定情况下,公司就能够发现和扩展许多新的产品领域。

当公司并购一个业已存在的组织机构时,一个潜在问题是如何把目标机构中好的部分同本公司各部门结合并协调起来,而去除那些不需要的部分,即"去芜存菁"。在并购宣告中常常有如下表述:A 公司在研究与开发方面有很强的实力,但是在市场营销方面较为薄弱;而 B 公司在市场营销方面实力很强,但在研究与开发方面能力不足,因而两家公司的合并可以互为补充。从理论分析的角度来看,这就隐含了双方对某些现存的要素并未充分利用,而对其他一些要素却没有给予足够投入。由于规模经济是联合获得的,所以对每家公司在合并中的贡献进行分配,无论是从理论上还是从实践上来说都是十分困难的,而这又会导致并购后组织内部存在难以协调的冲突。

另一个获得规模经济的方式是纵向联合。将同行业中处于不同生产阶段的公司联合在一起,可以避免相关的联络费用和各种形式的交易费用,从而获得更为有效的协同效应。因此,经营协同效应假说主要用于解释横向并购和纵向并购的动机。

4. 多元化经营假说

多元化经营假说认为,公司多元化经营可以增加公司价值,其主要原因包括:管理者和其他雇员分散风险的需要,对组织资本和声誉资本的保护,以及能够在财务和税收方面带来好处等。

第一,股东可以在资本市场上对许多不同的公司进行分散投资,而与之相对,公司雇员分散其劳动收入来源的机会却非常有限。公司雇员的大部分知识都是在为公司工作的过程中获得的,而这些知识只对本公司有价值,对其他公司并无价值,即这些知识属于专属知识。公司雇员由于具有专属知识,一般在其现有的工作中都要比在其他公司中有更高的劳动生产率并得到较高的报酬。因此,他们看重工作的稳定性以及更多的获取专业知识和提升的机会。公司多元化经营可以给管理者与其他雇员以工作的安全感和提升的机会,并且在其他条件不变的情况下,降低劳动力成本。

第二,在现代公司理论中,公司中有关雇员的资料会随着时间的推移而逐渐积累。这些资料在某种程度上是公司专属的,可能用来将雇员与工作岗位进行有效的匹配,或者在特定的工作中对雇员进行有效的搭配,从而在公司中形成有效的经营团队。当公司被清算时,其经营团队被破坏,该组织机构的价值也随之失去。如果公司采取多元化经营策略,那么这些经营团队便可以从没有利润的商业活动中转移到正在发展和盈利的业务活动中。因此,多元化经营可以保证公司业务活动的平稳有效过渡以及公司团队的连续性。

第三,由于公司拥有声誉资本,顾客、供给商和雇员将利用这一资本与公司建立联系。声誉资本是公司长期通过对广告、研究与开发、固定资本、人员培训以及机构发展等方面的投资而获得的。多元化经营有助于保护公司的声誉资本,但其在公司被清算时便不复存在。

第四,在后面将要讨论到的财务协同效应和税收方面的影响中,多元化经营可以提高公司的负债能力,降低因并购活动而引起的现金流量的波动。

公司多元化经营可以通过内部发展和并购两种方式来实现,在特定情况下,并购要优于内部发展方式。公司可能仅仅因缺少必要的资源或其潜力已超过行业容量而缺少内部发展机会;而且经营时机的选择非常重要,公司通过并购可以比内部发展更为迅速地实现多元化经营。

5. 财务协同效应假说

20世纪60年代混合公司的涌现使人们对管理协同假说在纯粹混合并购中的适用性产生了怀疑。究其原因,一个是公司的管理能力不可能增长得太快,因而难以在短短几年内进行多项旨在提高管理效率的公司并购;另一个是大多数混合公司在不同的经营领域内进行并购,而管理协同作用主要与从事相同业务的公司间的并购活动有关,因为同业并购更容易将管理能力延续下来。在经验检验方面,Magenheim and Mueller(1988)的研究表明,在大多数情况下,资本性支出计划的管理职能在并购后重新置于公司总部的手中,而其他方面的管理职能却很少如此。

经过粗略的观察也可以发现,在许多并购活动中应该存在其他协同效应。例如,20世纪70年代末和80年代初美国其他行业公司对大型矿业公司的并购活动就无法用管理协同效应假说来解释。其中显而易见的问题就是,这些矿业公司全部处于低效率的管理下吗? 采矿(特别是煤炭)业的唯一显著特征是其利润率在较长时间内一直处于低迷状态,并且预计煤炭需求将比以前有更快的增长。

因此，针对此类纯粹的混合并购活动，许多学者提出了有关混合并购的财务协同效应假说。财务协同效应假说认为，公司内部融资和外部融资存在成本上的差异，由于外部融资的交易成本以及股利的差别税收待遇，公司通过并购可以实现从边际利润率较低的生产活动向边际利润率高的生产活动转移，从而提高公司的资本配置效率，同时也为混合公司的存在提供了现实基础。

具体来说，财务协同效应假说认为，不同公司的股利政策不尽相同，用于未来投资的留存收益也存在差异，这会构成对未来投资的约束。在混合公司中，各个部门无法留存多余的盈利和现金流量，要根据未来的收益前景进行分配。在这个意义上，混合公司就相当于一个资本市场，把通常属于外部资本市场的资金供给职能予以内部化了。通过内部资本市场的资本配置，公司可以有效克服外部资本市场存在的各种融资约束，以降低融资成本从而增加项目的投资价值。

实证检验的发现为财务协同效应假说提供了依据。Nielsen and Melicher(1973)发现，当并购公司的现金流量较大而目标公司的现金流量较小时，支付给目标公司的作为并购收益近似值的溢价也较高。这意味着资本从并购公司所在行业向目标公司所在行业的重新调配。

与此紧密相关的命题是并购后公司的负债能力要大于并购前的负债能力之和，且这将给公司的投资收入带来税收节省。目前存在的大量经验性资料证明并购后公司的负债率有了显著的提高。并购活动一个可能的方面是获得了在开办费和证券交易成本方面的规模经济。

财务协同效应假说与 Magenheim and Mueller(1973)报告中的实证检验结果相一致。他们对 30 起大型并购活动的抽样调查表明，在并购后的三年内，对目标公司经营活动的新的资本性支出平均为并购前相同时间内资本性支出的 2.2 倍。这一迹象反映出公司通过并购增加了投资机会。

6. 战略重组假说

战略重组假说认为，公司的战略规划不仅与经营决策有关，还与公司的环境和顾客有关，并购可以实现规模经济或挖掘出公司目前未充分利用的管理潜力。

战略重组假说建立在竞争优势获得基础之上。虽然新的能力和新的市场可以在内部得到发展，但时机的选择对于获得成长机会非常重要。通过并购对公司结构进行调整的速度要快于内部发展的调整速度，并且存在实现管理协同效应的机会。虽然竞争性的并购意味着公司通过并购所获的净现值会比较小，但是如果公司能够充分利用管理协同效应和财务协同效应提供的机会，在并购目标公司的基础上进行净现值为正的额外投资，那么通过并购实现战略重组以适应市场需要就仍然可能为公司创造更多的价值。

7. 价值低估假说

一些研究将并购的动机归因于目标公司价值的低估。价值低估的原因有很多：可能是管理层无法使公司的经营潜力得到充分发挥,即无效管理者替代假说的一个方面;可能是并购者有内幕消息,他们如何获得该内幕消息可能随着具体情况的不同而变化,但如果并购者有一般市场上所没有的消息,他们就可能给股票以一个高于一般市场价格的估价;还可能是资产的市场价值与重置成本之间存在差异,例如由于通货膨胀的存在,一方面股票价格一直处于低迷状态,另一方面资产的重置成本比账面成本大幅提高,这两个方面的影响导致托宾 Q 的下降。托宾 Q 是公司股票的市场价值与代表这些股票的资产的重置价值之间的比率,它反映了公司的成长性。

在目标公司价值被低估的情况下,如果一家公司想要增加生产特定产品的能力,则它可以购买一家生产此类产品的公司,而不用从头做起,因为前者要更便宜一些。如果 A 公司力图增加其生产能力,这就意味着其托宾 Q 大于 1,但同行业其他公司的平均托宾 Q 小于 1,则 A 公司通过并购其他公司来增加生产能力就是非常有效的。

尽管价值低估假说可以解释公司并购的动机,但是与无效管理者替代假说或差别管理效率假说相比,其本质上没有很大的区别。为什么一家公司要在市场价值低于其重置成本时增加生产能力呢?这是因为并购公司比一般公司更有效率或至少比目标公司更有效率。因此,价值低估假说不可能单独存在,它也必须结合效率方面的基本原理加以解释。

7.4.2 代理理论

1. 制约代理问题假说

Jensen and Meckling(1976)在其经典论文中系统地阐述了代理问题的含义。代理问题产生的基本原因在于管理者(决策或管理代理人)与所有者(风险承担者)间的合约不可能无代价地签订和执行。由此而产生的(代理)成本包括:① 缔结一系列合约的成本;② 委托人对代理行为进行监督和控制的成本;③ 剩余损失,即由于代理人的决策和委托人福利最大化的决策发生偏差而使委托人遭受的福利损失。

代理问题可以通过一些组织和市场方面的机制进行有效的控制。Fama and Jensen(1983)假设,当一家公司的特征是所有权与经营权分离时,则该公司的决策体系也将决策管理(创立与贯彻)从决策控制(批准与监督)中分离出来,以限制代理人个人决策的效力,从而避免其损害股东的利益。控制职能由股东选出的董事会来行使,它在董事资格、并购和新股发行等重大决策方面拥有审批权。

同时,股票市场提供了外部监督手段,因为股价可以反映管理者决策的优劣。低股价会使管理者面临压力,使其改变行为方式,并且忠于股东的利益。

当所有这些机制不足以控制代理问题时,并购市场将为这一问题的解决提供最后的外部控制手段(Manne,1965)。并购通过收购要约或代理权之争,可以使外部管理者战胜现有的管理者和董事会,从而取得对目标公司的决策控制权。Manne(1965)强调,如果公司的管理层因无效率或代理问题而导致经营管理滞后,那么公司就可能被接管,从而面临被并购的威胁。

2. 管理主义假说

与并购可以解决代理问题的观点不同,一些学者认为并购活动只是代理问题的一种表现形式,而不是解决办法。Mueller(1969)用管理主义来解释混合并购问题,并对其进行了详尽的阐述,他认为管理者具有扩大公司规模的动机。如果管理者的报酬是公司规模的函数,那么管理者往往采用较低的投资必要收益率。Jensen and Ruback(1983)总结了公司并购的经验证据,发现在并购决策宣告日,并购公司的股票价格不但没有上升,反而有所下降。他们认为,并购固然可以有效解决目标公司的代理行为,但是并购公司本身存在的代理问题可能导致为并购支付过高的价格,浪费并购公司股东的财富。

正如前面所讨论的,制约代理问题假说认为,当管理者市场无法解决代理问题时,公司间的市场或并购活动赖以进行的市场将会发挥作用。因此该理论认为,并购活动是代理问题的一种解决方法。而管理主义假说认为,并购活动难以解决并购公司本身的代理问题,并购活动很有可能是并购公司管理者低效率的一种表现形式。

3. 管理层自负假说

Roll(1986)认为,目标公司在并购过程中价值的增加,是由于并购公司的管理者因其野心、过分自大或骄傲而在评估并购机会时犯了过分乐观的错误。

在并购过程中,并购公司确定一个潜在的目标公司并对其价值(主要是股票价值)进行评估。当估价结果低于(股票的)市场价格时,并购公司便不会提出报价。只有当估价结果超过当前的市场价值时,并购公司才会提出报价并尝试并购。如果没有协同效应或其他并购收益,则估价的平均值将等于当前市场价值。只有当估价极高时才会有公司提出报价。所以并购溢价只是一种误差,是竞价者在估价中所犯的错误。

Roll(1986)认为,一个特定的单个竞价者无法从其过去的错误中吸取教训,并且确信其估价是正确的。因此,并购现象是部分竞价者自以为是的结果,他们傲慢地以为自己的估价是正确的。如果并购没有收益的话,自负的原因就可以用来解释管理者为什么要进行并购竞价。

管理层自负假说认为,市场有很高的效率,股价反映了所有(公开和非公开)的信息;生产性资源的重新配置无法带来收益,且无法通过公司间的并购活动来改善经营管理。而效率理论是建立在某种形式的市场无效率假设基础之上的。因此,管理层自负假说可以起到比较基准的作用,因为这种情况下发生的并购不会创造价值。此外,这一假说不要求管理者有意识地追求自身利益。管理者可以有良好的意图,但在判断中会犯错误。

4. 自由现金流量假说

Jensen(1986)认为,自由现金流量是公司代理问题的主要来源,减少自由现金流量可以在解决管理者与股东间的利益冲突时发挥重要的作用,并购则是减少公司自由现金流量的重要方式。按照Jensen(1986)的定义,自由现金流量是超过所有净现值为正的投资项目资金要求量的现金流量。他认为,公司若想有效率和股东权益最大化,自由现金流量就必须支付给股东。自由现金流量的支付减少了管理者所控制的资源量,从而削弱了管理者支配自由现金流量的权力。另外,当他们为额外的投资寻求新的资本而进行融资时,就更可能受到资本市场的约束。

除了支付本期额外的现金,Jensen(1986)还认为,管理者通过契约来保证未来各期现金流量的支付也是十分重要的。实现这一要求的一个有效方式是公司通过债务而不是股权方式进行融资。他提出,在已经面临低迷成长且规模逐渐缩小,但仍能产生大量现金流量的组织中,控制负债权益比例是重要的,也就是说,公司通过并购活动,适当地提高负债权益比例,可以减少公司的自由现金流量,降低代理成本,提高公司价值。

7.4.3 税收优惠理论

一些学者认为,一些公司并购可能是出于税负最小化方面的考虑。但是,税收因素是否会引起并购活动,则取决于并购公司是否存在获得同等税收利益的其他替代方法。

为了获得税收方面的好处而进行的并购活动,常常被看作公司与政府的"零和游戏"。一方面,如果这些并购活动涉及真实资源的使用或通过增加经济系统中其他部门的税收而造成了税收体系的扭曲,那么它们对于社会而言就是不可取的;另一方面,出于税收原因的并购也可能通过消除税收方面的损失而促进更有效率的行为。

税收除了影响并购的动机,还影响并购的过程。依靠重组(并购)的方法和交易中介,目标公司的税收属性可能转移到并购公司,目标公司的股东也有可能延迟支付资本利得税。具体的做法包括:获得净营业亏损和税收抵免的递延;用资本利得替代一般收入等。例如,一家有正收益的公司,可以与有累积亏损和税收减免优惠的公司相联合,通过合并纳税,实现收益与亏损的相互抵补,进行合法避税;一家内部投资机会较少的成熟公司可以并购一家成长型公司,因为成长型公司没有或只有少量的股利支出,但要求有持续的资本性或非资本性开支。并购公司可以为目标公司提供必要的资金,而不是在向股东支付股利时以税收方式流向政府。

类似地,当一家公司的成长速度变慢时,也会产生将自身出售给其他公司的动机。除了将未来收益作为需缴纳一般个人所得税的股利支出,一家公司还可以通过出售股权使未来的收益资本化,其购买者将是一个出于投资目的而欢迎内部现金流量增加的公司。这一交易通常采用免税的有价证券交换来进行:卖出公司的所有者在出售有价证券之前不需要纳税,这是一笔资本利得,且可以对实现收益的时机进行选择。

除此以外,税收对公司的并购活动还存在其他方面的影响。Jones and Taggart(1984)

从税收角度提出了公司所有权的生命周期模型。当一项资产(一家企业)处于年轻阶段时,其折旧费和其他税收扣除项有可能超过其税前现金流量,即企业虽然存在账面亏损,但是通过投资税收抵免等优惠措施能够获得足够的现金流量。在此阶段,企业应该采取合伙企业的形式,由较高税收等级的投资者所有。当企业达到一定阶段,即企业的折旧避税很小以至于在提取折旧后会留下正的但数额不大的营业利润时,若企业的所得税税率低于高税收等级投资者的所得税税率,则有限责任的公司制形式就可能是最优的。当企业变"老"时,折旧进一步降低,税前现金流量增加,企业的纳税负担沉重。这时,企业可以与其他企业合并,通过所有权的改变以达到使资产计税基础逐渐增大的目的,这样企业可以资产的交易价格为基础计提折旧,从而起到避税的作用。

7.5 公司并购的研究发现

随着世界经济自由化和全球化的不断深入,并购已经成为推动现代企业成长的不竭动力,并成为实现资本市场资源优化配置的有效途径和重要方式。海尔集团、青岛啤酒等大型企业都是通过大规模的并购,在短短几年间迅速发展起来的。但是同样,机遇与挑战并存。由于公司并购行为本身存在许多风险,公司不得不面对从资金、管理到市场等棘手问题。无论是实务界还是学术界,对公司并购的经济后果都存在不同的观点和看法,结论也不完全相同。本节将对公司并购经济后果的学术研究成果做一些简要的介绍。

在理论研究中,对公司并购经济后果的研究通常采用事件研究法和基于财务指标的比较分析法(即财务指标法)。事件研究法是通过公司并购事件发生前后股票价格异常波动的方向来衡量公司绩效的变化,它侧重于对短期绩效的考察,检验并购是否会为股东带来超额收益;财务指标法则主要以会计指标为评价指标,通过对比分析并购事件发生前后财务与会计数据的变化来分析并购交易的影响,考察并购事件对公司经营业绩的影响。

7.5.1 并购与公司价值——基于事件研究法

大多数国外学者经过研究发现,并购能为并购公司和目标公司的股东创造价值。麦肯锡公司针对1997—2009年发生的1 415项并购交易的研究发现,并购能为并购公司和目标公司创造平均4%的共同价值。

国外学者公开发表了大量丰富的事件研究法成果。Dodd and Ruback(1997)通过分析和研究1973—1976年发生的172起典型要约收购事件发现,不论要约收购成功与否,在收购事件发生前13个月的时间里,不仅并购公司的股东能够获得显著为正的超额收益,目标公司在事件发生日也能获得相当高的超额收益。然而更多学者经过研究发现,目标公司在并购事件中能够获得显著为正的超额收益,并购公司价值受到的影响则需要一分为二地讨论:当并购标的(即目标公司)为非上市公司时,并购对并购公司的价值存在积极影响;而当并购标的为上市公司,特别是标的金额巨大的上市公司时,并购对并购公司的价值会造成损害(Moeller et al.,2005;? Alexandridis et al.,2013)。

如前诉述,公司并购的重要目的是获得协同效应,如使产品进入目标市场、优化资源配置等,提高管理效率,从而提高资产回报率。然而,Agrawal et al.(1992)及 Magenheim and Mueller(1988)的研究结果均发现,公司并购后的经营业绩有所下降。Langertieg(1978)的研究结果表明,公司并购后的经营业绩没有得到显著的提升;尽管目标公司股东获得了显著为正的超额收益,但无论是从并购公告日前后3—5日的短窗口还是从并购前后3—5年的长窗口来看,并购公司的股东财富都遭受了显著的损失(Jensen and Ruback 1983;Andrade et al.,2001)。Sirower and Sahni(2006)的研究结果显示(见表7-7),并购公司在并购公告期间,股票收益率下降1%~3%,而且股票收益率持续走低的公司数量(133家)是股票收益率持续上升的公司数量(52家)的两倍多。

表7-7 并购与公司价值

股票收益率表现	发生并购交易的公司数量(家)	并购公告日前后5天期间的股票收益率(%)	并购公告日1年后的股票收益率(%)
股票收益率持续为正	52	5.6	33.1
股票收益率初始为正,后续不变	103	5.7	4.9
股票收益率初始为负,后续不变	199	-9.2	-9.0
股票收益率持续为负	133	-10.3	-24.9

资料来源:Sirower, M. L. and S. Sahni, "Avoiding the Synergy Trap: Practical Guidance on M&A Decisions for CEOs and Boards", *Journal of Applied Corporate Finance*, 2006, 18(3):83-95。

由此可见,公司并购的经济后果还没有获得完全一致的结论,而协同效应假说也面临巨大的挑战,针对目前并购中的各种现象,学者们从管理层自负假说、自由现金流量假说以及套利假说等角度进行了分析,但是结果也不尽相同。

7.5.2 并购与公司价值——基于中国上市公司的研究发现

洪锡熙和沈艺峰(2001)分析了万科、三新和君安3家公司多次并购同一上市公司的案例,研究发现,并购并不能给目标公司带来显著的超额收益。李善民和陈玉罡(2002)对1999—2000年中国证券市场发生的349起并购事件进行了跟踪研究,结果发现并购仅仅能够为并购公司带来显著的财富增加,而对目标公司股东财富的影响并不显著。在西方学者成熟的并购理论的基础上,国内学者大多从短窗口事件反应和长期财务业绩两个角度实证检验中国上市公司的并购绩效,但是结论和国外已有的研究并不完全相同。

以中国公司并购为对象的研究结果都表明,并购为目标公司股东创造了巨大的价值,目标公司的财务业绩有所改善;而并购公司的股东价值和财务业绩存在一定的下降。与国外的研究不同,中国上市公司在并购实践中通常是作为目标公司,即使并购提高了上市公司的质量,也很难判断公司并购对整个经济的净效应。

为了解释以中国上市公司为对象的经验研究发现,就必须以经典的公司并购理论为基础,结合中国资本市场发展的特殊制度背景进行分析。

1. 协同效应可以解释上市公司股权转让过程中的财富增值

中国经济的转轨特征和上市公司的体制转换等历史背景决定了整个经济体制存在大量潜在的协同效应的价值源泉。作为全球化背景下的新兴市场经济国家,中国需要通过并购来完成向市场经济的转轨,包括通过股权收购来完成产权的转轨。因此,上市公司在进行股权转让时股票价格上升,在很大程度上反映了投资者对协同效应的预期。

2. 管理层自负假说也可以解释上市公司股权转让过程中的财富变化

中国的很多企业家并不成熟,他们希望通过概念炒作来扩大自身的社会影响力,甚至进入自己并不熟悉的领域,这使得公司并购带有很大的盲目性,并购方在并购过程中支付了过高的价格。虽然最终结果是降低并购公司的价值,但是一部分价值已经转移给目标公司的投资者。这一解释也可以从作为并购方的上市公司股价下跌得到一定的证据支持。

3. 体制因素下的价值转移和再分配假说

张新(2003)认为,中国资本市场的体制特征是影响上市公司并购价值转移的主要因素。他系统分析了公司并购中各利益相关者在并购过程中的收益,包括目标公司控股股东、并购方、地方政府、监管机构和目标公司流通股股东,因为并购确实能够增加交易各方的价值,所以各利益相关者都积极推动上市公司的并购重组。而且目标公司的股东是主要受益者,虽然并购公司的短期财务状况会有一定的负面影响,但中长期的收益会有所增加。

对于并购提高目标公司价值的源泉,张新(2003)认为主要有两个方面:① 目标公司进行业务和管理层调整,通过改善经营管理效率、发挥协同效应等产生增量效益,提升业绩,实实在在地为股东和利益相关者创造价值。② 新投资于目标公司的中小股东。不论并购公司是从一级市场再融资还是在二级市场股票炒作中寻求利益补偿,这两种补偿方式的获益根源都是未来的中小股东,因为这些中小股东会高价购买并购公司的已发行股票或认购其新股。

并购如果能够通过协同效应提升公司业绩,那么就会给整个社会创造价值。否则,它就可能只为目标公司的现有股东服务,将今天的并购成本转嫁给明天的中小投资者,致使未来的中小投资者实际付出的代价远远大于现有股东所减少的损失。换句话说,这样的并购只是一场财富再分配的游戏,只是现有的利益方得到了好处,但真正付出代价的是未来的中小投资者,总的社会净收益为零,从长远来看,考虑到社会资源向低效企业的逆向配置和市场规则的可能破坏,社会总收益还可能为负。

表7-8总结了公司并购价值效应的理论解释及其在不同资本市场的应用。

表7-8 公司并购价值效应的理论解释及其在不同资本市场的应用

成熟市场			理论假说	中国市场		
C 综合价值创造	B 目标公司价值创造	A 并购公司价值创造		A 并购公司价值创造	B 目标公司价值创造	C 综合价值创造
+	+	+	协同效应	+	+	+
0	+	−	管理层自负假说	−	+	0
−	+	−	代理理论	−	+	−
NA	+	NA	价值转移和再分配	−	+	NA
NA	+	NA	综合效应	−	+	NA

注:+表示并购可以增加公司价值;−表示并购会降低公司价值;NA表示并购对公司价值的影响是不确定的。

7.5.3 并购特征与公司价值

由于对并购经济后果的发现并不完全一致,许多学者从并购双方的特征和并购交易的特征等角度入手,分析了并购过程中公司特征和交易结构安排对经济后果的可能影响。

并购主体和对象不同,并购结果也并不完全相同:① 当并购公司和目标公司都是上市公司时,并购公司股价下降,而目标公司股价上升;② 当并购公司是上市公司而目标公司是非上市公司时,并购公司股价上升。只有当并购双方均为上市公司时,研究者才可以同时研究并购交易对并购双方股票价值的影响,因此前述总结都是并购公司和目标公司均为上市公司的结果。但是,当作为上市公司的并购公司去并购非上市公司时,并购公司的股价非但不下降,反而会上升。为什么目标公司是否为上市公司会显著影响并购公司投资者对交易结果的评价呢?现有的相关理论还未能给出很好的解释。

为什么并购难以产生持续的价值创造?为什么并购后公司的业绩表现往往并不尽如人意?目前存在以下三个方面的解释:

第一,并购过程中的非理性定价。市场在缓慢地更正目标公司在并购日被高估的市价,导致并购后公司的长期业绩持续下降。

第二,自选择问题。若并购公司目前股票低迷,则其倾向于通过并购行为来缓解低迷的态势。但是通常事与愿违,并购公司在并购后的业绩表现往往比并购前更差,并且目标公司的业绩在并购后也有下滑态势。

第三,目标公司在并购前有动机提高盈余以获得更高的并购价格,而并购公司为此支付了过高的价格,导致并购后公司整体实际经营业绩下降。

本章小结

复星医药的发展经历说明,并购是公司成长和发展的重要方式。按照不同的标准,并购可以分成不同的类型,而并购类型的差异则会直接影响到并购的财务评价和财务融资安排,也会影响到未来并购及其整合的难易程度。了解并购的基本知识和相关概念,是学习并购相关财务决策的基础。

从并购的发展历史来看,一方面,并购是经济发展和法律约束的共同产物;另一方面,并购也不同程度地影响了经济发展。无论是横向并购、纵向并购、混合并购还是跨国并购,都是公司在追求价值最大化过程中所采用的可能手段。理解公司并购决策的差异,不仅要关注并购本身的相关特征,还要重视并购所处的经济环境和发展阶段。

并购的相关理论分析是理解并购动机及其经济后果的重要工具。目前的并购理论主要分为三个主要方面,即效率理论、代理理论和税收优惠理论。这三种理论从不同方面分析了并购产生的经济动机,并预测了并购后公司价值的可能变化。但是,从现有的经验证据来看,还没有一种理论假说是居于主导地位的,现实中的并购决策更多的是各种理论假说的综合。掌握这些理论假说,可以帮助我们更好地认识和理解公司并购决策的差异。

关键概念

并购	新设合并	吸收合并
横向并购	纵向并购	混合并购
协议收购	要约收购	杠杆收购
并购的协同效应	并购的代理理论	管理层自负假说
价值转移和再分配假说		

讨论题

1. 请选择一家中国上市公司的并购事件作为案例,说明某个具体的并购理论在此案例中的运用。

2. 除了本章中提到的这些理论假说,你认为中国公司的并购还受哪些因素的影响?这些因素如何影响并购后公司价值的变化?

案 例

复星医药并购与发展历程

麦肯锡公司的调查表明,75%的并购最终以失败而告终。但是,复星医药却通过并购获得了巨大的发展。根据本章7.1.1中复星医药通过并购获得发展的案例,结合互联网上与复星医药相关的资料,请运用并购的分类和基本理论等相关知识,总结复星医药并购的基本特征及其对复星医药发展的影响。

第8章 并购的财务战略

【学习目标】

通过本章的学习,你应该掌握:
1. 并购的一般程序;
2. 公司发展战略与并购的关系;
3. 并购战略选择;
4. 并购战略实施。

【素养目标】

通过本章的学习,深刻理解并购与公司整体战略的紧密关系,把握并购的实际操作程序,理解并购管理与公司日常管理的不同,灵活运用并购战术以发挥并购对公司发展的积极作用。

8.1 并购的一般程序

并购活动是公司实行资本运营的重要手段。并购可以给公司带来巨大的发展机遇,但与此同时,又可能使公司面临沉重的负担和财务危机。公司盲目并购以至于一败涂地的事例屡见不鲜。海航集团2003年以前以纵向并购为主,2003年以后通过横向并购和多元化并购的方式实现了快速扩张。2015—2017年,海航集团进入并购高峰期,其并购投资规模达到500亿美元。由于并购没有充分整合目标公司的资源,形成协同效应,2021年海航集团正式宣布破产重组。由此可见,公司并购活动必须服从于公司的整体战略,并根据公司整体战略的要求,制定相应的并购战略和并购战术。

公司并购活动涉及许多经济、政策和法律问题,如证券法、公司法、会计法、税法以及不正当竞争法等,在有些国家,反垄断法也对并购活动进行制约。因此,公司并购是一项极其复杂的运作过程。

公司并购大致可以分为准备、谈判、公告、交接、重整五个阶段。各个阶段并不是依次进行的,在大多数情况下是相互交叉进行的。从财务角度来看,并购的程序通常包括以下步骤(见图8-1):

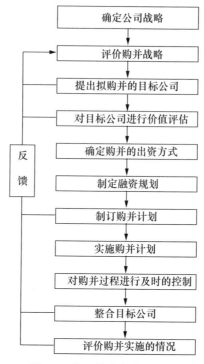

图 8-1　公司并购的财务流程

1. 确定公司战略

并购是并购公司为最终实现某种战略目标而采取的一种手段,这些战略目标多种多样,各不相同,包括促进公司价值增长、在现有产品市场赢得竞争优势、提高市场份额和降低风险等。和其他所有战略决策一样,并购应当满足实现价值增值这一根本要求,如果公司管理层按照股东的利益行事,通过并购实现的价值增值就会表现为股东财富的增加。

公司并购应该放到内容更为广泛的公司战略和商业战略框架中进行考虑。各种不同形式的并购方案,取决于公司的战略规划和战略选择,这些并购方案因价值形成因素的不同而变化。并购方式还受并购结果、对目标公司的评估框架、目标公司的形象以及并购后的整合等因素的影响。因此,确定公司的基本发展战略,并明确公司并购在整体战略中的地位,是实施有效并购的重要前提。

在正式发起并购前,并购公司通常还要发起尽职调查(due diligence)。尽职调查又称审慎性调查,是指投资者在与目标公司达成初步合作意向后,经协商一致,对目标公司的一切与本次投资相关的事项进行调查、资料分析的一系列活动,为彻底、完整地评估目标公司的业务、资产、能力和财务业绩而进行的调查过程。

根据并购项目的具体需要,尽职调查可能包含许多维度,包括目标公司的主体合法性存续、企业资质、资产和负债、对外担保、重大合同、关联关系、纳税、环保、劳动关系等一系列相关问题。审慎、充分的尽职调查是后续流程的前提,如估值定价、交易架构与合约条款设计、后续投后管理方面的计划等。

尽职调查包括战略尽职调查、法律尽职调查、财务尽职调查等。其中,战略尽职调查的主要目的是评估目标公司的商业模式及业务前景,包括判断市场发展潜力、业务吸引力以及竞争状况等商业风险。法律尽职调查则注重分析合同和其他文件,评估是否存在潜在的法律风险及诉讼案件,关注能够影响交易终止的重点风险,如企业宣称的核心竞争力与事实是否存在差异、销售或财务数据造假、隐瞒负债或潜在的重大诉讼等。财务尽职调查主要是判断公司账目是否一致,评估实际资产和负债状况及税务风险,调查的内容主要包括以往和当前的财务报表、业绩预测与核心假设、资本预算、债务结构、成本分析、利润率分析以及内部控制流程检查等,此外,还会针对目标公司具体的资产开展尽职调查,例如固定资产明细、设备采购或租赁协议、房地产契约、抵押贷款、产权证书和使用许可等。

通过对目标公司的尽职调查,并购公司可以确定目标公司的商业发展潜力,了解目标公司的财务状况和经营成果,在充分考虑潜在的法律风险的基础上,就可以根据规划逐步推进并购活动。

2. 评价并购战略

由于并购决策的固有风险,通常战略考虑要优先于财务分析。所以,公司必须根据自身的战略目标来评价并购活动,即对目标公司进行战略分析,研究并购对公司竞争能力和风险的可能影响。

3. 提出拟并购的目标公司

和资本预算程序不同,提出并购方案的不是公司的中下级管理层,而是高级管理人员。高级管理人员根据本公司的发展战略和目标公司的有关情况,确定并购的对象。在这个过程中,公司通常需要聘请金融机构作为财务顾问,以便于并购的顺利进行。

4. 对目标公司进行价值评估

对目标公司进行价值评估,就是根据目标公司当前的资产价值、负债价值、营运状况和市场价值等指标确定公司并购的成本,也即公司的出价。根据目标公司是否为上市公司,公司的价值评估方法也有所不同,但最终评估价值应当建立在风险—收益评价的基础上。

5. 确定并购的出资方式

在现代并购实践中,现金出资并不是唯一的方式。股票出资(即股票交换)、综合证券出资已经成为并购中常见的出资方式,而且占据越来越重要的地位。公司在确定并购的出资方式时,通常考虑的因素包括并购后持续经营的需要、税收、财务风险以及市场价值的可能变化等。

6. 制定融资规划

在确定了并购所需的资金数量和形式之后,公司就需要据此进行融资规划,决定筹集资金的各种方式和数量。在融资规划中,公司必须考虑由此而产生的公司价值和风险的可能变动,在尽量降低风险的同时,保持公司的最优资本结构。

7. 制订并购计划

在以上各步骤分析的基础上,公司要制订相应的并购计划。并购计划不仅可以为实际执行过程提供明确的指导和具体的时间表,而且有利于与并购的完成情况进行比较。

8. 实施并购计划

如果并购计划获得了公司董事会和股东大会的通过,公司就可以实施并购计划。在实施过程中,公司不仅要完成各种财务工作,而且要从事大量法律规定的工作。例如,向目标公司提出并购要约,签订并购合同,针对各种可能的反并购采取防御措施,等等。

9. 对并购过程进行及时的控制

并购计划的实施,通常不是一帆风顺的。在实施过程中,各种意外情况的发生都可能对并购活动产生重要影响。这就需要公司对并购过程进行及时的控制,并且采取相应的措施。并购计划是否科学,将在很大程度上决定并购实施的顺利与否。

10. 整合目标公司

并购成功与否,不在于公司能否完成并购,而在于并购能否实现公司的战略目标。因此,并购后的管理对整个并购活动有着重要影响。公司必须根据战略目标和实际状况,有计划地将目标公司与本公司进行整合。

11. 评价并购实施的情况

并购活动的事后评价可以为公司提供反馈信息,同时可以为未来的决策提供重要的经验。但是,并购活动的事后评价在很多公司中却流于形式。许多公司都是在因过度盲目并购而陷入困境之后才开始反思并购的成败。如果对并购进行及时的事后评价,盲目并购的现象也许就不会发生。

本章主要阐述并购中的财务决策内容,基本上不涉及并购的实际操作。鉴于战略在并购决策中的重要性,下面首先介绍并购的战略分类及其评价方法。

8.2 公司战略分析——修正的波特竞争模型

公司战略涉及对公司整体业务活动进行安排,目的在于使公司实现某种预先确定的目标。这些目标包括对公司活动进行有序的改变,将某一业务内的盈余资金调拨到其他有盈利增长的业务上去,对公司投资组合中现有或预期业务的相互依存关系进行开发利用。并购只有在公司整体战略的指导下才能够有效地进行。

除了这种投资组合的管理作用,公司战略的另一重要目的是开发出公司的独特能力或核心能力,并将其转化为公司持久的竞争优势,从而获得价值增值。这些独特能力包括公司组织、公司声誉和公司创新。其中,公司组织包括公司与雇员之间的内部关系,公司与供应商或客户之间的外部关系,以及公司与众多合作公司构成的网络。

公司竞争战略的确定要做到"知己知彼",不仅要考虑公司在目标市场中获得成功的关键因素,理解市场的动态变化,还要了解公司与竞争对手相比所具有的特殊竞争能力。市场、公司自身能力和竞争对手能力共同决定了公司可以选择的竞争战略,即公司将如何去竞争。

迈克尔·波特(Michael Porter)提出的五力模型,为分析公司的竞争环境提供了重要的工具(Porter,1985)。通过分析公司客户、供应商(包括资本提供者)、当前竞争对手、潜在竞争对手以及产品或服务的替代品,公司可以确定其所处的竞争环境。后来的学者还考虑了其他影响因素,包括工会团结程度、政府管制的严格程度、全球化影响因素(例如汇率波动)等,进一步完善了波特的竞争模型。图 8-2 概括了修正的波特竞争模型。

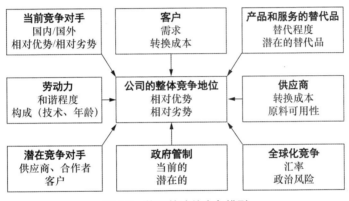

图 8-2 修正的波特竞争模型

1. 描述市场环境

公司需要收集足够的数据以准确评价其竞争环境,并分析其特性。准确描述市场环境需要的基本数据包括:① 产品和服务的类型;② 公司的市场份额;③ 定价策略;④ 销售渠道及其成本;⑤ 生产设施的类型、位置和新旧程度;⑥ 产品质量检验标准;⑦ 客户服务评价标准;⑧ 劳动力报酬政策;⑨ 研发强度;⑩ 供应商评价标准;⑪ 以增长率和利润率为基础的财务绩效评价;⑫ 竞争对手的相关数据。

2. 客户

公司必须了解其客户做出购买决策的关键因素及其重要程度。一般认为,关键因素包括价格、质量、服务、便利程度,或这些因素的某种组合。通过市场调查,公司可以判断客户对这些关键因素变化的敏感程度。公司不了解客户购买动机中的细微差别可能使其在高度竞争的市场环境中造成巨大的损失。例如,在同一区位的不同便利店中,产品价格的微小差异都有可能影响消费者的购买决策。

3. 供应商

公司需要确定重要供应商的数量并判断其品质和可靠程度。对力图扩大市场份额的公司而言,一个或很少几个相对低品质的供应商可能对公司形成重大的威胁。此外,对某几个供应商的严重依赖可能削弱公司的定价谈判能力。例如,英特尔公司几乎占据了全球的微机芯片市场,其产品开发和定价对全球计算机生产商的价格具有决定性的影响。

4. 当前竞争对手

通过对国内外竞争对手的分析,公司可以发现其成功的关键因素,这些成功因素包括拓宽产品线宽度(例如微软公司不仅生产操作系统,还开发一系列相关的游戏软件)、保持一致的产品质量(麦当劳、肯德基)、有效的产品分销(戴尔公司的产品直销体制)、低成本生产(格兰仕)或掌握关键的专利权(英特尔)。

现实中有许多工具、技术可以用于评价公司与竞争对手的相对竞争地位。毫无疑问,建立一个有关竞争对手的数据库需要花费很长的时间并支付很高的成本,但是建立该数据库有助于公司建立和完善业绩标准,使公司可以动态地了解自身与竞争对手的业绩差异并分析差异原因。

5. 潜在竞争对手

潜在竞争对手不仅包括当前市场上的公司,还包括相关市场上的公司、当前的客户和供应商。例如,全球最大的网络图书公司亚马逊不仅继续提供原有产品,即销售书籍,还出售音像制品和药品,并提供网络拍卖服务,其目标是成为网络中的沃尔玛公司。

6. 产品或服务的替代品

技术的发展会改变人们的生活方式,从而影响其对原有产品或服务的需求,因此分析产品或服务的替代品可以帮助公司了解客户需求的可能变化以及竞争对手的情况。例如,网络的出现使书籍、机票、金融产品或服务的提供方式发生了很大变化;电子邮件代替了传统的信件,电子媒体和自媒体的出现对纸质媒体产生了颠覆性影响等。

7. 劳动力

公司需要员工提供持续的服务来满足客户的需求,员工工作中断无疑会为竞争对手获得市场份额创造条件,客户不得不到别处去购买必需的产品和服务。对劳动力的激励不足和与日俱增的跳槽率使工作中断日益频繁,这对公司的长期生产能力和产品成本造成了不利影响。公司寻找所需人才的时间越长,岗位再培训的成本越高,降低员工的跳槽率就越重要。

8. 政府管制

政府管制是避免市场失灵的重要手段,有助于实现资源的更优配置并提高社会福利。但政府管制也可能是一种创造和抽取租金的机制。政府可能被在位企业俘获,并通过设置严格的管制政策以阻止潜在企业的市场进入,来维护在位企业的垄断地位和垄断租金(Stigler,1971),并且管制本身也可能是政治家和政府官员向企业征收"过路费"的机制(De Soto,1989;Shleifer and Vishny,1993)。Djankov et al. (2002)收集了 85 个国家的政府管制数据,包括新开办一家合法企业所需经历的步骤数、耗费的时间以及成本。研究发现,对于大多数国家来说,新开办一家企业的成本都非常高,并且在管制更为严格的国家,当地政府的腐败程度也更严重,但当地的产品质量并不会比管制程度更低的国家好。Djankov(2009)发现严格的政府管制阻碍了投资和就业增长,降低了生产率和经济增长的速度。

9. 全球化竞争

全球化竞争是指某一行业需要在全球范围内进行竞争。例如,汽车行业就是典型的全球性行业,随着主要汽车装配厂在全球范围内的分布,公司也要求其零件供应商就近建立工厂以保证零部件的及时供应。全球化竞争使公司面临更高的汇率风险和政治风险。

8.3 并购的战略目标

公司在明确了其竞争环境,选择了相应的竞争战略后,公司并购就成为实现战略的重要手段之一。公司可以选择通过内部积累来逐步提高市场份额,增加公司价值;也可以选择通过并购现有的公司来迅速提高市场份额,降低竞争风险,增加公司价值。但是公司并购是一项有风险的业务,战略决策上的失误往往造成数百万元的损失。因此,每家从事并购活动的公司,为了实现目标,都必须制定一个可行的战略,以适应不断变化的各种条件。无论是理论上还是实践中,适用于所有公司的最佳并购战略是不存在的,每家公司都必须根据自己在市场上的地位及其目标、机会和资源,确定一个有意义的并购战略。

评价并购的成败,并不在于公司是否完成并购交易,而在于交易完成后的经营业绩是否达到预期目标。因此,在并购过程中,制定科学而又可行的并购战略是投资成功的关键所在。

公司实施并购战略,可能是因为公司整体发展的需要,希望通过并购跨入新的具有发展前途、能给公司带来长期利益的行业;也可能是因为当前目标公司的价格便宜,计划并购后再整体或分开出售从而获得更大的利益。由于大多数并购活动都是为了并购后与本公司的资源进行整合,以取得综合效益,包括实现规模经济、获取必要的技术和产品线以及扩大市场规模,因此本章主要讨论以整合为目的的并购战略。

根据并购对象的不同,以整合为目的的公司并购战略可以分为垂直型整合战略与水平型整合战略。

8.3.1 垂直型整合战略

1. 垂直型整合战略的特点

垂直型整合战略是指公司通过并购与本公司生产经营有关联的上游公司及下游公司以实现规模经济的战略,又称纵向一体化战略。

垂直型整合战略的基本指导思想是:公司只有控制生产的每一过程,才可以获得长远利益。因此,要实现这一战略目标,公司必然要并购其他公司,特别是在行业进入壁垒较高的情况下。

垂直型整合战略虽然具有分散风险的功能,但同时需要公司在某一特定行业里大量增加固定成本及资本支出,从而降低了未来转换进入其他行业的弹性。这样反而会把投资风险过度集中在某一行业,不利于经营风险的分散。

2. 垂直型整合战略的分类

具体而言,垂直型整合战略又可以分为上游整合与下游整合两种子战略。

上游整合战略的出现,是因为许多公司为控制货源而收购上游公司,收购后目标公司在经营管理上因为客户稳定、销路畅通,从而实现营业成本的降低和经济效益的提高。但是在这种情况下,由于没有竞争压力,反而造成上游公司经营效率的降低,使生产成本高于市场上竞争对手的价格,对母公司最终产品的市场竞争力产生连带影响。此外,上游整合也可能发生竞争上的冲突,如果与上游公司整合之后,公司与上游产业的主要供应商构成竞争局面,就有可能造成原料供应上的危机。在上游整合战略中,经常发生的风险是与原有客户发生冲突,对现在的企业集团来说,原有的客户将成为竞争对手,这样容易造成互相恶性竞争,导致本公司销量下降和市场规模缩小。

下游整合战略的出现,通常是因为公司为了维护一定的市场垄断地位,或保证自己的销售渠道畅通,而实施了对下游公司的并购。一般而言,下游整合有两种形态:① 原来的零配件制造商去生产产成品;② 原来的产成品供应商由被动的生产走向主动的行销。前者主要考虑产成品生产技术问题,产成品品质的好坏常常决定了销售成本,这属于制造业产品营销的范畴;后者属于市场营销渠道扩展的范畴,这种消费品营销渠道的建立需投入大量的资金及时间,市场竞争更为激烈。因此,当公司决定实施垂直整合战略时,须进一步考虑是由其内部自行创设还是收购现有公司来达到此目的。

当公司决定实施下游整合战略时,须考虑当前竞争状况下的有关问题:① 是否有足够的时间来完成内部成长;② 并购价格与自行创设相比,何者成本较低;③ 与自行创设进行生产的产品相比,目标公司所生产的产品品质是否更好。

8.3.2 水平型整合战略

水平型整合战略的实质就是横向并购。其动机大致可以分为扩大产品线与市场规模的动机、强化市场竞争优势的动机和快速取得生产设备的动机三种类型。

1. 扩大产品线与市场规模的动机

并购公司通过并购取得目标公司现有的产品生产线。在此过程中,并购公司不仅要考虑取得目标公司现有的生产技术,同时还要考虑取得目标公司现有的产品品牌及营销渠道。

通过水平型整合来扩大产品线,虽然有助于强化并购后公司的整体市场地位,但是在并购决策上,并购公司必须考虑并购价格及市场营销综合效益发挥的程度。此两种因素是相互作用的,如果未来的营销能力大为提高,投资回收期自然会相对较短,也就可以以较高的价格加以并购。但是必须注意很多无法预期的因素会在并购后出现,使并购后所需投入的资金超过并购前的估计,对此,并购公司在进行战略规划时必须加以防范。

2. 强化市场竞争优势的动机

从竞争的观点来看,并购是市场竞争常用的策略:将市场上的竞争对手接收过来,可以使公司的市场占有率迅速提高,降低市场竞争的压力。相对来说,并购下游销售公司的垂直型整合战略,只是加强对市场营销渠道的控制,短期内并不能提高市场占有率。

3. 快速取得生产设备的动机

如同市场份额的快速取得一样,生产设备的快速取得是许多并购活动的基本动机。许多公司在预期市场需求会扩大而其生产能力又有限的情况下,考虑到自行扩建厂房、增加设备不仅费时,而且新招员工的技术不熟练,往往会并购一些同行业的公司,这样不仅可以获得现成的生产设备,而且现有的工人稍加培训就可以上岗。通常情况下,这类目标公司大多是经营不善、财务状况不佳的公司。

8.4 并购战略的基本评价方法

并购战略的动机是公司并购活动的基本指导思想,同时,公司还必须运用一些战略评价方法,将并购战略的动机具体化,以便对战略进行可行性评价。在并购战略制定的过程中,通常采用的评价方法有产品生命周期分析法和经验曲线评价法、波士顿咨询公司的增长—市场占有率矩阵评价法、指导性政策矩阵评价法。

8.4.1 产品生命周期分析法和经验曲线评价法

1. 产品生命周期分析法

产品生命周期假设认为,大多数产品从投入市场开始,到最终被新的产品代替而退出市场为止所经历的时间,可以清楚地划分为引入期、成长期、成熟期、衰退期四个阶段(如图8-3所示)。

表8-1展示了在不同产品生命周期阶段,公司的销售量、销售增长、利润、投资需求、经营活动现金流量、投资活动现金流量、融资活动现金流量的情况。其中,各类现金流量的符号均以现金流量表的列示为基础,例如投资活动现金流量为负,就表示购买固定资产所支付的现金流出超过了处置固定资产所获得的现金流入,和上面的投资需求的含义一致(需要追加投资),但是符号相反(投资活动现金流量是从现金流入流出的角度)。

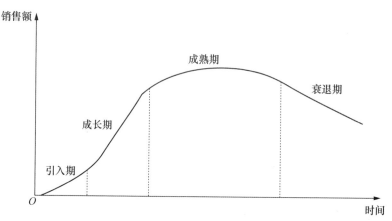

图 8-3 产品生命周期

表 8-1 企业产品生命周期的财务特征

	导入期	成长期	成熟期	衰退期
销售量	少	少→大	大	大→小
销售增长	缓慢	高	平稳	下降
利润	负	负→正	高	高→负
投资需求	多	多	少	清算
经营活动现金流量	负	负→正	正	正→负
投资活动现金流量	负	负	零→正	正
融资活动现金流量	正	正	负	负

对任何一家公司而言,大多数产品都存在一个有限的生命周期,对那些技术变革迅速的产业来说更是如此。在并购目标公司时,并购公司应了解其产品正处在生命周期的哪一阶段,以便确定并购过程中所投入的资金能否很快地得到回收,从而降低并购的风险。

2. 经验曲线评价法

经验曲线是指随着一家公司生产某种产品或提供某种服务的数量的增加,经验不断积累,其生产成本将不断下降,并呈现某种规律。

累积产量的增加将导致单位产品成本的下降,使得市场占有率成为确定一家公司在某一产业中战略地位的重要因素。对一家公司而言,高市场占有率将带来优势的增加,这必将提高公司的盈利能力。

经验曲线说明了市场占有率对公司经营的重要性,而产业集中和市场占有率提高常常是可以通过并购来实现的。并购不但能够把累积的经验有效地转变成产品生命周期不同阶段的特有优势,而且公司能够更容易地享有营销和分销规模上的优势。这在产品处于增长缓慢的成熟阶段时特别重要,因为这一阶段的竞争是指向特定细分市场的。从另一个角度来说,尽管公司未来的投资能够利用公司规模扩大和经验累积的优势,但如果这样,这些优势一般不能立即显现出来。因此,并购公司在分析目标公司的市场地位和并购投资的回收时间时,要结合经验曲线的影响进行认真的分析。

8.4.2 波士顿咨询公司的增长—市场占有率矩阵评价法

1. 基本模型

波士顿咨询公司的增长—市场占有率矩阵是一个二维矩阵,纵轴表示市场增长率,横轴表示市场占有率(见图8-4)。这一矩阵通常被称为产品组合方阵,它可以为公司并购战略的制定提供分析框架。

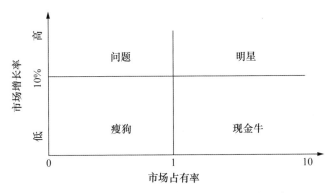

图8-4 波士顿咨询公司增长—市场占有率矩阵

具体地说,纵轴上的市场增长率代表这项业务所在市场的年销售增长率,它反映了产品在市场上的成长机会如何,销售增长率高代表成长机会大,但同时也需要投入更多的资金。大于10%的增长率一般认为是高的。横轴上的市场占有率以相对市场占有率来表示,为该项业务的市场占有率与该市场最大竞争者的市场占有率之比。相对市场占有率是10,意味着该公司就是本行业的领先者或最大竞争者,市场占有率为居第二位竞争者的10倍。相对市场占有率一般以1为分界线,大于1者为高,小于1者为低。这里,资金投入与产品的市场增长率成正比,由于经验曲线的影响,资金的获得是市场占有率的函数,这是非常重要的。

2. 战略选择的类型

在引入产品生命周期、经验曲线和市场占有率之后,需要制定一个合适的战略,以便用于考虑与并购相关的问题。波士顿咨询公司把并购战略分为以下四组:

第一,建设战略。通过努力开发新产品或推进现有产品来提高市场占有率。

第二,维持战略。将市场占有率保持在现有水平上。

第三,收获战略。在允许市场占有率下降的前提下增加现金流。

第四,放弃战略。出售或清理某种产品,以便把资源转移到更有利的领域。

3. 战略选择的原则

根据增长—市场占有率矩阵的分析可知,公司必须有一个平衡的业务或产品组合,以便尽可能地降低风险。在并购其他公司时,一般应遵循下列原则:

第一,尽可能并购相同产业或相关产业的公司。在进行多元化经营时,与公司本来的业务离得越远,并购公司就越无法扩散其管理经验,经营风险也就越大。

第二,尽可能进入增长较快的产业。统计资料表明,不成功的并购活动大部分集中在那些缺少发展前景的产业领域。

第三,决不能并购市场占有率太低的公司。市场占有率通常是决定公司盈利能力和现金净流量的最重要因素,所以目标公司具有相当高的市场占有率是非常重要的。一般来说,并购活动成功的可能性与目标公司市场占有率的高低正相关。

8.4.3 指导性政策矩阵评价法

壳牌国际化学有限公司进一步发展了波士顿咨询公司的增长—市场占有率矩阵模型,建立了并购战略评价的指导性政策矩阵模型。指导性政策矩阵实质上就是把外部环境因素和公司内部实力归结在一个矩阵内,并对此进行并购战略的评价分析(见图8-5)。

	竞争能力		
发展前景	高	中	低
高	Ⅰ 优先投资,寻求支配地位	Ⅱ 择优投资,发展、保持领先地位	Ⅲ 尽量回收资金,适量投资,维持竞争能力
中	Ⅱ 择优投资,增强竞争能力,争取领先	Ⅲ 识别有前途的领域,有选择性地投资	Ⅳ 减少投资逐步退出
低	Ⅲ 努力寻求增强竞争能力的途径或退出	Ⅳ 减少投资逐步退出	Ⅴ 抽回资金并及时退出

图 8-5 指导性政策矩阵

在图 8-5 中,公司的发展前景取决于外部环境因素,诸如市场大小、市场增长率、利润水平、竞争程度、经济周期等。

公司的竞争能力取决于其内部可控的因素,包括市场占有率、产品的质量和价格、对客户及市场的了解程度、加工制造上的竞争能力、研究与开发实力等。

图8-5 把业务部门的发展前景和公司的竞争能力各分为三个等级,形成了九个区域,并相应地提出了处于各个区域内的业务的指导性政策。公司对各项业务的定位可以依照下列步骤进行:

第一,确定影响业务部门发展前景和公司竞争能力的主要因素。

第二,根据历史资料、现实数据和对未来的预期给各主要因素评分,并根据业务部门发展前景和公司竞争能力确定各自的总得分;

第三,根据两者的得分在矩阵中描出相应的点,给各项业务定位;

第四,为各项业务确定相应的战略。

在指导性政策矩阵中,每一个区域的战略方针只是一种合乎逻辑的决策,仅仅具有一定的指导意义,公司必须结合自身的实际情况灵活地加以运用。

在指导性政策矩阵提出之后,研究者又将环境风险因素引入这一模型,并把它直接应用于并购活动中,使该模型得到进一步发展。并购公司在并购过程中需要考虑三个主要影响因素:① 安全性。首先,并购公司需要通过检查其对目标公司生产经营活动的了解情况来衡量投资的安全性;其次,并购公司应该清楚可能对其经营活动构成物质、法律或社会约束等的环境风险因素。② 产业发展前景。这涉及目标公司所在产业的发展前景和产生协同作用的可能性。③ 公司发展前景。这涉及对目标公司相较于竞争对手而言的特有发展前景的考虑。

8.5　并购标准选择

确定并购战略是实现公司整体战略目标的重要环节,而确定并购标准则是实施并购战略的基本前提。在确定了并购战略后,公司就要拟定并购标准,并在市场中选择达到这些标准的目标公司,作为未来并购的主要对象。对于并购公司来说,有了并购标准,就可以减少需详细研究的目标公司名单,并节约并购前信息搜集和调查的成本与时间。专栏8-1 说明了一心堂的并购方式与标的企业选择标准。

专栏 8-1

揭秘一心堂的并购方式与标的企业选择标准

一心堂标的企业的选择标准很简单,必须是盈利的企业或门店。"根据我们的经验,如果单店月销售少于15万元,房租占比大于8%,那么这个门店盈利的压力会很大。"一心堂副总裁伍永军指出,房租费用方面还要考虑房屋租赁税的规范问题,"从规范经营的角度来看,只有结合房屋租赁税才能综合判断房租费用占比,从而对企业或门店的盈利水平做出客观的判断。"

在对标的企业的并购方式方面,一心堂也有特殊的考虑。据了解,一心堂在已分布子公司的省份如山西、广西等,主要采取资产并购的方式;而在没有子公司布点的省份如海南,则主要采取股权并购的方式。

在股权并购方面,依据大型连锁企业的并购经验,一心堂更青睐省会城市的标的,因为在省会城市设立子公司,有利于提高后台管理和物流仓储的效率。当然,非省会城市的优质标的也在考虑之列,这需要因地制宜。

资料来源:"揭秘一心堂的并购方式与标的企业选择标准",《第一药店财智》,2016年6月2日。

8.6 并购战术

根据已确定的并购战略和并购标准,并购公司要实现对目标公司的并购和整合,还要根据市场环境和目标公司的特征,采取不同的并购战术。并购战术就是在并购战略和并购标准的指导下,根据市场环境和目标公司的特征,并购公司为完成并购及实现公司价值增值而实施的一系列手段,即以最低的成本获得目标公司的控制权,并顺利完成并购后的经营整合和财务整合,实现协同效应。根据目标公司控股股东及董事会是否愿意配合并购公司完成并购,并购战术基本上可以分为协议并购战术和敌意并购战术。

8.6.1 协议并购战术

1. 协议并购的特征

并购行为可能是善意的,也可能是敌意的,两者的根本区别在于目标公司的管理层是否积极配合并购。在善意并购中,并购公司得到目标公司管理层的支持,然后由目标公司管理层建议其股东接受并购。在敌意并购中,目标公司的管理层不接受并购公司的建议,并采取各种措施反对未来的并购。善意并购通常也被称为协议并购。

与敌意并购相比,协议并购可以更为迅速地完成,因此整个并购过程的成本较低;在协议并购过程中,目标公司管理层会主动地提供更多的内部信息,这降低了并购的信息风险;由于目标公司的管理层会主动地说服其股东,因此可以更为顺利地完成并购,从而有助于并购后的整合。当获取目标公司管理层的特殊管理才能是整体并购战略的重要组成部分时,通过协议并购获得目标公司管理层的支持可能是更为有效的选择。

2. 协议并购的评估重点

在协议并购过程中,并购公司必须评估目标公司管理层的可能反应,并据此提出不同的并购条件,促使目标公司管理层说服其股东赞同并购。这种评估包括对目标公司重要人物各个方面的评价,其中包括:① 管理人员的个性;② 出售动机,例如退休、缺乏管理深度或缺乏开发目标公司业务的资源;③ 与目标公司的关系,如他们是否为始创人兼管理人员;④ 管理层独立经营的愿望;⑤ 并购后期望,如他们是否希望继续担任与目前类似的职位;⑥ 在目标公司中的股份;⑦ 倾向于接受何种支付方式,现金还是股票。

在现实生活中,许多目标公司的实际控制人或管理层,特别是国有企业的控股股东可能更关注并购公司对目标公司及其管理人员和员工的并购后安排,这些考虑胜过对并购价格本身的关注。

8.6.2 敌意并购战术

1. 敌意并购的特征

与协议并购相比,敌意并购要求并购公司的战略战术具有更大的灵活性和耐力,因为敌意并购可能持续很长的时间。通常目标公司的管理层会调动各种力量进行反击,使并购公司不得不应付各种可能的突发事件,乃至为获得目标公司的控制权及其未来的整合支付过高的代价,这降低了并购在公司价值增值中的作用。

正是因为难以获得目标公司管理层的积极配合,敌意并购要求并购公司制订一个作战计划,详细列明各种进攻路线,以挫败可能的反击行动。成功的敌意并购计划的关键是出其不意。就此而言,初期优势肯定在敌意并购者这一方。在进行敌意并购时,并购公司不得不更依赖于外部顾问,特别是具有进行敌意并购专长的商业银行、律师、公司顾问,以及可以影响市场情绪的证券经纪人。

由于各个国家的法律都对公司敌意并购活动有明确的信息披露要求,因此并购公司必须计划披露信息、修改出价条款、延长结束期和入市并购的时机,以便对目标公司的管理层和股东施加最大的压力。信息披露时机的选择无疑是重要的,信息披露过早可能让目标公司有时间和机会做出强劲的反击,而过早的入市并购可能表明并购公司担心难以获得足够的股份。

2. 敌意并购的战术选择

表 8-2 列出了敌意并购者大体上可走的各种进攻路线。与并购对象商谈的第一步,通常是在并购对象处境不利或弱势的时候进行的,并购对象可能刚宣布或将宣布利润不佳甚至亏损;或处于重组方案中期,收入差;或处于一个周期性行业,目前正值周期底部。

表 8-2 敌意并购的进攻路线

进攻路线	进攻性质
顾问小组	选择有敌意并购经验的顾问
强烈的并购理念	证明并购理念的正确性,向并购公司与目标公司的股东讲明好处
时机	在并购对象脆弱时宣布并购;及早登出出价文件,减少并购对象还击的时间;确定结束期限以对目标公司的股东施加最大压力;确定停止提供选择现金机会的日期
批评目标公司业绩	对目标公司有缺陷的策略、不适当的管理、以往不良的业绩、不实际的利润和分红预测做出批评;突出任何可降低目标公司信誉的缺陷
公关	游说政客以尽量减少不利的政治争拗;向媒体说明并购的优点;向目标公司的雇员、养老基金理事及工会讲述并购的益处,以争取他们对并购的支持
出价条款	为目标公司股东量身定制出价条款,包括现金选择;为现金选择做担保以提高竞价的信用

3. 敌意并购战术及其影响:案例

(1) 顾问小组

吉尼斯(Guinness)1985年敌意并购阿萨·贝尔(Arthur Bell)之前,组建了一个实力强劲的顾问小组,包括一家商业银行、两家证券经纪公司、一家公关公司和一家大型广告公司。相反,贝尔迟迟才组建应对小组,并且选择的商业银行对大型敌意并购案的经验不足。经过一场激烈的并购战之后,吉尼斯取胜。

(2) 强烈的并购理念

企业石油公司(Enterprise Oil)发起对拉斯莫(Lasmo)的并购时,其主席希尔恩说,扩大规模会使两家公司受益,因为"石油是大孩子的游戏"。拉斯莫的许多机构股东不为所动,并说并购将导致垄断,此项并购最终失败。

(3) 时机

1985年,哈森信托(Hanson Trust)宣布敌意并购波维尔·达夫林(Powell Duffryn,PD),当时正是PD宣布由于矿工罢工导致利润下跌的三周后。虽然时机很好,但哈森信托仍然失败了,因为其随后的战术出现了错误。

(4) 批评目标公司业绩

零售公司金费舍尔(Kingfisher)对同行迪克森(Dixons)提出敌意并购,理由是后者的零售手段存在缺陷,其利润在目前的管理模式下不能回升,需要金费舍尔的管理技能来帮助其恢复盈利能力。

(5) 公关

吉尼斯与贝尔的并购战由于是非苏格兰公司并购苏格兰公司,因此产生了基于苏格兰民族主义的敌意。为平息这些情绪,吉尼斯请来媒体顾问和苏格兰商业银行家来操作并购行动,并在苏格兰举行了新闻发布会。

(6) 出价条款

1992年8月,卡龙(Kalom)出价并购曼德斯(Manders),并购方案由股票和部分现金选择组成,后者未获担保。曼德斯还击说卡龙不能提供全部现金选择,说明金融机构并不看好卡龙的信用状况,不愿意向卡龙提供并购所需资金。

4. 敌意并购成本

敌意并购对并购公司和目标公司来说都是耗资巨大的事情。除了付给顾问的费用,还有其他交易费用,例如付给专责小组、监管部门和证券交易所的费用,以及印刷、邮寄和广告费用。如果现金选择获担保,则并购公司须向担保人、商业银行和再担保人支付费用,所有这些构成了敌意并购的直接成本。敌意并购还存在巨大的机会成本,若敌意并购失败,则机会成本包括双方公司的名誉损失、在未来的并购中失去信用等;即使并购成功,机会成本也可能包括目标公司管理层的离职、员工士气低落和公司资源(例如管理高层的时间)浪费在执行并购的行动上等。

专栏 8-2

企业石油公司并购石油勘探公司拉斯莫失败,在并购失败前买下拉斯莫 10%股份的企业石油公司,将该项投资的账面价值降低了 1 800 万英镑。企业石油公司此次并购共耗资 700 万英镑。敌意并购双方的成本如表 8-3 所示。

表 8-3　敌意并购双方的成本　　　　　　　　　　　　　　单位:百万英镑

成本项目	拉斯莫（目标公司）	企业石油公司（并购公司）
财务顾问	16.00	4.00
法律顾问	4.00	2.00
会计	4.00	0.50
公关	0.50	0.25
石油顾问	0.25	
杂项费用	0.25	0.25
总计	25.00	7.00
最终确定的并购价值	16 亿英镑	

本章小结

本章重点从公司战略的角度介绍了并购的作用和一般程序。作为公司发展的重要手段,并购要服从于公司的整体战略目标。了解公司的发展战略,并以此确定公司的并购战略选择,是实施有效并购的根本前提。修正的波特竞争模型则为分析和确定公司整体战略提供了重要的工具。

和公司其他管理一样,并购的管理也是一个过程,包括分析、决策、执行和评估四个主要环节。与公司的日常管理不同,并购并非公司经常发生的业务,而且涉及的资金、风险和管理内容更为复杂,甚至会影响公司的整体发展,因此公司必须对并购的所有环节及其内容有充分的认识。

作为公司管理的一个子系统,并购的战略选择是并购决策的主要环节。本章主要讨论了以整合为目的的并购,相应的并购战略可以分为垂直型整合战略和水平型整合战略。这两种战略在公司内部资源的要求、目标对象的选择以及并购后的绩效确定等方面存在一定的差异。而产品生命周期模型、经验曲线模型、波士顿咨询公司的增长—市场占有率矩阵模型和指导性政策矩阵模型为分析公司并购战略提供了重要的工具。

在确定了公司并购战略之后,并购战术的选择也是非常重要的,根据目标对象可能的合作意向,并购战术可以分为协议并购战术和敌意并购战术,这两种战术对并购成本、时间和并购后业绩都会有不同程度的影响。当然,这两种战术之间并不是完全排斥的,更多的时候是交替使用的。无论选择何种并购战术,高额的并购成本是公司实施并购战略的重要考虑因素。

关键概念

并购战略　　　　　　　　并购流程　　　　　　　　公司战略分析
垂直型整合战略　　　　　水平型整合战略　　　　　产品生命周期分析法
经验曲线评价法　　　　　波士顿咨询公司的增长—市场占有率矩阵评价法
指导性政策矩阵评价法　　并购标准　　　　　　　　并购战术
并购成本

讨论题

1. 请以中国公司并购为例,说明并购战略基本分析模型的应用。
2. 麦肯锡咨询公司和美国《商业周刊》(*Business Week*)都发现,大多数并购没有创造出预期的价值。请分析并说明并购失败的主要因素,以及如何控制可能的并购风险。

案　例

青岛海尔并购通用家电:战略分析

一、并购双方的背景资料

1. 海尔集团

海尔集团(以下简称"海尔")是全球领先的家用电器供应商,以创造创新的家电产品,满足世界各地消费者快速变化的需求为使命。据世界领先的消费品市场策略调查机构欧睿信息咨询公司发布的数据,2009—2016年海尔连续被评为世界大型家用电器第一品牌,并在2012年被波士顿咨询公司评选为全球十大最具创新力的公司以及消费品零售领域最具创新力的公司。其全球总部设在中国青岛,在巴黎和纽约分别设有区域总部,以服务欧美客户。截至2022年12月31日,海尔在全球范围内拥有10个研发中心、71个研究院、33个工业园、133个制造中心和23万个销售网络。

海尔旗下子公司青岛海尔股份有限公司(以下简称"青岛海尔")成立于1989年4月

28日,它是在对原青岛电冰箱总厂改组的基础上,以定向募集资金方式设立的股份有限公司。1993年11月19日,青岛海尔在上海证券交易所上市(股票代码:600690),公司致力于推动智慧家居技术领域的创新。2016年,在全球市场,海尔大型家用电器品牌的市场份额为10.3%,实现八连冠;在国内市场,海尔冰箱、洗衣机、热水器的零售量份额在保持第一的基础上不断扩大份额优势。

2. 通用电气

通用电气(以下简称"GE")是全球数码工业企业,利用互相连接、积极回应和具有预测性的软件定义机器与解决方案进行工业变革。GE围绕全球知识交流设立,各项业务通过"通用电气商铺"共享及接触相同的技术、市场、结构和智能。

GE的家电业务,即通用电(以下简称"GEA")走在研发创新、高效能家电的前沿,具有强大的品牌影响力和行业领先的市场地位,致力于改善人们的生活,产品包括冰箱、冰柜、烹饪产品、洗碗机、洗衣机、烘干机、空调、水过滤系统和热水器。

美国家电行业发展势头强劲,存在增长空间,2012—2015年复合年增长率为4.67%,2015—2020年预计可达3.25%。而GEA是美国家电市场上的领先制造商,从销量看,2014年GEA在美国家电市场上的份额为19%;分产品看,各产品所占市场份额依次为厨电27.9%、洗碗机20.7%、冰箱18.0%、洗衣机15.4%,其中厨电份额以绝对领先优势位居行业第一。

二、并购过程描述

2008年,GE首次放出出售家电业务消息,海尔是接洽者之一。但突然到来的金融风暴使出售搁浅。2014年9月8日,伊莱克斯报价33亿美元,与GE达成协议购买其家电业务相关资产。2015年7月1日,美国司法部以交易将妨害竞争为由将伊莱克斯和GE告上法庭,要求法院判决阻止该项交易。2015年12月7日,GE根据交易协议终止了合同,并要求伊莱克斯给付1.75亿美元的反向分手费。

2015年10月17日,青岛海尔停牌,宣布有重大重组交易。2016年1月14日,青岛海尔与GE签署《股权与资产购买协议》,拟通过现金方式向GE购买其家电业务相关资产,交易金额为55.8亿美元。扣除某些特定预期收益,交易价值相当于GEA 2015年预期息税折旧摊销前利润(EBITDA)的8.2倍。

2016年5月26日,海尔与国家开发银行签署《33亿美元长期贷款协议》,根据该协议约定,国家开发银行将向海尔提供一笔相当于所购买资产实际交割金额的60%或33亿美元(孰低)的长期贷款。

2016年6月起,青岛海尔将GEA资产纳入合并报表。

三、海尔管理层对并购的看法

海尔收购GEA的牵头财务顾问、普华永道中国企业融资与并购部主管合伙人黄耀和分析称:伊莱克斯早在2014年就已签约收购GEA,之后经历了长达一年的交割前整合期,虽因反垄断因素交易终止，但从 GE 和 GEA 的角度，已做好了业务剥离的充足准备，这也为海尔顺利完成 GEA 整合计划打下了基础。

海尔董事会主席、首席执行官张瑞敏表示这将是双方战略合作的新起点，双方全面战略合作必将为两家公司的利益相关方带来更大的价值，并让海尔和 GE 品牌在协同中增值，让员工在自主创新中成长。

这次整合 GEA 是海尔扩大其在美业务的一项重要投资，能够使海尔在西方市场的业务增长提速。GEA 总部仍将保留在美国肯塔基州的路易维尔，并继续独立运营，由现有的高级管理团队引领企业的战略方向和业务经营。海尔承诺将继续投资在美业务以推动其增长，同时这项交易也不会带来任何设施关闭或岗位流失。

海尔管理层认为，这项交易将为海尔和 GE 所在的社区以及员工、客户、业务伙伴及股东带来即时和长期的价值，比如为各自且能互补的地区所在的消费者和供应商提供支持与服务，为 GEA 的高品质产品提供进入中国市场的机会，同时为其进一步提升全球业务增长提供更有利的位置；此外，通过创建一个更大、更全球化的公司，为所有员工提供更多的机会。

青岛海尔董事长梁海山表示："青岛海尔和 GEA 是东西方家电市场上的领先企业。此次联盟将给双方带来共赢。青岛海尔和 GEA 在品牌、市场、产品创新、供应链和质量管理领域高度互补。双方的合作将进一步提升海尔和 GE 的品牌知名度。GEA 经验丰富的成功管理团队将继续负责业务的运营方向，并参与董事会工作。另外，青岛海尔将基于其全球运营平台为员工提供支持，创造发展机会。"

GE 首席执行官杰夫·伊梅尔特（Jeffrey Immelt）表示："我们很高兴向海尔出售我们的家电业务，并推出这一新的合作伙伴关系。美国是海尔扩大制造规模和进一步投资的重点。创新、新产品开发和品牌管理是其整体战略的基础。GEA 能为海尔提供好的产品、最先进的生产设备和有才华的团队。此外，我们看到了在中国共同努力建立 GE 品牌的机会。"

[思考题]

请联系本章学习内容对海尔并购 GEA 的战略进行分析。

第 9 章 并购的价值评估

【学习目标】

通过本章的学习,你应该掌握:
1. 市场比较法;
2. 资产估价法;
3. 收益分析法。

【素养目标】

通过本章的学习,深刻理解并购中不同价值评估方法各自的理论前提、优点和局限,懂得因地制宜、综合运用各种方法进行价值评估;懂得在纷繁复杂的实践中运用理论找到关键抓手。

9.1 概述

目标公司的估价,就是并购公司根据相关因素对目标公司的价值进行评估,它反映了并购公司为收购目标公司而愿意付出的代价。在现实生活中,并购失败的重要原因之一是并购公司高估了目标公司的价值,从而导致出价过高。对目标公司进行估价,不仅是并购公司对并购收益—成本进行分析的基础,还是决定并购成功与否的关键环节。

在并购过程中,对目标公司进行估价的主要方法有市场比较法、资产估价法和收益分析法。市场比较法是通过对一个或一组类似的公司进行价值评估以推断目标公司价值的方法;资产估价法是对目标公司现有资产进行评估以确定目标公司价值的方法;收益分析法则是对目标公司的现金流量进行调整、贴现或者采用期权以确定目标公司价值的方法。

9.2 市场比较法

市场比较法是将股票市场上与目标公司经营业绩较为相似的公司最近平均实际交易价格作为估算目标公司价值参照物的一种方法。在现实的资本市场中,这种方法应用较广,在投资银行业和法律事件中则更为广泛。市场比较法的基本逻辑是,表现相似的公司应当按照相似的价格进行出售,这在一定程度上也体现了在完全市场中相同产品的价格必然相同的基本定律。在难以获得目标公司准确价值的情况下,通过相似公司的市场价格并进行相应的调整,就可以推断出目标公司的基本价值。

9.2.1 案例——宝钢股份换股吸收合并武钢股份的估值方法

下面以宝钢股份换股吸收合并武钢股份过程中所采用的估值方法来说明市场比较法在现实中的应用。

2011年至2016年6月30日宝钢股份、武钢股份的主要财务数据和财务指标如表9-1至表9-4所示。

表9-1 2011年至2016年6月30日宝钢股份主要财务数据   单位:百万元

项目	2011年	2012年	2013年	2014年	2015年	2016年6月30日
净利润	7 735.80	10 432.96	6 040.33	6 090.69	714.07	3 621.41
销售收入	222 504.68	191 512.14	190 025.97	187 789.01	164 117.14	781 113.31
平均资产总额	223 582.50	225 987.92	223 772.09	227 660.43	231 387.83	249 639.68
负债总额	117 630.00	100 916.22	106 602.41	104 447.69	111 976.72	140 578.73
资产总额	231 100.00	220 875.84	226 668.34	228 652.51	234 123.15	266 265.32

资料来源:宝钢股份2011—2015年年度财务报告和2016年半年报。

表9-2 2011年至2016年6月30日宝钢股份财务指标

财务指标	2011年	2012年	2013年	2014年	2015年	2016年6月30日
销售净利率	0.03	0.05	0.03	0.03	0.004	0.05
资产周转率	1.00	0.85	0.85	0.82	0.71	0.31
总资产报酬率	0.03	0.04	0.03	0.02	0.003	0.02
权益乘数	2.04	1.84	1.89	1.84	1.92	2.12
净资产收益率	0.06	0.07	0.06	0.04	0.006	0.04

资料来源:宝钢股份2011—2015年年度财务报告和2016年半年报。

表9-3 2011年至2016年6月30日武钢股份主要财务数据   单位:百万元

项目	2011年	2012年	2013年	2014年	2015年	2016年6月30日
净利润	948.91	41.11	441.24	1 292.60	-7 510.64	273.26
销售收入	101 058.31	91 579.39	89 581.30	99 373.09	58 338.04	28 849.55
平均资产总额	77 447.62	89 493.42	96 702.02	95 369.96	95 259.68	97 836.42
负债总额	44 979.52	61 971.19	57 547.97	59 484.39	65 861.91	68 388.87
资产总额	80 259.20	98 727.63	94 676.40	96 063.51	94 455.84	97 362.21

资料来源:武钢股份2011—2015年年度报告和2016年半年报。

表 9-4 2011 年至 2016 年 6 月 30 日武钢股份财务指标

财务指标	2011 年	2012 年	2013 年	2014 年	2015 年	2016 年 6 月 30 日
销售净利率	0.01	0.004	0.005	0.01	−0.13	0.01
资产周转率	1.30	1.02	0.93	1.04	0.61	0.29
总资产报酬率	0.01	0.004	0.005	0.01	−0.08	0.003
权益乘数	2.27	2.69	2.55	2.63	3.30	3.36
净资产收益率	0.02	0.01	0.01	0.03	−0.26	0.01

资料来源:武钢股份 2011—2015 年年度报告和 2016 年半年报。

宝钢股份认为,常用的估值指标中,市净率、市销率和企业价值比率(EV/EBITDA)是适用本次交易合并双方的估值指标(见表9-5)。本次交易的合并双方已于2016 年 6 月 27 日起停牌,因此董事会决议公告日前 20 个交易日的交易均价为 2016 年 6 月 27 日前 20 个交易日的交易均价。A 股市场可比公司在对应区间的交易均价及对应的估值指标如表9-6 所示。

表 9-5 估值方法的比较分析

估值指标	是否适用于宝钢股份和武钢股份
市盈率	不适用。受行业整体波动影响,部分钢铁行业上市公司 2015 年及 2016 年上半年出现亏损,不适宜采用市盈率指标进行比较
市净率	适用。由于合并双方属于钢铁行业,其资产大部分为实物资产,净资产的账面价值能够较为准确地反映公司真实拥有的资产情况。此外,每股净资产比每股收益更加稳定,因此当每股收益剧烈波动时市净率指标往往更加有用
市销率	适用。市销率对经营亏损的公司依旧适用,且不像市盈率那样波动剧烈
EV/EBITDA	适用。EV/EBITDA 对评估重资产、高折旧的公司有帮助,且能够消除不同可比公司的杠杆差异

表 9-6 A 股市场可比公司在对应区间的交易均价及对应的估值指标

证券简称	交易均价（元/股）	2016 年 6 月 30 日市净率（倍）	2015 年年底市净率（倍）	2016 年上半年年化市销率（倍）	2015 年度市销率（倍）	2016 年上半年年化 EV/EBITDA
河钢股份	2.73	0.66	0.66	0.38	0.40	6.84
鞍钢股份	3.78	0.63	0.63	0.54	0.52	9.44
山东钢铁	2.40	1.21	1.21	0.46	0.52	14.07
首钢股份	3.75	0.91	0.85	0.54	1.11	11.15
马钢股份	2.41	0.98	1.00	0.44	0.41	8.01
均值		0.88	0.87	0.47	0.59	9.90
中位数		0.91	0.85	0.46	0.52	9.44
最大值		1.21	1.21	0.54	1.11	14.07
最小值		0.63	0.63	0.38	0.40	6.84

资料来源:CSMAR 数据库。

若充分考虑到当时的市场情况,选择可比公司市净率、市销率及EV/EBITDA的估值区间作为本次宝钢股份、武钢股份换股价格的估值参考区间,则对应2016年6月30日市净率和2015年年底市净率均为0.63~1.21倍,对应2016年上半年年化市销率为0.38~0.54倍,对应2015年度市销率为0.40~1.11倍,对应2016年上半年年化EV/EBITDA为6.84~14.07倍。

本次交易中,宝钢股份的换股价格为4.60元/股,武钢股份的换股价格为2.58元/股,前述价格分别以宝钢股份和武钢股份审议本次换股吸收合并事项的董事会决议公告日前20个交易日的股票交易均价为市场参考价,并以不低于市场参考价的90%为定价原则。合并双方的换股价格所对应的市净率、市销率和EV/EBITDA指标如表9-7所示。

表9-7 合并双方的换股价格所对应的市净率、市销率和EV/EBITDA指标

上市公司	换股价格（元/股）	2016年6月30日市净率(倍)	2015年年底市净率(倍)	2016年上半年年化市销率(倍)	2015年度市销率(倍)	2016年上半年年化EV/EBITDA
宝钢股份	4.60	0.66	0.67	0.48	0.46	6.94
武钢股份	2.58	0.96	0.96	0.45	0.45	9.04

宝钢股份的换股价格对应的2016年6月30日市净率和2015年年底市净率分别为0.66倍和0.67倍,低于可比公司对应市净率的均值和中位数,处于可比公司对应市净率的估值区间内;对应的2016年上半年年化市销率为0.48,高于可比公司对应市销率的均值和中位数,处于可比公司对应市销率的估值区间内;对应的2015年度市销率为0.46倍,低于可比公司对应市销率的均值和中位数,处于可比公司对应市销率的估值区间内;对应的2016年上半年年化EV/EBITDA为6.94,低于可比公司对应EV/EBITDA的均值和中位数,处于可比公司对应EV/EBITDA的估值区间内。

武钢股份的换股价格对应的2016年6月30日市净率和2015年年底市净率均为0.96倍,高于可比公司对应市净率的均值和中位数,处于可比公司对应市净率的估值区间内;对应的2016年上半年年化市销率和2015年度市销率均为0.45倍,低于可比公司对应市销率的均值和中位数,处于可比公司对应市销率的估值区间内;对应的2016年上半年年化EV/EBITDA为9.04,略低于可比公司对应EV/EBITDA的均值和中位数,处于可比公司对应EV/EBITDA的估值区间内。

市场比较法的优点是既可以用于确定非上市公司的价值,又可以用于预测上市公司股价的趋势。在运用市场比较法分析并购公司要约收购目标公司所需支付的对价时,要注意不同环境中的市场价值。由于相似公司并没有面临要约收购,其市场价值主要反映正常经营状况下投资者对公司价值的预期,由此计算出来的目标公司股价也是正常经营情况下的价值。但是,如果并购公司发出收购要约,意图并购目标公司,那么目标公司的

股价就会发生变化,以反映并购对公司价值的影响,通常溢价率高达现行市价的30%~40%。并购公司在计算需要支付的对价时,还需要考虑可能的溢价率。

9.2.2 市场比较法的应用前提

市场比较法是根据资本市场真实反映公司价值的程度(市场效率性)来评定公司价值的方法。因此,并购公司在运用此方法评估目标公司价值时,首先要认识目标公司所处资本市场的效率状况。

财务理论一般将市场效率分为弱式效率、次强式效率和强式效率三种类型。弱式效率是指在资本市场中,所有包含过去股价变动的资料和信息并没有完全反映在股票的现行市价中,投资者在选择股票时,不能从与股价趋势有关的资料和信息中得到任何有益的帮助;若资本市场中股票的现行市价反映了所有已公开的信息,则资本市场就具有次强式效率。在一个具有次强式效率的市场中,投资者即使彻底分析股票、仔细阅读年度报告或任何已出版的刊物,也无法赚得超额收益。然而,公司的内幕人士如董事长、总经理却能够利用他们的地位取得其他投资者无法得到的资料,买卖自己公司的股票,从而赚得超额收益。强式效率是指股票的现行市价反映了所有已公开或未公开的信息,任何人甚至内幕人士都无法利用其特殊地位在资本市场中赚得超额收益。

运用市场比较法,通常是假定资本市场为次强式效率市场。在此假设中,资本市场将处于均衡状态,因此股价能够反映投资者对目标公司未来现金流量与风险的预期,市场价格将会等于市场价值。采用公司股价作为比较基础,不但容易计算而且资料可信度有所提高。

值得注意的是,以资本市场上的少数股权持有者所持股票的价值,来估算收购未上市公司大多数股权的股票价值时,还必须考虑取得公司控制地位而获得的"控制价值",以及大宗交易所可能产生的"流动性折价"。

9.2.3 市场比较法的标准

在运用市场比较法时,需要确定比较的标准。通常,比较的标准可以分为以下三种:

1. 公开交易公司的股价

未上市公司的股票可将已上市同等风险级别公司的股价作为参考,据以估价。这种方法资料可靠,且可根据分析者目的的不同,采用不同的比较标准(如营业收入、净收入、税后净利润等),使目标公司的估价更为合理。但使用此方法对并购公司的管理部门和董事会要求较高,需要其具有一定的经验与技巧。其中,常见的错误是高估目标公司的经营价值,或者是低估目标公司的清算价值,甚至是低估目标公司的未来机会或隐含价值。

2. 相似公司过去的收购价格

在股权收购的情况下,此方法被公认为最佳选择,因为收购价格通常可以反映目标公司的公允价值。这样,以相似公司的收购价格为比较标准,可以减少未来收益分析法中的主观成分。但是在运用市场比较法时,通常很难找到经营项目、财务绩效等非常相似的公司,而且无法区分不同的并购公司对目标公司溢价率的估计,因为有些并购公司认为只需单独考虑目标公司的价值,没必要因收购后公司整体可能创造出综合效益而多支付一部分报酬。

3. 上市公司发行价格

这种标准常用于公司公开发行股票时。在目标公司是上市公司时,以基于其他同类公司的初次发行价格计算出的公司市价为比较标准,也许比以上市公司市值为比较标准更加贴切;此外,并购公司也可以将发行价格与出售、清算或继续经营下的公司市价进行比较,以做出最有利的决策。但是由于很多初次公开发行股票的公司都是刚刚成立的公司,其利润水平较低,因此其股价的有用性大为降低,且公开发行(股票)市场的发行数量和价格变化幅度很大,比股票集中交易市场还具有投机性,股价更容易被操纵,以致股价可能严重脱离其实际价值,所有这些都影响了市场比较法的应用。

与此类似,在公司价值的估算上,并购公司也可以将最近公司并购交易中成交的几个同类事件的成交价格与市场交易价格的平均倍数作为参考对象,但并购公司常考虑到控制公司后的综合效益,因而成交价格可能高于股票市价。如果在资本市场上的敌意并购意欲达到并购成功的目的,则并购公司的出价往往超过此类股票市价的好几倍。若以这样的价格为估价参考,就会显得过高,对并购公司十分不利。因此,运用市场比较法估算目标公司价值时,用正常资本市场交易情况下的同类公司的交易价格作为参考来估算目标公司价值,应当更为恰当。

9.3 资产估价法

资产估价法是指通过对目标公司所有资产进行估价的方式来评估目标公司价值的方法。要确定目标公司资产的价值,关键是要确定合适的资产估价标准。目前,国际上通行的资产估价标准有账面价值、市场价值、清算价值、续营价格和公允价值。

1. 账面价值法

账面价值是指在会计核算中账面记载的资产价值。账面价值法不考虑现时资产市场的波动,也不考虑资产的收益状况,因此是一种静态的估价标准。这种估价标准只适用于该资产的市场价格变动不大或不必考虑其市场价格变动的情况。

2. 市场价值法

与账面价值不同,市场价值是指把资产作为一种商品在市场上公开竞争,在供求关系平衡状态下确定的价值。由于市场价值法已将价格波动因素考虑在内,所以它适用于单项资产的估价。

3. 清算价值法

清算价值是指在公司出现财务困境而导致破产或歇业清算时,把公司中的实物资产逐个分离而单独出售的资产价值。清算价值法是在公司作为一个整体已丧失增值能力的情况下的一种资产估价方法。当公司的预期收益无法令人满意,其清算价值可能超过以收益资本化为基础的价值时,公司的市场价值已不再依赖于它的盈利能力,这时以清算价值为基础来评估公司的价值可能更有意义。

4. 续营价值法

与清算价值相反,续营价值是指公司作为一个整体仍然有增值能力,在保持其继续经营的条件下,以未来的盈利能力为基础来评估公司资产的价值。由于盈利能力是在众多资产组合运用的情况下产生的,因此续营价值标准更适用于公司整体资产的估价。

5. 公允价值法

公允价值反映了续营价值和市场价值的基本要求,是指将公司所有的资产在未来继续经营情况下所产生的预期收益,按照设定的折现率折算成现值,并以此来确定其价值。它把市场环境和公司未来的经营状况同公司资产的当前价值联系起来,因此非常适用于在并购时评估目标公司的价值。

以上五种资产估价标准各有侧重点,因而也就各有其适用范围。就公司并购而言,如果并购目标公司的目的在于获得其未来收益的潜能,那么公允价值就是一个合适的资产估价标准。如果并购目标公司的目的在于获得其某项特殊的资产,那么以清算价值为资产估价标准可能是一种恰当的选择。

9.4 收益分析法

财务理论认为,公司价值取决于公司的财富创造能力,而这种财富创造能力可以通过各个会计期间的利润来体现。根据费用扣除的不同,利润可以分为息税前利润、税前利润、税后利润,以及可供股东分配的净利润;根据利润评价基础期间的不同,收益分析法可以分为历史收益分析法和未来收益分析法。

9.4.1 历史收益分析法

历史收益分析法主要是建立在股票价格和每股收益分析的基础之上。由于这种方法依赖于公司以往年度的获利状况,因而是一种短期分析。

在历史收益分析法下,公司价值是由市场对其收益进行资本化后所得的资本化价值来反映的,即公司的股票价格可以归结为每股收益的一个倍数,即市盈率。

$$市盈率 = \frac{公司股票价格}{公司每股收益}$$

市盈率反映的是投资者将为公司的盈利能力支付多少资金。一个高的市盈率,说明市场认为股票未来的预期收益很可能是迅速增长的,投资者对股票的前景持乐观态度,愿意为1元的每股收益在当前支付更高的价格;一个低的市盈率,说明市场认为股票未来的预期收益是不景气的,投资者为获得1元的每股收益在当前支付较低的价格。一般来说,一家具有增长前景的公司,其股票的市盈率必定较高;反之,一家前途暗淡的公司,其股票的市盈率必定较低。市盈率可以按每种普通股票分别计算,也可以按各部门、各行业计算平均比率。市盈率在不同时期和不同部门之间都存在一定的差异。

20世纪六七十年代,市盈率被认为是衡量美国公司绩效的一个最重要的资本市场指标,对公司的并购活动有着重要的影响。特别是在换股并购交易中,并购公司可以通过并购市盈率较低的目标公司来增加并购后的每股收益。

短期分析方法重点分析并购决策对公司价值的短期影响,通常不考虑长期影响,并假设采用高于市场平均水平的市盈率对目标公司的收益进行资本化。这些假设在某种情况下是合理的,但不能保证它们始终是正确的。也正是这些假设中的缺陷,限制了历史收益分析法的应用。这些争论的主要内容包括:

1. 市盈率选择的合理性问题

上述分析的一个重要假设是市场会以较高的市盈率对目标公司的收益进行资本化。针对这一假设有些研究者提出了质疑,他们认为,合理的市盈率应该根据并购公司和目标公司收益的加权平均求得。这样无论是并购公司的股东还是目标公司的股东,都不可能从并购中获得超额收益。如果按照以加权平均收益计算的市盈率对收益进行资本化,那么并购对两家公司股东的影响是中性的,不会增加任何一方的价值。当然,市场并不完全是以这种方式做出反应的。由于规模经济和协同效应的影响,对并购后所形成的新公司的盈利能力和有效使用资产的能力做出重新评估,以此为基础确定合适的市盈率对未来的收益进行资本化,才是真正合理的。

2. 缺乏对长期影响的考虑

短期分析的另一个缺陷是对长期影响考虑不充分。在任何一项并购决策中,决策者不仅要判断即刻产生的利益,而且要考虑因此而产生的长期影响。假如并购公司收益的年增长率为10%,目标公司收益的年增长率为5%,从长期来看,10年后并购公司的每股收益高于并购公司与目标公司的每股收益之和,原因在于并购公司的收益增长率是目标公司的1倍,目标公司实际上在一定程度上阻碍了并购后公司收益的增长。毫无疑问,在发起并购时,两家公司的市场价格将会充分反映这一因素的影响。

9.4.2 未来收益分析法

正是因为以历史收益为基础对并购进行评估存在一些内在的不足,所以有必要通过对公司未来收益的预测来构建一个更有用的收益模型来对并购进行评估。目前常用的方法是,对预测的可保持净收益(forecast net maintainable earnings)进行资本化。在运用这一方法时有两个问题需要仔细考虑,即确定预测的可保持净收益和选择适当的资本化率。

1. 确定预测的可保持净收益

可保持净收益是指目标公司在被并购后继续经营可取得的净收益,它可以以目标公司留存的资产为基础来计算。如果目标公司的一些资产是不需要的,则可以将这些资产变卖,在评估目标公司价值时,首先以留存下来继续经营的那部分资产(有时也被称为有效资产)为基础的收益进行资本化,然后再加上变卖资产收入的价值。

在任何一个评估过程中,确定一个可靠的可保持净收益是非常重要的。实际上,规模较大的公司一般都有自己的预测技术和系统,可以比较并预测 5 年期甚至更长期的利润变动趋势。尽管如此,预测总是不可能完全准确的,尤其在时期较长的情况下更是如此,因此,可取的做法是预测一组可保持净收益。

2. 选择适当的资本化率

市盈率的倒数被称为投资回报率,反映的是投资者从普通股股票投资中所得到的总收益,包括股利和股票升值。因此,如果并购方要求得到税后 11.1% 的投资回报率,那么投资的价值将是净收益的 9 倍。实务中,还可以采用其他方法来得到资本化率。

9.4.3 收益分析法存在的其他问题

对于潜在的投资者来说,购置任何一项资产应支付的价格,不会高于购买与该项资产有相同风险的同类资产预期在将来得到的收益现值。同时,收益分析法是通过估测因获取资产控制权而带来的预期收益现值,来确定该项资产重估价值的一种途径。在以收益为基础的分析中,收益的高低直接影响到对目标公司价值的评估,然而,各种会计准则因素和项目如非常项目、会计政策变更等都会影响到收益的水平。因此,在分析目标公司的收益水平时,充分考虑这些因素的影响是非常重要的。

9.5 并购的贴现模型分析

无论并购的是上市公司还是非上市公司,将目标公司的现行市价作为并购决策的唯一依据,都是远远不够的。实际上,目标公司的价值在很大程度上取决于其未来持续经营的现金流量,特别是目标公司与并购公司整合以后产生的协同效应,使得整合后的现金流量大于各个部分的现金流量之和。

9.5.1 基本模型

1. 模型的基本形式

从并购公司的角度来看,并购其他公司和投资普通的固定资产并没有实质性的差别,在这两种情况下,都需要公司根据该项投资未来所产生的现金流量来确定当前的支出,因此可以将公司资本预算的基本分析方法运用到并购决策分析中。由于现代资本预算决策都是建立在贴现现金流量分析的基础之上的,因此,在过程更为复杂的并购决策中,应该采用贴现现金流量分析方法确定目标公司的价值,计算公式如下:

$$V_0 = \sum_{t=1}^{n} \frac{CF_t}{(1+k)^t}$$

式中:CF 表示现金流量,k 表示贴现率,t 表示预测期限。

2. 基本模型的影响因素分析

(1) 贴现率

在上述计算公式中,贴现率是与并购相关的机会成本,与公司内部投资的资本预算相比,并购所采用的贴现率需要考虑更多的因素,不仅要考虑目标公司当前的资本成本,还要考虑并购后整体的资本成本以及并购决策本身所包含的风险,特别是在并购决策对公司未来整体的资本成本存在显著影响的情况下。如果目标公司与并购公司的经营风险和财务风险水平相同,就可以采用并购公司当前的加权平均资本成本作为目标公司现金流量的贴现率。并购公司的加权平均资本成本是用税后的债务成本与股权成本加权平均得到的。

(2) 预测期限

在并购决策中,预测期限的不同会对结果产生很大的影响。一般假设预测期为 5~10 年。一种公认的较好的方法认为,现金流量的预测只应当持续到追加投资的内含报酬率等于资本成本时为止。也就是说,在这段时间内,公司并购活动不会影响到原有项目和并购项目各自的成长性。

(3) 自由现金流量

现金流量是指在一定期间内目标公司的现金流入量和现金流出量,现金流入量和现金流出量之间的差异则为现金净流量。虽然投资固定资产和并购在经济本质上没有区别,但是两者在现金流量的形式上却大不相同。

在公司投资固定资产的资本预算中,现金流出量主要是购建成本及经营过程中需要追加的营运资金;现金流入量则主要是经营过程中的现金收入和到期收回的成本;现金净流量则为现金流入量与现金流出量之间的差异,全部归公司所有。

在并购决策中,现金流出量是并购公司需要支付的现金,而现金流入量是目标公司(子公司)所创造的自由现金流量,之所以采用自由现金流量作为并购目标公司的经营现金流入量指标,是因为它的适用性较广:如果目标公司被并购后不再成为独立的法人实体,而是并购公司的一个生产、销售组成部分,则可以认为目标公司将其现金流量全部支付给并购公司,目标公司所拥有的自由现金流量就是并购公司投资所产生的经营现金流入量;在控股并购的情况下,并购公司只能根据持股比例确定获得的目标公司当期自由现金流量,无论目标公司是否实际支付股利。

在公司投资固定资产的资本预算中,融资决策并不会影响投资项目实际产生的经营现金流量,债权人对公司整体的现金流量有要求权,而不是对项目本身的现金流量有要求权,因此项目产生的现金净流量就等于公司的自由现金流量。

在并购决策中,如果目标公司进行了债务融资,那么目标公司所增加的现金流量,在向并购公司支付股利之前,需要先偿付债务,在目标公司未来有借贷的情况下,并购公司得到的不是目标公司的全部自由现金流量,而是偿付了债务以后的剩余自由现金流量,即股权自由现金流量。这两种自由现金流量概念都可以作为并购估值的分析基础。如果并购公司没有完全控股目标公司,那么只能按照其在目标公司的控股比例来计算其股权自由现金流量。

公司自由现金流量(FCFF)可以定义如下:

FCFF = EBIT × (1 − 所得税税率) − (资本支出 − 折旧) − 净营运资本增加
     = FCFE + 利息费用 × (1 − 所得税税率) + 债务偿还 −
       新增债务 + 优先股股利

股权自由现金流量(FCFE)可以定义如下:

FCFE = 净利润 + 折旧 − 资本支出 − 净营运资本增加 + 新增债务 −
       本金偿还 − 优先股股利

例 9-1 已知某目标公司的利润表简表如表 9-8 所示。公司当前的所得税税率为 40%,2021 年固定资产投资为 600 万元,当年偿还债务所支付的现金为 75 万元,新增债务 50 万元,优先股股利为 10 万元,营运资本 2020 年、2021 年分别为 95 万元和 115 万元。

表 9-8 利润表简表　　　　　　　　　单位:万元

项目	2020 年	2021 年
销售收入	4 200	4 400
减:经营费用	2 730	2 900
减:折旧	500	505
息税前利润	970	995
减:利息支出	100	102
减:所得税	348	357
净利润	522	536

请计算该公司 2021 年度公司自由现金流量和股权自由现金流量。

FCFF = 995 × (1 − 0.4) − 600 + 505 − 20 = 482(万元)

FCFE = 536 + 505 − 600 − 20 + 50 − 75 − 10 = 386(万元)

运用定价模型对目标公司进行估值时,并购后公司的成长性也是非常重要的影响因素。成长性差异会造成现金流量的大小和期间分布存在差异,从而影响对当前价值的估计。根据增长性的差异,定价模型可以分为零成长定价模型、固定成长定价模型、多阶段成长定价模型。

9.5.2 零增长定价模型

零增长定价模型假设目标公司未来的现金流量是永远不变的,在第 0 年的公司价值(P_0)就是未来每年现金流量的折现值。这里估值过程中现金流量分析的基础,既可以采用公司自由现金流量,又可以采用股权自由现金流量。

$$P_{0,\text{FCFF}} = \frac{\text{FCFF}_0}{\text{WACC}}$$

式中:FCFF_0 表示目标公司在第 0 年的公司自由现金流量,WACC 表示加权平均资本成本。

$$P_{0,\text{FCFE}} = \frac{\text{FCFE}_0}{k_e}$$

式中:FCFE_0 表示并购公司作为股东可以获得的目标公司在第 0 年的股权自由现金流量,k_e 表示股权资本成本。

例 9-2 如果第 0 年目标公司的公司自由现金流量为 100 万元,预期未来的增长率为 0,公司的加权平均资本成本为 12%,那么目标公司当前的价值为多少?

$$P_{0,\text{FCFF}} = \frac{\text{FCFF}_0}{\text{WACC}} = \frac{100}{0.12} = 833(\text{万元})$$

如果目标公司未来的股权资本成本为 16%,每年的债务偿还和利息支付额(税后)为 20 万元,那么目标公司当前的股权价值为多少?

$$P_{0,\text{FCFE}} = \frac{\text{FCFE}_0}{k_e} = \frac{100 - 20}{0.16} = 500(\text{万元})$$

9.5.3 固定增长定价模型

固定成长定价模型假设公司的自由现金流量以适度的、可以预测的增长率增加,即下一年度的现金流量预期以不变的增长率(g)增加。这种模型通常适用于成熟行业的公司,例如食品行业、家电行业等,且以过去 5~10 年的行业平均增长率为未来目标公司现金流量的增长率。

由于增长率不变,因此 $\text{FCFF}_1 = \text{FCFF}_0 \times (1 + g)$,即公司价值为:

$$P_{0,\text{FCFF}} = \frac{\text{FCFF}_1}{\text{WACC} - g} = \frac{\text{FCFF}_0 \times (1 + g)}{\text{WACC} - g}$$

股权价值为:

$$P_{0,\text{FCFE}} = \frac{\text{FCFE}_1}{k_e - g} = \frac{\text{FCFE}_0 \times (1 + g)}{k_e - g}$$

例 9-3 如果预期目标公司下一年度的公司自由现金流量为 100 万元,加权平均资本成本为 12%,每年现金流量增长率为 6%,则该公司的价值为:

$$P_{0,\text{FCFF}} = \frac{\text{FCFF}_1}{\text{WACC} - g} = \frac{100}{0.12 - 0.06} = 1\,667(万元)$$

如果目标公司股权资本成本为 15%,股权自由现金流量每年增长 10%,当前股权自由现金流量为 200 万元,则该公司的股权价值为:

$$P_{0,\text{FCFF}} = \frac{\text{FCFE}_1}{k_e - g} = \frac{200 \times 1.1}{0.15 - 0.10} = 4\,400(万元)$$

9.5.4 多阶段成长定价模型

在一些行业中,公司通常会先经历高速增长期,随后又经历较为缓慢而平稳的增长期,表现为多个增长阶段。这一现象在高科技行业中广泛存在。由于产品早期市场渗透率较低,在 5~10 年内公司的销售增长率可以高达 10% 以上;当市场趋向成熟时,销售增长趋于平缓,增长速度与整体经济增长速度或人口增长速度相一致。因此,公司价值就可以看成高速增长期内的现金流量折现值与稳定增长期内的现金流量折现值之和。这里将稳定增长期内的现金流量折现值称为终值。

在稳定增长期内,现金流量的增长率为常数,就可以采用上述固定成长定价模型来估计总值。在稳定增长期内,增长率和资本成本的选择对终值的计算具有重要影响。这两个因素较小的变动都会对终值计算产生较大的影响,从而影响公司整体价值的评估。

根据公司自由现金流量的定义,可以使用下面的模型来评估多阶段成长的公司价值。

$$P_{0,\text{FCFF}} = \sum_{t=1}^{n} \frac{\text{FCFF}_0 \times (1+g_t)^t}{(1+\text{WACC})^t} + \frac{P_n}{(1+\text{WACC})^n}$$

$$P_n = \frac{\text{FCFF}_n(1+g_m)}{\text{WACC}_m - g_m}$$

式中:FCFF_0 表示第 0 年公司自由现金流量,WACC 表示高速增长期内公司加权平均资本成本,WACC_m 表示稳定增长期内公司加权平均资本成本,P_n 表示 n 年年末公司价值(终值),g_t 表示高速增长期内的增长率,g_m 表示稳定增长期内的增长率。

扣除公司的债务价值(BV)以后,就可以计算出公司的股权价值,即

$$P_{0,\text{FCFE}} = P_{0,\text{FCFF}} - \text{BV}_0$$

例 9-4 公司的自由现金流量预期在今后 5 年内年增长率为 35%,然后增长率下降为正常增长率 5%。当前公司的自由现金流量为 400 万元,在高速增长期内的加权平均资本成本为 18%,在稳定增长期内的加权平均资本成本为 12%。请评估该公司当前的价值。

$$P_5 = \frac{400 \times (1.35)^5 \times 1.05}{0.12 - 0.05} = 26\,904(万元)$$

$$P_{0,FCFF} = \sum_{t=1}^{5} \frac{400 \times (1.35)^t}{(1.18)^t} + \frac{26\,904}{(1.18)^5} = 14\,810(万元)$$

假设公司债务的账面价值为 10 000 万元,每年的利息为 800 万元,4 年后债务到期。该债务每年付息,到期还本。假设公司的债务资本成本为 10%,请评估该公司的股权价值。

$$BV_0 = \sum_{t=1}^{4} \frac{800}{(1.10)^t} + \frac{10\,000}{(1.10)^4} = 9\,336(万元)$$

$$P_{0,FCFE} = P_{0,FCFF} - BV_0 = 14\,810 - 9\,336 = 5\,444(万元)$$

9.5.5 增长率与资本成本的确定

贴现模型的基本思想是将高速增长期内产生的现金流量和延伸至未来无限期的稳定增长期内产生的现金流量进行加总来计算公司当前的价值。因此,如何计算终值,即稳定增长期开始的公司价值必然会影响到对当前公司价值的估计,分析人员需要确定适当的稳定增长率和相应的折现率。

显然,稳定增长率通常要小于或者等于公司所处行业的增长率或整体经济增长率,超过行业增长率或整体经济增长率则表明公司创造的价值高于行业或整体经济的平均水平。在通过行业增长率或整体经济增长率来估计公司稳定增长率时,要注意特殊事件如罢工或自然灾害等对行业增长率和整体经济增长率的可能影响,以保证估计结果的合理性。

关于高速增长期,目前也没有统一的标准,需要公司根据自身的实际情况确定。一般认为,公司当前的增长率越高,高速增长期持续的时间越长。当高速增长的公司拥有的市场份额较小,而且不存在其他影响增长率的外部因素时,公司高速增长期可以持续更长的时间。

由于高速增长通常与增长的不确定程度密切相关,在应用贴现模型时需要在折现率中考虑风险因素,因此,公司高速增长期内的资本成本应该高于稳定增长期内的资本成本。

专栏 9-1

顺丰收购鼎泰新材的估值分析

受国内流通市场条件的限制,评估人员无法取得足够的与马鞍山鼎泰稀土新材料股份有限公司(以下简称"鼎泰新材")类似的可比公司股权交易案例资料,在上市公司中寻找在现金流量、增长潜力和风险等方面与鼎泰新材类似的可比公司也很困难,因此本次评估不具备使用市场比较法的条件。

本次评估用于企业整体资产及负债转让,且被评估单位鼎泰新材为生产性企业,近年来经营稳定,故结合鼎泰新材的自身条件、具体资产的市场条件和价值影响因素、评估的价值类型及收集和掌握的资料情况,确定本次分别采用收益分析法、资产估价法进行评估,再对两种评估方法的结果进行分析,以确定最终的评估值。

1. 预测期

无特殊情况表明鼎泰新材难以持续经营,采用分段法对鼎泰新材的收益进行预测,预测期分为明确的预测期和明确的预测期之后的永续期。其中,对明确的预测期的确定,综合考虑行业和企业自身发展状况,为了能在较长时期内反映企业运营的现金流量,本次评估明确的预测期确定为2016—2020年;预测期之后的永续期预计企业经营保持稳定,企业规模及收益水平假设与2020年相同。

2. 营业收入的预测

鼎泰新材的营业收入主要包括镀锌钢绞线、镀锌钢丝、预应力钢绞线、废料销售收入。主要预测如表9-9所示。

表9-9 鼎泰新材营业收入预测

	项目	2016年	2017年	2018年	2019年	2020年
镀锌钢绞线	销售数量(吨)	85 000.00	93 500.00	100 980.00	106 029.00	109 209.87
	单价(万元/吨)	0.48	0.48	0.48	0.48	0.48
	销售收入(万元)	40 800.00	44 880.00	48 470.40	50 893.92	52 420.74
镀锌钢丝	销售数量(吨)	30 000.00	33 000.00	35 640.00	37 422.00	38 544.66
	单价(万元/吨)	0.35	0.35	0.35	0.35	0.35
	销售收入(万元)	10 500.00	11 550.00	12 474.00	13 097.70	13 490.63
预应力钢绞线	销售数量(吨)	60 000.00	61 200.00	62 424.00	63 672.48	64 945.93
	单价(万元/吨)	0.31	0.31	0.31	0.31	0.31
	销售收入(万元)	18 600.00	18 972.00	19 351.44	19 738.47	20 133.24
废料销售	销售收入(万元)	361.80	382.70	401.63	415.74	426.20

资料来源:《江苏银信资产评估房地产估价有限公司关于马鞍山鼎泰稀土新材料股份有限公司本次重大资产重组拟置出资产评估情况之专项核查意见》(2016年7月16日)。

3. 营业成本的预测

营业成本预测方面,对鼎泰新材各收入项目对应成本分为直接成本、间接成本分别进行测算。

(1) 直接成本测算

根据2015年生产成本统计的单位成本水平预测未来直接成本,鼎泰新材2015年生产成本如表9-10所示。

表 9-10　鼎泰新材 2015 年生产成本

产品项目		单位	产量(吨)	直接成本(万元)				
				直接人工	直接材料	燃料动力	其他制造费用	小计
1	镀锌钢绞线	吨	82 395.63	981.96	25 685.24	2 320.67	2 977.89	31 965.76
2	镀锌钢丝	吨	24 781.94	147.67	5 771.22	634.53	617.10	7 170.52
3	预应力钢绞线	吨	58 340.72	130.37	13 921.81	998.38	1 385.67	16 436.23
4	废料销售							
变动成本合计				1 260.00	45 378.27	3 953.57	4 980.66	55 572.51

资料来源:《江苏银信资产评估房地产估价有限公司关于马鞍山鼎泰稀土新材料股份有限公司本次重大资产重组拟置出资产评估情况之专项核查意见》(2016 年 7 月 16 日)。

直接成本测算按如下方法进行:以 2015 年实际单位直接成本为基准预测以后年度直接成本。其中,直接材料、燃料动力、其他制造费用参照 2015 年单位直接成本水平测算;直接人工在 2015 年单位直接成本(仅有工资薪酬)水平的基础上,将社保、公积金及福利(企业平时计入管理费用)计入直接人工成本。

(2) 间接成本测算

间接成本测算按如下方法进行:① 折旧费用按预测期考虑资本性支出后固定资产原值及企业折旧政策计算确定,需要编制专门的折旧测算表。② 制造费用中的职工薪酬按照未来扩能改造后所需配置的辅助车间员工及车间管理人员情况测算,需要编制职工薪酬测算表(职工薪酬按需配置人数乘以人均年薪酬额测算,含社保等支出,每年按照 5%增长,下同)。③ 其他制造费用中与生产增长相关性较强的项目,在上年基础上按同期销售增长率的同比例增长测算。④ 其他制造费用中与生产增长相关性不强的项目,在上年基础上按同期销售增长率的 50%增长测算。⑤ 主营业务成本中进项税转出金额按历史年度产品销售收入百分比计提相应成本。

4. 税金及附加的预测

税金及附加根据主营业务收入以及税法规定的增值税、城建税、教育费附加等进行预测。增值税、城建税、教育费附加按前三年缴纳税额与主营业务收入的比例关系,乘以未来预计收入计算得到。

5. 销售与管理费用的预测

销售与管理费用根据鼎泰新材以前年度的历史资料及预测期间的变动趋势进行预测,假定现行的费用支出控制制度得以严格执行。工资、福利、"五险一金"根据实际用工人数并考虑适当的工资增长率预测,固定资产折旧、职工教育经费、工会经费则以按相关制度提取为前提进行预测。

6. 营业外收支的预测

营业外收入大多为偶发性的非经常性收入,通常在预测未来收入时不予考虑,该部分收入有较大的不确定性;营业外支出也是偶发性的非经常性支出,评估时也未做考虑。

7. 息税前营业利润的预测

根据以上各项目的预测值,可以求得鼎泰新材未来每年的息税前营业利润。

息税前营业利润 = 主营业务收入 − 主营业务成本 − 税金及附加 − 销售费用 − 管理费用 + 营业外收支净额

8. 息前税后营业利润的预测

息前税后营业利润 = 息税前营业利润 − 所得税

9. 资本性支出的预测

根据鼎泰新材未来销售增长,现有镀锌钢绞线产能已不能满足需求,需考虑将现有闲置的两条镀锌钢绞线生产线进行技术改造并投入生产。预计2016—2017年鼎泰新材需要的固定资产支出如表9-11所示。

表9-11 预计2016—2017年鼎泰新材需要的固定资产支出

项目名称	设备投入(万元)	土建投入(万元)	投入合计(万元)
新办公楼建造		125.00	125.00
2016年小计	—	125.00	125.00
两条镀锌钢绞线生产线改造工程	600.00		600.00
2017年小计	600.00	—	600.00

资料来源:《江苏银信资产评估房地产估价有限公司关于马鞍山鼎泰稀土新材料股份有限公司本次重大资产重组拟置出资产评估情况之专项核查意见》(2016年7月16日)。

另外预测期还考虑生产设备的更新支出,按现有装备规模水平预计每年固定资产更新支出约为200万~400万元,呈逐年递增态势,减去截至评估基准日已支付的在建工程及预付工程款,则为尚需投入的资本性支出。永续期将当年折旧额确定为同期固定资产更新支出,以使固定资产使用性能得以维持预测期期末水平。

10. 折旧及摊销额的预测

根据经济使用年限,按企业直线法折旧政策,鼎泰新材固定资产分类、折旧年限、折旧率如表9-12所示。

表9-12 鼎泰新材固定资产分类、折旧年限、折旧率

资产类别	折旧年限(年)	年折旧率
房屋及建筑物	40	2.50%
机器设备	12	7.92%
电子设备	7	14.29%
办公设备	5	20.00%
运输设备	10	10.00%

资料来源:《江苏银信资产评估房地产估价有限公司关于马鞍山鼎泰稀土新材料股份有限公司本次重大资产重组拟置出资产评估情况之专项核查意见》(2016年7月16日)。

无形资产均为土地使用权,按出让年限50年进行摊销。

11. 营运资金增加的预测

营运资金的预测,一般根据被评估企业和同类企业最近几年每年营运资金占用占销售收入的比重进行分析和判断,在历史平均水平的基础上结合企业目前及未来的发展加以调整。考虑到鼎泰新材2013—2015年产销量较为稳定,企业营运资金水平相对平稳,故预测期营运资金增长水平参照2013—2015年存货周转率、应收账款周转率、应付账款周转率的平均水平确定。

12. 折现率的确定

股权资本成本的估算方法如下:第一步,首先在上市公司中选取可比公司,然后估算可比公司的系统性风险系数β;第二步,根据可比公司的资本结构、β值以及鼎泰新材的资本结构,估算鼎泰新材的期望投资回报率,并以此为折现率。

评估人员选取了以下四家主要从事钢绞线等金属制品制造业务的上市公司作为可比公司,这四家可比公司具体如表9-13所示。

表9-13 四家可比公司

代码	002132.SZ	002560.SZ	002342.SZ	600165.SH
简称	恒星科技	通达股份	巨力索具	新日恒力

资料来源:《江苏银信资产评估房地产估价有限公司关于马鞍山鼎泰稀土新材料股份有限公司本次重大资产重组拟置出资产评估情况之专项核查意见》(2016年7月16日)。

13. 加权平均资本成本的确定

评估人员采用以下步骤确定加权平均资本成本:

第一步,确定无风险收益率。选择从评估基准日到国债到期日剩余期限超过10年期的国债,计算其到期收益率,取上述国债到期收益率的平均值作为本次评估的无风险收益率。经计算,上述国债到期收益率的平均值为4.12%。

第二步,确定系统性风险系数β。可比公司与鼎泰新材无杠杆的β值分别如表9-14所示。

表9-14 可比公司与鼎泰新材无杠杆的β值

可比公司	恒星科技	通达股份	巨力索具	新日恒力	鼎泰新材
无杠杆的β值	0.9009	0.9972	0.8742	0.7843	1.1129

资料来源:《江苏银信资产评估房地产估价有限公司关于马鞍山鼎泰稀土新材料股份有限公司本次重大资产重组拟置出资产评估情况之专项核查意见》(2016年7月16日)。

评估人员将评估基准日的资本结构作为本次评估鼎泰新材的资本结构比率,即付息负债为7 364.00万元、股权为鼎泰新材净资产的公允价值即其评估值,确定鼎泰新材的资

本结构比率(D/E)为22.67%。将已经确定的资本结构比率代入如下公式,计算鼎泰新材有杠杆的β值:

$$有杠杆的\beta值 = 无杠杆的\beta值 \times [1+(1-T) \times D/E]$$

式中:D/E表示确定的资本结构比率;T表示适用的所得税税率。

对于企业所得税税率,鼎泰新材高新技术企业资质在2017年7月到期,2016年可享受15%的优惠税率,2017年起将按非高新技术企业正常所得税税率25%测算。

据此,计算出相应的β值:当企业所得税税率为15%时β值为1.1139;当企业所得税税率为25%时β值为1.0927。

第三步,确定证券市场投资报酬率。

评估人员按自1991年到评估基准日二十余年证券市场股指变动水平计算出证券市场的平均投资报酬率为11.10%。

第四步,确定股权资本成本。

随着竞争企业增加,鼎泰新材面临竞争加剧的风险,特别是鼎泰新材的规模比同类上市公司小许多,考虑企业个别风险因素α,按评估专家测算的规模溢价方程式测算鼎泰新材的规模风险为2.38%。

将上述数据代入公式$R_i = R_f + \beta \times (R_m - R_f) + \alpha$,综合确定鼎泰新材的股权资本成本:当企业所得税税率为15%时,股权资本成本为14.27%;当企业所得税税率为25%时,股权资本成本为14.12%。

第五步,确定债务资本成本。

评估人员将在1—5年银行贷款基准利率4.75%的基础上增长10%作为债务资本成本。

第六步,确定加权平均资本成本。

$$WACC = R_e \times \frac{E}{D+E} + R_d \times \frac{D}{D+E} \times (1-T)$$

式中:WACC表示加权平均资本成本,E表示股权价值,R_e表示股权资本成本,D表示债务价值,R_d表示债务资本成本,T表示企业所得税税率。

根据上述计算得到鼎泰新材的加权平均资本成本:当企业所得税税率为15%时,加权平均资本成本为12.45%;当企业所得税税率为25%时,加权平均资本成本为12.24%。

根据上述信息,采用自由现金流量法对鼎泰新材进行估值,结果如表9-15所示。

表9-15　鼎泰新材的估值结果　　　　　　　　　　　　　单位:万元

项目	2016年	2017年	2018年	2019年	2020年及以后
营业收入	70 402.92	75 936.06	80 857.98	84 312.85	86 642.33
营业成本	60 409.18	64 866.20	68 919.52	71 748.63	73 686.40
营业利润	9 993.74	11 069.86	11 938.46	12 564.22	12 955.93

单位:万元(续表)

项目	2016年	2017年	2018年	2019年	2020年及以后
企业所得税税率(%)	15.00	25.00	25.00	25.00	25.00
税后经营利润	8 494.68	8 302.40	8 953.84	9 423.17	9 716.95
折旧	1 378.93	1 378.93	1 419.53	1 419.53	1 419.53
NOPAT	9 873.61	9 681.33	10 373.38	10 842.70	11 136.48
资本性支出	125.00	600.00			
营运资本增加	432.27	489.12	435.94	308.21	210.33
自由现金流量	9 316.34	8 592.20	9 937.43	10 534.48	10 926.15
WACC(%)	12.45	12.24	12.24	12.24	12.24
企业价值	78 252.83				

鼎泰新材按自由现金流量法估算的价值为 78 252.83 万元,较审计后账面净资产增值 7 859.46 万元,增值率为 11.17%。与最终收购价格 79 600.00 万元相比,相差 1 347.17 万元,差异率为 1.72%。

9.6 期权估值分析

期权(option)可以理解为没有义务的权利。期权的拥有者可以要求期权的提供者提供某项服务,但没有义务提供对应的服务。现实生活中的期权广泛存在,例如产品的保修服务就是一种期权。在保修期内,如果产品发生故障,消费者就可以要求生产者根据合同提供服务,但是没有义务向生产者提供对应的义务,生产者必须按照合同维修产品。当然,消费者获得未来维修服务并不是免费的,一般来说,提供维修服务的产品价格要高于没有维修服务的产品价格,两者的价格差异就是消费者为获得维修期权所支付的代价,即期权价格。通常,在金融交易所内交易的期权,例如股票买入权和卖出权,被称为金融期权。没有公开交易的期权,如许可证、版权、专利权、土地使用权等,则被定义为实物期权(real option)。

在现代经济中,无形资产的价值在公司总价值中所占的比重越来越大。以美国为例,1980 年年初所有上市公司无形资产账面价值占总资产的比重不到 10%,2000 年无形资产账面价值占总资产的比重高达 30%;而同一时期内,固定资产账面价值占总资产的比重则从 45% 下降到了 30%。无形资产的重要特征之一是其本身并不能创造现金流量,只有当其和有形资产结合在一起时,才可以进一步增加现金流量,通过转让也可以体现无形资产的价值。

虽然可以采用常规的资本预算方法来评估这些权利的价值,并加总到公司的整体价值中,但这要求能够估计基于专利生产的产品所产生的现金流量,以及无形资产开发所需要的费用。

虽然目标公司的未来现金流量不足以弥补并购所支付的代价,但是目标公司所拥有的专利权或许可证或许具有很高的价值。并购公司可以在并购后充分利用目标公司的专利权和许可证,或者将这些专利权或许可证转让给第三方。由于专利权或许可证本质上是没有被充分利用的机会,那么这种无形资产的所有权就相当于一种买入期权,买入期权的所有者有权以事先约定的价格来行使这一期权。在专利权或许可证到期的情况下,这种期权就会失效。

传统上用于评估金融期权价值的期权定价模型也可以用于评估实物期权价值。Black-Scholes 期权定价模型是最常用的金融期权定价方法。在该模型中,只要估计或了解了五个变量的数值,就可以计算出期权的理论价格。该期权定价模型如下:

$$C = SN(d_1) - Ee^{-R_f t}N(d_2)$$

$$d_1 = \frac{\ln(S/E) + \left(R_f + \frac{1}{2}\sigma^2\right)t}{\sigma\sqrt{t}}$$

$$d_2 = d_1 - \sigma\sqrt{t}$$

式中:C 表示买入期权的理论价值;S 表示资产的内在价值;E 表示期权的执行价格;R_f 表示无风险利率;σ^2 表示资产收益的方差;t 表示期权的到期时间;$N(d_1)$、$N(d_2)$ 表示 d_1 和 d_2 的累积正态概率值。

在上述五个变量中,资产收益的方差是最难以估计的。分析人员可以采用类似项目的经验,通过计算这些项目的预期现金流量与实际现金流量之间的差异来估计资产收益的方差;也可以考虑乐观情况下、悲观情况下和最有可能发生的情况下发生的概率及其所对应的收益数值,来估计资产收益的方差。下面举例说明期权在公司估值决策中的应用。

例 9-5 假设目标公司有 10 年期的销售许可证。预计重组公司生产部门、培训与销售推广等初始投资需要 10 000 万元。利用许可证产生的预期现金流量的现值为 8 000 万元。尽管当前生产少量产品的成本很高,但是随着产销量的增加,生产成本将会下降;而且生产技术的改进也会降低生产成本,从而降低产品的价格。但是当前决策者难以确定价格下降对销售数量的影响。对过去类似产品的分析表明,预期的现金流量方差为 3%。10 年期的无风险利率为 6%。

显然,投资该项目的净现值为 −2 000 万元。那么公司是否应放弃投资呢?这时需要考虑可出售给第三方的销售许可证的转让价值。

资产价格(利用许可证产生的预期现金流量的现值) = 8 000 万元
执行价格(初始投资) = 10 000 万元
现金流量方差 = 0.03
到期时间 = 10 年
无风险利率 = 0.06

根据 Black-Scholes 期权定价模型,可以计算出该销售许可证的理论价值为 3 128 万元。因此,虽然目标公司产品所提供的净现值为负数(-2 000万元),但是在考虑了销售许可证的转让价值后,并购公司仍然可以获得正的价值(1 128万元)。

在并购决策中,目标公司本身也可以被视为一个实物期权,并购公司既可以整合目标公司,增加未来集团公司的现金流量;又可以将目标公司整体或部分转让给第三方,这时就可以采用期权定价的方式来估计目标公司的价值。

本章小结

本章介绍了并购决策中目标公司估价的主要方法。如何合理估计目标公司价值,不仅决定了下一步的并购融资安排,而且对公司并购后能否有效创造价值具有重要影响。虽然并购也是公司投资决策的组成部分,其基本原理与公司内部固定资产投资决策基本一致,但是并购业务的非经常性、并购目的的差异以及并购对象的多样性,增加了并购估价方法的复杂性。

目标公司估价的方法主要包括市场比较法、资产估价法和收益分析法。市场比较法是通过对一个或一组类似的公司进行价值评估以推断目标公司价值的方法;资产估价法是对目标公司现有资产进行评估以确定目标公司价值的方法;收益分析法则是对目标公司的现金流量进行调整、贴现或者采用期权以确定目标公司价值的方法。

任何估价方法都是基于一定的理论假设前提,对某些因素进行简化和抽象而得出的结论。并购公司必须清楚所采用的估价方法的假设前提,即哪些因素被简化和抽象了,实际并购价格与估价之间的差异程度在很大程度上就在于并购公司如何处理这些因素。由于目标公司的环境不尽相同,并购公司在选择估价方法时切忌"削足适履",估价方法应当根据目标公司的特征进行调整,而不是让目标公司适应某种特定的估价方法。

关键概念

并购价值评估	市场比较法	资产估价法
账面价值	市场价值	清算价值
续营价值	公允价值	收益分析法
市盈率	贴现模型分析	期权估值分析

讨论题

1. 请比较固定资产投资决策和并购决策中的估价模型差异。

2. 在大多数情况下,实际的并购价格与估价并不完全一致。你认为估价有意义吗?如何理解并购估价与实际并购价格的差异?

案 例

青岛海尔并购通用家电：价值评估

一、青岛海尔和 GE 主要财务指标分析

本部分列示了青岛海尔和 GE 2011—2016 年的主要财务数据。

1. 青岛海尔

2011—2016 年青岛海尔主要财务数据和财务指标如表 1、表 2、图 1 所示。

表 1　2011—2016 年青岛海尔主要财务数据　　　　　　　　　　单位：百万元

项目	2011 年	2012 年	2013 年	2014 年	2015 年	2016 年
净利润	3 647.66	4 360.61	5 551.28	6 692.26	5 922.09	6 691.33
销售收入	73 662.50	79 856.60	86 487.73	88 775.45	89 748.32	119 065.83
平均资产总额	34 495.32	44 705.90	55 352.09	68 011.16	75 483.56	207 215.96
负债总额	28 184.54	34 262.18	41 021.72	45 886.49	43 558.41	93 674.92
资产总额	39 723.48	49 688.32	61 015.86	75 006.46	75 960.67	131 255.29

资料来源：青岛海尔年报。

表 2　2011—2016 年青岛海尔财务指标

指标	2011 年	2012 年	2013 年	2014 年	2015 年	2016 年
销售净利率	0.05	0.05	0.06	0.08	0.07	0.06
资产周转率	2.14	1.79	1.56	1.31	1.19	0.57
总资产报酬率	0.11	0.10	0.10	0.10	0.08	0.03
权益乘数	3.44	3.22	3.05	2.58	2.34	3.49
净资产收益率	0.36	0.31	0.31	0.25	0.18	0.11

资料来源：作者根据表 1 数据计算。

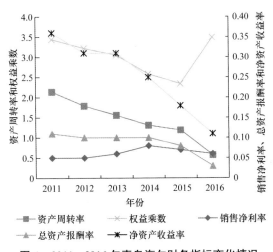

图 1　2011—2016 年青岛海尔财务指标变化情况

2. GE

2011—2016 年 GE 主要财务数据和财务指标如表3、表4、图2所示。

表3 2011—2016 年 GE 主要财务数据   单位：百万美元

项目	2011 年	2012 年	2013 年	2014 年	2015 年	2016 年
净利润	28 890.00	27 351.00	21 246.00	24 278.00	10 239.00	13 628.00
销售收入	141 547.00	144 796.00	141 024.00	146 156.00	115 158.00	119 688.00
平均资产总额	734 229.00	701 285.00	670 944.00	652 454.50	570 520.50	428 937.50
负债总额	599 108.00	556 858.00	519 777.00	511 516.00	389 582.00	284 667.00
资产总额	717 242.00	685 328.00	656 560.00	648 349.00	492 692.00	365 183.00

资料来源：Compustat 数据库。

表4 2011—2016 年 GE 财务指标

指标	2011 年	2012 年	2013 年	2014 年	2015 年	2016 年
销售净利率	0.20	0.19	0.15	0.17	0.09	0.11
资产周转率	0.19	0.21	0.21	0.22	0.20	0.28
总资产报酬率	0.04	0.04	0.03	0.04	0.02	0.03
权益乘数	6.07	5.33	4.80	4.74	4.78	4.54
净资产收益率	0.24	0.21	0.15	0.18	0.09	0.14

资料来源：作者根据表3数据计算。

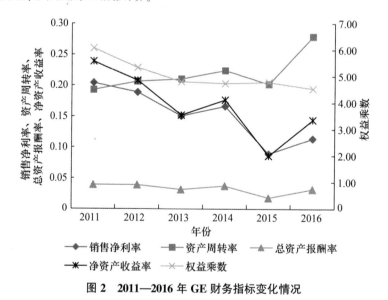

图2 2011—2016 年 GE 财务指标变化情况

二、并购定价合理性分析

本部分将对 GEA、未并购 GEA 的青岛海尔以及已并购 GEA 的青岛海尔进行价值估计,计算并购产生的协同效应,从而评估并购定价的合理性。

（一）GEA 价值估计

1. 前提假设

假设 GEA 的价值可以通过 GEA 占 GE 资产账面价值的比重进行折算,折算比例如表 5 所示。假设每年的销售成本、销售和管理费用、资本性支出、折旧和摊销以及追加的营运资本占销售收入的比重不变。

表 5 GEA 占 GE 资产账面价值的比重

公司	2015 年 9 月 30 日资产账面价值(百万美元)	比重(%)
GE	581 310	
GEA	3 535	0.61

2. 计算自由现金流量

GE 2014 年的销售收入增长率为 6.18%,而 2015 年的销售收入增长率为 -0.89%。基于全球家电业态及 GE 发展趋势,我们预测 2016 年之后其销售收入年增长率为 4%。

表 6 报告了 2013—2015 年 GE 各项支出占其销售收入的比重,我们假设比重的 3 年平均值能够代表各项支出与销售收入的真实比重。

表 6 2013—2015 年 GE 各项支出占其销售收入的比重

项目	2013 年		2014 年		2015 年		平均值(%)
	金额(百万美元)	比重(%)	金额(百万美元)	比重(%)	金额(百万美元)	比重(%)	
销售成本	68 344	48.46	72 787	49.80	78 946	68.55	55.61
销售和管理费用	39 961	28.34	38 019	26.01	19 621	17.04	23.80
资本性支出	13 458	9.54	13 727	9.39	7 309	6.35	8.43
折旧和摊销	11 473	8.14	11 072	7.58	6 352	5.52	7.08
追加的营运资本	0	0.00	0	0.00	0	0.00	0.00
销售收入	141 024		146 156		115 158		

3. 计算加权平均资本成本(WACC)

WACC = 权益资本成本 × 权益比重 + 债务资本成本 × 债务比重 × $(1-T)$ = 4.99%

其中:

- 税率(T) = 30%。
- 权益资本成本 = 无风险利率 + β × 公司风险溢价

  = 2.13% + 0.60 × (10.67% - 2.13%) = 7.25%

无风险利率由 10 年期美国政府债券利率确定,此处使用 2015 年的平均值 2.13%;市场回报率由标准普尔 500 指数 2011—2015 年年回报率平均值确定,为 10.67% 左右;β(公司系统风险)由 2015 年 1 月 1 日至 2015 年 12 月 31 日 GE 日收益率与标准普尔 500 日收益率回归计算得到, $\beta = 0.60$。

- 债务资本成本 = 3.03%,该数字是 GE 2015 年年末各项有息债务利率(如表 7 所示)的加权平均值。

表 7　2015 年年末 GE 各项有息债务的数额和利率

债务类别	数额(百万美元)	利率(%)
商业票据	500	0.15
长期借款的流动部分	17 777	2.10
商业票据	650	0.46
商业票据	4 351	0.01
长期借款的流动部分	24 996	4.28
优先票据	72 840	3.23
次级票据	2 954	3.68
次级债券	6 678	6.14
优先票据	59 254	2.54
无追索权借款	3 083	1.00

资料来源:Compustat 数据库。

- 权益与债务比重由 GE 2015 年年末的资本结构决定,如表 8 所示。

表 8　2015 年年末 GE 资本结构

项目	金额(百万美元)	权重(%)	资本成本(%)
权益	492 692	55.84	7.25
负债	389 582	44.16	3.03

资料来源:Compustat 数据库。

(二)未并购 GEA 的青岛海尔价值估计

1. 计算自由现金流量

根据青岛海尔 2011—2015 年的财务报表,我们采用如表 9 所示的数据进行分析。

表 9　2011—2015 年青岛海尔财务报表数据　　　　　　　　　　单位:百万元

项目	2011 年	2012 年	2013 年	2014 年	2015 年
销售收入	73 662.50	79 856.60	86 487.73	88 775.45	89 748.32
EBITDA	5 147.28	6 069.29	7 358.62	8 598.36	7 530.30
折旧	577.50	627.64	647.12	705.40	954.47
摊销	40.86	35.53	43.27	77.45	99.09
折旧 + 摊销合计	618.36	663.17	690.39	782.85	1 053.56
EBIT	4 528.92	5 406.12	6 668.23	7 815.51	6 476.74

单位:百万元(续表)

项目	2011年	2012年	2013年	2014年	2015年
营运资本	5 401.34	8 358.45	11 541.34	17 846.46	15 083.93
营运资本增加	503.52	2 957.11	3 182.89	6 305.12	-2 762.53
购置有形固定资产、无形资产和其他长期资产	1 584.32	1 228.00	1 751.26	2 005.43	8 164.01
处置固定资产	-3.22	-4.52	-360.47	-501.34	-509.31
资本支出	1 581.10	1 223.47	1 390.79	1 504.09	7 654.70

注:EBIT = EBITDA - 折旧 - 摊销,营运资本增加 = 后一年营运资本 - 前一年营运资本。

基于全球家电业态及 GE 发展趋势,我们预测 2016—2020 年青岛海尔的增长情况有好、中和差三种可能,对应的销售收入增长率分别为 8%、5%和 1%;2020 年后销售收入将按 3%的固定速率增长。

沿用各项支出占销售收入比重不变的假设,我们计算了 2011—2015 年青岛海尔各项支出占其销售收入的比重,如表 10 所示,并将 5 年平均值作为比重真实值。

表 10 2011—2015 年青岛海尔各项支出占其销售收入的比重 单位:%

项目	2011年	2012年	2013年	2014年	2015年	平均值
折旧+摊销合计/销售收入	0.84	0.83	0.80	0.88	1.17	0.90
营运资本增加/销售收入	0.68	3.70	3.68	7.10	-3.08	2.42
资本支出/销售收入	2.15	1.53	1.61	1.69	8.53	3.10
销售收入增长率		8.41	8.30	2.65	1.10	5.11
EBITDA/销售收入	6.99	7.60	8.51	9.69	8.39	8.23

2. 计算加权平均资本成本(WACC)

WACC = 权益资本成本 × 权益比重 + 债务资本成本 × 债务比重 × (1 - T) = 3.99%

其中:

- 税率(T) = 25%。
- 权益资本成本 = 无风险利率 + β × 公司风险溢价
  = 3.40% + 0.23 × (7.37% - 3.40%) = 4.31%

无风险利率由 10 年期中国国债利率确定,此处使用 2015 年的平均值 3.40%;市场回报率由上证指数 2011—2015 年年回报率平均值确定,为 7.37%;β(公司系统风险)由 2015 年 1 月 1 日至 2015 年 12 月 31 日青岛海尔日收益率与上证收益率回归计算得到,β = 0.23。

- 债务资本成本 = 5.01%,由 2011—2015 年青岛海尔有息负债成本得到,如表 11 所示。

表 11 2011—2015 年青岛海尔有息负债成本

年份	利息支出（百万元）	年初有息负债（百万元）	年末有息负债（百万元）	债务资本成本（%）
2011	52.39	861.14	1 838.62	3.88
2012	115.77	1 838.62	1 857.14	6.26
2013	105.47	1 857.14	1 915.01	5.59
2014	128.73	1 915.01	2 809.37	5.45
2015	119.26	2 809.37	3 350.98	3.87
				5.01

- 权益与债务比重由青岛海尔 2015 年年末的资本结构决定,如表 12 所示。

表 12 2015 年年末青岛海尔资本结构

项目	金额(百万元)	比重(%)	资本成本(%)
权益	32 402.26	42.66	4.31
负债	43 558.41	57.34	5.01

(三) 并购 GEA 的青岛海尔价值估计

1. 计算自由现金流量

对于并购 GEA 的青岛海尔,我们对其未来销售收入增长情况进行如下假设(如表 13 所示):

- 2016—2018 年,青岛海尔处于并购后整合期,无论是销售收入增长还是产品成本节约都难以达到理想状态,我们预测根据并购后整合工作的推进程度,可能出现利好、一般、不利三种情况,对应的销售收入增长率分别为 6%、2% 和 -2%。

- 经历三年整合后,2019—2021 年,无论是销售网络、技术使用、人力节约还是采购资源方面,青岛海尔都将达到成熟,获得并购协同效应,从而实现高达 6% 的快速增长。

- 经过整合期和快速成长期后,青岛海尔将进入平稳增长阶段,我们预测青岛海尔将以 3.5% 的固定增长率持续增长。

表 13 并购 GEA 的青岛海尔未来销售收入增长预测

年份	销售收入增长率(%)	情况
2016—2018 年	6.00	利好
	2.00	一般
	-2.00	不利
2019—2021 年	6.00	
2021 年后	3.50	

沿用各项支出占销售收入比重不变的假设,我们根据并购前青岛海尔和 GEA 各自支

出占其销售收入的比重预测并购后青岛海尔各项支出占其销售收入的比重,并将 2015 年青岛海尔和 GEA 的销售收入作为权重(权重见表 14)。经历 2016—2018 年的整合期后,青岛海尔可能在支出方面实现并购协同效应,因此我们预测支出比重将有所减小,如表 15 所示。

表 14　2015 年青岛海尔与 GEA 销售收入

项目	青岛海尔	GEA	合计
销售收入(百万元)	89 748.32	30 277.00	120 025.32
权重(%)	74.77	25.23	100.00

表 15　并购后青岛海尔各项支出占其销售收入的比重预测　　　单位:%

项目	海尔	GEA	2016—2018 年按收入加权	2019 年及以后
EBITDA	8.23	20.60	11.35	11.40
折旧和摊销	0.90	7.08	2.46	2.46
营运资本增加	2.42	0.00	1.81	1.80
资本支出	3.10	8.43	4.45	4.40

2. 计算加权平均资本成本(WACC)

我们以青岛海尔 2016 年的财务数据计算青岛海尔并购后的加权平均资本成本:

WACC = 权益资本成本 × 权益比重 + 债务资本成本 × 债务比重 × (1 − T) = 5.63%

其中:

- 税率(T) = 25%。
- 权益资本成本 = 无风险利率 + β × 公司风险溢价
  = 2.88% + 1.16 × (9.27% − 2.88%) = 10.29%

无风险利率由 10 年期中国国债利率确定,此处使用 2016 年的平均值 2.88%;市场回报率由上证指数 2012—2016 年年回报率平均值确定,为 9.27%;β(公司系统风险)由 2016 年 1 月 1 日至 2016 年 12 月 31 日青岛海尔日收益率与上证收益率回归计算得到,β = 1.16。

- 债务资本成本 = 5.02%,由 2012—2016 年青岛海尔有息负债成本得到,如表 16 所示。

表 16　2012—2016 年青岛海尔有息负债成本

年份	利息支出(百万元)	年初有息负债(百万元)	年末有息负债(百万元)	债务资本成本(%)
2012	115.77	1 838.62	1 857.14	6.26
2013	105.47	1 857.14	1 915.01	5.59
2014	128.73	1 915.01	2 809.37	5.45

(续表)

年份	利息支出 (百万元)	年初有息负债 (百万元)	年末有息负债 (百万元)	债务资本成本 (%)
2015	119.26	2 809.37	3 350.98	3.87
2016	789.05	3 350.98	36 663.14	3.94
				5.02

- 权益与债务比重由青岛海尔2016年年末的资本结构决定,如表17所示。

表17　2016年年末青岛海尔资本结构

项目	金额 (百万元)	比重 (%)	资本成本 (%)
权益	37 580.37	28.63	10.29
负债	93 674.92	71.37	5.02

[思考题]

1. 请采用杜邦分析法对青岛海尔和GE在并购前后的财务情况进行分析。

2. 请采用自由现金流量法对GEA价值进行估计。

提示:GE总价值 = 2016—2020年自由现金流量现值 + 2020年之后永续期价值的现值

GEA价值 = GE总价值 × GEA部门价值所占比重

3. 请采用自由现金流量法对未并购GEA的青岛海尔价值进行估计。

提示:青岛海尔价值 = 2016—2020年自由现金流量现值 + 2020年之后永续期价值的现值

4. 请采用自由现金流量法对并购GEA的青岛海尔价值进行估计。

5. 根据以上估值,请计算青岛海尔并购GEA产生的协同效应。

提示:协同效应 = 并购GEA的青岛海尔价值 − 未并购GEA的青岛海尔价值 − GEA价值

第 10 章 并购的交易结构设计

【学习目标】

通过本章的学习,你应该掌握:
1. 交易结构的基本内容;
2. 支付方式的比较分析;
3. 并购的税收管理。

【素养目标】

通过本章的学习,深刻理解并购中交易结构的基本内容,学习并购中不同的支付方式和并购中的税收管理;懂得平衡并购活动中各方的利益诉求,以实现多方共赢。

10.1 交易结构概述

10.1.1 交易结构的基本内容

交易结构设计的基本目标是有效实现公司的目标和决定风险承担的方式。一般认为,并购的交易结构包括相互关联的六个部分,即并购载体、支付方式、并购形式、交易后组织设计、会计处理和税收筹划。本章主要从财务决策的角度分析支付方式、并购形式和税收筹划,对并购载体、交易后组织设计和会计处理只做简单的介绍。

公司并购特征的主要差异及其对并购后公司整合的影响,在很大程度上体现在公司并购交易结构设计差异上。不同国家的法律和税收特征,也会影响或限制公司并购过程中可以选择的交易结构内容。

作为交易结构设计的主要组成部分,支付方式无疑居于重要地位,支付方式包括现金、股票(普通股或优先股)和综合证券三种,综合支付方式则是上述三种支付方式的结合。交易金额可以是某一个时刻的固定值,例如双方约定的价格,也可以和目标公司未来的经营业绩挂钩,还可以选择分期偿付。支付方式影响并购形式的选择,具体表现在两个方面:一是购买什么(资产还是股票);二是采取什么形式(现金、股票、综合证券还是某种组合)支付。而并购形式又在很大程度上决定了会计处理方法(是购买法还是权益结合法)和税收结构(是应税还是免税)。如果并购公司通过支付现金的方式购买目标公司的股票或资产,在编制会计报表时就要采用购买法;目标公司的股东要为此项收入申报纳税。因此,了解公司并购交易结构的内容及其之间的相互影响关系,对公司有效完成并购具有重要的指导作用。

10.1.2 交易结构设计的有机构成

在概述中,本章以支付方式为中心,介绍了支付方式对交易结构其他部分的影响。当然交易结构的各个部分之间是相互联系和相互作用的,一个方面的决策无疑会以一定的方式影响到其他部分。这里对交易结构各个部分相互作用的关系做一个简单的介绍。

1. 支付方式影响并购载体

如果并购双方在并购价格上达成协议,则并购公司可以提出并购价格与目标公司未来的经营业绩相挂钩。在并购从提出到完成需要很长时间的情况下,并购公司为了保证目标公司控股股东或管理层能够在并购协议期间继续努力工作,就会选择以公司控股的方式,让目标公司作为完全独立的子公司经营,直到并购支付完成,再注销目标公司的法人地位,使其成为并购公司的一个内部组成部分。

2. 并购形式影响并购载体

如果并购为法定合并,则无论并购公司是否充分了解目标公司的债务,都要承担其原先的债务。在这种情况下,并购公司可以选择适当的并购载体以保护现有股东权益不受目标公司债务的损害。例如,并购公司可以选择作为目标公司控股股东的方式,对目标公司的债务承担有限责任。

3. 税负状况影响并购价格

如果并购的支付方式导致目标公司股东必须当期纳税,那么并购公司必须提高并购价格以补偿目标公司的税收损失。并购价格的上升又有可能影响并购公司支付方式的选择。并购公司可以选择以承担债务或分期付款的方式推迟部分并购款项的支付,以保证并购总成本的现值不变。

4. 会计处理方法影响支付方式

目前公司并购的会计处理方法主要有两种:购买法和权益结合法。这两种方法的根本差别在于:购买法下,并购公司应当将目标公司的资产和股东权益按照公允价值计入其投资成本,公允价值与支付价格之间的差异作为商誉确定并按期摊销;权益结合法下,并购公司应当将目标公司的资产和股东权益按照账面价值计入其投资成本,不需要确认商誉。显然,在权益结合法下,并购公司当前所确认的资产和股东权益价值更低,因未来无须摊销商誉而降低了成本,从而提高了当期和未来的账面资产收益率及股东权益收益率。在市盈率不变的情况下,可以影响未来的股票价格。因此,如果采用权益结合法,那么并购公司可能愿意支付较高的价格,而且这在诱使目标公司同意换股合并方案时也是必要的,换股合并是采用权益结合法的必要条件。

10.2 支付方式

在公司并购活动中,支付是完成交易的最后一个环节,也是并购交易最终能否成功的重要因素之一。支付可以通过不同的出资方式来实现,在实践中,公司并购的支付方式有三种,即现金、股票和综合证券。其中,并购中最先采用的是现金支付方式,其后才出现了股票支付方式和综合证券支付方式。美国波士顿咨询公司对1981—1985年并购活动中支付方式的调查结果显示,大约有一半以上的交易是以现金支付的;以普通股股票支付的并购交易每年都在20%以下,且呈下降趋势;而以综合证券支付的并购交易呈逐年递增趋势。

根据表10-1的统计结果,2007—2021年中国上市公司作为并购方进行并购时,主要采用的支付方式是股票+现金,占比为36.94%,完全以股票为支付方式的并购活动占比为30.58%,而以现金为支付方式的并购活动占比为22.25%。这三种支付方式合计占并购交易的近90%。在其余10%的并购交易中,都将(除现金以外的)资产作为支付方式的组成部分。

表10-1 2007—2021年中国上市公司并购的支付方式

支付方式	数量(家)	占比(%)
股票+现金	523	36.94
股票	433	30.58
现金	315	22.25
股票+资产	103	7.27
现金+资产	17	1.20
资产	12	0.85
未披露	13	0.92
合计	1 416	100.00

10.2.1 支付方式选择的影响因素

选择何种支付方式,要视具体情况而定。影响支付方式选择的因素通常包括并购公司的特征、股东利益和目标公司的要求。

1. 并购公司的特征

并购公司的特征指的是并购公司是上市公司还是非上市公司。如果并购公司是上市公司,则由于其在融资上的便利性和资产变现上的流动性都比较强,因此在支付方式的选择上就具有很大的灵活性,除现金支付方式以外,并购公司还可以非常方便地选择股票、综合债券或两者的结合等其他支付方式;与此相反,非上市公司一般只能使用现金来进行收购,因为目标公司股东一般不希望把自己的投资锁定在一种缺乏流动性的证券上。

2. 并购公司的股东利益

在选择支付方式时,并购公司还要考虑到本公司股东对股权结构变化的可能反应、资产的流动性和公司在金融市场上的融资能力等因素。在有效市场中,股票的市价可以反映公司价值。如果选择的支付方式损害了现有股东的利益,就容易引起股东的不满,这一方面会导致股票市价下跌,另一方面也会使股东大会重新考虑并购计划,甚至否决并购计划。

3. 目标公司的要求

在选择支付方式时,并购公司应当考虑目标公司股东、管理层的具体要求和目标公司的财务结构、资本结构以及近期股价水平等。这些都会影响到并购能否顺利完成以及并购后的经营整合效果。支付方式并不是由并购公司单方面决定的,而是需要并购双方协商确定。

任何实施并购的公司都必须在决策时充分考虑采取何种支付方式完成并购。并购公司必须充分认识不同支付方式的差别,依据具体的情况做出正确的决策。如果单纯地采用一种支付方式会受到某种条件的限制,则可以考虑采用变通或混合的支付方式。

10.2.2 现金收购

现金收购是一种单纯的收购行为,它是由并购公司支付给目标公司股东一定数额的现金,借此取得目标公司的所有权。一旦目标公司股东收到对其所拥有股份的现金支付,就失去了对原公司的任何权益。

1. 现金收购的特征

现金收购是公司并购活动中最清楚且最迅速的一种支付方式,在各种支付方式中占有很大的比重。这主要是因为:

第一,现金收购的估价简单易懂。

第二,对目标公司股东比较有利,常常是目标公司股东最愿意接受的一种支付方式。因为以这种方式支付,目标公司股东所得到的现金额是确定的,不必承担证券风险,亦不会受到并购后公司发展前景、利息率以及通货膨胀率变动的影响。

第三,便于并购交易尽快完成,现金支付的同时实现了股权的转移,并购公司可以立即行使对目标公司的控制权。例如,在中国,并购公司只有完全支付了价款,才能够对目标公司进行管理,在完全支付价款之前,并购公司无法对目标公司行使控制权。

第四,从理论上讲,凡是没有涉及新股票发行的公司并购都可以被视为现金收购。即使是由并购公司直接发行某种形式的票据以完成并购,也可以归纳为现金收购。因为在这种情况下,目标公司股东可以取得某种形式的票据,但是其中丝毫不含有股东权益或者未来转为股东权益的可能性,而只表明是对某种固定的现金支付所做的特殊安排,是某种推迟了的现金支付。如果从并购公司的资本运营角度来看,则可以认为这是一种卖方融资,即直接由目标公司股东向并购公司提供资金融通,而不是由银行等第三方提供资金融通。

第五,并购以现金方式来支付不会产生任何纳税负担。如果并购公司确认现金支付方式会导致目标公司承担资本利得税,则其必须考虑可能减轻这种纳税负担的安排。否则,目标公司只会以其可能得到的收益净值为标准,做出是否接受出价的决定,而不是以并购公司实际支付的现金数额为依据。通常情况下,一个不会引起纳税负担的中等水平的现金出价,要比一个可能导致有惩罚性税收的较高水平的现金出价,对目标公司更有吸引力。

2. 现金收购下的税收管理

在现金收购方式下,即使资本利得税是不能免除的,但是可以通过分期支付的手段来减轻纳税负担。这是因为在支付期限内,目标公司可以得到年度减让的优惠,从而减轻整体纳税负担。

例 10-1 假设甲公司以每股 150 元报出收购价格并以现金形式一次性支付,股票的每股净资产价值为 50 元,按照规定要对资本利得征收 30% 的税款。同时,乙公司亦以相同出价(每股 150 元)向相同股东购买,但采取的是以承付票据的形式,按 10 年期分期付款。两种情况下目标公司股东的纳税负担如表 10-2 所示。

表 10-2 两种情况下目标公司股东的纳税负担　　　　　　　　　　　　单位:元

项目	由甲公司收购	由乙公司收购
收购单价	150	150
支付方式	一次性付清	按 10 年期分期付款
每股净资产价值	50	50
年度资本利得总额	100	10
应税收益	100	10
纳税额	30	3

可见,与采用一次性付清的方式相比,采用推迟或分期支付的方式有两个优点:① 可以减轻现金收购给并购公司带来的短期内大量的现金支出负担,而且以后的支付来源可以转向目标公司的经营成果;② 可以给目标公司股东带来税收上的好处。目标公司股东当然愿意获得减轻资本利得税的机会,而推迟支付的出资安排则可以给他们提供更大的弹性来安排其收益,从而尽可能地支付最少的税额。

3. 现金收购的影响因素

并购公司在决定是否采用现金支付方式时,通常需要考虑的因素包括资产流动性、货币问题和融资能力等几个方面。

第一,短期的流动性。由于现金收购要求并购公司在确定的日期支付一定数量的货币,而立即支付大额现金必然导致公司现金亏空,因此有无足够的即时付现能力是并购公司选择现金支付方式时首先需要考虑的因素。

第二,中长期的流动性。这主要从较长期的观点来看待并购公司现金支付的可能性,由于有些公司很可能在相当长的时间内难以从大量的现金流出中恢复过来,因此并购公司必须认真考虑现金回收率以及回收年限。

第三,货币的流动性。在跨国并购中,并购公司还须考虑自己拥有的现金是否为可以直接支付的货币或可自由兑换的货币,从目标公司回收的现金是否为可自由兑换的货币,以及目标公司所在国是否实行外汇管制等问题。

第四,融资能力。由于并购中所需的现金通常超过了并购公司持有的数量,因此,并购公司能否通过各种方式迅速筹集现金,就是并购公司在选择现金支付方式时考虑的重要因素。通常,效益比较好而且能够产生大量现金流的公司具有较强的融资能力。不过,在20世纪80年代末,由于垃圾债券市场的兴起,一些信用等级较低的公司也通过发行垃圾债券获得了大量现金,用于公司并购。所以,融资能力不仅取决于公司自身的财务状况,而且与资本市场的发展息息相关。

10.2.3 股票收购

股票收购是指并购公司通过增发本公司的股票,以新发行的股票替换目标公司的股票,从而达到并购目的的支付方式。

1. 股票收购的特点

与现金收购方式相比,股票收购的主要特点是:

第一,并购公司不需要支付大量现金,因而不会影响并购公司的现金状况。

第二,并购完成后,目标公司股东不会因此而失去他们的所有者权益,只是其所有者权益由目标公司转移到了并购公司,使他们成为该扩大了的公司的新股东。也就是说,当并购完成后,目标公司被纳入并购公司,并购公司扩大了规模。并且扩大后的公司的股东由并购公司原有股东和目标公司股东共同组成,但是并购公司原有股东通常会在经营控制权方面占主导地位。

由于股票收购的上述特点,因此有必要区别公司的并购与合并。公司的合并是指两家相互独立的公司的股东同意通过替换股票组成一个扩大了的公司实体,亦即通过发行一种全新的股票,组成一家新的大公司。虽然从形式上看,并购与合并都以发行新股票为手段,同时亦保留了原有股东的所有者地位,但它们之间的区别还是比较明显的:公司并购中的并购公司占据主导地位,所发行的是并购公司的股票,交易的结果是把目标公司纳入并购公司,并购公司保留原有的法人资格,目标公司的法人资格将不复存在;而公司合并中双方处于对等的地位,合并中所发行的不是任一交易当事人的股票,而是一家双方共同拥有和经营的新公司的股票,交易的结果是合并双方原有的公司消失,组成一家新的合并公司。

在股票收购中,目标公司股东仍保留自己的所有者地位,因此,对并购公司而言,这种支付方式的一个可能的不利影响是本公司的股权结构将会发生变动。例如,当一家上市公司采用股票收购方式来并购另外一家股权比较集中的非上市公司时,需要发行大量的新股票,而这些新股票会集中到非上市公司所有者手中,可能导致并购公司的控制权发生转移,即被收购的目标公司的股东通过并购公司所发行的新股票,改变并购公司的股权结构甚至取得对并购公司的主导性控制权。这种情况就被称为逆向收购。

2. 股票收购的影响因素

由于股票收购相当于并购公司先以现金购买目标公司的股票,然后再发行本公司的股票以获取等额现金,同时还会涉及本公司股权结构的变化,因此它要比现金收购更为复杂,在决策过程中考虑的因素更多。

第一,并购公司的股权结构。由于股票收购方式的一个突出特点是它对原有股权结构会有重大影响,因此并购公司必须首先确定:主要大股东在多大程度上能够接受股权特别是控制权的稀释。

第二,每股收益的变化。增发新股可能对每股收益产生不利影响,如目标公司的盈利状况较差,或者是支付的价格较高,则会导致并购后公司每股收益的减少。虽然在许多情况下,每股收益的减少只是短期的,但是每股收益的减少仍可能给股价带来不利影响,导致股价下跌。所以,并购公司在采用股票收购方式之前,需要确定这是否会导致每股收益和股价下跌的不利情况发生;如果发生这种情况,那么可以在多大程度上被接受。

第三,每股净资产价值的变动。每股净资产是衡量股东权益的一项重要指标。由于增发新股会减少每股所拥有的净资产价值,所以会对股票价格产生不利影响。如果采用股票收购方式会导致每股净资产价值的下降,则并购公司需要确定这种下降在多大程度上能够被现有股东接受。

第四,资产负债率。增发新股可能影响公司的资产负债率,所以,并购公司应当考虑股票收购是否会出现资产负债率升高的情况,以及资产负债率的合理水平。

第五,当前股价水平。当前股价水平是并购公司决定采用现金收购还是股票收购的一个主要影响因素。一般来说,当股票市场处于上升过程中时,股票的相对价格较高,这时以股票为支付方式可能更有利于并购公司,而且增发的新股对目标公司也会具有较强的吸引力。否则,目标公司可能不愿持有,即刻抛空套现,导致并购公司股价进一步下跌,损害原有股东的利益。因此,并购公司应事先考虑本公司股价所处的水平,同时应预测增发新股会对股价波动带来多大程度的影响。

第六,当前的股利政策。新股发行往往与并购公司原有的股利政策有着一定的联系。一般而言,股东都希望得到较高的股利收益,在股利支付率较高的情况下,并购公司发行利率固定且水平较低的债券将更为有利;反之,如果股利支付率较低,则增发新股就比各种形式的借贷更为有利。因此,在并购活动的实际操作中,并购公司要比较股利支付率和借贷利率的高低,以决定采用何种支付方式。

第七,股利或货币的限制。在跨国并购中,如果并购公司要向其他国家的居民发行本公司的股票以进行并购活动,就必须确定本国在现在和将来都不会做出限制股利或外汇支付的管制;而且外国居民在决定接受股票收购方式之前,通常也需要得到这种确认。

第八,外国股权的限制。有些国家会对本国居民持有外国公司或以外币标价的股权证券实行限制,有些国家则不允许外国公司直接向本国居民发行股票。因此,在跨国并购中,采用股票收购方式就会遇到某些法律上的障碍,这是并购公司必须予以注意的。

第九,上市规则的限制。对于上市公司,无论是收购非上市公司还是收购上市公司,都会受到其所在证券交易所上市规则的限制。有时候,在并购交易完成以后,由于并购公司(上市公司)自身发生了一些变化,就很有可能要作为新的上市公司重新申请上市。这样一来,并购公司就可能出于某种原因自此失去了上市资格。所以,作为并购方的上市公司在决定采用股票收购方式完成并购交易时,要事先确认是否会与其所在证券交易所上市规则的有关条文发生冲突。若有冲突,则可以考虑请求证券监管部门予以豁免。

10.2.4 综合证券收购

在公司并购活动中,并购公司不仅可以采用现金、股票等支付方式,而且可以采用综合证券(或称混合证券)方式来完成并购交易。所谓综合证券收购,是指并购公司对目标公司提出收购要约时,其出价为现金、股票、认股权证、可转换债券等多种形式证券的组合。

1. 公司债券

如果并购公司将公司债券作为一种支付方式,那么债券必须满足许多条件,一般要求它可以在证券交易所或场外交易市场上流通。与普通股相比,公司债券通常是一种更便宜的资金来源,而且向债券持有者支付的利息一般是可以免税的,所以对目标公司股东也非常有吸引力。以公司债券为支付方式时,通常是与认股权证或可转换债券结合起来使用的。

2. 认股权证

认股权证是一种由上市公司发出的证明文件,赋予其持有者一种权利,即持有者有权在指定的时间内(即有效期限内),按照指定的价格认购由该公司发行的一定数量(按换股比率计算)的新股。值得注意的是:认股权证本身并不是股票,其持有者不能视为公司股东,因此不能享受正常的股东权益(如股息派发、投票权等),当然也就无法参与公司的经营管理。购入认股权证后,持有者获得的是一个换股权利而不是责任,行使与否在于其本身的决定,不受任何约束。

对于并购公司而言,发行认股权证的好处是,可以延期支付股利,从而为公司提供了额外的股本基础。但由于认股权证上认购权的行使,公司未来控股权可能会发生变化,因此,为保障公司现有股东的利益,公司在发行认股权证时,一般要按照控股比例派送给现有股东。股东可以用这种证券行使优先低价认购公司新股的权利,也可以在市场上随意将认股权证出售,购入者则成为认股权证的持有者,获得相同的认购权利。

并购公司在发行认股权证时,必须详细规定认购新股权利的条款,如换股价格、有效期限以及每份认股权证可换普通股的股数(换股比率),为保障持有者的利益,这些条款在认股权证发出后一般不能随意更改,任何条款的修订都需经股东特别大会通过方可生效。

投资者之所以乐于购买认股权证,主要原因是:① 投资者对该公司的发展前景看好,因此既投资股票,又投资认股权证;② 大多数认股权证比股票更便宜,一些看好该公司而又无能力购买其股票的投资者只好转买其认股权证,而且认购款项可延期支付,所以投资者只需支付少数款额就可以把认股权证转卖而获利。

3. 可转换债券

可转换债券向其持有者提供一种选择权,即在某一给定时间内持有者可以某一特定价格将债券转换为股票。在发行可转换债券时,并购公司需要事前确定转换为股票的期限、转换的股票属于何种类型以及该种股票每股的发行价格(转换价格)等。

从并购公司股东的角度来看,采用可转换债券作为支付方式的优点是:① 通过发行可转换债券,并购公司能以比普通债券更低的利率和较宽松的合同条件出售债券;② 通过发行可转换债券,并购公司可以按照比现行价格更高的价格出售股票;③ 当并购公司正在开发一种新产品或一种新业务时,可转换债券也是特别有用的,因为预期从这种新产品或新业务中所获得的额外利润可能正好与转换期相一致。

从目标公司股东的角度来看,采用可转换债券作为支付方式的优点是:① 具有债券的安全性和作为股票可使本金增值的有利性相结合的双重性质;② 在股票价格较低时,可以将其转换期延迟到预期股票价格上升的时期。

4. 其他方式

除上述支付方式以外,并购公司还可以通过发行无表决权的优先股股票支付价款。优先股股东虽在股利方面享有优先权,但不会影响现有普通股股东对公司的控制权。这是以发行优先股为支付方式的突出特点。不过,在并购实践中,优先股通常附有可转换或可赎回条款,最终要由并购公司将优先股转换为普通股或者用现金从其持有者手中购回。

综上所述,并购公司在收购目标公司时采用综合证券的支付方式,既可以避免支付更多的现金,造成本公司的财务状况恶化;又可以防止控制权的转移。正是由于这两大优点,近年来综合证券收购在各种支付方式中的占比呈逐年上升趋势。

10.3 并购形式

并购形式是实现目标公司资产或股权向并购公司转移的机制,也是并购公司为了获得目标公司的价值创造能力可以选择的手段。尽管现实中的并购形式千变万化,但是最常用的基本形式只有资产收购和股票收购两种。

资产收购是指并购公司以现金、资产或以承担债务等方式收购目标公司全部或部分资产的交易形式;股票收购是指并购公司以现金、股票或以承担债务等方式获得目标公司股票的交易形式。表 10-3 列式了 2007—2021 年中国上市公司并购形式的特征。

表 10-3 2007—2021 年中国上市公司并购形式的特征

并购形式	具体形式	数量(家)	占比(%)
资产收购	发行股票购买资产	986	69.63
	资产置换	66	4.66
股票收购	协议收购	265	18.71
	吸收合并	34	2.40
	增资	28	1.98
	二级市场收购	25	1.77
	要约收购	8	0.56
	其他并购方式	4	0.28

资料源:作者根据 Wind 数据库手工整理。

2007—2021 年,中国上市公司作为并购方,主要的并购形式是收购目标公司资产,特别是发行股票购买资产占比近 70%。在股票收购方面,则以协议收购为主,占比为 18.71%;二级市场收购和要约收购合计占比为 2.33%,这表明中国的股票市场还不是一个非常活跃的控制权争夺市场。

10.3.1 资产收购

与股票收购相比,资产收购可以使并购公司获得目标公司实物资产的生产能力,而目标公司股东在获得现金的同时仍然对目标公司具有所有权。对于并购公司和目标公司来说,资产收购存在不同的优点和缺点。

1. 并购公司角度

优点。如果并购公司选择了资产收购的形式,那么并购公司可以有选择性地购买目标公司的资产类型,以最大限度地实现未来的资产整合。一般来说,除非有特殊规定,否则并购公司不需要承担目标公司公开的或关联的债务。在并购完成后,并购公司需要对相关资产按照公允价值进行评估,从而增加了可以计提折旧的资产价值,为未来经营中的合理避税提供了可能。

缺点。在资产收购形式下,并购公司并没有成为未来目标公司的实际控制人,自然也就无法得到目标公司的经营亏损和纳税证明,因此无法将其作为避税的工具。而且一些资产的所有权,如许可证、经营特许权和专利使用权,不能随资产转移给并购公司,这些权利通常被视为目标公司及其股东所有,转移这些权利需要获得授权机构的同意,例如专利使用权的转让需要得到专利权所有人的同意。如果要转移已经签订的合同,则并购公司必须说服目标公司的顾客或经销机构,这无疑会增加交易的复杂程度。

2. 目标公司角度

优点。在资产收购形式下,目标公司可以保持公司形式,继续拥有未被收购的有形资产和无形资产,如许可证、特许经营权和专利使用权等;在未来的经营活动中继续使用公司标志;保留纳税证明及经营亏损证明,用于未来的避税。

缺点。在资产收购形式下,税收可能是目标公司关注的重点。目标公司出售资产获得了收入而且继续保持原有的公司形式,那么双重征税就可能是一个比较大的问题;如果资产出售价格很高,那么目标公司需要为此项交易支付较高的税款。

10.3.2 股票收购

1. 并购公司角度

优点。在股票收购形式下,并购公司获得了目标公司的全部股权,自然也就获得了目标公司的经营亏损和纳税证明,以及目标公司的商标、许可证、特许经营权、专利使用权及其他许可的权利。股票收购也保证了目标公司原先签订的合同以及公司经营的连续性,避免了重新谈判的时间和成本。当然,有些经营合同和权利的转让,可能仍然需要事先获得对方的同意。

缺点:在股票收购形式下,并购公司必须对目标公司所有的,包括未公开的债务及其连带责任负责,从而有可能增加并购公司潜在的经营风险和财务风险。如果并购公司采用了权益结合法的会计处理方法,那么并购公司只能按照账面价值确认所购买的资产价值,在未来的经营中无法通过折旧的方式进行避税。目标公司中持异议的股东可以要求并购公司向其支付现金或股票。在美国,股票收购无权终止原先的工会协议或职工受益计划。

2. 目标公司角度

优点。在股票收购形式下,目标公司股东可以延迟纳税,即目标公司股东在出售换入的并购公司股票时才需要纳税;目标公司股东不再承担经营过程中的责任和义务,除非双方协议目标公司股东需要对未披露的债务或责任进行赔偿;目标公司股东也不必费心去处理那些自己不希望保留而又未被出售的资产,这在资产收购形式下是很难避免的。

缺点。股票收购涉及公司所有权的转移,因此目标公司无法选择出售资产或保留资产的类型,同时还失去了经营亏损和纳税证明。

10.4 并购的会计处理

公司并购通常会涉及复杂的会计问题。并购实践中的重要问题之一,就是将并购设计为权益结合还是购买,因为这两种方式对应着不同的会计处理方法,对并购后公司整体的财务状况和经营成果有着不同程度的影响。有效资本市场观点认为,公司价值取决于未来的现金流量和折现率,会计处理方法的选择不会通过影响现金流量来决定市场价格;但是,由于不同国家的税法对这两种方法下的资产和费用确认存在不同的规定,从而为会计处理方法的选择提供了重要的经济动机。并购的会计处理方法主要有两种:权益结合法和购买法。接下来对这两种方法做简要的介绍。

10.4.1 权益结合法

在权益结合法下,所有涉及并购的公司资产、负债和经营成果都要直接加总,不需要根据公允价值对账面价值进行调整,就好像这些公司原先就是共同拥有的。也就是说,并不需要为了并购而对公司资产、负债的价值进行调整。在相同会计期间的经营成果可以直接加总,作为并购后公司的全部经营成果。

例 10-2 假设 B 公司并购 A 公司,给 A 公司股东提供 6 000 万股 B 公司股票,并采用权益结合法进行会计处理。在权益结合法下,两家公司的资产、负债和股东权益可以直接相加,但是 6 000 万股的股票支付并没有得到反映(如表 10-4 所示)。合并后的股本面值是 11 500 万元,新公司被两家公司的前股东共同拥有。A 公司的前股东现在拥有了 B 公司的股票。

表 10-4 权益结合法下合并前后公司资产、负债和股东权益情况

项目	A 公司	B 公司	合并
资产			
流动资产	2 000	3 500	5 500
固定资产	3 000	6 500	9 500
合计	5 000	10 000	15 000
负债和股东权益			
负债	1 000	2 500	3 500
股东权益	4 000	7 500	11 500
合计	5 000	10 000	15 000

10.4.2 购买法

在购买法下,并购公司被认为是资产的购买者,它购买了另一家公司的资产。并购

价格超过目标公司股权市场价格(或者公允价值)的部分,作为并购公司的商誉入账,并且在不超过40年的时间内进行摊销,这在未来经营期间内会增加并购公司的经营成本。相反,如果并购价格低于目标公司股权的市场价格,这部分差异则被作为长期资产账面价值的减少。而且并购公司只能在并购日后才能将目标公司的净利润确认为其净利润的组成部分。

例 10-3 假设 B 公司并购 A 公司,首先发行了 6 000 万股普通股,然后用股票发行筹集的资金购买了 A 公司的股票。A 公司固定资产的公允价值为 4 200 万元,债务账面价值为 1 000 万元,但是实际只有 700 万元。并购将导致 A 公司股东权益的消失(如表 10-5 所示),因为 A 公司的股票被购买并被注销。

表 10-5 购买法下并购前后公司资产、负债和股东权益情况

项目	A 公司	B 公司	调整	合并
资产				
流动资产	2 000	3 500		5 500
固定资产	3 000	6 500	+1 200(1)	10 700
商誉	—	—	+500(5)	500
合计	5 000	10 000		16 700
负债和股东权益				
负债	1 000	2 500	−300(2)	3 200
股东权益	4 000	7 500	−4 000(3)	
			+6 000(4)	13 500
合计	5 000	10 000		16 700

注:(1) 将 A 公司固定资产价值调整至公允价值;(2) 将 A 公司负债调整至公允价值;(3) 并购导致 A 公司股东权益消失;(4) B 公司为并购 A 公司发行股票筹集资金所增加的股东权益;(5) 商誉 = 并购 A 公司支付的资金 − A 公司股东权益的公允价值 = 并购 A 公司支付的资金 −(A 公司资产的公允价值 − A 公司负债的公允价值) = 6 000 −(6 200 − 700) = 500(万元)。

10.4.3 商誉摊销还是减值

2020 年 3 月,国际会计准则理事会(IASB)发布了《企业合并——披露、商誉和减值(讨论稿)》,向全球公开征求意见。财政部会计准则委员会也就其组织企业会计准则咨询委员会委员召开了研讨会并公开征求意见。在讨论稿的第三部分,关注了是否应该重新引入商誉摊销的问题,而这个问题也一直受到各界关注和讨论。2006 年,中国开始执行新的企业会计准则,对企业合并商誉的确认及后续计量采用了与国际会计准则趋同的做法,不再进行商誉摊销,而改为仅进行减值测试。企业应当在资产负债表日判断是否存在减值迹象,至少在每年年度终了进行减值测试。买方对合并成本大于合并中取得的被购买方可辨认净资产公允价值份额的差额,应当确认为商誉。

《企业会计准则第 20 号——企业合并(2006)》规定:

初始确认后的商誉,应当以其成本扣除累计减值准备后的金额计量。商誉的减值应当按照《企业会计准则第 8 号——资产减值》处理。

而《企业会计准则第 8 号——资产减值(2006)》规定如下:

第六章 商誉减值的处理

第二十三条 企业合并所形成的商誉,至少应当在每年年度终了进行减值测试。商誉应当结合与其相关的资产组或者资产组组合进行减值测试。

相关的资产组或者资产组组合应当是能够从企业合并的协同效应中受益的资产组或者资产组组合,不应当大于按照《企业会计准则第 35 号——分部报告》所确定的报告分部。

第二十四条 企业进行资产减值测试,对于因企业合并形成的商誉的账面价值,应当自购买日起按照合理的方法分摊至相关的资产组;难以分摊至相关的资产组的,应当将其分摊至相关的资产组组合。

在将商誉的账面价值分摊至相关的资产组或者资产组组合时,应当按照各资产组或者资产组组合的公允价值占相关资产组或者资产组组合公允价值总额的比例进行分摊。公允价值难以可靠计量的,按照各资产组或者资产组组合的账面价值占相关资产组或者资产组组合账面价值总额的比例进行分摊。

企业因重组等原因改变了其报告结构,从而影响到已分摊商誉的一个或者若干个资产组或者资产组组合构成的,应当按照与本条前款规定相似的分摊方法,将商誉重新分摊至受影响的资产组或者资产组组合。

第二十五条 在对包含商誉的相关资产组或者资产组组合进行减值测试时,如与商誉相关的资产组或者资产组组合存在减值迹象的,应当先对不包含商誉的资产组或者资产组组合进行减值测试,计算可收回金额,并与相关账面价值相比较,确认相应的减值损失。再对包含商誉的资产组或者资产组组合进行减值测试,比较这些相关资产组或者资产组组合的账面价值(包括所分摊的商誉的账面价值部分)与其可收回金额,如相关资产组或者资产组组合的可收回金额低于其账面价值的,应当确认商誉的减值损失,按照本准则第二十二条的规定处理。

关于商誉减值和摊销,在学术上均具有一定的合理性,在会计准则的制定和修改过程中又存在反复。需要说明的是,商誉减值和商誉摊销并不是相互对立的关系,一直以来争论的焦点其实是商誉应当仅进行减值测试还是应当摊销并进行减值测试。

什么是商誉呢? 根据超额收益观,商誉是企业未来超额盈利能力的现值;根据会计准则的定义,商誉是企业并购中合并方付出的对价超过被并方可辨认净资产公允价值份额的部分。由于企业在其经营管理过程中积累了各种无法与企业整体分离的资源,比如更好的商业关系、人力资源和品牌资源,而这种资源将会在未来给企业带来超额收益,因此合并方愿意付出高于被并方可辨认净资产公允价值份额的对价,从而产生了商誉。

既然合并方在并购中付出的对价高于被并方可辨认净资产公允价值份额的部分是为了获得其未来超额收益的代价,那么根据配比原则,这种代价应当通过摊销与未来期间取得的收益配比。如果企业未来为了维持市场地位,再进行投入从而产生新的自创商誉,那么企业并不是一直在从并购产生的商誉中获利。因此,商誉的摊销是具有一定合理性的,它假设商誉是一项会在企业经营过程中消耗的资产。但是,也有观点认为,商誉并不是消耗性资产,在未来也不能与后续产生的内部商誉分开,因此仅减值的模式能够提供更有用的会计信息。

中国现行会计准则对商誉的处理采用的是仅减值的模式,这是为了与国际会计准则趋同,也在一定程度上顺应了国内经济发展状况。广大上市公司比较偏好这样的后续处理,因为并购产生的商誉如果摊销,会极大地影响报告的利润数字。但是,也有上市公司股东通过并购商誉提高公司业绩,造成股价泡沫以实现财富转移,这极大地增加了股票崩盘风险。同时,随着经济社会的发展和并购浪潮的兴起,仅减值的模式使得商誉数字不断积累,产生了巨额商誉泡沫,并发生过商誉"爆雷"现象,这不利于资本市场的风险控制。

2021年4月30日,ST数知在2020年度工作报告中称:"公司商誉原值为637 268.42万元,本次公司共计提商誉减值准备610 068.34万元,该项减值损失计入公司2020年度损益,相应减少公司2020年度利润,导致公司2020年度合并财务报表归属于母公司股东的净利润相应减少610 068.34万元。本次计提完成后,商誉余额为2 770.06万元。本次计提商誉减值准备情况将在公司2020年年度报告中予以反映,本次计提商誉减值准备不会对公司的正常经营产生重大影响。"报告显示ST数知2020年度因巨额商誉减值引发巨额业绩亏损。4月30日,ST数知股价大幅下跌,收盘时被封死跌停,这是不少投资者始料未及的,引起了极大的不良社会效应。截至2022年2月初,已有十余家公司因商誉减值而引发2021年度业绩爆雷,如三维通信、均胜电子、盛屯矿业等,引起了市场极大的关注。

商誉仅减值的会计处理模式真的符合准则的预期,能提供更加真实有效的会计数据吗?能否通过规范减值测试更好地避免实务中上市公司通过商誉减值操纵公司利润,危害经济社会健康发展?如果选择商誉摊销的会计处理模式,又应该怎样规范商誉摊销的分类、年限等具体规则呢?这些都值得进一步讨论。

10.5 并购的税收筹划

并购的税收筹划是指在遵守税法规定的前提下,并购各方通过调整交易方式,尽可能地增加纳税优惠和减少纳税负担,从而降低并购活动的成本,并提高并购后公司的整体价值。制订符合战略要求的税收筹划方案,必然要了解并购活动的纳税优惠来源、免税并购的类型,以及并购公司、目标公司及其股东可能面临的纳税地位变化等。

10.5.1 纳税优惠的来源

纳税优惠是指国家根据经济和社会发展的需要,在一定期限内对特定地区、行业和公司的纳税人的应缴税款,给予减征或者免征的鼓励性措施。虽然有许多公司在正常经营状态下无法获得纳税优惠,但是通过并购活动,可以享受到纳税优惠待遇。一般情况下,与并购有关的纳税优惠可能来源于可折旧资产的市场价值高于账面价值、常规收益转化为资本收益、经营亏损的税收抵免递延,以及负债融资的税收抵免等。

1. 可折旧资产的市场价值高于账面价值

并购理论中的税收效应理论认为,目标公司资产价值的改变,是促使并购发生的强有力的纳税动机。大多数国家的会计制度和会计准则规定,公司的资产负债表反映其资产的历史成本,虽然有些国家也会提供有关的重置成本信息,但是绝大多数国家的税收法律规定,折旧的计提以资产的历史成本为依据。如果资产当前的市场价值大大超过历史成本(这种情况常会发生,尤其是在通货膨胀时期),在资产交易的过程中,就需要对资产价值进行重新评估,并购公司需要按照评估后的资产价值计提折旧,从而可以产生更大的折旧避税额。为了反映并购价格,并购公司的资产基础将增加,结果它所享受的折旧避税额将超过目标公司在同样资产上所享受的折旧避税额。虽然只有目标公司新的所有者可以享受增加的折旧避税额,但目标公司原来的所有者也可以通过并购公司支付的并购价格而获得一部分相关收益。

2. 正常收益转化为资本收益

有些国家的税收法律规定,对高额的留存收益可以征收惩罚性所得税。有许多投资机会的成长型公司通常采取不分红的政策,从而吸引了一批偏好不分红政策的股东。当增长速度减慢、投资机会减少时,公司如果继续不分红,那么因此而积累的大量收益就面临被税务部门征收惩罚性所得税的风险。通过并购,并购公司向目标公司股东支付的价格中就包含了这部分高额留存收益的对价,目标公司股东可以只就股票增值部分(资本利得)缴纳所得税,而无须缴纳红利税。因此,并购可以从总体上降低目标公司股东的纳税负担。

3. 经营亏损的税收抵免递延

有较高盈利水平且发展稳定的公司并购一家具有大量净经营亏损的公司,可以显著改变整体的纳税地位。通过并购亏损公司并使之成为合并纳税的一部分,并购公司可以将盈利与亏损相互抵消,从而实现公司所得税的减免,如果合并纳税中出现亏损,则并购公司还可以实现亏损的递延,推迟所得税的缴纳。但是,此类并购活动必须警惕亏损目标公司可能给并购后整体公司带来的不良影响,特别是利润下降给整体公司市场价值带来的消极影响,以及并购公司为整合目标公司而向目标公司过度提供资金可能造成的"整体贫血",从而导致不仅没有获得税收抵免递延效应,还将本来经营良好的公司拖入亏损的境地。

4. 负债融资的税收抵免

大多数国家的税收法律规定,公司因负债而产生的利息费用可以抵减当期利润。因此,并购公司在进行融资规划时,必须认真分析税收因素的可能影响。由于负债产生的利息费用可以抵减当期利润,因此并购公司通过大量举债,提高整体负债水平筹集并购所需资金,可以获得更大的利息节税效应,在总体上降低公司的所得税费用。

10.5.2 税收因素对支付方式的影响

在税收法律的立法原则中,对公司及其股东的投资收益征税,通常是以纳税人当期的实际收益为税基的,对没有实际收到现金红利的投资收益不予征税。因此,并购公司在选择并购的支付方式时,就需要考虑免税并购的可能。

1. 免税并购的类型

免税并购实际上就是并购公司以自身具有投票表决权的股票,降价地换取目标公司的资产或普通股股票。所以,免税并购要求并购公司只能采用股票支付方式,免税并购根据交易的对象和交易后目标公司的地位变化,可以分为以下三种类型:

第一,吸收合并与新设合并。在吸收合并方式下,目标公司股东将用其所持有的目标公司股票换取并购公司股票,成为并购公司股东;在新设合并方式下,目标公司股东和并购公司股东都将其持有的股票上缴,以换取新设公司的股票,成为新设公司的股东。

第二,相互持股合并,即并购公司与目标公司进行股票交换,在此情况下,并购公司与目标公司成为相互持股的关系。通常由于并购公司的持股比例更大一些,可以对目标公司的经营管理决策施加更大的影响。与吸收合并和新设合并不同,在相互持股合并中,目标公司未必总是不复存在,其既可以进行清偿进入并购公司,又可以仍然作为独立经营的实体而存在。

第三,股票换资产型合并,即目标公司将资产出售给并购公司以换取并购公司有投票表决权的股票,然后目标公司清偿,将并购公司的股票交给其股东以换回(已被注销的)目标公司的股票。按照美国法律的规定,并购公司要按照目标公司财产公平市价的80%进行收购。

在上述三种类型的免税并购中,由于交易性质的差别,吸收合并与新设合并、相互持股合并采用的是权益结合法的会计处理方法,而股票换资产型合并采用的是购买法的会计处理方法。这两种会计处理方法对并购资产的确认、市场价值与账面价值差额的处理等有着不同的规定,都会影响到并购后公司的整体纳税状况。

从表面上看,免税并购过程中没有任何税费支出,但是从本质上讲,免税并购只能是推迟纳税时间,而不是真正免除税负。对于目标公司股东来说,在免税并购过程中,不需要立刻确认因交换而获得的资本利得,但当他们出售这些股票时,就需要确认可能的收益并缴纳所得税。不过,延迟纳税总要比没有任何税收优惠好。

上述讨论是以税收法律中既对现金红利征税,又对资本利得征税为基础的。但是在许多国家(包括中国),税法规定只对现金红利征税,而对资本利得不予征税。这样,免税并购就可以真正实现其"免税"作用。

2. 税收效应分析

和免税并购相对应,当并购公司以其现金或其他非股票资产进行并购时,目标公司股东在收到相应的资产时,就需要缴纳所得税,而无法取得免税或延迟纳税的优惠。对此我们通常称之为应税并购。

并购方式的不同对税收效应的影响是不一样的。表10-6提供了基本的税收效应。只有在应税并购中,并购公司才可以享受到可计提折旧资产基础增加的好处。但与此同时,目标公司股东必须立即确认可能获得的资本收益(在出售公司的当年)。此外,如果目标公司使用了加速折旧法,则因加速折旧而形成的收益将被重新作为普通收益而不是资本收益来缴纳所得税(折旧收回),具体数额取决于特定资产的特性。在免税并购中,目标公司的资产原封不动地结转给并购公司。因此,如果目标公司资产的账面价值大于其市场价值(以及收购价格),则并购公司将倾向于免税并购。在股票换资产型的免税并购中,折旧的重新收回被延迟,直到该项资产被用于应税并购。显然,这使得永久的延迟成为可能。

表10-6 税收效应

并购类型	并购公司	目标公司
免税并购	结转资产基础 结转净经营亏损 税收抵免递延	股东收益延迟确认
应税并购	增加资产基础	折旧重新收回 股东收益立即确认

目标公司(而不是其股东)受到的税收影响,最终将影响并购公司。

只有在免税并购中,并购公司才可以获得净经营亏损,并且该并购净经营亏损只能被用来冲减未来的收益,而不能被用来收回已缴纳的税款。在股票换资产型的免税并购中,如果目标公司在并购公司内部保持为独立的经营实体,则可以递延的亏损只能保留在"目标/附属机构"中,冲减目标公司的盈利,而不能转移给"并购公司/母公司"。并购交易完成后,只有目标公司进行清偿,并购公司才可以获得递延的净经营亏损。而清偿会导致目标公司(现在已经成为并购公司的一部分)被迫收回过多的折旧以及其他不利的税务后果。不论亏损公司是并购公司还是目标公司,只要不是专门为了避税,就可以通过适当安排交易的方式来利用净经营亏损。但在应税并购中,净经营亏损消失,任何相关方都无法获得。

本章小结

在适当的交易结构下,并购各方不仅能够达成协议,而且能够在风险水平可以接受的前提下实现多方共赢。并购的交易结构包括相互关联的六个部分,即并购载体、支付方式、并购形式、交易后组织设计、会计处理和税收筹划。这六个部分以支付方式为主体构成相互影响的有机整体。

由于各个资本市场对交易结构规定的差异,并购双方必须在法律规定的范围内,选择可行的组合,目的都是在实现成功并购的同时,尽可能地降低并购的财务风险和经营风险,包括目标公司可能采取的反并购措施。正是因为这六个部分组合的差异,才表现出了多样化的并购活动。

作为交易结构设计的主体部分,支付方式包括现金支付、股票支付、综合证券支付。无论采用何种支付方式,对并购公司和目标公司都存在一定的利弊。支付方式的决策就是要在确保并购成功的前提下权衡支付方式的利弊,尽可能地降低并购所可能产生的财务风险。

关键概念

并购交易结构	支付方式	现金收购方式
股票收购方式	综合证券收购方式	并购形式
资产收购	股票收购	并购会计处理方法
购买法	权益结合法	并购税收筹划

讨论题

1. 如何理解证券市场发展与支付方式选择的关系?
2. 随着中国上市公司的股票进入全流通时期,股票收购会成为公司并购的主要支付方式吗?可能的制约因素有哪些?

案 例

青岛海尔并购通用家电:并购支付方式

支付方式:约55.8亿美元现金。

资金来源:① 自有资金22.8亿美元;② 国家开发银行提供的并购贷款33亿美元。

一、为什么采用现金收购方式?

第一,短期的流动性。由表1可见,2011—2016年青岛海尔现金持有量明显上升,而在并购后的2016年现金持有量明显下降,这说明青岛海尔为并购GEA准备了充足的现金,具有一定的及时支付能力。

表1　2011—2016年青岛海尔现金比率变化情况

年份	2011	2012	2013	2014	2015	2016
现金比率	0.50	0.52	0.54	0.69	0.62	0.32

第二,中长期的流动性。在并购前,青岛海尔对并购GEA后的现金回收情况可能比较有信心;事实证明确实如此,青岛海尔于2016年6月起将GEA纳入合并报表,2016年GEA贡献公司收入258.34亿元,贡献归属于上市公司股东的净利润约4.35亿元。原公司业务(不含GEA)实现收入932.32亿元,同比增长3.82%。

第三,货币的流动性。在自有资金部分,青岛海尔通过搭建境内外11个架构作为承接本次交易标的的主体并支付价款。这11个主体所在地均能满足并购价款的货币流动性需求。并购贷款直接由国家开发银行提供美元,因此所有价款均能满足货币的流动性需求。

第四,融资能力。由第9章案例分析部分对青岛海尔的财务分析可见,青岛海尔盈利能力平稳,具有较强的融资能力。在并购过程中,美银美林集团、国家开发银行和中国建设银行都曾承诺为其提供融资。

二、为什么不采用股票或证券收购方式?

第一,由于中国A股被普遍认为估值偏高,股票加现金的收购方式难以被外国企业接受。

第二,采用股票或证券收购方式会造成控制权稀释,甚至可能导致逆向收购。如果采用股票收购方式,则当收购交易完成之后,目标公司就被纳入了并购公司,并购公司扩大了规模,并且扩大后的公司的股东由原有并购公司股东和目标公司股东共同组成,这就使得原有并购公司股东的控制权被稀释。如果目标公司股东通过并购公司所发行的新股票,改变了并购公司的股权结构甚至取得了对并购公司的主导性控制权,就会造成逆向收购。

[思考题]

结合本章学习内容,请分析青岛海尔以现金收购方式并购GEA的优缺点。

第11章 杠杆收购

【学习目标】

通过本章的学习,你应该掌握:
1. 杠杆收购的基本概念;
2. 杠杆收购的特征;
3. 杠杆收购的财务决策分析。

【素养目标】

通过本章的学习,深刻理解杠杆收购的概念、特征和财务决策分析,能够从宏观角度把握杠杆收购中的利益划分,理解并购中的杠杆对与企业战略与后续发展的深刻影响。

11.1 杠杆收购概述

11.1.1 杠杆收购的概念

杠杆收购是指通过增加债务进行融资的收购方式,即并购公司将目标公司的资产或未来经营现金流量作为抵押,向投资者发行债务进行融资,然后以现金支付的方式购买目标公司的股权,通过变卖目标公司的资产或者提高其未来经营现金流量以偿还债务本息的并购交易。

杠杆收购中的并购公司也被称为金融买家,因为它们主要关注中短期的投资收益,通常计划持有目标公司5~10年,很少会超过10年。为了支付大量的债务本息,并购公司将注意力集中在能够迅速提高目标公司现金流量的决策中,并利用财务杠杆的作用,提高权益资本的收益率。表11-1说明了财务杠杆对股东收益的影响。

显然,在公司息税前利润超过利息费用的情况下,负债权益比例越高,净资产收益率就越高。但是,如果息税前利润低于利息费用,则负债权益比例越高,净资产收益率就越低。当息税前利润从20万元下降为5万元时,负债权益比例越高的方案,净资产收益率下降的幅度越大,在没有负债的情况下,净资产收益率从12%下降到3%,与息税前利润的下降幅度相同;在有50%的负债的情况下,净资产收益率从18%下降到0%,下降幅度大于息税前利润的下降幅度;在有80%的负债的情况下,净资产收益率则从36%下降到-15%,从高额盈利变成了巨额亏损。正是因为负债具有杠杆作用,杠杆收购也就因此而得名。

表11-1 财务杠杆与股东收益的关系　　　　　　　　　　单位:万元

项目	经济状况好			经济状况差		
	全部现金收购	现金50%/债务50%	现金20%/债务80%	全部现金收购	现金50%/债务50%	现金20%/债务80%
收购成本	100.0	100.0	100.0	100.0	100.0	100.0
股东权益	100.0	50.0	20.0	100.0	50.0	20.0
债务	0.0	50.0	80.0	0.0	50.0	80.0
息税前利润	20.0	20.0	20.0	5.0	5.0	5.0
利息支出(利率10%)	0.0	5.0	8.0	0.0	5.0	8.0
税前利润	20.0	15.0	12.0	5.0	0.0	-3.0
所得税(税率40%)	8.0	6.0	4.8	2.0	0.0	0.0
净利润	12.0	9.0	7.2	3.0	0.0	-3.0
净资产收益率	12%	18%	36%	3%	0%	-15%

11.1.2　杠杆收购的历史变迁

杠杆收购从出现至今,大致经历了20世纪70年代、80年代中后期和90年代三个主要的发展阶段。在这三个阶段中,杠杆收购表现出了一些不同的特征,而这些特征又是与法律制度和经济环境的变化密切联系在一起的。

1. 20世纪70年代的杠杆收购

20世纪70年代至80年代初期是杠杆收购兴起和发展的初级阶段。在这一阶段中形成了杠杆收购的基本特征,例如负债通常是股权的4~5倍(即资产负债率为80%~90%),债务偿还期限一般是5~7年。当公司因负债创造的节税效应开始消失时,金融买家就会将公司重新上市或出售给其他公司,而公司管理层也会借此成为控股股东。在这一阶段中,金融买家的功能在于构建一个允许财务杠杆作用充分发挥的资本结构,同时通过改善公司的经营业绩来还本付息。并购交易所使用的资本结构往往很复杂,既有以目标公司资产为担保的银行贷款,又有无担保债务、优先股和普通股,有担保债务通常占60%左右,无担保债务占20%~25%。

2. 20世纪80年代中后期的杠杆收购

随着美国1986年税法的改革和资本市场的发展,这一阶段的杠杆收购特征出现了一些变化。例如在早期收购中,目标公司的现金流量和出售资产所得的现金都可以用于还本付息,而税法的改革削弱了通过资产出售偿还债务的优势,在新税法下,交易之后立即出售资产的所得不再享受免税优惠。此外,1986年以后出现了新的杠杆融资来源——杠杆收购基金,这种基金可以为杠杆收购提供担保融资和非担保融资,也可以为杠杆收购提供直接融资,从而为杠杆收购提供了额外的融资来源。

3. 20世纪90年代的杠杆收购

20世纪90年代,随着股票市场的发展,公开上市成为杠杆收购的主要退出战略选择。由于垃圾债券市场的衰落,杠杆收购中的债务—股权比例大幅下降,从早期的80%~95%下降到了70%,债务期限也延长至10年,减轻了短期内迅速提高收益、改善业绩的压力。杠杆收购公司的战略目标是在最终上市之前,尽量提高公司的收益率,增强股票上市时的吸引力。在股票市场有利的情况下,金融买家会出售一部分股票来偿付债务,以降低杠杆收购的财务风险。

11.1.3 杠杆收购的特征

1. 偿债基础

杠杆收购与一般收购的重要区别在于:一般收购中的负债主要以并购公司现有的资产或预期的经营现金流量为偿债基础,并购公司不会将尚未取得控制权的目标公司资产作为抵押。而杠杆收购中的负债主要依靠目标公司未来的经营现金流量,并结合目标公司部分资产出售的方式进行偿还。

由于目标公司的资产是获得贷款的担保品,无论是并购方还是贷款方,都会非常关注目标公司资产的抵押价值,资产的抵押价值越高,并购方越容易获得贷款,因此,资本密集型行业中的公司更容易成为杠杆收购的目标。当然,在服务业中,即使目标公司没有充足的资产可以作为担保品,只要其未来的经营现金流量足以偿付债务本息,并购方也会考虑采用杠杆收购的方式进行并购。

2. 融资结构

与一般收购相比,杠杆收购的融资结构表现为非常高的负债权益比例。在整个融资结构中,并购公司提供的资金只在其中占很小的部分,通常为10%~30%,其余部分都是通过发行债务的方式进行融资的。在典型的杠杆收购中,商业银行提供的短期和中期优先级债务的比例通常为5%~20%;由机构投资者、银行和杠杆收购基金提供的长期债务或次级债务的比例高达40%~80%。因此,杠杆收购实际上是并购公司采用激进型融资策略,以高负债、高(财务)风险来期望获得高收益的并购策略。

11.2 杠杆收购的融资结构

杠杆收购的融资结构基本上包括担保债务、无担保债务、垃圾债券和股权融资四个部分。

11.2.1 担保债务

对于杠杆收购来说,发行股票、长期债券都会存在高额的发行成本和潜在的控制权损失,并不是融资的首选方式,而以资产为担保的短期债务则成为颇具魅力的替代融资方式。这种融资方式适用于目标公司拥有足够的实物资产作为担保的情况,即担保债务。担保债务无疑会增加资产的管理成本,进而影响贷款总成本,此外还可能严重影响公司未来的借款能力。

在担保债务下,贷款方会要求以某种资产为担保,具有担保资格的资产主要是应收账款、存货和固定资产。

1. 应收账款担保

应收账款具有很高的流动性,通常被用于短期债务的担保,贷款方也愿意接受应收账款的担保。但是,如果借款方提供作为担保品的应收账款目前并不存在,也会增加贷款的风险,例如商品销售退回或质量索赔等都会降低担保的价值。一般情况下,以应收账款为担保的贷款金额是其账面价值的70%~80%。

2. 存货担保

与应收账款相同,存货也具有很高的流动性,也常被用于短期债务的担保。通常情况下,只有存货中的原材料和产成品才能作为贷款的担保,存货的担保价值取决于存货的特征,即可识别性、流动性和市场可销售性,而不是存货的账面价值。一般情况下,以存货为担保的贷款金额是其账面价值的50%~80%。

3. 固定资产担保

固定资产可以作为中长期债务的担保品,借款方通常愿意选择中长期债务进行融资,以避免不断更新贷款协议。贷款期限的长短一般取决于担保品的经济寿命。通常以设备为担保的贷款金额是其评估价值的80%,以土地为担保的贷款金额是其评估价值的50%。由于长期贷款协议是借贷双方私下谈判决定的,所以其成本费用要低于债券或股票发行的成本。

11.2.2 无担保债务

如果贷款方将目标公司未来的经营现金流量作为收回贷款的基本来源,而将资产出售所得作为第二来源,则借款方就有可能获得无担保贷款。20世纪80年代中后期,以经营现金流量为偿还基础的无担保债务成为杠杆收购的主要融资方式。并购公司(借款方)之间的竞争使杠杆收购价格大大超过了目标公司的实物资产价值,借款方必须为这部分资金缺口寻找融资来源,于是许多杠杆收购采用了无担保债务方式。为了补偿所承担的风险,贷款方会要求更高的利率和认股权证。

无担保债务通常被称为"中间融资",表示其收益和风险介于担保债务与股权之间。

一方面,借款方会在事前承诺还本付息,这和担保债务是相同的;另一方面,当借款方事后无法还本付息时,公司用担保资产清偿所有的担保债务后,剩余部分才能偿付无担保债务。

按照流动性,无担保的长期债务可以分为优先级债务和次级债务。与次级债务相比,优先级债务对公司收益和资产有优先索偿权。按照是否附属于其他类型的债务,长期债务也可以分为附属债务和非附属债务,一般来说,在对公司收益和资产的索偿权方面,附属债务比其他类型的债务和银行贷款的级别要低,有的甚至低于公司的其他任何债务。债务之间的级别差异幅度取决于债权人在契约中向公司施加的约束。

11.2.3 垃圾债券

1. 债券评级

在美国,债券发行需要经过各种评级机构进行风险评级,这些评级机构包括穆迪公司和标准普尔公司。债券评级通常要考虑发行公司的收益稳定性、债务比例、发行利率、债券的附属级别、公司偿债情况等。评级机构采用的债券评级标准不完全相同,穆迪公司采用的评级标准是 Aaa,Aa,A;Baa,Ba,B;Caa,Ca,C,其中 Aaa 表示最低风险级别,C 表示最高风险级别。标准普尔公司采用的评级标准则是 AAA,AA,A;BBB,BB,B;CCC,CC,C 和 D,其中 AAA 表示最低风险级别,D 表示最高风险级别。通常评级在 Ba 及以下(或 BB 及以下)的债券被认为是非投资级别的债券,违约风险比较高。

2. 垃圾债券的概念

所谓垃圾债券,是指违约风险级别在评级机构所给出的投资级别以下或者根本没有评级的债券。在初始发行时,垃圾债券的收益率要比国库券的收益率高出约 4 个百分点。

1970—1977 年,垃圾债券占公司债券发行总量的 3%~4%;到 1985 年,该比重上升至 14%。垃圾债券发行量的迅速增长反映了市场的需求,因为这种融资方式打破了以往只有大公司和盈利性高的公司才能发行债券的局面,不仅能够满足公司迅速发展的需要,而且成为杠杆收购的重要融资工具。20 世纪 80 年代后期,随着过度负债公司违约事件的不断发生,垃圾债券作为融资工具开始衰落,即便如此,90 年代末期,美国垃圾债券的总价值仍然高达 6 000 亿美元。

11.2.4 股权融资

根据对公司净利润和净资产索偿权顺序的不同,股权可以分为优先股和普通股。虽然优先股获得的是优先股股利而不是利息,却是固定收益证券,因此优先股兼具债券和股票的双重特征。在杠杆收购中,并购公司通常发行优先股,既可以向投资者提供固定收益,又可以使投资者获得优先于普通股的资产索偿权。

不同杠杆收购融资方式的特征如表 11-2 所示。

表 11-2　不同杠杆收购融资方式的主要特征

证券类型	担保品	贷款比例	资金提供者
担保债务			
短期债务	应收账款	账目价值的 70%~80%	商业银行和金融机构
短期债务	存货	账目价值的 50%~80%	商业银行和金融机构
中长期债务	设备	评估价值的 80%	人寿保险公司和杠杆收购基金
中长期债务	土地	评估价值的 50%	人寿保险公司和杠杆收购基金
无担保债务	基于未来的经营现金流量		人寿保险公司和杠杆收购基金
优先股	基于未来的经营现金流量		人寿保险公司和杠杆收购基金
普通股	基于未来的经营现金流量		人寿保险公司和杠杆收购基金

11.3　杠杆收购目标选择分析

正是杠杆收购的高负债、高风险特征,使得杠杆收购的目标选择存在一些特殊的要求。为了保证收购后公司的正常经营和按期还本付息,杠杆收购的目标与一般收购的目标不完全相同。

11.3.1　目标公司的经营特征

1. 削减成本的能力方面

杠杆收购的目标公司通常成本管理效率较低,在交易完成后,并购公司需要重组公司成本结构,力图在不损害公司持续经营的前提下发掘可以削减成本的领域,如果成本削减集中在浪费或非必要开支的领域,就会给公司价值带来很大的好处。但是,如果成本削减影响了公司未来发展的能力,就会给公司价值造成极大的损害。例如,削减研发费用固然可以节约资金用于偿付债务,却会造成公司落后于其竞争对手,并最终丧失市场份额。特别是在高科技行业中,削减研发费用是很难实施的。

2. 削减成本的空间方面

杠杆收购过程中的债务融资,为交易完成后的公司经营造成了额外的财务压力,如果公司可以在某些领域大幅降低成本,那么这些压力就可以得到适当的缓解,例如降低员工成本、减少资金支出、出售闲置设备以及更为有效地控制营运费用等。研究发现,杠杆收购的裁员主要集中在管理层而非制造工人,平均来说,杠杆收购后管理层的裁员达到了

16%,而制造工人的裁员是微乎其微的。

3. 管理层特征方面

杠杆收购要求并购公司的管理层具有较高的管理技能,这是并购后对目标公司实施整合和成本控制必不可少的综合性因素。具备了这一条件,并购后公司之间协同效应的发挥就可以获得管理上的保障。

11.3.2 目标公司的财务特征

1. 现金流量方面

目标公司未来的经营现金流量无疑是偿付债务的重要来源之一。由于债务具有到期还本付息的特征,因此并购后目标公司能够产生稳定而足额的经营现金流量,就成为杠杆收购决策中的重要考虑因素。虽然预期目标公司未来的平均现金流量水平很高,但是目标公司的现金流量越不稳定,未来并购公司无法按期偿还债务本息的风险就越大,杠杆收购的风险也就越大。

2. 债务状况方面

目标公司当前的债务状况,是影响杠杆收购及其后续融资的重要因素。如果目标公司本身的负债权益比例较高,那么以目标公司资产为基础再次进行债务融资,融资规模就会受到很大的限制,增加杠杆收购的难度。如果目标公司本身的负债权益比例较低,但是并购公司采用了过度负债的杠杆收购,也会降低并购完成后公司整体的债务融资能力。

3. 资产变现能力方面

当目标公司拥有一些非核心业务时,通过出售这些业务,就可以迅速减少并购后公司的大部分债务;在考虑出售非核心业务时,还需要考虑相关资产的变现能力。如果资产的变现能力较强,并购完成后,公司就可以通过变卖资产获得现金来偿付债务,从而使杠杆收购的债务融资更为容易。

11.4 杠杆收购与公司价值

11.4.1 杠杆收购的价值来源

杠杆收购作为一种并购方式,曾经风行一时。杠杆收购之所以具有巨大的影响,必然是因为它可以为并购的参与各方提供高额的利润。那么通过杠杆收购获得的利益是源于利益的再分配(即利益的转移),还是源于并购之后产生的协同效应呢?对此人们有着不同的看法。比较一致的看法是,杠杆收购中,交易双方和金融机构获得的利益主要来源于三个方面:

第一,交易双方可以通过杠杆收购实现合法避税。首先,在收购过程中,需要对目标公司的资产价值进行评估,并按评估价值而不是原有的主要以历史成本属性计量的账面价值入账,从而提高了并购以后资产的账面价值,进而通过增加折旧的提取来减轻税负;其次,由于并购过程中大量使用债务方式融资,因此并购后公司支付的利息可以抵减税前利润,从而实现合法避税。当然,在杠杆收购中,政府的税收利益就受到了损害。

第二,杠杆收购有利于管理协同效应的发挥。通过杠杆收购,并购公司和金融机构在目标公司的控股地位得以实现,可以提高管理效率。并购公司完成与目标公司的有机整合后,可以发挥管理的协同效应。

第三,目标公司的价值被市场低估。由于目标公司的内在价值高于当前的市场价值,通过杠杆收购,并购公司就可以获得"隐藏价值"。

由此可见,在杠杆收购所产生的利益中,第一、三两方面的利益属于价值转移,第二方面的利益属于价值创造。

11.4.2 杠杆收购的财务分析

杠杆收购的财务分析,既可以从普通股股东的角度进行,又可以从所有投资者的角度进行,包括优先股股东和债权人。由于普通股股东的投资在交易融资总量中所占的比重通常低于10%,因此仅仅考虑普通股股东的利益是不恰当的,而是需要从所有投资者的角度对杠杆收购进行财务分析。

常用的并购财务分析假设折现率在估计期内保持不变,但这对于高负债的杠杆收购来说并不适合,杠杆收购战略要求公司并购后迅速减少债务,债务水平的下降会降低公司的风险水平,从而降低股权资本成本和折现率。因此,杠杆收购的财务分析就需要考虑债务水平变化的影响。杠杆收购的财务分析可以总结为以下七个步骤:

1. 估算交易总成本

交易总成本是购买目标公司股票的价格与由并购公司承担的目标公司债务账目价值之和。在目标公司没有负债的情况下,交易总成本就可以简化为购买目标公司股票所需支付的价格,如表11-3所示。

表11-3 交易总成本分析

总成本(假设目标公司没有负债)	价值(亿元)
以每股50元的价格购买1 000万股	5.0
交易费用(交易价值的2%)	0.1
股票收购总成本	5.1

2. 初步确定负债权益比例

这里需要分析人员对目标公司的负债能力进行测算,然后确定股权投资在杠杆收购总规模中所占的比重。

在测算目标公司的负债能力时,分析人员可以采用比较分析法,对目标公司的利息保障倍数(即息税前利润与利息支出的比率)与同行业或可比公司的利息保障倍数进行比较。例如,目标公司的息税前利润为6 500万元,行业平均利息保障倍数为1.3,则公司可承担的利息支出为5 000万元(6 500/1.3)。如果同一类型交易的债务市场利率为11%,则目标公司的负债能力为4.55亿元(0.5/0.11)。

根据上述计算结果,并购公司借债总量可以达到并购总成本的89%(4.55/5.1),但是在实际操作中,并购公司会倾向于较低的负债水平。如果实际经营现金流量低于预期的经营现金流量,则并购公司可能还要被迫进一步借债。如果并购公司不能提高未来的经营现金流量,则过高的利息支付可能导致公司不能按期还本付息。假设并购公司采用85%的债务融资,留下5%的负债空间,如表11-4所示。

表11-4 初步确定的负债权益比例

初始融资结构	价值(亿元)
负债占交易总成本的85%	4.335
股权占交易总成本的15%	0.765
股票收购总成本	5.100

3. 计算年度现金流量

该步骤需要计算公司自由现金流量和股权自由现金流量。公司自由现金流量是公司履行其他义务之后用于支付债务本金、利息、优先股股利和普通股股利的现金流量;股权自由现金流量是公司偿付债务本息和优先股股利后的现金流量。表11-5列示了这两种现金流量的计算步骤。

表11-5 现金流量的计算步骤

公司自由现金流量	股权自由现金流量
息税前利润	公司自由现金流量
−息税前利润×所得税税率(t)	−利息支出×($1-t$)
=税后利润	−本金偿还
+折旧	+新增债务
−营运资本增加	−优先股股利
−资本支出	
=公司自由现金流量	=股权自由现金流量

4. 计算负债权益比例

由于杠杆收购的目的是将公司转卖给战略投资者或者重新发行股票上市来获得收益,分析人员必须考虑两个因素以确定目标公司的负债权益比例:第一个因素是负债权益比例的临界值,即该比例在什么水平时公司需要纳税,该临界值的大小取决于公司的债务偿还计划和息税前利润;第二个因素是在未来出售公司时交易对手所能接受的负债水平。

负债权益比例的下降依赖于债务偿还计划和股东权益增长计划。股东权益的变化等于净利润减去普通股股利,假设在公司没有分红的情况下,年度股东权益的变化就等于净利润。

5. 计算终值

在第 t 年,股东权益价值(TVE)和公司总价值(TVF)可以计算如下:

$$\text{TVE} = \frac{\text{FCFE}_{t+1}}{k_e - g}$$

$$\text{TVF} = \text{TVE} + D + \text{PS} \tag{11-1}$$

式中:k_e 表示股权资本成本;g 表示现金流量的增长速度;D 和 PS 分别表示未偿付债务和优先股价值。

6. 根据风险变化确定适当的折现率

杠杆收购的还本付息要求较高,会增加普通股股东的现金流量风险。随着负债权益比例的降低,股权自由现金流量的波动性会随之下降,从而降低股权资本成本。为了衡量股权资本成本随负债权益比例变化而变化的关系,可以采用考虑了财务杠杆的 β 值。

$$\beta_{\text{FL1}} = \beta_{\text{UL1}}\left[1 + \frac{(D/E)_{F1}}{1 - t_F}\right] \tag{11-2}$$

式中:β_{FL1} 表示有负债公司的 β 值,β_{UL1} 表示同行业无负债公司的 β 值,$(D/E)_{F1}$、t_F 分别表示公司的负债权益比例和所得税税率。同理可以推导:

$$\beta_{\text{FL2}} = \left[\left(\frac{D}{E}\right)_{F2} - \left(\frac{D}{E}\right)_{F1}\right](1 - t_F) + \beta_{\text{FL1}}$$

……

$$\beta_{\text{FL}N} = \left[\left(\frac{D}{E}\right)_{FN} - \left(\frac{D}{E}\right)_{FN-1}\right](1 - t_F) + \beta_{\text{FL}N-1}$$

归纳上述关系可得:

$$\Delta\beta_{\text{FL}} = (D/E)_F \times (1 - t_F)$$

公司股权资本成本 k_e 可调整如下:

$$\Delta k_e = \Delta\beta_{\text{FL}}(R_M - R_f) \tag{11-3}$$

式中:$(R_M - R_f)$ 是股票市场回报率与无风险收益率差异的历史平均数。

式(11-3)表明了股权资本成本与 β 之间的关系。如果分析人员以目标负债权益比例为权重计算加权平均资本成本,那么加权平均资本成本会表现出与股权资本成本相同的变化趋势,这时唯一影响加权平均资本成本的因素就是股权资本成本的变化。

由于公司加权平均资本成本随着时间的推移而不断变化,需要采用累积的资本成本作为折现率,基本公式如下:

$$PV_t = \frac{FCFF_t}{\prod_{t=1}^{N}(1+WACC)_t} \tag{11-4}$$

其中：

$$\prod_{t=1}^{N}(1+WACC)_t = (1+WACC_1) \times (1+WACC_2) \times \cdots \times (1+WACC_N)$$

7. 杠杆收购评价

对杠杆收购的最终评价需要计算公司自由现金流量和股权自由现金流量的现值，以及公司的预期总价值(第5步)，并与并购交易的总成本进行比较。如果股权自由现金流量的现值超过了股权投资价值，而且公司自由现金流量的现值大于并购交易的总成本，则并购交易对股东和其他投资者都是有利的。

本章小结

本章主要介绍了杠杆收购的基本特征和财务分析。杠杆收购的最主要特征是并购公司将目标公司的资产或者未来经营现金流量作为抵押，向投资者发行债务进行融资，然后以现金支付的方式购买目标公司的股权，通过变卖目标公司的资产或者提高其未来经营现金流量来偿还债务本息。这与传统的并购方式存在很大的差异。

杠杆收购的核心是充分利用财务杠杆的作用，具体表现在融资方式上。典型的杠杆收购是大量发行债券，由并购公司提供的自有资金不超过资金总额的10%。杠杆收购的发展与资本市场的创新是密不可分的，没有垃圾债券市场的出现，杠杆收购的发展是难以想象的。垃圾债券虽然违约风险较高，但是可以为投资者提供高收益。20世纪90年代中期以后，随着垃圾债券市场的衰落，杠杆收购也随之减少。

高负债和高风险的融资方式，要求杠杆收购的目标公司具备现金流量稳定和现有负债水平较低这两个主要特征，这与以产业整合为目的的公司并购目标选择有很大的差别，特别是在对并购项目折现率的估计方面，必须考虑偿还债务后违约风险下降所导致的折现率下降这个基本特征。

关键概念

杠杆收购	偿债基础	融资结构
担保债务	无担保债务	债券评级
垃圾债券	杠杆收购的财务分析	

讨论题

1. 请以一家上市公司为例,分析其财务特征,并说明是否符合杠杆收购的要求(不考虑融资问题)。

2. 在杠杆收购完成后,并购公司为了偿还债务,通常会削减公司的长期投资和无形资产投资。一些人认为,这样会影响公司的长期发展能力,杠杆收购会导致投机盛行,削弱整体经济的良好发展。你认为这个观点成立吗?请说出你的理由。

案 例

吉利"以小吞大"并购沃尔沃

一、资金来源

吉利并购沃尔沃的交易对价为 18 亿美元,吉利预计的支付方式为:① 2 亿美元的卖方票据;② 剩余的 16 亿美元以现金支付。

为了并购沃尔沃,吉利提前做了一些融资安排准备:① 吉利与高盛集团签订认购协议,高盛认购吉利的可转换债券和认股权证,金额合计 3.3 亿美元(按照当时的汇率,折合港币约 25.86 亿港元)。高盛所认购的可转换债券换股价为 1.9 港元/股,可以转换为 9.98 亿股普通股,占吉利当时已发行股本的 13.7%。② 同时,吉利还发行了 2.995 亿份认股权证,每股行权价为 2.3 港元,每份认股权证可以认购 1 股吉利普通股,占吉利当时已发行股本的 4.1%。

在实际支付的过程中,吉利一共支付 15 亿美元完成了对沃尔沃的全部股权收购。其中,13 亿美元为现金支付,包括来自吉利、大庆国资委和上海国资委共同出资的 11 亿美元,以及中国建设银行伦敦分行提供的低息贷款 2 亿美元;另外 2 亿美元为福特方提供的卖方票据。在吉利支付的这笔资金中,自有资金仅为少部分,大部分资金来自外源融资。详情如表 1 所示。

表 1 吉利并购沃尔沃融资安排

融资项目			内容
并购支付融资	内源融资		吉利自有资金 41 亿元人民币
	外源融资	债务融资	中国建设银行伦敦分行约 14 亿元人民币低息贷款
		股权融资	大庆国资委 30 亿元人民币
			上海国资委 10 亿元人民币
		特殊融资	福特卖方融资约 14 亿元人民币
后续运营融资			中国银行浙江分行与伦敦分行牵头的财团、成都银行、中国国家开发银行、欧洲投资银行、瑞典银行提供约 105 亿元的贷款

资料来源:郑霖霖:"吉利并购沃尔沃融资及财务分析",《商业会计》2013 年第 18 期。

二、对资产负债表的影响

在杠杆收购前一年,吉利就在为并购资金做准备,因此我们观察 2008—2010 年吉利资产负债表的变化,具体如表 2 所示。

表 2 2008—2010 吉利资产负债表变化   单位:千元

项目	2010 年	2009 年	2008 年	2010 年较 2009 年变化	2009 年较 2008 年变化	变化原因
非流动资产						
物业、厂房及设备	5 796 750	4 328 102	3 289 276	34%	32%	
无形资产	1 448 593	1 069 679	657 155	35%	63%	
商誉	6 222	6 222		0%		
投资联营公司的权益(长期股权投资)		7 302	42 241		−83%	
预付土地租赁款	1 367 701	1 171 473	1 051 745	17%	11%	
非流动资产合计	8 619 266	6 582 778	5 040 417	31%	31%	
流动资产						
预付土地租赁款	33 782	29 322	26 611	15%	10%	
存货	986 595	640 504	486 664	54%	32%	2010 年由沃尔沃带入
贸易及其他应收款项	9 912 961	6 144 929	2 840 255	61%	116%	2010 年由沃尔沃带入
可供出售财务资产	100 000					
可收回税项	2 391		3 205			
已抵押银行存款	242 582	894 292	853 948	−73%	5%	
银行结余及现金	4 393 075	4 498 155	889 408	−2%	406%	
流动资产合计	15 684 333	12 219 411	5 110 552	28%	139%	
流动负债						
贸易及其他应付款项	10 543 028	7 328 825	4 229 631	44%	73%	2010 年由沃尔沃带入
税项	173 591	69 329	57 551	150%	20%	
可转换债券—嵌入式衍生工具			12 432			
银行借款(有抵押)	1 096 669	1 509 635	685 589	−27%	120%	
可转换债券			288 267			
流动负债合计	11 813 288	8 907 789	5 273 470		69%	
非流动负债						
可转换债券	1 483 012	1 442 153		3%		预先为并购资金做准备

单位:千元(续表)

项目	2010年	2009年	2008年	2010年较2009年变化	2009年较2008年变化	变化原因
长期银行借款（有抵押）	1 562 312	1 318 000	87 000	19%	1 415%	预先为并购资金做准备
递延政府补助	294 297					
递延税项	73 013	37 727	8 018	94%	371%	
非流动负债合计	3 412 634	2 797 880	95 018			
除可转换债券外总负债	13 742 910	10 263 516	5 368 488			
权益						
股本	139 279	136 993	122 542	2%	12%	
储备	7 882 603	6 238 620	4 075 320	26%	53%	为并购资金做准备
归属本公司股权持有人权益	8 021 882	6 375 613	4 197 862	26%	52%	
非控股股东权益	1 055 795	720 907	584 619	46%	23%	
权益总额	9 077 677	7 096 520	4 782 481	28%	48%	

资料来源:吉利 2008—2010 年年度报告。

其中,14 亿元的可转换债券正是用于并购而发行的债券。

三、计算 WACC

吉利于 2009 年发行 14 亿元可转换债券,利息率为 3%,5 年还清。我们取 2009 年的总负债和权益作为基准,计算 WACC。

由于吉利并无详细的还款计划,但在后续年报中出现了可转换债券换股的情况,因此我们做出如下还款假设:① 直线法偿还本金,利息每年一付;② 实际利率根据 2010 年年报确认为 6%。由此得到如表 3 所示的还款表。

表 3 吉利还款表　　　　　　　　　　　　　　　　　　单位:千元

项目	2009年	2010年	2011年	2012年	2013年	2014年
可转换债券本金	1 400 000					
应计利息	42 000	42 000	42 000	42 000	42 000	
偿还本金		−280 000	−280 000	−280 000	−280 000	−280 000
偿还利息		−42 000	−42 000	−42 000	−42 000	−42 000
期末可转换债券本息和	1 442 000	1 162 000	882 000	602 000	3 222 000	0
其他负债	10 263 516	10 263 516	10 263 516	10 263 516	10 263 516	10 263 516
总负债余额	11 705 516	11 425 516	11 145 516	10 865 516	10 585 516	10 263 516

假设公司所有的经营活动现金流量都用于支付利息和本金,利润和股东所获得的经

营活动现金净流量均为0,因此预测期内权益不会发生变化,负债会根据还款情况而发生相应的变化,再根据负债每一年的变化,计算每一年的WACC,具体如表4所示。该表其他数据假设如下:无风险利率为2.5%;市场回报率为9%;债务资本成本为6%,依据公司财务费用推算。

表4 吉利WACC计算结果

项目	2009年	2010年	2011年	2012年	2013年	2014年
负债(千元)	11 705 516	11 425 516	11 145 516	10 865 516	10 585 516	10 263 516
权益(千元)	7 096 520	7 096 520	7 096 520	7 096 520	7 096 520	7 096 520
负债比重(%)	62.26	61.69	61.10	60.49	59.87	59.12
权益比重(%)	37.74	38.31	38.90	39.51	40.13	40.88
负债权益比例	1.65	1.61	1.57	1.53	1.49	1.45
基准β	1.16	1.16	1.16	1.16	1.16	1.16
无杠杆β	0.52	0.52	0.52	0.52	0.52	0.52
含杠杆β	1.16	1.15	1.13	1.12	1.10	1.08
权益资本成本(%)	10.06	9.96	9.86	9.76	9.66	9.55
债务资本成本(%)	6.00	6.00	6.00	6.00	6.00	6.00
加权平均资本成本(%)	6.60	6.59	6.59	6.58	6.57	6.56

[思考题]

1. 吉利是如何实现以小博大的资金运作,成功并购沃尔沃的?

2. 除了融资安排,吉利并购沃尔沃后的企业经营管理整合又有什么值得杠杆收购的收购方借鉴之处?

第 12 章　公司重组与反并购

【学习目标】

通过本章的学习,你应该掌握:
1. 公司重组的主要方式和动机;
2. 破产清算的程序与财务管理;
3. 反并购的方式。

【素养目标】

通过本章的学习,理解企业价值最大化的目标在财务管理中的地位,深刻理解公司重组与并购扩张为公司战略服务的工具性作用;强化市场意识,理解敌意并购与反并购。

12.1　概述

公司并购主要研究公司的扩张问题,但是对于高度分散化的大型公司来说,需要考虑是否能够通过改变资产结构、证券组合方式以及经营模式来提高公司价值。所有这些可能提高股东价值的方法就是公司重组战略。除了扩张战略,公司还可以考虑通过重新配置资产或者改变公司股权结构的方式来最大化公司价值。公司重组的方式主要包括经营重组、股权结构重组和破产清算。

在面临被并购的情况下,公司可以采取一定的反并购措施,打击并购方的并购意图和并购行动。公司重组的一个重要方面就是建立反并购体系。公司重组为股东创造的价值越高,反并购措施就越有效。

12.2　公司经营重组

12.2.1　公司经营重组的主要方式

在公司经营重组中,缩减业务的主要方式包括资产剥离(divestures)、股权出售(equity carve-out)、公司分立(spin-off)等。

1. 资产剥离

资产剥离是指公司出售某项资产或某个子公司给第三方，获得现金及有价证券。资产剥离所产生的财务成果应当为正的净现值，等于出售所得的报酬减去相关税费，但是在资产剥离的财务评价过程中，主要考虑的因素是机会成本，即资产剥离的净现值是否高于该部分资产继续经营所获得的净现值。这也是所有公司重组方案选择的基本出发点。

2. 股权出售

股权出售是从资产剥离演化而来的，它是将原先持股100%的子公司的部分股份出售给外部投资者，同时对此子公司进行工商登记变更，成立新的公司，其股东可能与原有母公司的股东不同，分离出来的公司将拥有新的管理团队并独立经营。股权出售中涉及有形资产以及员工的分割，但是由于没有货币交易的存在，也无须对资产价值进行重估，因此无须承担相应的税费。

股权出售的动机虽然与资产剥离相似，但是结果有所不同。股权出售后，其他公司不会经营分离出来的单位，因此，不存在公司并购中所具有的协同效应。可能出现的情况是，由于管理机制的变化，该经营单位作为一个独立的公司会比原来经营得更好，这样的话，股权出售就有可能获得经济收益。但是，股权出售也是有成本的。股权出售必须发行新的股票，从而增加了股票发行成本；与持有一家公司的股票相比，股东持有两家独立公司的股票的代理成本也有可能增加。

3. 公司分立

与股权出售不同，在分立方式下，母公司将其在子公司中拥有的全部股份按比例分配给母公司股东，从而形成两家独立的、股权结构相同的公司，即将母子公司关系调整为平行的关联公司。因此，新公司的股权结构与母公司的股权结构完全相同，只是新公司拥有自己的管理团队并独立经营，对股东来说，原先只能持有母公司股票，分立之后则同时持有母公司和子公司股票。从公司财务的角度来看，分立和资产剥离的差别在于，剥离会带给母公司现金流入，而分立则没有现金流量变化。

各种经营重组方式的关键特征如表12-1所示。

表12-1 各种经营重组方式的关键特征

特征	可选的经营重组方式		
	资产剥离	股权出售	分立
母公司的现金流入	是	是	无
股权结构变化	是	是	无
新法人出现	有时	是	是
新股发行	有时	是	是
母公司控制权变化	否	是	否

12.2.2 公司分立案例

2001年6月1日,神州数码控股有限公司(以下简称"神州数码")在香港联合交易所正式挂牌上市。这已经是水到渠成的事情,因为此前神州数码已经在业务、组织结构和人员上与联想集团分了家。神州数码上市,不过是从资本层面为整个分拆画上了一个圆满的句号。

联想集团此次采取的是横向分拆,即被分拆出去的神州数码与母公司联想集团之间不再有股权关系。分拆后,神州数码与联想集团是两家各自独立的公司,但双方的控股公司为同一家。分拆方案的具体内容包括:所有联想集团的股东将按其持股比例分派神州数码的股份,两家公司的股权结构完全相同,并为不愿或不能持有神州数码股份的股东提供现金选择;持有联想集团75%股份的联想控股股份有限公司(以下简称"联想控股")不但不参与任何现金选择,并承诺在完全按分派比例收取神州数码股份的同时,购入其他股东放弃的股份;神州数码增发新股筹资;无论是老股东要现金,新股东去筹资,还是控股公司出面购买,其股价不会有差异。

根据分拆方案,神州数码2000年1月25日在百慕大注册成立,法定股本为10万港元,分为100万股,每股面值为0.1港元,全部配发给联想集团。2000年5月14日,神州数码法定股本由10万港元增至2亿港元。5月15日,神州数码定向增发7.56亿股新股给联想集团,每股面值为0.1港元。5月23日,神州数码刊发招股章程,出售2.12亿股新股,每股面值为0.1港元,发售价为3.68港元/股。由于出现了投资者大幅超额认购的情况,神州数码向配售包销商授予了超额配股权,由高盛公司额外配发1 323.9万股新股。超额配售后神州数码已发行总股本为8.59亿股,大股东联想控股占50%的股份。对神州数码而言,分拆后的最大变化来自分支部门和整体架构方面。分拆前,神州数码包括四大部门,即联想神州数码科技发展有限公司(LTL)、联想神州数码集成系统公司(LAS)、联想网络有限公司(LNL)和中关成科技商城(网上商城)。分拆后,"网上商城"消失,而其余三大部门的职能也逐步下放到各个具体的产品事业部中,也就是说,LTL、LAS、LNL虽然被保留,但已经虚化。具体做法是,将三家子公司下属的系统集成、分销和自有品牌网络产品的制造销售这三大块业务进一步细化为五个主要业务发展方向,在此基础上,淡化原LTL、LAS等子公司概念,按业务发展方向在三家子公司下细分出七个战略业务单元,分别由七个事业部来完成。

12.2.3 公司经营重组的动机

1. 公司战略变化

随着经营环境的变化,公司需要对其经营战略进行调整,甚至转变经营重心。随着技术的进步和法律环境的改变,公司可能会发现现有的发展战略已经不再适应某个行业的业务,或者继续经营已经无利可图。但是同行业内部的其他公司希望继续从事该项业务并从中获利,这时公司就可以进行重组,将该部门或该行业的业务出售给其他公司。例如,由于联想集团的个人电脑业务维持着很高的利润,并希望进一步扩大市场份额,于是收购了 IBM 持续亏损的个人电脑业务。对于 IBM 来说,出售个人电脑业务可以提高公司的整体盈利能力,同时增加公司的现金流量。

2. 负协同效应

很多研究人员认为,公司重组的重要原因是对 20 世纪 60 年代混合并购浪潮的调整。在 20 世纪 60 年代的并购浪潮中,许多分散的业务被纳入同一家公司中,即混合并购。虽然混合并购在一定程度上分散了公司的经营风险,但同时也分散了公司内部有限的资源,削弱了公司整体的核心竞争力,不仅没有实现经营上或财务上的协同效应,反而出现了负协同效应。一些学者认为,20 世纪 80 年代初美国公司竞争力的下降在很大程度上要归因于 60 年代的混合并购浪潮,因此通过公司重组打破混合公司就成为美国公司增强全球竞争力的要求。

3. 经营业绩不佳

如果目前的业务不能实现预期目标或者预算成本超过了公司可以接受的水平,那么公司通常会选择退出。在经营业绩不佳的情况下,当前的业务不但不能给公司创造价值,反而会增加公司的负担,因此经营业绩不佳是公司重组最基本的原因。

但是在现实中,公司会为是否重组经营业绩不佳的部门而犹豫不决,这一方面可能是因为对未来前景的预期,另一方面是因为因经营业绩不佳而重组在一定程度上表明管理层的失误,管理层通常会拒绝承认这样的失误。

4. 融资需要

公司可以通过出售非战略性资产或经营业绩不佳的子公司实现新项目融资或者偿还债务,也可能出于增加短期现金流入的需要进行经营重组。例如,20 世纪 80 年代初期,克莱斯勒公司为避免破产而将盈利能力很高的 M1 坦克生产线出售给了通用汽车公司。

12.2.4　公司经营重组与股东价值

现有研究结果表明,公司的经营重组一般会给公司股东带来正的收益,收益的大小随着重组战略选择的不同而不同。

如果采用资产剥离的方式,则公司股东可以获得 1%~2% 的超额收益,当资产剥离涉及的业务价值超过公司总价值一半以上时,股东的超额收益可以达到 8%。资产剥离业务的现金流量处置也会影响股东的超额收益,如果公司将资产剥离所得的收益分配给股东,则股东的超额收益在 2% 以上;如果公司将资产剥离所得的收益用于再投资,则股东的超额收益为 -0.5%。

如果采用公司分立或股权出售的方式,则需要研究分立后母子公司的市场价值之和是否超过了分立前母公司的市场价值。大多数研究结果表明,分立后母子公司的市场价值之和出现了大幅上升,而且股票市场对公司分立或股权出售的决策表现出了正向反应,幅度在0.17%到2.33%之间,表明股票投资者认为公司分立或股权出售可以增加股东价值。

12.3 股权结构重组

股权结构重组是指通过改变公司现有的股权结构,以实现公司控制权和利益的重组。在现代公司制度中,股东对公司权力的行使依赖于其所持有的股票数量,因此,改变公司的股权结构,就能够实现公司控制权和利益的重新分配。

与并购的不同之处在于,股权结构重组通常发生在一家公司的内部,并且在大多数情况下,是由现有的管理层购买公司股票,以实现股权与实际控制权的统一。与分立不同的是,在股权结构重组中,公司并没有消失,也没有与其他公司相融合,而是仍然作为一个独立的经济实体存在。股权结构重组通常有两种形式:转为非上市(going private)和管理层收购(management buyout)。

12.3.1 转为非上市

转为非上市是指公司的现行管理层或外部私人投资者重新购买股票,从而使公司丧失上市资格,成为少数投资者持股的过程。转为非上市方式下,投资者可以采用多种方法来购买公众股票,最普通的方法是以现金购买股票,并将公司转为仅由管理层等私人投资者所有的壳公司。这种交易通常不被当作并购看待,而是被看作将公司资产出售给私人。当然还有其他转为非上市的方法,但结果都一样:作为公众持股的公司不再存在,其原有股东得到可观的收益。

1. 转为非上市的动机分析

有很多因素促使公司的管理层将公司转为非上市。作为一家公众持股的公司是有代价的,股票必须登记且管理层必须为股东服务;发放红利和发送材料需要支付管理费用,向证券管理机构报送材料也需要支付相关费用;另外,每年一度的股东大会及与证券分析师的会议经常会出现绝大多数经理不希望发生的问题。转为非上市公司可以避免以上问题。

有些人认为,公众持股公司更注重季度会计收益而不是公司的长期经济收益,以至于公司决策更倾向于提高经济价值。转为非上市后,可提高公司资源分配的决策水平,从而增加公司价值。转为非上市的另一动机是提高公司管理水平。因为当管理者的股权增大后,其更愿意为公司长期而有效地工作。因有效管理而节省的资金和产生的利润大部分将回到公司管理者手中而不再发放给大量的股东。因此,公司的管理者更愿意做出强硬决策以降低公司的经营成本,减少管理者的职务消费并更努力地工作。由于报酬与管理者的决策联系紧密,公司经营得越好,利润越高,管理者的报酬也就越多。而在公众持股公司中,管理者的报酬与其决策特别是创造高利润的决策联系并不那么紧密,因为报酬过高可能招致外界的非议。

尽管有许多转为非上市的理由,但是也有一些不利因素。首先,公司因转为非上市而需向投资银行、律师和其他人支付大量报酬,这可能是一笔相当大的费用;其次,就股权的流动性而言,在转为非上市后,股东的收益几乎是不可变现的,股东的大部分财富会锁定在公司中。例如,管理者可能为公司创造更高的价值,但是其价值只有在公司未来申请上市、转为公众持股公司后才可能实现。如果公司再次转为公众持股公司,就重复支付了交易成本,这对公司股东而言将是一笔巨额损失。

2. 转为非上市的经济后果

由于转为非上市的股权结构重组方式出现的时间还很短,因此,相关研究相对比较缺乏。一些实证检验的结果表明,在转为非上市的事件公布前后,公司股东可以得到可观的收益(大约为12%~22%)。当以现金为支付方式时,股东的收益水平与并购中的溢价差不多。

12.3.2 管理层收购

作为股权结构重组的方式之一,管理层收购是一种主要由管理层自身通过债务融资实现的公司收购。

管理层收购和转为非上市之间存在重要差别。转为非上市是一种直接的交易,投资者仅需向公众股东购买股票即可,而且投资者未必就是公司原先的管理者。而在管理层收购中,投资者主要是公司现有的管理人员,主要采用杠杆收购的方法,此时要涉及三方甚至是四方投资者。而且,管理层收购中所承担的债务是以公司资产为抵押的。尽管一些管理层收购是针对整个公司的,但大多数情况下是针对公司的一个分部或次级经营单位。通常情况是,当公司认为某分公司不再适合其战略目标时,就可以将它向其管理层出售,该分公司就不可避免地成为一家私人持股的公司。所以,就结果而言,管理层收购和转为非上市是一致的。

在管理层收购的实际运作过程中,按照事先约定的持股比例,公司通常需要成立一个职工持股会。职工持股会的主要任务就是认购这些股票,并且作为持股职工的代表参加公司的管理决策。而每个职工认购股票的资金,一部分是来自其本人的储蓄,不足部分就通过公司担保或者资产抵押来向金融机构借款。收购完成以后,职工持股会按规定解散,其所拥有的股票将根据职工认购的比例进行分配。所以,管理层收购和职工持股计划也是联系在一起的。

12.4 破产清算

对现有子公司或部门进行破产清算也是公司重组的一个重要选择。在其他方式下,子公司或部门会继续存在,只是与母公司的所有权关系发生了变化,而破产清算将导致子公司或部门消失。各个国家的法律对公司破产清算的条件和程序都有明确的规定,因此破产清算所面临的财务管理问题不同于一般意义上的财务管理决策。

12.4.1 破产的概念和破产清算中财务管理的基本原则

1. 破产的概念

在中文语义中,破产也有失败之意,但财务管理中的破产具有如下三种含义:

第一,技术性破产。技术性破产又称技术性的无力偿债,是指由于财务管理技术的失误,造成公司不能偿还到期债务的现象。此时公司主要表现为缺乏流动性,变现能力差,但盈利能力尚好,财务基础也比较健全。无力偿债主要是公司利用债务,特别是短期债务太多造成的,此时若能合理调整其财务结构,则会很快渡过难关。但如果处理不当,也会造成法律上的破产,即所谓的"黑字倒闭"。

第二,事实性破产。事实性破产又称破产性的无力偿债,是指债务人因连年亏损,负债总额超过资产总额(即资不抵债)而不能清偿到期债务的现象。此时,债务人财产不足,实际上已不可能清偿全部债务,故被称为事实性破产。这种情况极可能引起法律性破产。

第三,法律性破产。法律性破产是指债务人因不能清偿到期债务而被法院宣告破产的现象。这时,债务人的资产可能低于负债,但也可能等于或超过负债,于是便可能出现债务人资产虽超过负债,却因无法获得足够的现金或以债权人同意的其他方式偿还到期债务,不得不破产还债的情况。之所以称为法律性破产,是因为对债务人的破产宣告是依法律上确定的标准进行的,而对破产清算后债务人实际能否清偿全部到期债务则不加考虑。

2. 破产清算中财务管理的基本原则

破产清算中的财务管理所要处理的财务关系主要是破产公司和债权人之间的关系,管理的对象是达到破产界限的公司,所以,破产清算中的财务管理应遵循一些特殊的原则。

(1) 公平原则

公平原则是指在和解与整顿、破产清算的过程中,破产公司要对所有的债权人一视同仁,按照法律和财产合同上规定的先后顺序,对各债权人的求偿权予以清偿,而不能违背法律,为一个或几个债权人的利益而损害其他债权人的利益。公平原则就是要保证各债权人能够公平分配破产公司的财产。

(2) 可行原则

可行原则是指在和解与整顿的过程中,破产公司必须具备相应的条件,如果不具备相应的条件,则被认为是不可行的。和解与整顿是否可行的一个基本判断标准,就是达到破产界限的公司经过和解与整顿以后,是否能够按照和解协议清偿债务。如果其能按时清偿债务,则认为和解与整顿可行,否则就认为不可行,应通过破产清算来加以解决。

(3) 守法原则

破产清算中的财务管理不仅需要财务方面的技术与方法,而且需要更多的法律知识。无论是在和解与整顿的过程中,还是在破产清算的过程中,破产公司都必须依法办事。例如,对各种破产财产、破产债权的界定与确认,对破产费用的支付和管理,对各种债务的清偿,都要按破产法和有关法律处理。

(4) 节约原则

破产清算中的财务管理必须处处遵循节约原则。一般来说,和解与整顿比破产清算更能节约费用支出,因此,如果和解与整顿方式可行,则破产公司应尽量采用这一方式解决;如果和解与整顿方式不可行,才采用破产清算方式解决。在破产清算时,破产公司也应尽量节约各种清算费用。

12.4.2 自愿和解的财务管理

如果债务人属于技术性破产,财务困难不是十分严重,而且能够恢复和偿还债务的前景比较乐观,债权人通常都愿意私下和解,而不通过法律程序来进行处理。

1. 自愿和解的程序

自愿和解虽然不像经过法律程序的正式和解与整顿那样正规,但也必须遵循必要的程序,一般要经过以下几个步骤:

第一,提出自愿和解。当公司不能及时清偿到期债务时,可由公司(债务人)或公司的债权人提出和解。

第二,召开债权人会议。自愿和解提出以后,债权人要召开债权人会议,以研究债务人的具体情况,讨论决定是否采用自愿和解的方式加以解决。如果认为和解可行,则成立相应的调查委员会,对债务人的情况进行调查,写出评价报告;如果认为自愿和解不可行,则移交法院采用正式的法律程序加以解决。

第三,债权人与债务人会谈。在和解方案实施以前,债权人和债务人要进行一次会谈。由债权人会议推举4~5位债权较多的债权人和1~2位债权较少的债权人同时参与谈判。谈判的内容是确定调整公司财务基础的方案。在意见达成一致的基础上,各方签署和解协议。

第四,实施和解协议。和解协议签订以后,债务人要按照和解协议规定的条件对公司进行整顿,继续经营,并于规定的时间清偿债权人的债权。

2. 自愿和解中的财务问题

在进行自愿和解的过程中,公司(债务人)在财务方面需要处理好以下具体问题:

第一,债务展期。通过与债权人谈判,尽量延长债务的到期日。自愿和解通常都要进行债权的展期,债权人之所以愿意展期,是因为他们期望在以后能够收回更多的债权。如果公司与债权人谈判顺利,则债权人不仅会同意展期,有时还会同意在展期期间把求偿权的位置退于现有供应商之后。展期的时间越长,对债务人越有利。

第二,债务减免。通过与债权人谈判,争取最大数量的债务减免。在债务减免的过程中,债权人仅收回部分债权,但要注销全部债权。债权人同意减免债权,是因为减免后可避免债务人正式破产所带来的成本,如管理费用、法律费用、调查费用等。在债权人既愿意进行债权减免,又不愿意减免太多的情况下,就需要公司财务人员在谈判时努力争取减免最多的债务。

第三,必须按展期和债务减免的规定来清偿债务。经过展期和债务减免以后,公司的债务有所减少,还款时间有所推迟,但经过展期和债务减免后的债务必须按时偿还。

3. 自愿和解的优缺点

自愿和解是简单的和非正式的,这种方法因为能够减少法律费用和管理费用,从而可以节约大量成本。自愿和解一般可使债权人收回较多的账款;也可使债务人避免破产,继续营业;还可使债务人与债权人保持良好的关系,以利于日后业务的开展。但是,自愿和解有可能导致应该破产的公司没有破产,进一步浪费社会的经济资源。

12.4.3 正式和解与整顿的财务管理

如果不具备自愿和解与整顿的基本条件,就必须采用正式的法律程序来解决。这主要包括正式和解与整顿以及破产清算两种方式。这里介绍正式和解与整顿的财务管理。

1. 正式和解与整顿的基本程序

破产案件中的和解是指债务人与债权人就到期债务的展期或减免达成协议,从而避免破产的一种程序。公司利用和解所提供的机会进行整顿,争取重新取得成功,这种过程被称为和解与整顿。

正式和解与整顿同自愿和解有某些类似之处,但要由法院来判定,涉及许多正式的法律程序。这种程序非常复杂,只有专门从事和解与整顿工作的律师才能充分了解,但对于其基本程序,财务管理人员必须了解。

第一,破产申请。当公司不能及时清偿债务时,由债权人向法院提出破产申请,或者由申请破产的公司或其上级主管部门向法院提出和解与整顿的申请。

第二,公司由债权人申请破产的,在法院受理破产案件后的 3 个月内,破产公司或其上级主管部门可以申请对该公司进行整顿。整顿申请提出后,公司应向债权人会议提出和解协议草案,草案上应说明公司清偿债务的限期、数额及具体的整顿措施。

第三,债权人会议通过和解协议草案。债务人提出和解后,债权人要召开债权人会议,决定是否同意和解与整顿。按照中国《企业破产法》的规定,债权人会议的决议必须由出席会议的有表决权的债权人的过半数通过,其所代表的债权额必须占无财产担保债权总额的半数以上,但是通过和解协议草案的决议,必须占无财产担保债权总额的2/3以上。由于和解协议草案中一般都要求债权人做适当的债务减免或债务展期,因此,只有债权人会议通过和解协议草案,和解才能成立。如果和解协议草案未被债权人会议通过,那么法院就要宣布债务人破产,并予以清算。

第四,法院对和解协议认可做出裁定,中止破产程序。破产公司和债权人达成和解协议后,应将和解协议提交法院,由法院做最后判定。一般而言,如果在达成和解协议过程中没有其他违法行为,则法院都会认可。和解协议经法院认可后,由法院发布公告,中止破产程序。

第五,破产公司及其上级主管部门对公司进行整顿。和解协议自公告之日起具有法律效力,破产公司便开始进入整顿期,整顿期限不得超过两年。公司的整顿由上级主管部门负责主持,整顿方案应经公司职工代表大会讨论,公司整顿情况应向公司职工代表大会报告并听取意见,整顿情况还应定期向债权人会议报告。

第六,破产公司经过整顿以后,如果能够按照和解协议及时清偿债务,则法院应终止该公司的破产程序并予以公告。但如果整顿期满,破产公司不能按照和解协议清偿债务,则法院应宣告该公司破产并依法进行清算。

2. 正式和解与整顿中的财务问题

正式和解与整顿涉及的财务问题,基本同自愿和解一样,但还有如下几个特殊问题需要注意:

第一,和解协议草案的编制。和解协议草案是一个非常重要的法律文件,如果编制得好,在债权人会议上得到通过,破产公司便可进行和解与整顿。如果编制得不好,在债权人会议上得不到通过,破产公司便要被依法宣告破产。和解协议草案一般应包括如下内容:① 对各项债务的偿还数额、日期和步骤做出具体说明。在编制和解协议草案时,破产公司财务人员要对债权人和本公司的情况进行具体分析,合理确定债务减免的数额。除债务减免外,草案中还应提出延缓支付债务的要求。一般而言,对到期债务应实行分期分批偿还。这种债务减免和展期,与自愿和解程序基本相似,这里不再详述。② 提出改善财务状况的具体方案。主要包括:如何增加公司资金来源;怎样减少公司资金占用;如何扩大市场规模,增加销售收入;采取哪些降低成本的措施;等等。③ 载明上级主管部门具体的支持意见。在中国,公司和解与整顿一般由上级主管部门提出,上级主管部门的意见和整顿措施能更好地取得债权人的信任。

第二,整顿期间的财务管理。破产公司一般都存在管理混乱、资产破坏严重、销售收入减少、成本居高不下、产品质次价高等问题。为使整顿取得成效,破产公司在财务上既要筹集一定数量的资金以购置生产经营所需的流动资产;又要筹集一定数量的资金对厂房和设备进行修理或更新,以利于正常生产和大幅降低成本;还要筹集一定数量的资金开发新产品和占领新市场,以增加销售收入;此外,要筹集一定数量的资金以偿还到期债务。

整顿能否取得成功,关键是破产公司能否筹集到整顿过程中所需的资金。在整顿期间,破产公司的信誉较低,公司产品的价格往往跌至最低点,银行也往往不给公司追加贷款。因此,在整顿期间,破产公司可以考虑采取以下措施:① 努力争取上级主管部门的资金。既然上级主管部门提出了和解申请,说明它愿意帮助公司渡过难关,因此,上级主管部门的资金可能成为整顿期间公司资金的主要来源。② 寻找信誉良好的公司做担保人,向银行获取担保贷款,调整资金结构。③ 尽可能将债务转化为股权,适当处理过时和毁损的流动资产,减少奖金发放,停止股息和红利支付,节约现金流出。

3. 正式和解与整顿的优缺点

正式和解与整顿是对达到破产界限的公司依法采取的拯救措施。经过和解与整顿,多数公司都能起死回生,重新营业,因而正式和解与整顿具有重要意义。

当然,正式和解与整顿也有缺点:如果整顿无效,公司继续亏损,则显然会使债权人的利益受到更大程度的损害。

12.4.4　破产清算的财务管理

如果达到破产界限的公司不具备和解与整顿的基本条件,或和解与整顿被否决,则法院要依法宣告该公司破产,进行债权、债务的清算。

1. 破产清算的程序

破产清算由法院裁定,严格按法定程序进行,这一程序一般包括如下几个步骤:

第一,法院依法宣告公司破产。

第二,成立破产清算组。破产公司的清算工作应由清算组来完成。法院自宣布公司破产之日起15日内成立清算组,接管破产公司。清算组负责破产财产的保管、清理、估价、处理和分配。清算组可依法进行必要的民事活动。

第三,全面清查财产、债权、债务。清算组成立后,应对公司的财产、债权、债务做全面检查,编制出资产负债表和详细的财产目录。清算组还要依法对公司的财产进行处理和拍卖,以便清偿各种债务。如果破产财产不能清偿同一顺序的债务,则应按比例进行分配。

第四,分配剩余财产。如果公司财产的变卖收入清偿所有债务后仍有剩余,那么清算组应指导剩余收入依法在所有者之间进行分配。

第五,办理停业登记。破产清算程序终结时,清算组应在清算程序完成以后,提出清算报告,并编制清算期内的收支表和各种财务账册,经由政府批准的会计师事务所验证,报审批部门批准后,向公司原登记机关申请解除登记,宣布公司终止营业,自此,公司法人资格正式终止。

2. 破产清算中的财务问题

同和解与整顿相比,破产清算所涉及的财务问题更为复杂。这一过程中的财务问题主要包括破产财产的界定与变卖、破产债权的界定与确认、破产费用的确认与管理,以及破产财产的分配与清偿。

(1) 破产财产的界定与变卖

所谓破产财产,是指破产人所有财产中可供分配给破产债权人的财产。根据中国《企业破产法》的规定,破产财产由下列财产构成:①宣告破产时企业经营管理的全部财产;②破产企业在破产宣告后至破产程序终结前所取得的财产;③应当由破产企业行使的其他财产权利。

破产财产被确定以后,一般都要变卖为货币资金,以便清偿债务。破产财产应采用公开拍卖的方式加以出卖。拍卖一般委托拍卖公司进行,也可由清算组聘请专人负责,谁出价高,就卖与谁。但破产财产中若有法律限制自由买卖的商品,如黄金、炸药等,则应由政府主管部门或指定部门收购;破产财产中的整套设备或生产线,应尽量整体出卖,确实无法整体出卖的,方可分散出卖。

(2) 破产债权的界定与确认

所谓破产债权,是指在破产前宣告成立的,对破产人享有的无财产担保的债权。破产债权包括破产宣告前成立的无财产担保的债权,以及放弃优先受偿权利的有财产担保的债权。即使破产宣告前未到期的债权,也被视为已到期债权,但应当减去未到期的利息。

不作为破产债权的情况主要包括:破产宣告前成立的有财产担保的债权,债权人有就该担保品优先受偿的权利,这部分债权不能作为破产债权(但是,有财产担保的债权,其数额超过担保品价款的,未受偿部分应作为破产债权);债权人对破产公司负有债务的,其债权可在破产清算之前抵消,抵消部分不能算作破产债权;债权人未在法律规定的期限内向法院申报债权,视为自动放弃债权,自动放弃的债权不能作为破产债权;债权人参加破产清算程序的费用,不能作为破产债权。

(3) 破产费用的确认与管理

破产费用是指在破产案件中为债权人的共同利益而支付的费用,主要包括:① 破产财产的管理、变卖和分配所需的费用,包括聘任工作人员的费用;② 破产案件的诉讼费用;③ 为债权人的共同利益而在破产程序中支付的其他费用。

在破产清算过程中,应当尽量减少破产费用的支出。破产费用在破产财产中优先拨付,当破产财产不足以支付破产费用时,清算组要向法院及时申报,由法院宣告破产终结。

(4) 破产财产的分配与清偿

当破产财产全部被界定与变卖,破产债权全部被界定与确认,破产费用总额核算(估算)出来以后,清算组便可提出分配方案。这一方案要由债权人会议通过,经法院裁定后执行。

破产财产在优先扣除破产费用以后,一般应按如下顺序清偿:破产公司欠付职工的工资和劳动保险费用;破产公司欠缴的各种税款;各种破产债权。

如果破产财产不足以清偿同一顺序的债务,则应按比例在各债权人之间进行分配。未得到清偿的债务不再清偿。如果在清偿所有债务以后,破产财产还有剩余,则要把剩余部分在公司所有者之间进行分配。

12.5 反并购措施

20世纪80年代以来,公司之间的敌意并购达到了新的高度,并购技巧和攻击性都得到了增强。虽然最初目标公司的反并购手段发展缓慢,但是随着对各种金融工具和经济手段的充分利用,目标公司的反并购措施逐渐变得相当精细,越来越难以突破。80年代末期,通过与投资银行以及法律顾问的密切合作,公司的反并购措施达到非常完善的程度。90年代,美国大多数公司都建立起了反并购体系。

在实践中,公司的反并购策略大致可以分为两类:预防性策略和主动性策略。预防性策略的主要目的是降低并购公司发起敌意并购的可能性;而主动性策略是目标公司在面临敌意报价后,对并购公司进行反击,以增加并购公司的并购成本,迫使敌意并购者放弃并购。

12.5.1 反并购的理论基础

在反并购的理论分析中,主要有两种观点,即管理层壁垒假说(management entrenchment hypothesis)和股东利益维护假说(shareholder interests protection hypothesis)。前者认为,反并购措施保护了管理层的利益但损害了股东的利益;后者认为,敌意并购的发起者对公司没有长远的经营战略,他们只是关注短期的价值,这样会损害公司长期的发展从而最终损害股东的利益。

管理层壁垒假说认为,管理层会采取各种措施以维护自己的地位,而这些措施增加了潜在的并购成本,降低了通过并购及其协同效应实现价值增值的可能性。如果目标公司被成功并购,则管理层就有可能会失去其职位及潜在的各种经济利益。为了保护自身的利益,管理层会采取各种措施防止并购的发生,即使这种并购可以为并购双方的股东带来更高的价值。管理层的这种行为最终会损害股东的利益,导致股价下降。

股东利益维护假说则认为,无论是并购公司还是目标公司,乃至整个社会,敌意并购都是一个高成本的经济行为。如果管理层能够在有效阻止公司被并购的同时,不需要花费大量的经济资源,那么反并购措施是可以节约成本的。这些成本的节约具体表现为:管理效率的提高,避免并购费用,以及较低的投资者关系维护成本。在此基础上,公司采取反并购措施会迫使并购公司支付更高的价格,从而维护了现有股东的利益最大化。因此,采取反并购措施会增加股东的利益。

上述两个假说的研究结论并不一致,甚至相互矛盾,其中一个关键争议在于对反并购措施成本与收益的权衡,在不同的经济环境下并不完全相同。Gompers(2003)总结和比较了美国公司章程中涉及的反并购措施,并比较分析了反并购措施数量不同的公司的股东价值及其收益率,研究结果表明,反并购措施越多的公司,其股价越低且股票收益率也越低,从而支持了管理层壁垒假说。

对反并购措施成本与收益的权衡涉及一个根本性的问题,即并购是否能够提高公司价值。Shleifer and Vishny(1997)认为,并购市场的存在,提高了美国和英国公司的治理效率。在全球其他资本市场中,例如德国和日本,并购市场并不存在或者并不活跃,但是这些国家的公司仍然创造了很好的经济效益,因此公司并购未必是提高公司价值的唯一方式,反并购措施则可以使公司管理层更为有效地管理,避免公司为了迎合市场需要而采取短期化措施。

12.5.2 预防性反并购措施

预防性反并购措施在美国公司中非常盛行,大多数《财富》500强公司都制定了公司成为敌意并购目标时的防御措施。具有稳定现金流、负债率低的成熟公司更容易成为敌意并购的目标,因此预防性反并购措施就是提前或在敌意并购发起时改变这些特征,从而削弱并购方发起并购的动机。

常见的预防性反并购措施包括毒丸计划、超级多数条款、分层董事会、公平价格条款、发行双重股票以及金降落伞计划等。其中,超级多数条款、分层董事会、公平价格条款和发行双重股票通常被统称为修改公司章程的反并购措施。

1. 毒丸计划

毒丸计划的基本要点是在面临敌意并购时,目标公司发行可以用于降低敌意并购方预期价值的证券。毒丸计划是著名的并购律师马丁·利普顿(Martin Lipton)发明的,他于1980年首次采用毒丸计划帮助EI索帕公司防御了通用美洲石油公司的收购,并在1983年布朗·福尔曼公司与伦洛克斯的并购大战中再次使用。

1983年,作为美国第四大酿酒公司的布朗·福尔曼公司年销售额达到9亿美元,而伦洛克斯公司作为瓷器的主要生产商,股价维持在60元/股,布朗·福尔曼公司认为伦洛克斯公司股价被严重低估,愿意以每股87美元的价格进行收购,收购市盈率达到了20多倍,使伦洛克斯公司根本无力还击。

马丁·利普顿建议伦洛克斯公司提供给每位普通股股东一份优先股股票,这份优先股能够在伦洛克斯公司被收购时自动转换成布朗·福尔曼公司40份普通股,这种可转换的优先股就是一个非常有效的反并购措施,一旦股东进行转换,就会稀释布朗·福尔曼公司 60% 的股权。

1985 年年末,马丁·利普顿进一步修订了毒丸计划,不再包含优先股发行,而是提供了一种特别权利,即在目标公司面临敌意并购的情况下,允许权利持有人以一个较低的价格购买公司股票。这种权利通常作为股利分配给股东,当面临敌意并购时,股东就可以行使该项权利。通常规定的触发条件包括:任何投资者购买了公司 20% 或以上的流通股股票,购买了 30% 或以上的公司股份。

上述毒丸计划都是针对 100% 完全收购的,不能防止以控股权为目的的公司并购计划,因此毒丸计划又有了新的发展,用于应对并购公司不打算 100% 收购目标公司的情况。在具体操作上,也是向现有股东提供特别权利,允许股东在面临收购时以很低的价格获得目标公司股票,以稀释目标公司股权,这种毒丸计划又被称为掷入毒丸计划。以往的毒丸计划允许权利持有人拥有并购公司的股票,而掷入毒丸计划则允许权利持有人拥有目标公司的股票。当并购公司希望获得目标公司控制权而又未购买到大多数股份时,掷入毒丸计划会非常有效,尤其是在股权分散的公司中,会增加并购公司获得控制权的成本。

在美国,毒丸计划的合法性存在很大的争议。1983 年 11 月,美国特拉华州法院判定毒丸计划是合法的,法官认为毒丸计划并没有将并购公司排除在外,相反可以使目标公司股东收益更大。然而,1988 年特拉华州法院却判定毒丸计划不公平地歧视了并购公司的收购意图,认为毒丸计划应当促进公司并购,而不是阻碍有效的公司并购。

2. 超级多数条款

各国的证券法律都会要求公司章程中说明在面临并购等重要决策时股东投票的程序和批准决策所需的股份数量。例如,为了批准资本预算项目,需要 50% 以上的股份赞同实施该项目。

超级多数条款则规定,批准并购需要得到更大比例的赞成票,通常是 2/3 或者 80%,在极端情况下,有可能要求 95%。如果并购公司已经持有较多的股份,那么超级多数条款会设计出更高的比例,使大多数股东批准该项目非常困难,这在管理层及其支持者拥有较多股份的情况下更为有效。例如,管理层已经持有 22% 的股份,而公司章程规定通过并购必须获得 80% 的赞成票,那么在管理层不支持的情况下并购就难以实现。

3. 分层董事会

董事会是股东选举的监督管理层并向股东提出决策建议的团体,董事会在投票选出管理层负责日常营运的同时,也要决策公司整体的经营战略,并对公司的主要问题和重大变化进行表决。因此,股东要更换管理层,首先就需要更换董事会。相应地,董事会的选举程序就成为反并购的重要策略,即分层董事会。

分层董事会的作用是改变董事会任期,使得在任何一个年份只有一部分董事需要改选,这无疑会延缓并购公司对目标公司行使控制权的有效时机。例如,目标公司规定每届董事会只有 1/3 的成员需要改选,每届董事会的任期为 3 年,那么在并购完成后,并购公司要想控制董事会、更换管理层并实施相应的经营战略,就需要 6 年的时间,这样就有可能延误并购整合的有效时机,从而削弱并购的动机。

分层董事会并不是一个非常重要的反并购措施,并购公司通常认为如果它们获得了控股权,就可以通过诉讼方式解决董事会的问题。但是,分层董事会的实际作用是增加了并购公司取得控制权的障碍,通过增强目标公司在谈判中的地位来获得更高的并购价格。

4. 公平价格条款

公平价格条款也是对公司章程的修订,它要求并购公司在收购少数股东股票时,以一个公平的价格购买。这个公平的价格可以是一个给定的价格,也可以是按照市盈率确定的价格。当并购公司提出并购报价时,公平价格条款就会被触发。当公平价格条款以具体的价格(如 10 元)表达时,就表明并购公司在收购股票时,股东一定会收到每股 10 元的现金。

公平价格条款在防御并购公司采用多步骤并购策略时非常有效。在多步骤并购策略下,并购公司会先按某一价格以现金方式购买目标公司 51% 的股份,获得控制权;在第二步并购中,并购公司就不会支付原先的价格,因为剩余的股份不会影响其控制权。多步骤并购策略的目的是使目标公司股东愿意更早接受并购以获得更多的现金。

公平价格条款则要求并购公司在第二步并购中支付相同的价格,这阻碍了并购公司采用多步骤并购策略。虽然公平价格条款并不是一个非常有效的防御措施,但是它可以迫使并购公司支付更高的并购价格,或者提供更为优厚的并购条款,从而增加并购公司的并购成本。

5. 发行双重股票

发行双重股票是对现有股票进行重组,将其分为两类具有不同投票权的股票。典型的发行双重股票措施是在现有的一股一票的情况下,发行另一种具有超级投票权的特别股票,这种特别股票每份可以拥有 10 股或 100 股的投票权。这种股票通常不允许在股票市场上交易而且股利较低,通常是向全体股东发行的,股东可以将其转换为普通股,大多数股东会因其流动性差和股利收益低而进行转换。但是作为股东的管理层就不会进行转换,结果是增强了管理层在公司中的投票权。

6. 金降落伞计划

金降落伞是指在目标公司控制权发生转移的情况下,管理层可以获得巨额补偿的合约。在 1989 年著名的 KKR 杠杆收购雷诺兹-纳贝斯克公司事件中,公司首席执行官罗斯·约翰逊虽然失去了工作,却得到了 5 300 万美元的补偿;副总裁大概得到了 1 800 万美元的补偿。

金降落伞计划通常只包括公司几个关键的高管人员,根据该计划,公司必须在控制权变更使这些高管人员离任时一次性对其支付一定数额的款项。有些金降落伞计划有固定期限(例如 1 年),有些则是长期的,如果当年没有出现控制权转移,则该计划自动延长至下一年度。金降落伞计划涉及的补偿金额一般是根据高管人员最近的收入乘以一定的倍数计算得到的,无论该高管人员离任是自愿的还是被迫的,公司都必须支付补偿金。

如果目标公司将补偿计划做进一步扩展,就会形成银降落伞或锡降落伞,它们的功能与金降落伞是一样的,只是包含的员工数量更多。在极端情况下,锡降落伞可以包括所有的正式员工。和金降落伞一样,这些补偿计划也保证向员工支付一次性的补偿金,金额则可以根据工作时间乘以一定的倍数来确定。

金降落伞计划是 20 世纪 80 年代美国并购繁荣时期出现的一个颇有争议的反并购措施。一些人认为,金降落伞是管理层利用职权进行自我交易的行为。如果公司在面临并购威胁的情况下行使金降落伞计划,则董事会必须证明已经对并购威胁进行合理而认真的研究,并且金降落伞计划是合理的应对方法。

作为反并购措施,金降落伞计划的威力并不是非常强大,毕竟和目标公司价值相比,金降落伞计划涉及的金额还是比较小的,其根本作用是限制了并购公司削减劳动力成本的能力,以此增加了并购公司的并购成本。有些人认为,金降落伞计划的存在有可能促进并购,如果并购公司保证现有管理层可以获得比金降落伞更大的收益,那么管理层就会接受较低的并购报价,但是这会损害股东的利益。

12.5.3 主动性反并购措施

如果并购公司在充分考虑了目标公司的各种预防性反并购措施后,仍然决定向目标公司发起并购,这时目标公司就需要采取主动性反并购措施进行反击。如果说预防性反并购措施是为了打击并购公司的动机,那么主动性反并购措施就是要打击并购公司的行为。常见的主动性反并购措施包括绿色邮件、白马王子、资本结构调整等。

1. 绿色邮件

绿色邮件是受到并购威胁的目标公司向潜在的并购公司支付一笔款项使其放弃并购计划的方法,因美元钞票的颜色是绿色而得名。著名的迪士尼公司不仅以 325 亿美元的价格买回了斯坦伯格集团持有的股份,还向其支付了 2 800 万美元的要约费用。

绿色邮件实际上是以并购公司放弃敌意并购为条件溢价回购股票的行为,同时双方还要签订协议,包括对并购公司继续购买或持有的股票数量的限制,出售这些股票的条件(通常要以目标公司为第一优选对象),以这些股票为基础进行表决的方式,以及协议生效的条件。

签订协议的目的是有效防止并购公司未来的敌意并购行为,当然没有相应的利益,并购公司是不会轻易地答应如此严格的条件的,所以目标公司需要用回购股票或其他方式使并购公司获得利益。

管理层通常认为,绿色邮件是以较低的代价避免了长期并购所带来的成本,有利于公司的正常经营。但是批评者认为,定向回购股票的行为对其他股东来说是不公平的。绿色邮件通常会引起股东的法律诉讼。例如,迪士尼公司的绿色邮件就引发了长达多年的法律纠纷,股东根据加利福尼亚州的法律起诉了迪士尼公司的董事会,认为后者给予斯坦伯格集团的优惠待遇违反了受托责任,美国初级法院和上述法院都做出了有利于股东的判决。1989年,斯坦伯格集团同意支付2 100万美元的赔偿金。

作为反并购措施,绿色邮件有时会起到相反的作用,潜在并购者的出现通常会导致目标公司股价上涨,而当市场得知绿色邮件生效时,股价又会回落到原有水平,这时就有可能出现新的潜在并购者,试图利用目标公司花钱免灾的心理获得收益。美国的圣里吉斯公司在1984年遭遇了连续不断的敌意并购,在连续两次向大股东付款之后又发现第三位并购者正在蠢蠢欲动,于是公司在绝望中决定与其他公司合并了。

2. 白马王子

作为反并购措施,白马王子是指目标公司要求与之关系良好的公司以较高的价格来对抗并购公司提出的并购要约,这种方式下的第三方公司就被称为"白马王子"。在白马王子出现的情况下,并购公司如果不提高并购报价,则并购肯定会失败。因此,并购公司的并购价格必须随之水涨船高。

在白马王子方式下,目标公司虽然也会失去独立地位,但是仍然可以得到很多好处:白马王子可能支付更高的价格,保留目标公司的管理层和员工,继续坚持已有的公司战略,等等。而白马王子也可以获得购买目标公司已批准但尚未发行股票的权利,其一方面可以此为基础参与股东表决,另一方面也可在其他并购公司提出更高报价时起到套期保值的作用。

1987年,沃伦·巴菲特就充当了所罗门兄弟公司的白马王子,击退了罗纳德·佩莱曼的并购要约。当时,持有所罗门兄弟公司14%股份的一位股东决定出售其股票,佩莱曼表现出了极大的兴趣,提出了38美元/股的购买价格,希望通过持有该股份在所罗门兄弟公司董事会中获得两个席位。由于38美元/股的报价超出了当时股价的20%,所罗门兄弟公司无力按照这一价格进行回购,于是向巴菲特求援。巴菲特同意从所罗门兄弟公司购买7亿美元股息率为9%的可转换优先股,还能以38美元/股的价格转换为普通股,这些资本足以帮助所罗门兄弟公司回购股票,从而避免了佩莱曼的并购。

3. 资本结构调整

公司在遭遇并购威胁时可以通过调整资本结构作为反并购措施,典型的资本结构调整手段是公司发行新债用于支付股利或回购股票,其主要目的是提高公司的负债权益比例,降低目标公司的吸引力或者增加并购后的财务成本。当公司调整资本结构时,可以起到多重防御功能:① 降低了公司的负债能力。如果并购公司试图以目标公司的负债能力来获得并购资金,那么目标公司的资本结构调整就造成了无法克服的障碍。如果资本结构调整已经充分消耗目标公司已有的现金流量,那么也会减少并购公司潜在的资金来源。② 数额较大的特别股利可以提高股东对公司的好感,而股票回购使那些可能出售股票的股东得到变现的好处,降低了市场中"不满股东"的数量。③ 新债务的利息支出具有抵税作用,降低了目标公司的实际税负,而且负债可以迫使资金流出公司,从而激励管理层改善管理,提高经营业债。

资本结构调整的综合效应最终会增加目标公司股票的价值,显然资本结构调整带来的价值增值超过敌意并购价格的幅度越大,其防御作用就越有效。

本章小结

本章讨论的公司重组主要是指公司收缩规模或业务范围的经营决策和财务决策,是对公司并购的反作用。无论是并购还是重组,都是为了实现公司价值最大化的根本目标。在一定程度上,公司重组也可以看成不成功并购的解决方案。在很多场合中,公司重组也可以成为反并购的重要手段。但是,公司重组的基本目标是实现公司价值最大化,能够实现公司价值最大化的重组是最有效的反并购措施。

根据侧重点不同,公司重组可以分为经营重组、股权结构重组和破产清算。从资产负债表的角度来看,经营重组的重点是对资产负债表左边的项目进行调整;股权结构重组的重点是对资产负债表右边的项目,特别是股东权益项目进行调整;破产清算则是按照法律对资产负债表两边同时进行调整。

为了防止潜在的并购,公司通常会设计各种反并购措施,以增加并购成本或者降低公司在并购者眼中的潜在价值。反并购措施可以分为预防性反并购措施和主动性反并购措施。预防性反并购措施的主要目的是增加并购公司的预期并购成本,主要包括毒丸计划、超级多数条款、分层董事会、公平价格条款、发行双重股票和金降落伞计划等;主动性反并购措施是在并购发起时,采取积极的措施迫使并购公司放弃原先的并购计划,具体包括绿色邮件、白马王子、资本结构调整等。但是,反并购措施在保护现有管理者利益的同时,究竟是增加了公司价值还是减少了公司价值,目前理论上仍然存在很大的争论。

关键概念

公司重组	资产剥离	股权出售
公司分立	转为非上市	管理层收购
破产清算	和解	整顿

破产财产	反并购措施	毒丸计划
超级多数条款	分层董事会	金降落伞
绿色邮件	白马王子	资本结构调整

讨论题

1. 经营重组的主要方式包括资产剥离、股权出售和公司分立,那么公司或资产的特征是否以及如何影响对经营重组方式的选择?
2. 你认为公司采取反并购措施是否有利于增加公司价值?为什么?

案例

宝万之争

一、万科和宝能简介

万科企业股份有限公司(以下简称"万科")成立于1984年,经过近四十年的发展,已成为国内领先的城乡建设与生活服务商,公司业务聚焦全国经济最具活力的三大经济圈及中西部重点城市。2016年公司首次跻身《财富》世界500强,居榜单第356位,2022年居第178位。

2014年,万科将公司的"三好住宅供应商"的定位延展为"城市配套服务商"。2018年,将这一定位进一步迭代升级为"城乡建设与生活服务商",并具体细化为四个角色:美好生活场景师,实体经济生力军,创新探索试验田,和谐生态建设者。在不断发展的过程中,万科始终聚焦好产品、好服务,如今正在向着"城乡建设与生活服务商"的目标迈进。

2017年,深圳市地铁集团有限公司(以下简称"深圳地铁")成为公司第一大股东,始终支持万科的混合所有制结构,支持万科城乡建设与生活服务商战略和事业合伙人机制,支持万科管理团队按照既定战略目标实施运营和管理,支持深化"轨道+物业"发展模式。

宝能系是指以深圳市宝能投资集团有限公司(以下简称"宝能集团")为中心的资本集团。公开资料显示,宝能集团是宝能系的核心。宝能集团成立于2000年,注册资本3亿元,姚振华是其唯一的股东。宝能集团旗下包括高端制造、国际物流、综合开发、民生服务四大板块,下辖宝能地产、前海人寿、钜盛华、广东云信资信评估、粤商小额贷款、深业物流、创邦集团、深圳建业、深圳宝时惠电子商务、深圳民鲜农产品多家子公司。

二、事件的起因

2015年,中国资本市场上的万科与宝能的控制权之争(媒体称作"宝万之争")引发了全民关注。事件起因于2015年7月开始至年底宝能系在二级市场上不断买入万科股份至持股23.52%,最终超越华润集团(持股15%),成为公司第一大股东,并筹划改组董事会。但是,在万科时任董事长王石公开宣称"不欢迎宝能成为第一大股东"后,万科与宝能的控制权之争便拉开帷幕。

以王石为代表的管理层给出了不欢迎宝能系的四个理由:① 信用不足。万科认为宝能信用不够,会影响万科信用评级,提高公司融资成本。② 能力不足。地产领域年销售额几十亿元的宝能,能力不足以管控万科。③ 短债长投,风险巨大。宝能以短期债务进行长期股权投资,风险非常大,是不留退路的赌博。④ 华润集团作为大股东角色重要。华润集团在万科的发展当中,无论是在万科股权结构的稳定、业务管理还是在国际化方面都扮演着重要的角色。而宝能集团则声称,公司恪守法律,相信市场力量。

为了应对宝能系对公司的控制,万科管理层实施了一系列阻击策略,包括通过定向增发稀释宝能系股权、争取原第一大股东的支持、争取国家有关部门的支持、争取其他利益相关者的支持、争取机构投资者的支持等。

宝能系则与此针锋相对,除不断买入股份提高公司控制权比例外,还提议召开临时股东大会,罢免所有现任董事。与此同时,另一家知名保险类机构投资者恒大集团也在此期间持续买入万科股份至持股14%,似乎展现了机构投资者运用市场力量参与公司治理的合法性。

在宝万之争期间,市场各方对此事的态度和言论值得关注。

华润集团:万科曾披露华润集团对公司引入深圳地铁重组方案予以支持的信息。但不久,华润集团股东代表突然发声称,万科与深圳地铁的合作公告没有经过董事会讨论及决议通过,是万科管理层自己做的决定,并称"华润派驻万科的董事已经向有关监管部门反映了相关意见,要求万科经营依法合规"。但之后华润集团也同样表态,对宝能系罢免所有董事的议案不予支持。

独立董事:在宝万之争期间,万科独立董事华生(复旦大学教授)不断在媒体发声,对现任管理层在此次事件中的不当行为进行批评。

政府部门:2016年6月27日,国资委主任表示,只要有利于深圳的发展,有利于企业的发展,国资委就支持。

国家媒体:2016年6月29日新华社发文称,企业所有者和经营者之间矛盾尖锐化,极可能同时伤害团队积极性、公司成长性和股东回报率,付出沉痛代价。尽管没有王石的万科,也有可能创造出辉煌的成就,但当下万科董事会"断崖式"代谢将可能对企业员工稳定、正常经营、品牌价值等造成巨震,支持与反对王石团队留任的抉择无疑将加剧大股东与部分中小股东之间的分裂和对立。

董明珠:有媒体曾用标题"决定万科结局的竟是一个女人——董明珠"称董明珠在该事件中的作用。这起因于前海人寿增持格力电器股份至4%意图影响格力的经营活动之后,董明珠在媒体公开表态,指出"我不是搞金融的,但我认一个死理,有的股票炒得很高,达几十倍、上百倍,把股票炒高赚回,而制造业不能搞这个,我们作为企业的关键人,要时时刻刻想到的事情是事业第一,而不是个人利益第一。如果成为中国制造的破坏者,他们会成为罪人"。

三、事件结局

2016年12月底,时任证监会主席强调"用来路不当的钱从事杠杆收购,行为上从门口的陌生人变成野蛮人,最后变成行业的强盗,这是不可以的",之后保监会开始对保险公司的业务合规性进行检查。宝万之争发生重大转折。

2016年12月13日,恒大集团在香港联合交易所公告,无意进一步收购万科股份;12月17日,恒大集团向深圳市政府做出五点表态:不再增持万科;不做万科控股股东;可将所持股份转让予深圳地铁;也愿听从深圳市委、市政府安排,暂时持有万科股份;后续坚决听从市委、市政府统一部署,全力支持各种万科重组方案。

2017年1月13日,宝能集团发表声明:欢迎深圳地铁投资万科,宝能看好万科,作为财务投资者,支持万科健康稳定发展。

2017年1月12日,万科公告,公司股东华润股份及其全资子公司中润国内贸易有限公司(以下简称"中润贸易")与深圳地铁签署了《关于万科企业股份有限公司之股份转让协议》,华润股份和中润贸易拟以协议转让的方式将其合计持有的公司16.9亿股A股股份转让给深圳地铁。转让完成后,华润股份和中润贸易将不再持有公司股份。

2017年6月9日,万科公告,恒大集团下属企业将所持有的约15.5亿股万科A股股份以协议转让的方式全部转让给深圳地铁,约占公司总股本的14.07%。至此,深圳地铁持有约32.4亿股,占公司总股本的29.38%,成为万科的第一大股东。

2017年6月21日,万科公告新一届董事候选名单,王石不再作为董事候选人。在之后召开的股东大会上,王石退出董事会,担任公司名誉主席,郁亮任公司董事会主席。

[思考题]

1. 你认为宝能并购万科是敌意并购吗?
2. 万科提出宝能并购资金来源短期化会对完成并购的企业经营行为产生重要不利影响,这一观点得到了很多支持;但也有相反的观点认为,并购方的资金来源和特征是并购方自主的选择,不应当成为并购监管的对象。对这两种针锋相对的观点,请发表你的看法。

中英文术语对照表

B

白马王子 white knight
半强式有效市场 semi-strong form efficiency market
半强式分红政策 semi-mandatory dividend policy
保守战略 conservative approach
报酬 return
本量利分析法 cost-volume-profit analysis
边际利润 marginal profit
变动成本 variable cost
标准差 standard deviation
标准普尔 Standard & Poor's, S&P
并购 merger and acquisitions, M&A
并购标准 criteria for M&A
并购的会计处理方法 accounting for M&A
并购浪潮 mergers wave
并购评估 M&A evaluations
并购战略 strategy for M&A
并购战术 tactics for M&A
波士顿矩阵 Boston matrix
波士顿咨询公司 Boston Consulting Group
剥离 divesture
不确定性 uncertainty
布莱克—舒尔茨期权定价模型 Black-Scholes option pricing model

C

财务控制 financial control

财务目标 financial goal
产品生命周期 products life cycle
产业分析 industry analysis
长期资本管理 long-term capital management
超级多数条款 super-majority amendments
成本法 cost method
除息日 ex-dividend date
存货控制模型 inventory control models
存货周转天数 days inventory held

D

代理成本 agency cost
代理理论 agency theory
担保 secure
担保贷款 secure loan
担保债券 secure bond
敌意并购 hostile takeover
毒丸计划 poison pills
杜邦体系 Du Pont system
多币效应 more money effect
多阶段成长模型 multi-stages-growth model
多元化 diversification

E

二元股权结构 dual share structure

F

发行上市 going public
反并购 takeover defense, anti-takeover

反垄断法 antitrust
范围经济 economies of scope
放弃期权 abandonment option
非流通股 illiquid stock
非系统风险 unsystematic risk
分层董事会 staggered or classified boards
分立 spin-off
分权 decentralization
风险 risk
风险调整贴现率 risk-adjusted discount rate, RADR
风险调整现金流量 risk-adjusted cash flows
风险溢价 risk premium
负债能力 debt capacity
负债融资 debt financing
附属贷款 subordinated loan

G

杠杆比率分析法 leverage ratio method
杠杆收购 leverage buy-out, LBO
高收益债券 high yield bond
公开市场回购 open market repurchase
公平价格条款 fair-price amendments
公司自由现金流量 free cash flow for firm
公司重组 corporate restructure
公允价值 fair value
供应商 supplier
购买法 purchase accounting
股东财富最大化 maximization of shareholders' wealth
股东—经理利益冲突 stockholder-manager conflict
股东—债权人利益冲突 stockholder-bondholder conflict
股利无关论 irrelevance theory of dividend
股利相关论 relevance theory of dividend

股利溢价 dividend premium
股利折现模型 dividend discount model, DDM
股利政策 dividend policy
股票分割 stock split
股票股利 stock dividend
股票回购 stock repurchase
股票支付 stock payment
股权出售 equity carve-out
股权结构重组 ownership restructure
股权融资 equity financing
股权再融资 seasoned equity offer, SEO
股权自由现金流量 free cash flow for equity
固定成本 fixed cost
固定成长模型 constant-growth model
管理层收购 management buy-out, MBO
管理层自负假说 CEO overconfident hypothesis
规模经济 economies of scale
规模期权 sizing option

H

壕沟防御效应 entrenchment effect
合并 consolidations
横向并购 horizontal mergers
互斥项目 mutually exclusive project
回收期 payback period
混合并购 conglomerate mergers
活币效应 smarter money effect
获利指数 profitability index, PI

J

机会成本 opportunity cost
激进战略 aggressive approach
集权 centralization
集团公司 group company
技术进步 technology changes
加权平均资本成本 weighted average cost of

capital, WACC
价值可加性原则 value additivity principle
兼并 merger
交易结构设计 deal structuring
接管 takeover
结果假说 outcome hypothesis
金降落伞 golden parachute
经济订货批量 economic order quantity
经济增加值 economic value added, EVA
经验曲线 experience curve
净现值 net present value, NPV
竞争战略 competitive strategy
决策树 decision tree

K

可转换债券 convertible bond
客户效应 clientele effect
控制权市场 the market for corporate control

L

垃圾债券 junk bond
劳动力 labor
利率 interest rate
利润中心 profit center
利润最大化 maximization of profit
利益协同效应 alignment effect
零成长模型 zero-growth model
流通股 liquid stock
垄断 monopoly
绿色邮件 greenmail

M

MM 无关论 MM debt irrelevance proposition
免税并购 nontaxable acquisitions
敏感性分析 sensitivity analysis
名义贴现率 normal rate

名义现金流量 normal cash flow
模拟 simulation
母公司 parent company
目标财务管理 target financial management
目标成本管理 target cost management
目标利润管理 target profit management
目标资本结构 target capital structure
穆迪投资评级机构 Moody's

N

内部财务控制 internal financial control
内部财务理论 internal financial theory
内部资本市场 internal capital market
内含报酬率 internal rate of return, IRR

P

平衡计分卡 balanced score card, BSC
平均收益率 average accounting return
破产 bankruptcy
破产成本 bankruptcy cost
普通股成本 cost of common stock

Q

期望报酬率 expected rate of return
潜在竞争者 potential competitor
强式有效市场 strong form efficiency market
清算 liquidation
清算价值 liquidation value
权益结合法 pooling of interests method
全球化竞争 global competition

R

认股权 warrant
融资行为 financing behavior
融资优序理论 pecking order theory
弱式有效市场 weak form efficiency market

S

上市公司 listed company
商业信用 trade credit
生命周期分析法 life cycle analysis
剩余股利政策 residual payout policy
剩余收益折现模型 residual income valuation model, RIVM
时机 timing
实物期权 real option
市场比较方法 comparable analysis
市场价值 market value
市价法 market method
市净率 market value to book value
市销率 price to sales ration
市盈率 price to earnings ratio
事业部制 divisional structure
适时生产 just-in-time system
收购 acquisitions
股票收购 stock purchase
资产收购 asset purchase
收益折现方法 discounted cashflow approaches
首次公开发行 initial public offerings, IPO
双重股票 dual class shares
税率 tax rate
私下协议回购 privately negotiated repurchase

T

弹性期权 flexibility option
掏空 tunneling
替代假说 substitute hypothesis
替代品 substitute products
贴现率 discounted factor
投资不足 underinvestment
投资级债券 investment grade bond
投资时机期权 timing option

投资组合 portfolio
稳定股利政策 constant payout policy

X

系统风险 systematic risk
现金持有水平 cash holdings
现金股利 cash dividend
现金流量 cash flow
现金支付 cash payment
现有竞争者 existing competitor
消费者 customer
销售净利率 after-tax operating margin
效率假说 efficiency hypothesis
协同效应 synergies
协议收购 negotiable mergers
信号假说 signaling hypothesis
信号理论 signaling theory
信息不对称性 information asymmetry
修正的波特模型 modified Michael Porter approach
修正的经济增加值 refined economic value added, REVA
修正现值 adjusted present value, APV
续营价值 going-concern value

Y

要约收购 tender offer
应付账款周转天数 days accounts payable outstanding
应收账款周转天数 days accounts receivable outstanding
应税并购 taxable acquisitions
迎合理论 catering theory
盈亏临界分析 break-even point analysis
营运资本(资金)管理 working capital management

营运资金周转天数 cash conversion cycle
优先股成本 cost of preferred stock
有效市场假设 efficient market hypothesis,EMH

Z

"在手之鸟"理论 "bird in hand" theory
再投资报酬率假设 reinvestment rate assumption
增长期权 grown option
增长—市场占有率矩阵 growth-market matrix
债券评级 credit rating
债券 bond
债务成本 cost of debt
战略 strategy
战略规划 strategic planning
账龄分析 aging analysis
账面价值 book value
政府管制 regulations
支付方式 method of payment
直线职能制 functional structure
指导性政策矩阵 strength-market attractiveness matrix
中庸战略 maturity-matching approach
转为非上市 going private
转移价格 transferring price
资本成本 cost of capital
资本结构 capital struture
资本结构调整 leverage restructuring
资本预算 capital budgeting
资本资产定价模型 capital asset pricing model, CAPM
资产负债率 debt ratio
资产估价方法 asset appraisal approaches
资产利润率 return on assets
资产替代 asset substitution
资产周转率 assets turnover
子公司 subsidiary company
自由现金流理论 free cash flow theory
自由现金流量假说 free cash flow hypothesis
纵向并购 vertical mergers
组织结构 organization structure

主要参考文献

1. Agrawal, A., J. F. Jaffe and G. N. Mandelker, "The PostMerger Performance of Acquiring Firms: A Reexamination of an Anomaly", *The Journal of Finance*, 1992, 47:1605-1621.

2. Aharony, J. and I. Swary, "Quarterly Dividends and Earnings Announcements and Stockholders' Returns: An Empirical Analysis", *The Journal of Finance*, 1980, 35:1-12.

3. Alchian, A. A., "Corporate Management and Property Rights", in Henry, G. M., ed., *Economic Policy and the Regulation of Corporate Securities*, American Enterprise Institute, 1969: 337-360.

4. Alexandridis, G., K. P. Fuller, L. Terhaar and N. G. Travlos, "Deal Size, Acquisition Premia and Shareholder Gains", *Journal of Corporate Finance*, 2013, 2:1-13.

5. Almeida, H., C. S. Kim and H. B. Kim, "Internal Capital Markets in Business Groups: Evidence from the Asian Financial Crisis", *The Journal of Finance*, 2015, 70(6): 2539-2586.

6. Ambarish, R., K. John and J. Williams, "Efficient Signaling with Dividends and Investments", *The Journal of Finance*, 1987, 42(2):321-343.

7. Andrade, G., M. Mitchell and E. Stafford, "New Evidence and Perspectives on Mergers", *Journal of Economic Perspectives*, 2001, 15(2):103-120.

8. Asquith, P. and D. Mullins, "The Impact of Initiating Dividend Payments on Shareholders Wealth", *Journal of Business*, 1983, 56:77-96.

9. Baker, H. K., G. E. Farrelly and R. B. Edelman, "A Survey of Management View on Dividend Policy", *Financial Management*, 1985, 14:78-84.

10. Baker, M. and J. Wurgler, "A Catering Theory of Dividends", *Journal of Finance*, 2004a, 59: 1125-1165.

11. Baker, M. and J. Wurgler, "Appearing and Disappearing Dividends: The Link to Catering Incentives", *Journal of Financial Economics*, 2004b, 73:271-288.

12. Bernardo, A. E., J. Luo and J. J. D. Wang, "A Theory of Socialistic Internal Capital Markets", *Journal of Financial Economics*, 2006, 80:485-509.

13. Bhattacharya, S., "Imperfect Information, Dividend Policy, and 'The Bird in the Hand Fallacy'", *Bell Journal of Economics*, 1979, 10:259-270.

14. Brennan, M. J., V. Miksimovic and J. Zechner, "Vendor Financing", *Journal of Finance*, 1988, 43:1127-1141.

15. Brounen, D., A. De Jong and K. Koedijk, "Corporate Finance in Europe: Confronting Theory

with Practice", *Financial Management*, 2004, 33(4):71-101.

16. Broussard, J., S. A. Buchenroth and E. A. Pilotte., "CEO Incentives, Cash Flow, and Investment", *Financial Management*, 2004, 33: 51-70.

17. Brown, J., N. Liang and S. Weisbenner, "Executive Financial Incentives and Payout Policy: Firm Responses to the 2003 Dividend Tax Cut", *The Journal of Finance*, 2007, 62(4): 1935-1965.

18. Cestone, G. and C. Fumagalli, "The Strategic Impact of Resource Flexibility in Business Groups", *The Rand Journal of Economics*, 2005, 36(1):193-214.

19. Chetty, R. and E. Saez, "Dividend Taxes and Corporate Behavior: Evidence from the 2003 Dividend Tax Cut", *Quarterly Journal of Economics*, 2005, 120(3): 791-833.

20. Choi, W. G., and Y. Kim., "Trade Credit and the Effect of Macro-financial Shocks: Evidence from U. S. Panel Data", *Journal of Financial and Quantitative Analysis*,2005,40:897-925.

21. Chow, C. K. W. and M. K. Y. Fung,"Small Business and Liquidity Constraints in Financing Business Investment: Evidence from Shanghai's Manufacturing Sector", *Journal of Business Venturing*, 2000, 15(4): 363-383.

22. Cho,Y. J. ,"Segment Disclosure Transparency and Internal Capital Market Efficiency: Evidence from SFAS No.131", *Journal of Accounting Research*, 2015, 53(4): 669-723.

23. Clark, J. J., T. J. Hindelan and R. Pritchard, *CapitalBudgeting: Planning and Control of Capital Expenditures*, Prentice Hall, 1989.

24. Cleary, S. ,"The Relationship between Firm Investment and Financial Status", *The Journal of Finance*, 1999,54: 673-691.

25. Coase, R. H. , "The Nature of the Firm", *Economica*, 1937,4:386-405.

26. Copeland, W., *Financial Theory and Corporate Policy*, AddisonWesley Publishing Company, 1988.

27. Dann, L. Y. ,"Common Stock Repurchases: An Analysis of Returns to Bondholders and Stockholders", *Journal of Financial Economics*, 1981, 9:113-138.

28. Data, S. , R. D. Mello and M. I. Datta,"Executive Compensation and Internal Capital Market Efficiency", *Journal of Financial Intermediation*, 2009, 18:242-258.

29. DeAngelo, H. and L. DeAngelo,"Dividend Policy and Financial Distress: An Empirical Investigation of Troubled NYSE Firms", *The Journal of Finance*, 1990, 45(5):1415-1431.

30. De Soto,H. ,*The Other Path: The Invisible Revolution in the Third World*, Harper&Row,1989.

31. Dittmar, A. K. , "Why do Firms Repurchase Stock?", *Journal of Business*, 2000, 73(3): 331-355.

32. Djankov,S. ,R. La Porta,F. Lopes-de-Silanes and A. Shleifer,"The Regulation of Entry", *Quarterly Journal of Economics*,2002,117(1):1-37.

33. Djankov,S. ,"The Regulation of Entry: A Survey",*World Bank Research Observer*,2009,24: 183-203.

34. Dodd, P. and R. Ruback, "Tender Offers and Stockholder Returns: An Empirical Analysis", *Journal of Financial Economics*, 1997, 5(3):351-373.

35. Easterbrook, F., "Two Agency Cost Explanations of Dividends", *American Economic Review*, 1984,74:650-659.

36. Emery,G. W., "An Optimal Financial Response to Variable Demand", *Journal of Financial and Quantitative Analysis*,1987,22:209-225.

37. Fabbri,D. and A. M. C. Menichini,"Trade Credit,Collateral Liquidation and Borrowing Constraints", *Journal of Financial Economics*,2010,96:413-432.

38. Fama, E. F., "Efficient Capital Markets: A Review of Theory and Empirical Work", *The Journal of Finance*, 1970,5:383-417.

39. Fama, E. F., "Efficient Capital Markets: II", *The Journal of Finance*, 1991,46(5), 1575-1617.

40. Fama, E. F., "The Behavior of Stock Market Prices", *Journal of Business*, 1965,1:34-105.

41. Fama, E. F., "The Empirical Relationships between the Dividend and Investment Decision of Firms", *American Economic Review*, 1974,6:304-318.

42. Fama, E. F. and H. Babiak, "Dividend Policy: An Empirical Analysis", *Journal of the American Statistical Association*, 1968,12:1132-1161.

43. Fama, E. F. and K. French, "Disappearing Dividends:Changing Firm Characteristics of Lower Propensity to Pay?", *Journal of Financial Economics*, 2001,60:3-44.

44. Fama, E. F. and M. H. Miller, *The Theory of Finance*, Holt, Rinehart and Winston, Inc., 1972.

45. Fama, E. F. and M. Jensen, "Agency Problems and Residual Claims", *The Journal of Law and Economics*, 1983,26(2):306-360.

46. Fan, J. P. H., L. Jin and G. Zheng, "Internal Capital Market in Emerging Market: Expropriation and Mitigating Financing Constraints", Working paper, Chinese University of Hong Kong, 2008.

47. Fazzari, S. M., R. G. Hubbard and B. C. Petersen, "Financing Constraints and Corporate Investment", Brookings Papers on Economic Activity, 1988, 1: 141-195.

48. Ferris, J. S.,"A Transactions Theory of Trade Credit Use", *Quarterly Journal of Economics*, 1981, 96:243-270.

49. Fisman, R. and M. Raturi,"Does Competition Encourage Credit Provision? Evidence from African Trade Credit Relationships", *Review of Economics and Statistics*, 2004, 86:345-352.

50. Gaver, J. J. and K. M. Gaver,"Additional Evidence on the Association Between the Investment Opportunity Set and Corporate Financing, Dividend, and Compensation Policies", *Journal of Accounting and Economics*, 1993, 16:126-160.

51. Gebhardt, W., C. Lee and B. Swaminathan,"Toward an Implied Cost of Capital", *Journal of Accounting Research*, 2001, 1:135-176.

52. Gebhardt, W. R., C. M. Lee and B. Swaminathan, "Toward an Implied Cost of Capital", *Journal of Accounting Research*, 2001, 39(1): 135-176.

53. Gianetti, M., M. Burkart and T. Ellingsen, "What You Sell is What You Lend? Explaining Trade Credit Contracts", *Review of Financial Studies*, 2011, 24: 1261-1298.

54. Gompers, P., J. Ishiiand A. Metrick, "Corporate Governance and Equity Prices", *Quarterly Journal of Economics*, 2003, 118(1): 107-155.

55. Goold, M. and A. Campbell, *Strategies and Styles*, Basil Blackwell, 1987.

56. Gordon, M., "Dividends, Earnings and Stock Price", *Review of Economics and Statistics*, 1959, 41: 99-105.

57. Graham, J. R. and C. R. Harvey, "The Theory and Practice of Corporate Finance: Evidence from the Field", *Journal of Financial Economics*, 2001, 60 (2-3): 187-243.

58. Grinstein, Y. and P. Hribar, "CEO Compensation and Incentives: Evidence from M&A Bonuses", *Journal of Financial Economics*, 2004, 73: 119-143.

59. Hadlock, C. J., "Ownership, Liquidity and Investment", *RAND Journal of Economics*, 1998, 29: 487-508.

60. Harris, M. and A. Raviv, "The Theory of Capital Structure", *The Journal of Finance*, 1991, 46: 297-355.

61. Hermes, N., P. Smid and L. Yao, "Capital Budgeting Practices: A Comparative Study of the Netherlands and China", *International Business Review*, 2007, 16(5): 630-654.

62. Higgins, R. C., "The Corporate Dividend-Saving Decision", *Journal of Financial and Quantitative Analysis*, 1972, 3: 1527-1541.

63. Jaffee, D. and T. Russell, "Imperfect Information, Uncertainty, and Credit Rationing", *Quarterly Journal of Economics*, 1976, 90: 651-666.

64. Jarrell, G. A., J. A. Brickley and J. M. Nette, "The Market for Corporate Control: The Empirical Evidence since 1980", *Journal of Economic Perspectives*, 1980, 2(1): 49-68.

65. Jensen, M. C., "Agency Costs of Free Cash Flow, Corporate Finance, and Take-overs", *American Economic Review*, 1986, 5.

66. Jensen, M. C., "The Free Cash Flow Theory of Takeovers: A Financial Perspective on Mergers and Acquisitions and the Economy", The Merger Boom Proceedings of a Conference Sponsored by Federal Reserve Bank of Boston, 1987, 10: 102-143.

67. Jensen, M. C. and R. S. Ruback, "The Market for Corporate Control: The Scientific Evidence", *Journal of Financial Economics*, 1983, 11(1-4): 5-50.

68. Jensen, M. C. and W. H. Meckling, "Specific and General Knowledge, and Organizational Structure", *Contract Economics*, Basil Blackwell, Oxford, 1992: 251-274.

69. Jensen, M. C. and W. H. Meckling, "Theory of The Firm: Managerial Behavior, Agency Costs and Ownership Structure", *Journal of Financial Economics*, 1976, 3: 305-360.

70. John, K. and J. Williams, "Dividends, Dilution and Taxes: A Signaling Equilibrium", *The Journal of Finance*, 1985, 40:1053-1070.

71. Johnson, S., R. La Porta, F. Lopez-de-Silanes and A. Shleifer, "Tunnelling", *American Economic Review*, 2000, 90:22-27.

72. Jones, E. P. and R. A. Taggart, "Taxes and Ownership Structure: Corporations, Partnerships and Royalty Trusts", Nber Working Papers, 1984.

73. Jovanovic, B. and P. L. Rousseau, "The Q Theory of Mergers", *American Economic Review*, 2002, 92(2): 198-205.

74. Kalay, A., "Stockholder-Bondholder Conflict and Dividend Constraints", *Journal of Financial Economics*, 1982, 10:211-233.

75. Kaplan, S. N. and L. Zingales, "Do Investment Cash Flow Sensitivities Provide Useful Measures of Financing Constraints?", *Quarterly Journal of Economics*, 1997, 20:169-215.

76. Kato, K. and U. Loewenstein, "The Ex-day Behavior of Stock Prices: The Case of Japan", *Review of Financial Studies*, 1995, 8:817-847.

77. Khanna, T. and Y. Yafeh, "Businessgroups in Emerging Markets: Paragons or Parasites?", *Journal of Economic Literature*, 2007, 45(2):331-372.

78. Klapper, L., L. Laeven and R. Rajan, "Trade Credit Contracts", *Review of Financial Studies*, 2012, 25:838-867.

79. Kolasinski, A. C., "Subsidiary Debt, Capital Structure and Internal Capital Markets", *Journal of Financial Economics*, 2009, 94(2): 327-343.

80. Lakonishok, J. and T. Vermaelen, "Tax Induced Trading around Ex-dividend Days", *Journal of Financial Economics*, 1986, 16:287-319.

81. Langertieg, T. C, "An Application of a Three Factor Performance Index To Measure Stockholder Gains from Merger", *Journal of Financial Economics*, 1978, 6(4): 365-384.

82. Lang, L. and R. Litzenberger, "Dividend Announcements: Cash Flow Signaling vs. Free Cash Flow Hypotheses", *Journal of Financial Economics*, 1989, 24:181-192.

83. La Porta, R., F. Lopez-de-Silanes, A. Shleifer and R. W. Vishny, "Agency Problems and Dividend Policies around the World", *The Journal of Finance*, 2000, 55:1-33.

84. Latham, M., "Defining Capital Market Efficiency", Finance Working Paper 150, Institute for Business and Economic Research, University of California, Berkeley, April 1985.

85. Lee, C-W J. and X. Xiao, "Cash Dividends in China: Liquidating, Expropriation and Earnings Management", EFMA Annual Meeting Paper, 2003.

86. Lee, Y. W. and J. D. Stowe, "Product Risk Asymmetric Information, and Trade Credit", *Journal of Fianacial and Quantitative Analysis*, 1993, 28:285-300.

87. Leithner, S. and H. Zimmermann, "Market Value and Aggregate Dividends: A Reappraisal of Recent Tests, and Evidence from European Markets", *Swiss Journal of Economics and Statistics*, 1993,

129:99-119.

88. Lintner, J., "Distribution of Income of Corporations among Dividends, Retained Earnings and Taxes", *American Economic Review*, May 1956:97-113.

89. Li, O. Z., H. Liu, C. K. Ni and K. T. Ye., "'Individual Investors' Dividend Taxes and Corporate Payout Policies", *Journal of Financial and Quantitative Analysis*, 2017, 52(3):1-28.

90. Litzenberger, R. and K. Ramaswamy, "The Effects of Dividends on Common Stock Prices: Tax Effects or Information Effects?", *The Journal of Finance*, 1982, 37:429-443.

91. Litzenberger, R. and K. Ramaswamy, "The Effects of Personal Taxes and Dividends on Capital Asset Prices: Theory and Empirical Tests", *Journal of Financial Economics*, 1979, 7:163-195.

92. Li, W. and E. Lie, "Dividend Changes and Catering Incentives", *Journal of Financial Economics*, 2006, 80: 293-308.

93. Long, M. S., I. B. Malitz and S. A. Ravid, "Trade Credit, Quality Guarantees, and Product Marketability", *Financial Management*, 1993, 22:117-127.

94. Louis, H., "Earnings Management and the Market Performance of Acquiring Firms", *Journal of Financial Economics*, 2004, 74: 121-148.

95. Love, I., L. A. Preve and V. Sarria-Allende, "Trade Credit and Bank Credit: Evidence from Recent Financial Crises", *Journal of Financial Economics*, 2007, 83:453-469.

96. Magenheim, E. B. and D. C. Mueller, *Are Acquiring Firm Shareholders Better off After an Acquisition than They Were Before*? Oxford University Press, 1988.

97. Manne, H. G., "Mergers and the Market for Corporate Control", *Journal of Political Economy*, 1965, 73(2):110-120.

98. Markham, J. W., *Conglomerate Enterprises and Public Policy*, Harvard Business School, 1973.

99. Masulis, R. W., "Stock Repurchase by Tender Offer: An Analysis of the Cause of Common Stock Price Changes", *The Journal of Finance*, 1980, 35:305-319.

100. Megginson, W. L., *Corporate Finance Theory*, Pearson Education Limited, 1997.

101. Mian, S. and C. W. Smith, "Accounts Receivable Management Policy: Theory and Evidence", *The Journal of Finance*, 1992, 47:169~200.

102. Miller, M. H. and F. Modigliani, "Dividend Policy, Growth and the Valuation of Business Shares", *The Journal of Business*, 1961, 10:411-433.

103. Miller, M. H. and K. Rock, "Dividend Policy under Asymmetric Information", *The Journal of Finance*, 1985, 40:1031-1051.

104. Miller, M. H. and M. Scholes, "Dividends and Taxes", *Journal of Financial Economics*, 1978, 6: 333-364.

105. Modigliani, F. and M. H. Miller, "The Cost of Capital, Corporation Finance and the Theory of Investment", *The American Economic Review*, 1958,48(3): 261-297.

106. Moeller, S. B., F. P. Schlingemann and R. M. Stulz, "Wealth Destruction on a Massive Scale? A Study of Acquiring-Firm Returns in the Recent Merger Wave", *Journal of Finance*, 2005, 60(2):757-782.

107. Moser, W., "The Effect of Shareholder Taxes on Corporate Payout Choice", *Journal of Financial and Quantitative Analysis*, 2007, 42(4): 991-1020.

108. Mueller, D. C., "A Theory of Conglomerate Mergers", *Quarterly Journal of Economics*, 1969, 83(4):643-659.

109. Myers, S. and N. Majluf, "Corporate Financing and Investment Decisions When Firms Have Information That Investors Do Not Have", *Journal of Financial Economics*, 1984, 13: 187-221.

110. Myers, S., "Determinants of Corporate Borrowing", *Journal of Financial Economics*, 1977, 5:147-175.

111. Nielsen, J. F. and R. W. Melicher, "A Financial Analysis of Acquisition and Merger Premiums", *Journal of Financial & Quantitative Analysis*, 1973, 8(2):159-162.

112. Nohel, T. and V. Tarhan, "Share Repurchases and Firm Performance: New Evidence on the Agency Costs of Free Cash Flow", *Journal of Financial Economics*, 1998, 49:187-222.

113. Oliner, S. D. and G. D. Rudebusch, "Sources of Financing Hierarchy for Business Investment", *The Review of Economics and Statistics*, 1992, 74: 643-654.

114. Ozbas, O. and D. S. Scharfstein, "Evidence on the Dark Side of the Internal Capital Markets", *The Review of Financial Studies*, 2010, 23(2):581-599.

115. Parrino, R. and M. S. Weisbach, "Measuring Investment Distortions Arising from Stockholder-Bondholder Conflicts", *Journal of Financial Economics*, 1999, 53: 3-42.

116. Pelletier, A., "Internal Capital Market Practices of Multinational Banks Evidence from South Africa", *Journal of Banking & Finance*, MAY, 2018:131-145.

117. Peter, D., "Mergers Proposal, Management Discretion and Stockholder Wealth", *Journal of Financial Economics*, 1980, 8:105-137.

118. Petersen, M. and R. Rajan, "Trade Credit: Theories and Evidence", *The Review of Financial Studies*, 1997, 10:661-691.

119. Pettit, R., "Dividends Announcements, Security Performance, and Capital Market Efficiency", *The Journal of Finance*, 1972, 27:993-1007.

120. Pettit, R., "Taxes, Transaction Costs and the Clientele Effect of Dividends", *Journal of Financial Economics*, 1977, 5:419-436.

121. Porter, M. E., *Competitive Advantage: Creating and Sustaining Superior Performance*, The Free Press, 1985.

122. Roll, R., "The Hubris Hypothesis of Corporate Takeovers", *Journal of Business*, 1986, 59(2):197-216.

123. Rubinstein, M., "Securities Market Efficiency in an Arrow Debreu Economy", *American Eco-

nomic Review, December 1975:812-824.

124. Ryan, A. P. and G. P. Ryan, "Capital Budgeting Practices of the Fortune 1000: How are Things Changed?", *Journal of Business and Management*, 2002, 8(4):355.

125. Ryan, V., "The 2017 CFO/Hackett Group Working Capital Scorecard: Delaying Payments is Boosting the Working Capital Performance of America's Largest Companies, But also Masking a Lack of Efficiency", *CFO*, 2017, July/August.

126. Sapienza, P., "The Effects of Banking Mergers on Loan Contracts", *The Journal of Finance*, 2002, 57(1): 329-367.

127. Scharfstein, D. S. and J. C. Stein, "The Dark Side of Internal Capital Markets: Divisional Rent-Seeking and Inefficient Investment", *The Journal of Finance*, 2000, 55(6): 2537-2564.

128. Scharfstein, D., "The Dark Side of Internal Capital Markets II: Evidence from Diversified Conglomerates", NBER working paper, 1998.

129. Schipper, K. and R. Thompson, "The Impact of Merger Related Regulations on the Shareholders of Acquiring Firms", *Journal of Accounting Research*, 1983, 21(1): 184-222.

130. Schipper, K. and R. Thompson, "The Impact of Merger Related Regulations Using Exact Distributions of Test Statistics", *Journal of Accounting Research*, 1985, 23(1): 408-416.

131. Schwartz, R. A., "An Economic Model of Trade Credit", *Journal of Financial and Quantitative Analysis*, 1974, 9:643-657.

132. Shleifer, A. and R. Vishny, "A Survey of Corporate Governance", *The Journal of Finance*, 1997,52:737-783.

133. Shleifer,A. and R. W. Vishny,1993,"Corruption", *Quarterly Journal of Economics*,1993, 108(3):599-617.

134. Sirower, M. L. and S. Sahni, "Avoiding the Synergy Trap: Practical Guidance on M&A Decisions for CEOs and Boards", *Journal of Applied Corporate Finance*, 2006, 18(3): 83-95.

135. Smith, C. W. and R. L. Watts, "The Investment Opportunity Set and Corporate Financing, Dividend, and Compensation Policies", *Journal of Financial Economics*, 1992, 32:263-292.

136. Smith, J. K.,"Trade Credit and Informational Asymmetry", *The Journal of Finance*, 1987, 42(4):863-872.

137. Stein, J. C., "Internal Capital Markets and the Competition for Corporate Resources", *The Journal of Finance*, 1997, 52:111-133.

138. Stephens, C. and M. Weisbach, "Actual Share Reacquisitions in Open Market Repurchase Programs", *The Journal of Finance*, 1998, 53:313-334.

139. Stigler,G.,"The Theory of Economic Regulation",Bell Journal of *Economics and Management Science*,1971,2(1):3-21.

140. Stiglitz, J. and A. Weiss, "Credit Rationing in Markets with Imperfect Information", *American Economic Review*, 1981, 71:393-410.

141. Stulz, R. M., "Managerial Discretion and Optimal Financing Policies", *Journal of Financial Economics*, 1990, 26:3-28.

142. Thapa, C. and S. Koirala, "Access to Internal Capital, Creditor Rights and Corporate Borrowing: Does Group Affiliation Matter?", *Journal of Corporate Finance*, 2020, 62:1-25.

143. Tirole, J., "Lecture Notes on Corporate Finance", Unpublished Manuscript, 2001.

144. Van Horen, N., "Do Firms Use Trade Credit as a Competitiveness Tool? Evidence from Developing Countries", Mimeo, World Bank, 2005.

145. Vermaelen, T., "Common Stock Repurchases and Market Signaling", *Journal of Financial Economics*, 1981, 9:139-183.

146. Vogt, S. C., "The Cash Flow/Investment Relationship: Evidence from US Manufacturing Firms", *Financial Management*, 1994, 23:3-20.

147. Walter, J. E., "Dividend Policies and Common Stock Prices", *The Journal of Finance*, 1956, 11(1): 29-41.

148. Williams, J. B. *The Theory of Investment Value*, Harvard University Press, 1938.

149. Williamson, O. E., *Markets and Hierarchies: Analysis and Antitrust Implications*, Free Press, 1975.

150. Wilner, B. S., "The Exploitation of Relationships in Financial Distress: The Case of Trade Credit", *The Journal of Finance*, 2000, 55:153-78.

151. 包明华:《购并经济学:前沿问题研究》,中国经济出版社2005年版。

152. 陈浪南、姚正春:"我国股利政策信号传递作用的实证研究",《金融研究》2000年第10期。

153. 陈晓、陈小悦、倪凡:"我国上市公司首次股利信号传递效应的实证研究",《经济科学》1998年第5期。

154. 陈信元、陈冬华、时旭:"公司治理与现金股利:基于佛山照明的案例研究",《管理世界》2003年第8期。

155. 陈云玲:"半强制分红政策的实施效果研究",《金融研究》2014年第8期。

156. 程建伟、周伟贤:"上市公司现金持有:权衡理论还是啄食理论",《中国工业经济》2007年第4期。

157. 德鲁克:《管理:任务、责任、实践》,孙耀君等译,中国社会科学出版社1987年版。

158. 邓建平、曾勇:"上市公司家族控制与股利决策研究",《管理世界》2005年第7期。

159. 东方高圣投资顾问公司、中国收购兼并研究中心:《中国并购评论Ⅰ/新〈上市公司收购管理办法〉特辑》(2006年第1册/总第13册),机械工业出版社2006年版。

160. 董艳、李凤:"管理层持股、股利政策与代理问题",《经济学》(季刊)2011年第3期。

161. 都志灵、梁博、李晨辉:"分配方案对股票价格影响的实证分析",《世界经济》1999年第10期。

162. 窦欢、陆正飞:"大股东控制、关联存款与现金持有价值",《管理世界》2016年第5期。

163. 冯根福、吴林江:"我国上市公司并购绩效的实证研究",《经济研究》2001年第1期。

164. 冯巍:"内部现金流和企业投资:来自我国股票市场上市公司财务报告的证据",《经济科学》1999年第1期。

165. 高根:《兼并、收购与公司重组》,朱宝宪、吴亚君等译,机械工业出版社2004年版。

166. 高见、陈歆玮:"中国证券市场资产重组效应分析",《经济科学》2000年第11期。

167. 哈丁、罗维特:《兼并之道:决定公司并购成败的四个关键决策》,胡中祥、胡枫译,商务印书馆2006年版。

168. 何金耿、丁加华:"上市公司投资决策行为的实证分析",《证券市场导报》2001年第9期。

169. 何涛、陈晓:"现金股利能够提高企业的市场价值——1997—1999年上市公司会计年度报告期间的实证分析",《金融研究》2002年第8期。

170. 洪锡熙、沈艺峰:"公司收购与目标公司股东权益的实证分析",《金融研究》2001年第3期。

171. 胡国柳、王化成:"上市公司现金持有影响因素的实证研究",《东南大学学报(哲学社会科学版)》2007年第2期。

172. 胡奕明、曾庆生:"企业财务管理实务发展前沿研究——一份基于经验报道的统计分析",《中国工业经济》2001年第1期。

173. 黄娟娟、沈艺峰:"上市公司的股利政策究竟迎合了谁的需要——来自中国上市公司的经验证据",《会计研究》2007年第8期。

174. 黄少安、张岗:"中国上市公司股权融资偏好分析",《经济研究》2001年第11期。

175. 吉尔森:《企业破产、收购及分拆案例研究:重组企业、创造价值》,沙飞、范铭译,机械工业出版社2005年版。

176. 江伟、底璐璐、刘诚达:"商业信用与合作型客户关系的构建——基于提供给大客户应收账款的经验证据",《金融研究》2021年第3期。

177. 荆新、王化成、刘俊彦:《财务管理学》(第四版),中国人民大学出版社2006年版。

178. 克拉林格:《兼并与收购:交易管理》,陆猛、兰光、周旭东译,中国人民大学出版社2002年版。

179. 克雷格:《大手笔:美国历史上50起顶级并购交易》,海丛等译,华夏出版社2005年版。

180. 孔小文、于笑坤:"上市公司股利政策信号传递效应的实证分析",《管理世界》2003年第6期。

181. 雷光勇:"市场化进程、最终控制人性质与现金股利行为——来自中国A股公司的经验证据",《管理世界》2007年第7期。

182. 李常青、魏志华、吴世农:"半强制分红政策的市场反应研究",《经济研究》2010年第3期。

183. 李善民、陈玉罡:"上市公司兼并与收购的财富效应",《经济研究》2002年第11期。

184. 李善民、李珩:"中国上市公司资产重组绩效研究",《管理世界》2003年第11期。

185. 李小娟:"基于美的并购小天鹅的经济后果研究",《财会通讯》2011年第30期。

186. 李增泉、孙铮、任强:"所有权安排与现金股利政策——来自我国上市公司的经验证据",《中国会计与财务研究》2004年第4期。

187. 林川、曹国华:"现金股利支付倾向与迎合理论——基于中小板上市公司数据的检验",《经济与管理研究》2010年第11期。

188. 刘慧龙、齐云飞、许晓芳:"金字塔层级、内部资本市场与现金持有竞争效应",《会计研究》2019年第1期。

189. 刘力、唐国正:"利率管制对我国上市公司资本结构的影响",《管理世界》2005年第1期。

190. 刘勤、陆满平、寻晓青等:"变更募集资金投向及其监管研究",《证券市场导报》2002年第1期。

191. 刘少波、戴文慧:"我国上市公司募集资金投向变更研究",《经济研究》2004年第5期。

192. 刘星、谭伟荣、李宁:"半强制分红政策、公司治理与现金股利政策"《南开管理评论》2016年第5期。

193. 陆正飞、高强:"中国上市公司融资行为研究",《会计研究》2003年第10期。

194. 陆正飞:《企业发展的财务战略》,东北财经大学出版社1999年版。

195. 陆正飞:"企业适度负债的理论分析与实证研究",《经济研究》1996年第2期。

196. 陆正飞、辛宇:"上市公司资本结构主要影响因素之实证研究",《会计研究》1998年第8期。

197. 陆正飞、杨德明:"商业信用:替代性融资,还是买方市场?",《管理世界》2011年第4期。

198. 陆正飞、叶康涛:"中国上市公司股权融资偏好解析",《经济研究》2004年第4期。

199. 陆正飞、张会丽:"所有权安排、寻租空间与现金分布",《管理世界》2010年第5期。

200. 陆正飞、赵蔚松:"北京上市公司的融资结构与投资发展战略",《北京社会科学》2003年第3期。

201. 陆正飞:《中国上市公司融资行为与融资结构研究》,北京大学出版社2005年版。

202. 吕长江、王克敏:"上市公司股利政策的实证分析",《经济研究》1999年第12期。

203. 吕长江、王克敏:"上市公司资本结构、股利分配及管理股权比例相互作用机制研究",《会计研究》2002年第3期。

204. 彭桃英、周伟:"中国上市公司高额现金持有动因研究——代理理论抑或权衡理论",《会计研究》2006年第5期。

205. 饶育蕾、贺曦、李湘平:"股利折价与迎合:来自我国上市公司现金股利分配的证据",《管理工程学报》2008年第1期。

206. 邵军、刘志远:"'系族企业'内部资本市场有效率吗?",《管理世界》2007年第6期。

207. 石晓军、张顺明:"商业信用、融资约束及效率影响",《经济研究》2010年第1期。

208. 谭劲松、陈颖:"股票回购:公共治理目标下的利益输送——我国证券市场股票回购案例的分析",《管理世界》2007年第4期。

209. 谭克:《中国上市公司资本结构影响因素研究》,经济科学出版社2005年版。

210. 唐跃军、谢仍明:"股份流动性、股权制衡机制与现金股利的隧道效应",《中国工业经济》

2006年第1期。

211. 童盼、陆正飞:"负债融资、负债来源与企业投资行为",《经济研究》2005年第5期。

212. 王春飞、郭云南:"半强制股利政策与股权融资成本",《金融研究》2021年第8期。

213. 王国俊、王跃堂:"现金股利承诺制度与资源配置",《经济研究》2014年第9期。

214. 王化成、李春玲、卢闯:"控股股东对上市公司现金股利政策影响的实证研究",《管理世界》2007年第1期。

215. 王彦超、林斌:"金融中介、非正规金融与现金价值",《金融研究》2008年第3期。

216. 王志强、张玮婷:"上市公司财务灵活性、再融资期权与股利迎合策略研究",《管理世界》2012年第7期。

217. 威斯通:《接管、重组与公司治理》,张秋生、张海珊、陈扬译,北京大学出版社2006年版。

218. 魏刚:"股利的信息含量——来自中国的经验证据",《中国会计与财务研究》1999年第2期。

219. 魏刚:"我国上市公司股利分配的实证研究",《经济研究》1998年第6期。

220. 魏志华、李常青、吴育辉等:"半强制分红政策、再融资动机与经典股利理论——基于股利代理理论与信号理论视角的实证研究",《会计研究》2017年第7期。

221. 魏志华、李茂良、李常青:"半强制分红政策与中国上市公司分红行为",《经济研究》2014年第6期。

222. 魏志华、吴育辉、李常青:"家族控制、双重委托代理冲突与现金股利政策——基于中国上市公司的实证研究",《金融研究》2012年第7期。

223. 肖珉:"自由现金流量、利益输送与现金股利",《经济科学》2005年第2期。

224. 谢军:"股利政策、第一大股东和公司成长性:自由现金流理论还是掏空理论",《会计研究》2006年第4期。

225. 熊德华、刘力:"股利支付决策与迎合理论",《经济科学》2007年第5期。

226. 徐波:《第五次企业购并浪潮及对我国经济影响的研究》,中国商务出版社2004年版。

227. 阎达五、耿建新、刘文鹏:"我国上市公司配股融资行为的实证研究",《会计研究》2001年第9期。

228. 杨华:《上市公司并购重组和价值创造》,中国金融出版社2007年版。

229. 杨棉之:"内部资本市场、公司绩效与控制权私有收益",《会计研究》2006年第12期。

230. 杨熠、沈艺峰:"现金股利:传递盈利信号还是起监督治理作用",《中国会计评论》2004年第1期。

231. 叶康涛、陆正飞:"中国上市公司股权融资成本影响因素分析",《管理世界》2004年第5期。

232. 殷醒民:《企业购并的金融经济学解释》,上海财经大学出版社1999年版。

233. 于瑾、张婷、吕东锫:"强化现金分红政策是在迎合投资者么——来自中国内地和台湾的经验证据",《当代财经》2013年第2期。

234. 余明桂、潘红波:"金融发展、商业信用与产品市场竞争",《管理世界》2010年第8期。

235. 余颖、江咏、袁敏捷:《战略并购:管理风险的三大原则》,经济科学出版社2004年版。
236. 俞乔、程滢:"我国公司红利政策与股市波动",《经济研究》2001年第4期。
237. 原红旗:《中国上市公司股利政策分析》,中国财政经济出版社2004年版。
238. 张会丽、吴有红:"企业集团财务资源配置、集中程度与经营绩效",《管理世界》2011年第2期。
239. 张为国、翟春燕:"上市公司变更募集资金投向动因研究",《会计研究》2005年第7期。
240. 张维迎:"法律制度的信誉基础",《经济研究》2002年第1期。
241. 张新:"并购重组是否创造价值?——中国证券市场的理论与实证研究",《经济研究》2003年第6期。
242. 郑江淮、何旭强、王华:"上市公司投资的融资约束:从股权结构角度的实证分析",《金融研究》2001年第11期。
243. 郑琰:《中国上市公司收购监管》,北京大学出版社2004年版。
244. 支晓强、胡聪慧、童盼等:"股权分置改革与上市公司股利政策——机遇迎合理论的证据",《管理世界》2014年第3期。
245. 支晓强、童盼:"管理层业绩报酬敏感度、内部现金流与企业投资行为",《会计研究》2007年第10期。
246. 周冬华、赵玉洁:"半强制性分红政策与经营活动现金流操控",《会计研究》2014年第9期。
247. 周立:"自由现金流代理问题的验证",《中国软科学》2002年第2期。
248. 朱武祥:"上市公司募集资金投向决策分析",《证券市场导报》2002年第4期。
249. 邹薇、钱雪松:"融资成本、寻租行为和企业内部资本配置",《经济研究》2005年第5期。

教辅申请说明

　　北京大学出版社本着"教材优先、学术为本"的出版宗旨,竭诚为广大高等院校师生服务。为更有针对性地提供服务,请您按照以下步骤通过**微信**提交教辅申请,我们会在 1~2 个工作日内将配套教辅资料发送到您的邮箱。

◎ 扫描下方二维码,或直接微信搜索公众号"北京大学经管书苑",进行关注;

◎ 点击菜单栏"在线申请"—"教辅申请",出现如右下界面:

◎ 将表格上的信息填写准确、完整后,点击提交;

◎ 信息核对无误后,教辅资源会及时发送给您;
如果填写有问题,工作人员会同您联系。

温馨提示:如果您不使用微信,则可以通过以下联系方式(任选其一),将您的姓名、院校、邮箱及教材使用信息反馈给我们,工作人员会同您进一步联系。

联系方式:

北京大学出版社经济与管理图书事业部
通信地址:北京市海淀区成府路 205 号,100871
电子邮箱:em@pup.cn
电　　话:010-62767312 /62757146
微　　信:北京大学经管书苑(pupembook)
网　　址:www.pup.cn